Peter Loviscach

Soziale Arbeit im Arbeitsfeld Sucht

Eine Einführung

LAMBERTUS

Peter Loviscach

in Zusammenarbeit mit
Roland Lutz

Soziale Arbeit im Arbeitsfeld Sucht

Eine Einführung

Lambertus

Die Deutsche Bibliothek – CIP-Einheitsaufnahme

Loviscach, Peter:
Soziale Arbeit im Arbeitsfeld Sucht: eine Einführung/
Peter Loviscach. In Zusammenarbeit mit Roland
Lutz. – Freiburg im Breisgau: Lambertus, 1996
ISBN 3-7841-0895-4

Umschlaggestaltung: Grafik-Design Christa Berger, Solingen
Umschlagfoto: Uwe Stratmann, Wuppertal
Herstellung: Druckerei Franz X. Stückle, Ettenheim
ISBN 3-7841-0895-4

Inhalt

Vorwort

Seit Mitte der achtziger und verstärkt seit Beginn der neunziger Jahre hat sich die Drogenhilfe in Theorie und Praxis wie kaum ein anderes Berufsfeld der Sozialen Arbeit verändert. Wir haben uns die Aufgabe gestellt, diesen Wandel und seine praktischen Konsequenzen darzustellen. Dabei steht im Mittelpunkt die Überzeugung, daß Sucht zwar erhebliches Leid für die Betroffenen wie für ihre soziale Umgebung bedeutet, daß aber die weit verbreitete Dämonisierung des Problems und auch der Süchtigen selbst diesen Menschen oft mehr geschadet als genützt und die möglichen Hilfen eher behindert als gefördert hat. Daher werden akzeptierende Ansätze der Drogenhilfe besonders hervorgehoben.
Die Drogenhilfe ist ein stark professionalisierter Berufsbereich der Sozialen Arbeit und zählt in der Organisation des sozialen Hilfesystems regelmäßig zu den Spezialdiensten. Sozialpädagogen und Sozialarbeiter begegnen jedoch in allen Arbeitsfeldern Menschen, die Probleme im Umgang mit Drogen haben, und sind, gerade wegen dieser Spezialisierung, häufig ratlos, die Situation adäquat einzuschätzen. Oft stellt sich auch eine gewisse Abwehrhaltung ein. Ziel dieser Einführung ist es deshalb, Grundkenntnisse und eine allgemeine Orientierung zu diesem Problembereich zu geben, um ohne (Ab-)Scheu beruflich angemessen reagieren zu können. Darüber hinaus soll das Buch denjenigen einen Einstieg bieten, die sich im Schwerpunktstudium oder z.B. zur Vorbereitung auf ein Praktikum speziell mit der Drogenhilfe beschäftigen möchten. Die Grundkenntnisse in der Praxis umzusetzen, kann, wie auch in manchen anderen Arbeitsfeldern, z.B. durchaus ähnlich in der Straffälligenhilfe oder in der Psychiatrie, auf bemerkenswerte Schwierigkeiten stoßen. Daher werden in diesem Buch auch die historischen, (sozial-)politischen und rechtlichen Rahmenbedingungen der aktuellen praktischen Arbeit erörtert.
Ein schwer zu lösendes Problem ist die Frage einer geschlechtsneutralen Sprache. Aus guten Gründen sind wir sensibel für sprachlichen Sexismus geworden. Zugleich gilt es aber auch, besonders in den psychosozialen Wissenschaften, auf die Lesbarkeit des Textes zu achten. Wir haben uns in diesem Dilemma entschieden, im Interesse der Lesbarkeit der traditionellen Sprachform den Vorzug zu geben, aber

dann die sogenannte Paarformulierung (z.B. Klientinnen und Klienten) zu verwenden, wenn im jeweiligen Textzusammenhang eher konkrete Personen und weniger der abstrakte Begriff gemeint sind.
Wir danken den Studentinnen und Studenten, die mit ihren kritischen und engagierten Anregungen in Seminaren, Praktika, Projekten und anläßlich von Diplomarbeiten immer wieder Anlaß zu einer differenzierteren Darstellung gegeben haben. Ganz besonderer Dank gilt den (inzwischen ehemaligen) Studentinnen und Studenten Judith Greiß, Olaf Hemker, Anja Lindner und Jessica Weber-Walleck, die sich der Mühe unterzogen haben, große Teile dieses Textes kritisch zu lesen und zu diskutieren. Schließlich danken wir den Kolleginnen und Kollegen für ihren Rat in fachlichen Fragen und ihre moralische Unterstützung.

Einführung

„Alle Dinge sind Gift, und nichts ist ohne Gift, allein die Dosis macht, daß ein Ding kein Gift ist.“
(Paracelsus, zit. n. Seefelder 1990, S. 124)

1. Die Dämonisierung der Drogen und der Drogenkonsumenten

Drogenprobleme gehören zu den in der öffentlichen Meinung am heftigsten diskutierten Themen. Für die einen sind Drogen – neben dem Terrorismus – die größte Bedrohung der Gesellschaft, ja der ganzen Menschheit. Für die anderen sind sie ein alltäglicher Teil menschlichen Lebens und, sofern Probleme im Umgang mit Drogen auftreten, ein Zeichen individueller menschlicher Schwäche. Beide Auffassungen erschweren nicht nur einen normalen Umgang mit den Betroffenen. Sie führen auch zu Schwierigkeiten bei der Entwicklung kooperativer Handlungsmodelle der beteiligten gesellschaftlichen Systeme und behindern differenzierte Ansätze, die die psychosozialen und politisch-ökonomischen Lebensbedingungen der Menschen angemessen berücksichtigen, welche deren „Schwäche“ erst zum sozialen Problem werden lassen.

„Die Auseinandersetzung mit Sucht war und ist bestimmt von einem Dämonenglauben. Immer noch wird befürchtet, daß Süchte uns von außen anfallen und ergreifen. Daraus entwickelt sich eine irrationale, meistens völlig überzogene Angst vor Süchten, während gleichzeitig positive Aspekte nicht mit Sucht in Beziehung gebracht werden. Dieses Verständnis hat zu der unheilvollen Gleichsetzung geführt, eine Sucht habe eine furchterregende Krankheit zu sein.“ (Harten 1991, S. 290)

Angesichts dieser Ausgangslage vertreten wir die Ziele der *Normalisierung, Differenzierung* und *Kooperation.* Ziele

„Soziale Probleme“ sind nach dem Ansatz der Sozialarbeitswissenschaft der allgemeine Gegenstand Sozialer Arbeit (Staub-Bernasconi 1994). Sie sind aber auch Gegenstand weiterer gesellschaftlicher Systeme; im Falle des Drogenproblems befassen sich, teils einander ergänzend, teils miteinander konkurrierend oder sich sogar wechselseitig behindernd, auch das Politik-, Strafverfolgungs- und Gesundheitssystem mit dessen Bewältigung. Welchen Nutzen diese Dämonisierung auch immer für die anderen Systeme haben mag, für die Soziale Arbeit ist sie zweifellos äußerst hinderlich. Sie verschärft durch *Stigmatisierung* und (bei illegalen Drogen) *Kriminalisierung* der Konsumenten deren Situation, erschwert den Zugang der Betroffenen zum Hilfesystem und behindert sachgerechte Hilfeangebote. Praktische Drogenarbeit kann nur erfolgreich sein, wenn eine nüchterne, weder von Ängsten noch von Dramatisierung geleitete Einstellung gewonnen wird. Es ist daher eines der vorrangigen Ziele dieses Buches, für die *Normalisierung* des Nachdenkens und Handelns im Problembereich Drogen und Sucht einzutreten und der Dämonisierung und Dramatisierung entgegenzuwirken. Wenn dabei gelegentlich der Eindruck der *Verharmlosung der Drogengefahr* entstehen sollte, so bitten wir zu bedenken, daß dieser Eindruck im Vergleich zur traditionell oft überschäumenden Abschreckungsideologie mit ihren unseligen Folgen entsteht. Wir meinen nicht, daß Drogenkonsum harmlos ist, wir vertreten aber auch den Standpunkt, daß er bei Kenntnis der Risiken und geeigneter risikobewußter Konsummuster verantwortbar sein kann.

Differenzierung

In der traditionellen Drogenarbeit war die Frage „Warum ist Hilfe erforderlich?" sinnlos. Wer Drogen konsumierte, galt nach dem am Beispiel des Alkohols erarbeiteten Suchtmodell selbstverständlich als krank. Dabei wurde der (mögliche) Endzustand einer Drogenkarriere als Maßstab genommen, dessen Symptome die Frage nach der Hilfsbedürftigkeit überflüssig zu machen schienen: „Behandlung" war die klassische, aber auch undifferenzierte Antwort. Aus der Sicht Sozialer Arbeit und in Übereinstimmung mit sozialwissenschaftlich orientierten Forschungsergebnissen kann aber die „Krankheit" Drogenabhängigkeit nicht isoliert werden von der Bedeutung, die Drogenkonsum für die Menschen hat, und in der sich, je nach situativen und biographischen Umständen, positive und negative Aspekte in unterschiedlicher Gewichtung mischen. Für die neuere Entwicklung der Drogenhilfe war diese Perspektive fruchtbar, denn sie öffnete – zumindest in der konzeptionellen Absicht, die Praxis hinkt da etwas hinterher – den Blick auf zahlreiche mögliche Differenzierungen der Hilfe: Sie macht neben der traditionellen Beratung und Behandlung z.B. informierende, schadensmindernde bzw. -begrenzende, betreuende und unterstützende Angebote, unterscheidet nach Zielgruppen, z.B. Angebote für Frauen, für junge oder für ältere Menschen, und geht durch begleitende, aufsuchende und schützende (z. B. sogenannte Gesundheitsräume) Angebote auf die Drogenkonsumenten zu.

Professionelle Soziale Arbeit in der Drogenhilfe ist besonders stark angewiesen auf dic Zusammcnarbeit mit anderen Berufen, besonders mit Medizinern, Psychologen und Juristen. Jede dieser Professionen hat ihre eigenen Sichtweisen des Problems und der Hilfsmöglichkeiten. Als Besonderheit des Ansatzes der Sozialen Arbeit wird das ganzheitliche Verständnis des Menschen in seiner sozialen Situation und mit seiner Biographie hervorgehoben. Um dies leisten zu können, müssen sich Sozialpädagogen und Sozialarbeiter mit den einschlägigen theoretischen Ansätzen und Handlungsmöglichkeiten der anderen Disziplinen in kritischer Auseinandersetzung vertraut machen und diese nach Möglichkeit in ihre eigenen Konzepte kooperativ integrieren, ohne ihren eigenständigen Ansatz aus den Augen zu verlieren. Kooperation

Eine Voraussetzung hierzu ist die Verständigung über eine gemeinsame Informationsbasis. Dies allerdings ist im Bereich der Drogenhilfe sehr erschwert, weil in den beteiligten Disziplinen keineswegs einheitliche Grundauffassungen gelten, die man „kurz zusammenfassen" könnte. Es finden sich vielmehr je nach weltanschaulich-politischer Orientierung quer zu den einzelnen Wissenschaften große Unterschiede nicht nur in den theoretischen Ansätzen, sondern schon in der Wahrnehmung der Probleme, so daß es äußerst schwierig ist, einen einigermaßen verläßlichen Überblick über Drogen, Drogenprobleme und Möglichkeiten der Drogenhilfe zu gewinnen. Als Zeuge für diese Schwierigkeit sei der Geschäftsführer des Fachverbandes Drogen und Rauschmittel (FDR), Jost Leune (1991b, S. 19) zitiert:

„Über illegale Drogen zu berichten, bedeutet, sich durch einen Wust von Meinungen, interessegeleiteten Argumentationen, Auftragsforschungen und segmentierenden Datenerhebungen zu kämpfen, um mit einer relativen Wahrheit aufwarten zu können." Dem fügt Bernhard Schmidtobreick (1994, S. 150) hinzu: „Wir haben in bezug auf Drogen eine selektive Wahrnehmung und einen gigantischen gesellschaftlichen Verdrängungskomplex. Wenn wir über Drogenprobleme, über Drogenpolitik und Drogenhilfe sprechen, dann haben wir es nicht nur mit einem mehr oder weniger wichtigen Sachthema zu tun. Wir haben es zu tun mit einem emotional besetzten Thema, wie es nur wenige andere gibt."

2. Aufbau und Überblick

Unter diesen Umständen ist es die Hauptaufgabe dieses Buches, aus der Sicht Sozialer Arbeit nach Kräften – denn selbstverständlich eröffnet auch dieser Standpunkt nur eine eingeschränkte Sicht – einen Überblick über Drogenprobleme und über die Drogenhilfe zu geben, die Sozialpädagogen und Sozialarbeiter in die Lage versetzen, einen differenzierten Zugang zu den Problemen von Drogenbenutzern zu finden und angemessen reagieren zu können. Dabei stehen folgende Ziele im Vordergrund:

Arbeitsziele

(a) Die eigenen Einstellungen zu Drogen und Süchten bewußt zu machen und als persönliche Voraussetzung des Verständnisses und des Zugangs zu Drogenbenutzern zu reflektieren;
(b) Drogengebrauch als soziokulturelle und als psychosoziale Wirklichkeit zu verstehen, deren Bedeutung und deren Risiken sich mit dem sozialen Wandel und mit den biographischen und situativen Zusammenhängen ändert;
(c) problematischen Gebrauch von Drogen als eine Möglichkeit abweichenden Handelns zu erkennen, an dem sowohl die handelnde Person mit ihrem biographischen und situativen Hintergrund wie die Gesellschaft mit ihren Institutionen ihren Anteil haben;
(d) die Hilfsbedürftigkeit der Betroffenen sowohl als Konsequenz des Drogenkonsums selbst wie als Folge der sozialen Bedingungen des Drogenkonsums zu verstehen;
(e) exemplarisch Kenntnisse über einige Drogen zu erarbeiten;
(f) Zusammenhänge zwischen Drogenpolitik, der Situation von Drogenkonsumenten und Drogenhilfe in ihrem Wandel zu erkennen;
(g) Drogenhilfe im systematischen Zusammenhang der einschlägigen Einrichtungen zu sehen;
(h) professionelle Ansätze der Drogenhilfe kennenzulernen.

Aufbau des Buches

Der Text ist in drei Teile gegliedert: Teil 1 gibt einen Einblick in die Grundlagen von Drogengebrauch und Suchtentstehung bis hin zum Konzept der Drogenkarriere, von Drogenpolitik und Drogenrecht. Teil 2 behandelt die am meisten diskutierten Drogen Alkohol, Tabak, Haschisch, Heroin, Kokain und Ecstasy, wobei jeweils zuerst einige Grundinformationen zur jeweiligen Droge dargestellt und danach exemplarische Grundargumentationen der Drogendiskussion vorgestellt werden. Teil 3 gibt einen Überblick über die Drogenhilfe und ih-

re Institutionen, wobei besonders der Wandel in den Konzepten der Hilfe dargestellt wird, der in den letzten zehn Jahren die praktische Drogenarbeit grundlegend verändert hat.
Am Schluß fast jeden Kapitels werden Literaturhinweise auf Texte gegeben, die als Einstieg in die jeweilige Thematik geeignet sind. Die Quellenhinweise für die Zitate sind am Ende des gesamten Textes im Verzeichnis *Literatur* gesammelt; auf ein Verzeichnis sämtlicher zu Rate gezogener Literatur wurde verzichtet.

3. Begriffe

Die Einflüsse unterschiedlicher Wissenschaften, politischer Intentionen und Praxistraditionen haben dazu geführt, daß die Begriffe in der Drogendiskussion nicht einheitlich gebraucht werden. Wir müssen also mitteilen, wie wir die wichtigsten Begriffe verwenden. Die Reflexion über die zentralen Begriffe „Droge“, „Drogengebrauch“, „Drogenmißbrauch“, „Drogenabhängigkeit“ und „Sucht“ ist zugleich auch eine einführende Klärung von Standpunkten.

Der Begriff „Droge“ ist auf sehr zwiespältige Weise mit Emotionen belastet: Droge

„‘Drogen’, das sind unserer ungefilterten Vorstellung nach Mittel, die, ähnlich wie andere sündhafte Verhaltensweisen, verboten, scheußlich-schön und gefährlich sind, das sind vor allem solche Mittel, die wir selber nicht genau kennen, die ambivalent besetzt sind und uns fremd erscheinen.“ (Quensel 1982, S. 23)

Das Wort „Droge“ stammt aus dem Niederdeutschen und bedeutet trocken. Es diente ganz allgemein als Bezeichnung für die Grundstoffe zur Herstellung von Arzneimitteln sowie für die Arzneimittel selbst („Drogerie“). Die Einschränkung auf psychoaktive Substanzen wurde erst in neuerer Zeit üblich.
Drogen nennen wir alle psychoaktiven (auch: psychotropen) Wirkstoffe pflanzlicher oder synthetischer Herkunft, die durch ihre Wirkung auf das Zentralnervensystem das Befinden und die Erlebnisweisen der Benutzer, ihre Sinnesempfindungen, ihre Stimmungen, ihr Bewußtsein beeinflussen. Das heißt: sie können die Benutzer z. B. anregen, beruhigen, dämpfen, berauschen, ihre Stimmung heben (euphorisierende Wirkung) oder senken (deprimierende Wirkung). Das

weltweit am häufigsten benutzte Mittel zur Stimmungsveränderung ist vermutlich der Kaffee. Alle Drogen können Anlaß einer Sucht sein, d.h. sie haben ein mehr oder weniger hohes Suchtpotential.
Demnach gebrauchen wir den Begriff nicht, wie überwiegend üblich, nur für illegale Drogen, z.B. Haschisch, LSD, Heroin oder Kokain, sondern zählen auch die legalen, oft „Alltagsdrogen" genannten Drogen wie Alkohol, Nikotin oder Kaffee dazu sowie einen Teil der Arzneimittel, z.B. die Beruhigungs-, Anregungs-, Schlaf-, und Schmerzmittel. Sie alle können die Erlebnisweisen des Benutzers beeinflussen. Hingegen benutzen wir den Begriff Droge nicht, wie es heute oft geschieht, im übertragenen Sinn z.B. für Spielautomaten, Fernseher, Computer, Autos usw., auch wenn es im Umgang mit diesen Gegenständen süchtige Verhaltensweisen gibt, sogenannte nicht-stoffgebundene Süchte oder Tätigkeitssüchte, deren Anlaß also kein biochemisch wirkendes Suchtmittel ist. Damit soll nicht angedeutet werden, derartige Süchte seien weniger problematisch, sondern nur eine allzu ungenaue Begriffsverwendung vermieden werden (siehe Teil 1, Kapitel 1, S. 26ff.).
Unsere Verwendung des Drogenbegriffs, die noch in den 20er Jahren als korrekt galt (siehe Abbildung 1), entspricht gegenwärtig kaum der öffentlichen Meinung, die die legalen psychotropen Substanzen durchweg als Genußmittel und die illegalen als Drogen versteht. Die übliche Unterscheidung zwischen legalen und illegalen Drogen beruft

Abbildung 1: Stichwort „Rauschgifte"

Rauschgifte, sind seit alters wegen ihrer berauschenden, schmerzstillenden oder einschläfernden Wirkung überall beliebt. Sie werden meist in eß- oder trinkbaren Zubereitungen, auch in in Dämpfen oder Salben (vgl. Hexe, Sp. 1522) angewandt, geschnupft oder (neuerdings) eingespritzt. Eine große Rolle spielten und spielen R. in der Magie und in vielen Religionen, besonders in der Mystik (s. d.). Vielfach wurden die R. liefernden Pflanzen oder auch das Rauschmittel selbst in einer Gottheit od. dgl. personifiziert s. z. B. Ampelos [vgl. Dionysos], Haoma, Kvasir, Peyote, Soma; auch Erythroxilon und Haschisch). Am verbreitetsten sind Alkohol, Opium, Kaffee, Tee und Tabak (s. diese Artikel); s. auch Betel, Cola, Datura, Hanf, Haschisch, Hyoscyamus, Kawa-Kawa, Kokain, Morphin. Der Gebrauch der R. wirkt bei Übermaß verheerend. Über die internationale Bekämpfung des Mißbrauchs der R. s. Opium. Lit.: E. Hartwich, Die menschlichen Genußmittel (1911).

(Quelle: Meyers Lexikon von 1926)

sich auf die gesetzlichen Vorgaben, die angeblich deren unterschiedliche Gefährlichkeit widerspiegeln. Tatsächlich ist diese Einteilung politisch und entspricht nicht durchweg den medizinischen oder kulturvergleichenden Erfahrungen. Heute gibt es keine Zweifel mehr, daß Alkohol und Tabak vergleichsweise sehr gefährlich für die Gesundheit sind und auch in ihrem Suchtpotential kaum hinter einem Teil der illegalen Drogen, zurückstehen. Vielfach werden die illegalen Drogen auch als Rauschgifte, Rausch-, Sucht- oder Betäubungsmittel („Betäubungsmittelgesetz") bezeichnet, ohne daß diese Sammelnamen immer den Wirkungen des Gebrauchs entsprächen oder zur Unterscheidung von legalen Drogen geeignet wären. Die Unterschiede des Konsums bzw. der Abhängigkeit von legalen und illegalen Stoffen sind aus sozialpädagogischer Sicht vorrangig in der sozialen Kontrolle zu sehen, die unterschiedliche Risiken der Stigmatisierung provoziert und damit zu verschiedenen Konsummustern und Lebenswelten führt.

Innerhalb der illegalen Drogen wird oft zwischen harten (gewöhnlich für Heroin und Kokain) und weichen Drogen (gewöhnlich gleich Cannabis) unterschieden. Diese Unterscheidung, die sich auf die angenommenen pharmakologischen Wirkungen bezieht, wird von uns nicht auf die Drogen selbst, sondern auf die Konsummuster bezogen, d.h. ein Drogengebrauch kann, ohne Einschränkung auf bestimmte Drogen, hart oder weich sein.

Die übliche Unterscheidung zwischen illegalen Drogen und Genußmitteln, die zugleich im nachhaltigen Interesse der entsprechenden Wirtschaftsbranchen liegt, beruft sich darauf, daß Genußmittel anders als illegale Drogen auch aus anderen Gründen als der Stimmungs- bzw. Bewußtseinsbeeinflussung konsumiert werden, bei Alkohol, Kaffee oder Tee z.B., um Durst zu löschen oder weil es gut schmeckt. Soweit das nicht eine liebgewordene Selbsttäuschung ist, beruht diese im Prinzip richtige Beobachtung im wesentlichen auf der mangelnden Chance, einen genußorientierten Umgang mit illegalen Drogen zu lernen. Die illegalen Drogen sind in unserer Gesellschaft nicht „domestiziert".

Drogengebrauch

Mit „Drogengebrauch" (oder: Umgang mit Drogen oder Drogenkonsum) wird, unabhängig von der medizinischen, juristischen oder moralischen Bewertung, jede Einnahme von Drogen bezeichnet. In den Medien, in Politik und Verwaltung und zum Teil auch in der wissenschaftlichen Literatur wird ohne hinreichende Information über die tatsächlichen Konsummuster oft Drogengebrauch dramatisierend mit Drogenabhängigkeit gleichgesetzt. Es ist uns wichtig, einen neutralen Begriff zur Verfügung zu haben, mit dem, ohne schon vorab zu werten, nur beschrieben und analysiert werden kann, was jemand tut. Wenn der Umgang mit einer Droge gewertet werden soll, dann sind die beiden folgenden Begriffe zu verwenden.

Drogenmißbrauch

Im Gegensatz zum nichtwertenden Begriff „Drogengebrauch" hängt der Begriff „Drogenmißbrauch" von gesellschaftlichen, fachspezifischen oder persönlichen Wertungen ab, die wenigstens teilweise umstritten sind. Unser Kriterium der Wertung ist die Einschätzung, daß ein bestimmter Drogengebrauch für den Benutzer, für andere Personen oder für die Gesellschaft mehr Schaden als Nutzen bringt. Die Schädlichkeit wird nicht nur durch die Menge und Häufigkeit des Drogengebrauchs, sondern auch durch riskanten Konsum bestimmt, z.B. ob verschiedene Drogen zur gleichen Zeit gebraucht werden, ob Heroin gespritzt wird oder gesnieft, ob und wie tief Tabakrauch inhaliert wird oder ob es beim Alkoholtrinken einen sozialen Trinkzwang gibt. Allgemein erhöhen strafrechtlich sanktionierte Verbote wegen der damit verbundenen Stigmatisierungsprozesse, der illegalen Beschaffungs- und Konsumbedingungen und den mangelnden Chancen, kulturintegrierte risikoarme Konsummuster zu lernen, die Risiken des Drogengebrauchs und somit die Gefahr des Mißbrauchs.

Drogenabhängigkeit

Von „Drogenabhängigkeit" wird dann gesprochen, wenn der Gebrauch von Drogen als andauerndes, zwanghaftes Verhalten gekennzeichnet werden soll, das aus eigener Kraft nicht – bzw. nur sehr schwer – kontrolliert werden kann („Kontrollverlust"). Der Übergang von gewohnheitsmäßigem Konsum zur Abhängigkeit ist fließend.

Abbildung 2: Junk ist „Lebensmittel"

„Weshalb brauchen Sie eigentlich Narkotika, Mr. Lee?" ist eine Frage, wie sie nur stupide Psychiater stellen können. Die Antwort ist: „Ich brauche Junk, um morgens aus dem Bett zu kommen, mich rasieren zu können und ein Frühstück runter zu kriegen. Ich brauche es, um am Leben zu bleiben."

(Quelle: Burroughs 1982, S. 51)

Üblich, aber problematisch ist die Unterscheidung zwischen physischer und psychischer Abhängigkeit. Kriterium *physischer Abhängigkeit* sind die Entzugserscheinungen beim Absetzen der Droge, die nach intensivem und häufigem Gebrauch bei allen Drogen in sehr unterschiedlicher Ausprägung auftreten können. In diesem Falle ist die Droge in den Stoffwechsel integriert, sie wird gewissermaßen wie ein Lebensmittel gebraucht (siehe Abbildung 2, S. 20). Körperliche Abhängigkeit allein wird vielfach noch nicht als Sucht verstanden. Als Kriterium *psychischer Abhängigkeit* gilt das unbezwingbare, gierige Verlangen nach der Droge. Sie wird oft als Sekundärfunktion der körperlichen Abhängigkeit interpretiert, als Bedürfnis, die unangenehmen Effekte des Entzugs zu verhindern. Überwiegend aber geht man von der umfassenderen Auffassung aus, es handele sich um einen „Zustand, der durch emotionalen oder geistigen Antrieb zu einer kontinuierlichen Aufnahme der Droge führt, deren Wirkungen der Konsument zur Aufrechterhaltung eines, seiner Meinung nach, optimalen Wohlgefühls für erforderlich hält" (Levine zit. n. Platt/Labate 1982, S. 19). Problematisch ist diese in der Medizin übliche Unterscheidung, wenn sie in den Vordergrund gestellt wird, weil sie nicht von einem ganzheitlichen Menschenbild ausgeht und die Meinung provoziert, die körperliche Abhängigkeit sei das vorrangige Kriterium. Typisch für die Drogenabhängigkeit (wie für den Drogenkonsum überhaupt) ist vielmehr das Zusammenspiel körperlicher, seelischer und sozialer Faktoren („biopsychosoziale Prozesse").

Eine wesentliche Rolle für das Entstehen der Drogenabhängigkeit spielt die Entwicklung der sogenannten *Toleranz*. Hiermit ist die Gewöhnung an eine Droge gemeint, die eine Steigerung der Dosis erforderlich macht, wenn bei fortgesetztem regelmäßigem Gebrauch in kurzen zeitlichen Abständen noch die gleiche Wirkung erzielt werden soll. Eine Toleranzentwicklung wird, wenn auch in sehr unterschiedlichem Ausmaß, bei allen Drogen beobachtet. Besonders riskant ist der polyvalente Drogengebrauch (Bevorzugung mehrerer Drogen), der häufig zur Polytoxikomanie (Mehrfachabhängigkeit) führt. Dies ist vor allem deshalb riskant, weil die kombinierten Effekte verschiedener Drogen schwer kalkulierbar sind und daher leicht zu Drogennotfällen führen. Die Entwicklung einer Polytoxikomanie wird bei illegalen Drogen durch Probleme bei der Beschaffung der jeweils bevorzugten Droge verstärkt. Die weiteren Substanzen werden zur Substitution gegen die Entzugssymptome genommen. Allerdings ist

zu bedenken, daß die Polytoxikomanie auch bei legalen Drogen eher die Regel als die Ausnahme ist und z.B. im Falle des kombinierten Konsums von Tabak und Alkohol das Gesundheitsrisiko vervielfacht und die psychische Abhängigkeit nachhaltig konditioniert.
Wenn von Drogenabhängigkeit gesprochen wird, entsteht leicht das aus der traditionellen Alkoholdiskussion (siehe Teil 2, Kapitel 1, S. 122ff.) stammende Mißverständnis, die Droge mache automatisch von sich aus abhängig. Dies trifft so nicht zu. Vielmehr handelt es sich um eine mögliche Reaktion von Konsumenten bei bestimmten Konsummustern (Dosis, Einnahmeart, Häufigkeit, Umstände usw.), wobei die verschiedenen Drogen ein deutlich unterschiedlich starkes Suchtpotential haben. Entgegen weitverbreiteter Meinung muß hier deutlich benannt werden, daß es z.B. die Möglichkeit des nichtabhängigen Gebrauchs von Heroin ebenso gibt wie umgekehrt auch die Möglichkeit des abhängigen Konsums von Kaffee.

Hinzuweisen ist auf die einflußreichen Definitionen der WHO (Weltgesundheitsorganisation), die als Grundlage für die internationale Verbotspolitik dienen. Drogenabhängigkeit wird definiert als ein Zustand, der sicwhoh aus der wiederholten periodischen oder kontinuierlichen Einnahme einer Droge ergibt. Ihre Charakteristika variieren je nach der benutzten Droge entsprechend der WHO-Drogentypologie. Diese unterscheidet sieben Varianten der Abhängigkeit: *Morphintyp:* starke psychische und physische Abhängigkeit, Toleranzbildung; *Barbiturat-/Alkoholtyp:* variable psychische und physische Abhängigkeit, Toleranzbildung; *Kokaintyp:* psychische Abhängigkeit; *Cannabistyp:* mäßige bis deutliche psychische Abhängigkeit, geringe Toleranzbildung, *Halluzinogentyp:* unterschiedlich starke psychische Abhängigkeit, deutliche Toleranzbildung; *Amphetamintyp:* unterschiedlich starke psychische Abhängigkeit, starke Toleranzbildung; *Khattyp:* mäßige psychische Abhängigkeit. Kritisiert wird an diesem Begriff der Drogenabhängigkeit die unterstellte automatisch abhängig machende Wirkung der Drogen und die Willkürlichkeit in der Auswahl und Zusammenstellung der Drogentypen. Ganz besonders fällt auf, daß das Nikotin nicht erwähnt wird, das inzwischen auch von der WHO als häufigste Todesursache auf der Welt erkannt ist.

Co-Abhängigkeit

In Analogie zum Begriff „Drogenabhängigkeit" ist der Begriff „Co-Abhängigkeit" gebräuchlich geworden. Hiermit ist die Rolle von Personen im Suchtprozeß gemeint, die der drogenabhängigen Person nahestehen. Entwickelt wurde der Begriff „Co-Abhängigkeit" im Zusammenhang der Alkoholabhängigkeit und den Rollen der Familienangehörigen, die in den Suchtprozeß verwickelt sind und so auf diesen reagieren, daß sie, ohne es zu wollen und zu wissen, die Sucht unterstützen.

„Sucht" wird zum Teil im gleichen Sinne wie Abhängigkeit, zum Teil auch als deren Extrem verstanden (ausführlich im folgenden Kapitel). Der Begriff bezeichnet ganz allgemein die fortgesetzte, übersteigerte, zwanghafte Begierde, etwas Bestimmtes zu tun. Er umfaßt sowohl die stoffgebundenen wie die nicht-stoffgebundenen Süchte wie Spielsucht, Arbeitssucht, Freßsucht, Liebessucht. Der inflationäre Gebrauch des Begriffs „Sucht" charakterisiert die stark sensibilisierte öffentliche Aufmerksamkeit. Sucht

Literatur: Das Buch zur Einführung gibt es nicht. Es wird immer notwendig sein, sich aus einer Reihe von Büchern zu informieren, teils weil das Drogenthema von der Sache her viele verschiedene Dimensionen hat, teils weil die Darstellungen deutlich von unterschiedlichen Standpunkten abhängen.

Nach unserer Auffassung ist der schmale Band von *Sebastian Scheerer:* Sucht. Reinbek 1995, eine gute Einführung, die sich besonders auf die historischen, gesellschaftlichen und psychosozialen Zusammenhänge konzentriert und überzeugend ein für die Soziale Arbeit sinnvolles Verständnis von Drogen, Drogenkonsum und Sucht vermittelt.

Vor allem wegen seiner Praxisorientierung zu empfehlen ist das immer wieder auf den neuesten Stand gebrachte Buch von *Lorenz Böllinger/Heino Stöver/Lothar Fietzek:* Drogenpraxis, Drogenrecht, Drogenpolitik. Ein Leitfaden, 4. vollst. überarb. Aufl. Frankfurt a.M. 1995.

Zum Nachschlagen und als Grundinformation für viele Einzelthemen schlagen wir zwei Handbücher mit deutlich unterschiedlichen Grundauffassungen vor: *Wolfgang Schmidbauer/Jürgen vom Scheidt:* Handbuch der Rauschdrogen. Frankfurt a.M. 1989/1993, sowie *Sebastian Scheerer/Irmgard Vogt* (Hg.): Drogen und Drogenpolitik. Ein Handbuch. Frankfurt a.M. 1989.

Einen kritischen Überblick aus eher (aber nicht nur) medizinischer Sicht bietet *Jörg Gölz* (Hg.): Der drogenabhängige Patient. München 1995.

Jährlich aktuelle Informationen findet man in *Deutsche Hauptstelle gegen die Suchtgefahren* (Hg.): Jahrbuch Sucht. Geesthacht.

Teil 1
Grundlagen

In Teil 1 werden die allgemeinen Grundlagen zum Verständnis von Drogengebrauch und Suchtentstehung dargestellt. Ausgehend von der Reflexion der eigenen Einstellungen zum Thema werden das zentrale Problem „Sucht“ (Kapitel 1) und die besondere Bedeutung von Drogengebrauch als abweichendem Handeln im Jugendalter diskutiert (Kapitel 2), von dem gegebenenfalls dann Drogenkarrieren ausgehen (Kapitel 3). Es folgen die gesellschaftlichen (Kapitel 4), politischen (Kapitel 5) und rechtlichen (Kapitel 6) Zusammenhänge und Rahmenbedingungen der Drogenhilfe.

1. Sucht

1.1. Wer ist süchtig?

„Alle starren sensationssüchtig auf die Heroinsucht! Und sehen nicht, was im normalen Leben die normalen Leute normalerweise an normalen Drogen verdrücken."
(Theater Rote Grütze 1980)

Was in der Sozialarbeit/Sozialpädagogik regelmäßig gilt, ist in der Drogenarbeit ganz besonders auffällig: Die Probleme der Klientinnen und Klienten sind immer auch – mindestens potentielle – Probleme der Helfer. Wer so unheilbar gesund wäre, daß sie/ihn die Schwierigkeiten und Konflikte der Klienten nicht anföchten, wäre kaum in diesem Beruf. Eine Voraussetzung des Verständnisses von Drogenproblemen und beruflicher Drogenarbeit ist, sich die eigenen Bezüge – unsere Faszination wie unsere Abscheu, unsere Ängste, Träume und Flüchte, unsere Erfolge, Niederlagen und Verzichte – zu süchtigen Verhaltensweisen (wenigstens etwas) bewußt zu machen.
„Bist Du süchtig?" fragt der Ansager die Schauspielerinnen und Schauspieler des Berliner Kinder- und Jugendtheaters Rote Grütze in der Eröffnungsszene des Theaterstücks „Mensch ich lieb dich doch". Anstelle einer theoretischen Diskussion oder moralischer Aufforderungen an die Leserinnen und Leser schlagen wir vor, die Antworten der Schauspielerinnen und Schauspieler zu lesen, die stellvertretend für uns alle ihre Erfahrungen mit ihren eigenen Süchten offenbaren. Das Stück entstand Ende der 70er Jahre aufgrund einer Ausschreibung zur Drogenprophylaxe mit Unterstützung des Berliner Senats.

Ansager: Guten Tag, liebe Leute! Seid willkommen in unserm Theater! Heute! Liebe Leute! geht es um Drogen! Um rauchen, saufen, schlucken, glotzen, dröhnen, drücken, schmeißen, um sich-voll-ballern . . .
Und! Es geht um Leben!
Um Sehnsucht nach Leben! Nach richtigem Leben! High-Sein! Draufsein! Auf seinem eigenem Leben abfahren! Es frohen Herzens genießen!
Es geht um Rausch!
Liebe Leute! Das Leben hat Berauschendes zu bieten!

Zum Beispiel die Schule! Schulrausch! Was für ein Stoff! Unterrichtsstoff. Und kostet nichts.
Was gibts noch Berauschendes?
Familienleben.
Eheräusche! Schon vierzig Jahre lieben wir uns wie verrückt.
Arbeitsräusche. Auf Machen abfahren. Die Arbeit ein Rausch! Echt! Das gibts! Zu selten.
Denkräusche! Weiter denken, als erlaubt ist.
Zornräusche! Wer wird denn gleich zur HB greifen! Geh doch lieber in die Luft!
Liebesräusche! Es geht um Liebe! Es geht immer um Liebe! In diesem Theater! Genau wie im Leben! Denn ohne Liebe geht nix.
Zuviel Liebe!? Das gibts nicht! Zuwenig echte Liebe! Das gibts – zu oft! Aber für das Echte gibt es einen Ersatz:
Jede Menge Drogen!
Drogen. Sucht. Drogensucht. Ein sehr persönliches Thema. Und deshalb beginnen wir unsere Vorstellung mit einer ganz persönlichen Frage:
Bist du süchtig?
Zunächst geht die Frage an uns selber. Die Spieler.
Wir haben uns gefragt: Wie halten wirs mit Drogen? oder: wie haltens die Drogen mit uns? Auf was sind wir wann und warum irgendwie süchtig.
Jeder von uns erzählt, so ehrlich wies geht.
Albrecht fängt an.

Albrechts Drogenkarte.

Also gut, ich sags gleich: Ich drücke! Es gibt Tage, da bin ich ständig am Drücken. Nein, kein Stoff. Ich drücke mich, ich drücke mich selbst – ich drücke mich vor: . . . eigentlich drücke ich mich die ganze Zeit, am liebsten würde ich mich jetzt verdrücken.
Schon in der Schule war ich ein Drückeberger – Turnen und Klassenarbeiten: ich habs gehaßt . . . und dann hab ich mich verdrückt! Manchmal hab ich den Verdacht, ich hab mich schon davor gedrückt, überhaupt auf die Welt zu kommen. Das ist mir alles viel zu endgültig. Die Schwaben sagen: Wenn ich nochmal auf die Welt kommen würde, ich würde nicht mehr kommen! Sagen die Schwaben. Ich bin ein Schwabe!
Also gut, wenn ich mich vor Sachen drücken würde, die unangenehm sind, die unnötig sind und blöd, geschenkt, weg damit! Aber was mich wirklich ärgert: Daß ich mich vor Sachen drücke, die ich haben will, die mir gefallen, die der Körper braucht! Gefühle! Nein: nicht lieben – verschieben.
Ich beim Rockkonzert: vorne spielen sie wie die Weltmeister, wumm, wumm, und nochmals wumm und von der Bühne runter dampft die Energie und der Rock 'n' Roll fährt in mich rein wie ein Blitz; ich möchte an die Decke springen vor lauter Freude und Energie! Und was mache ich? *(Verschränkt die Arme, klopft mit dem Fuß verhalten den Takt.)*

Iris' Drogenkarte.

(Hüpft ab und zu mit dem Springseil.) Ich fühle mich häßlich, weil ich zu fett bin. Meine Sucht ist die Freßsucht.
Ich habe den Zwang, alles in mich hineinzufressen. Kirschtorte, Ärger, Ungerechtigkeit, belegte Brötchen. Es gibt Wochen, da macht mich keine Bäckerei an, kein Süßwarenladen, aber dann . . . dann überfällt mich plötzlich ein derartiger Heißhunger, da denke ich tagelang nur ans Fressen. Ich glaube, ich muß verhungern. Und dann renne ich zum Bäcker und anschließend gleich in den Süßwarenladen. Muß ja schließlich Energie tanken, und „Mars bringt verbrauchte Energie sofort zurück." Und dann ist mir schlecht. Dann brauch ich Obst, ich muß dann Obst essen. Früher habe ich immer geglaubt, es liegt an den Drüsen!
Und ich nehm zu, in einer Woche zehn Pfund, ja, aber dann hungere ich die zehn Pfund wieder runter. In sechs Wochen. Sechs Wochen Diät, eine Woche Fressen, sechs Wochen Diät, eine Woche Fressen.
So geht das seit dreizehn Jahren. Das ist Freßsucht! Freßsucht heißt, ich habe kein Selbstvertrauen. Ich kann das euch jetzt hier schon erzählen, das ist es nicht, aber wenn ich mich verliebe, dann traue ich mich nicht hin. Ja, ich verstecke mich zuhause und dabei würde ich viel lieber was mit anderen machen. Ich gönne mir keine Ruhe, aus Angst, dann werde ich noch dicker. Ich kaufe mir nichts Schönes zum anziehen, weil ich sage mir: Och, das hat sowieso keinen Zweck. Und vor lauter Fressen und wieder abnehmen müssen, bleibt mir gar keine Zeit zum Leben, für meine Träume, für das, was ich wirklich will. Tanzen zum Beispiel!

Holgers Drogenkarte.

Ich und Drogen. Also nee. LSD. ZDF. ARD! Tschuldigung. Meskalin. Heroin. Mondamin. Nikotin. Marihuana. Der ganze Krempel hat bei mir keine Chance. Haschisch! Kommt nicht in die Tüte.
Ich sauf gern.
Mit duften Leuten abends in der Kneipe sitzen. Und über Sachen reden, die ich mal machen müßte, wenn ich könnte, wenn ich bloß mal Zeit hätte. Da komm ich in Fahrt. Da geh ich ab. Schluck für Schluck. Meine Pläne werden immer kühner. Was für Projekte!
Saufen macht mir Spaß.
Andre Sachen auch. Ich schreib gern. Zuhause hab ich eine süße, kleine schnucklige, gelbe Schreibmaschine. Abends, wenn Ruhe ist, da setz ich mich zu ihr. Schönes weißes Papier eingespannt. Auf gehts.
Ich hatte heute eine gute Idee, für ne Szene, fürn Theaterstück. Raus ausm Kopf – rauf aufs Papier. Los gehts.
Tja, es könnte losgehn. Aber geht nicht. Kopf ist leer und das Papier ist leer. Aller Anfang ist schwer. Ist sone Art Durststrecke bei der Arbeit. Mir fällt nichts ein. Doch, mir fällt ein: In der Küche steht ein Kühlschrank.

Was lacht mich da an? Eine Flasche Wodka. So ein Zufall. Ich lache zurück. Ein Schlückchen in Ehren kann niemand . . . Ahh! Das läuft runter. Das tut gut. Das entspannt. Hebt die Stimmung. Bin ich nicht so streng zu meinen Gedanken. Zensier ich mich nicht so.
So, jetzt aber los. Herrgott. Was wollte ich denn bloß sagen?
Ein Schnaps macht frei. Zwei machen freier. Aus zwei mach drei. Das tut gut. Nun aber ran. Jetzt müßte es aber losgehn. Herrgott! Ich seh alles nicht mehr so verbissen. Stimmt. Dafür seh ich alles ein bißchen verschwommen. Ein klarer Kopf ist eine Sache. Ein klarer Schnaps ne andre. Jetzt werde ich müde. Ein Nickerchen. Das wär was. Oijoijoi. Ist schon spät. Muß morgen früh raus. Bin irgendwie nicht drauf heute. Geht die Tür auf, fragt mich der Günter: Wie isses? Gehn wir noch aufn Bierchen um die Ecke? – Ein Kleines, warum nicht? Man soll sich nicht quälen. Morgen ist auch noch ein Tag.
Dann sitz ich in der Kneipe. Und komme in Fahrt. Fällt mir viel ein, Schluck für Schluck!
Sachen, die ich mal machen müßte, wenn ich könnte, wenn ich bloß mal genug Zeit hätte. Was hab ich in der Kneipe schon für Theaterstücke geschrieben . . .
Am nächsten Morgen warn sie wieder weg.
Und das geht schon so seit 20 Jahren. Wißt ihr, wie ich das finde? Scheiße.

Ingrids Drogenkarte.

Ich knabber seit ich denken kann. Ich knabber jetzt nicht in echt. Ich will euch nur mal zeigen wie das aussieht, wenn ich knabber.
(Knabbert an den Fingernägeln, fährt darauf ab, erschrickt).
Ich knabber, weil, ich hab eben immer was zu knabbern. Zehn Leute sitzen um nen Tisch. Ich will was sagen. Ich trau mich nicht. Ich knabber. Bis nichts mehr zum Knabbern da ist. Dann trau ich mich. Aber dann sind die Leute weg. Früher habe ich mir nur die Nägel abgerissen, aber heute, da reiß und beiß ich mir auch noch die Haut ab. Manchmal ist das richtig blutig. Bei anderen find ich das eklig. Bei mir auch eigentlich. Trotzdem, ich kann es nicht lassen.
Manchmal nehm ich mir vor, ich laß das. Ich laß alles schön wachsen. Sieht dann toll aus. Zwölf Stunden später, von fünf Nägeln sind zweie ziemlich kurz. *(Steckt Daumen und kleinen Finger in die Hosentasche.)* Dann sind das meine Showfinger. *(Guckt sich die Nägel an.)* Das sieht unmöglich aus. Mach ich die anderen drei auch noch ein Stück kürzer. *(Knabbert.)* Ich find das eklig, kindisch, hab ich doch gar nicht nötig. Ich schäm mich. Nur noch dieses kleine Stückchen Haut. Jetzt bräucht ich ne Schere. *(Sieht auf die Nägel.)*
Mann, hab ich mich wieder zerstört.

Alfreds Drogenkarte.

Wer hat denn den Vorhang wieder so schlampig aufgehängt? Ich find das unmöglich. Ich kann so nicht spielen.

Ich mach das mal schnell . . . wenigstens ein Klips. Hab ich immer bei mir. Ist auch viel zu lang, der Vorhang. Diese Seite ist doch viel länger als die; daß sowas die andern nicht stört!
Aber ist ja kein Wunder. Holger z.B., dem hängt den ganzen Tag so das Hemd aus der Hose. *(Zieht sich das Hemd aus der Hose.)* Ist doch kein schönes Bild! *(Steckt sich das Hemd wieder rein und bringt den Klips an.)*
Man hats doch gerne etwas nett.
Mir geht es nicht nur mit Sachen so. Auch mit Menschen.
Sagen wir, ich lern ein Mädchen kennen und ich finde die toll. Kann ja passieren. Plötzlich, nach zwei Wochen, seh ich nur noch ihre Macken. Quatscht zuviel. Wie sie ihre Haare jetzt hat. Dann hat sie neulich so Pumphosen angehabt, und auf Pumphosen kann ich ja nu gar nicht. Dann hab ich einfach keine Lust mehr.
Sag ich mir, komm, laß es, es gibt bessere.
Ich hab ein Bild im Kopf. Ein Bild von einer optimalen Freundin, die ich irgendwann treffe und dann weiß ich genau: Die ist es! Rechne ich eigentlich jeden Tag mit.
Aber wenn die auch abhängig ist von Bildern? Und ich paß nicht in ihr Bild! Das ist tragisch. Das ist wie ne Droge, son Bild im Kopf. Ich komm manchmal nicht zum Leben vor lauter Bild im Kopf.
Find ich unmöglich!

Helmas Drogenkarte.

Alkohol – ein bißchen.
Zigaretten – ein bißchen.
Von beidem manchmal ein bißchen zuviel.
Tabletten – hab ich mal genommen. Mach ich nicht mehr.
Haschisch – hab ich mal geraucht. Find ich langweilig.
Pattex – mag ich nicht.
Fernsehen – kiek ich nicht. LSD – hat mir gefallen.
Ich bin umgestiegen. U-Bahnhof Wittenbergplatz. KaDeWe. (C & A) KaDeWe ist nicht illegal. Da dürfen alle rein. Und ich muß da rein. Ich komm da nicht drumdrum. Das ist wie ein Sog, wie ein Rausch. Klamotten. Jeans.
Ich bin fest davon überzeugt, ich hab noch nicht die richtigen. Es gibt bessere. Das weiß ich. Hab ich gesehen.
Die mit den weiten Beinen, mit der Schlaufe an der Seite. Die mit den engen Beinen, ganz eng und mit Schlitz. Die mit den weißen Streifen an der Seite.
Dann die, die haben an den Arschtaschen Reißverschlüsse eingenäht. Die bunten find ich toll, die roten, himbeerroten, die weinroten, die gelben, die weißen, und die Latzhosen, die gestreiften, die find ich süß. Obwohl das Jeansblau, wenn das so ausgeblichen ist, find ich immer noch am besten. Oder die mit den Glitzersteinchen hier an der Seite. Schön find ick ooch die mit den Nieten an den Taschen. Oder die Samtjeans. Oder die aus Satin.

Jetzt solls ja Jeans geben, die sind gar nicht aus Jeansstoff. Das ist ja nun das allerschärfste. Diese karierten. Aber die hab ich noch nicht.
Dann stapeln die sich im Schrank. Für sone Jeans muß ich zwei Tage arbeiten. Ich verplemper mein Geld und meine Zeit in Kaufhäusern.
Mit dem Geld und der Zeit könnt ich was machen. Ich habe eine Tochter, mit ihr könnt ich mehr machen.
Wenn ich Zeitung lese, krieg ich Angst. Ich hab Angst vor Krieg. Vor Faschismus. Aber da müßte ich was tun. Da könnt ich was tun. Da will ich was tun. Aber nein, ick latsche in Kaufhäusern rum.
Ich nehme mir jetzt fest vor: Ich kauf mir keine Jeans. Auch nicht die karierten.
(Zu den Kollegen.) Ich muß nur mal jemand was fragen. Ick hab da vorhin jemanden mit irren Jeans gesehen. Fragen kostet ja nichts.

Günters Drogenkarte.

Mir fällt nichts ein. Trinken tu ich ganz gern. Abends, so in der Kneipe. Mit dem Holger. Aber das ist es nicht.
Essen tu ich auch ganz gern. *(Zeigt, daß seine Hose locker sitzt.)* Aber das ist es auch nicht.
Knabbern tu ich nicht, das macht meine Freundin.
Also, ich hab lange überlegt. Ich hab wirklich lange überlegt. *(Pause.)*
Tja . . . Jetzt steh ich da und hab keine Sucht . . . Tja. *(Pause.)*
(Geht auf und ab, wird nervös, kramt in den Hosentaschen.)
Tja, ich könnt euch ja was vormachen. Ich könnte sagen, ich bin spaghettisüchtig oder pizza-süchtig. Aber wir sollen hier ja nicht lügen. Und ich find das auch richtig so. *(Pause.)*
Tja, irgendwie peinlich . . . *(Wird zusehends nervöser.)*
Manchmal ist es besser, man ist süchtig.
(Holt eine Schachtel Zigaretten aus der Tasche und nimmt eine raus.) Dann könnte ich jetzt darüber reden. *(Pause.)*
Achso, Zigaretten! Daran hab ich natürlich auch schon gedacht. Aber das ist ja keine Sucht in dem Sinne. Die dreißig Stück am Tag. Ich könnt jeden Tag damit aufhören. Wenn ich wollte. Ich kenne keinen Raucher, der nicht jeden Tag damit aufhören könnte . . . wenn er wollte. *(Sucht Feuer. Kollegen winken ab.)*
Übrigens, solange wir hier rauchen, ist Spielen verboten, ähh, solange wir hier spielen, ist Rauchen verboten.

Ansager: Mensch ich lieb dich doch. (Dia: Clique) Wir erzählen (nun) die Geschichte einer Clique... (Theater Rote Grütze 1980, S. 9-13)

1.2. Sucht: Begriff und Erklärungsansätze

> „Die Ursache des weltweiten Konsums von Haschisch, Opium, Wein und Tabak liegt weder im Geschmack noch im Genuß, weder in Entspannung noch Heiterkeit, sondern einfach im Bedürfnis des Menschen, vor sich selbst die Ansprüche des Bewußtseins zu verbergen [...], denn der Mensch ist sowohl ein spirituelles als auch ein animalisches Wesen."
> (Tolstoi zit. n. Siegel 1982, S. 74)

In diesem Kapitel geht es um das Verständnis von Sucht als einem Risiko des Menschseins mit zwiespältiger Bedeutung. Es werden die historische Entwicklung des *Begriffs* und *Erklärungsansätze* der Suchtentwicklung dargestellt. Im heutigen Sinne wird der Begriff „Sucht" erst seit Beginn der Industrialisierung verwendet. Das Spezifische der Sucht ist der innere Zwang, der sich vor allem bei schwachem Selbstwertgefühl aus einer Gewöhnung nach dem Prinzip der Selbstverstärkung bis zum Kontrollverlust steigern kann. Im Falle der Drogensucht verfestigt sich süchtiges Verhalten zusätzlich durch die Integration der Droge in den Stoffwechsel. Die zwiespältige Bedeutung von Sucht rührt daher, daß sie zugleich ein Bedürfnis mit lebenserhaltender Funktion in einem als belastend empfundenen Leben und eine schwere behandlungsbedürftige Krankheit sein kann. Als wichtigste Konsequenzen von Sucht gelten die Einschränkung der Freiheit und die behandlungsbedürftige Störung der Persönlichkeit. Die Entstehung von Sucht wird durch multifaktorielle Ansätze erklärt, d.h. die Droge, die Persönlichkeit und die soziale Umwelt, so wie sie durch die Biographie und die aktuelle Situation vermittelt werden, sind zu beachten.

1.2.1. Was ist Sucht?

Der für die Drogenproblematik zentrale Begriff „Sucht" wird in der Literatur recht unterschiedlich gebraucht, eine verbindliche Definition steht nicht zur Verfügung. Dies ist vor allem auf seine große Bedeutungsvielfalt zurückzuführen. Rolf Harten (1991, S. 83ff.) dokumentiert 121 lexikalisch belegte *Süchte*, die er in neun Gruppen zusammenfaßt: Selbstsüchte, Sehnsüchte, stoffgebundene Süchte, Geltungs- und Arbeitssüchte, Genuß- und Freizeitsüchte, Habsüchte, Mord- und Streitsüchte, Leidens- und Liebessüchte. Historisch hat sich der Wortgebrauch im modernen Sinne einer geistig-seelischen Erkrankung erst

Abbildung 3: Stichwort „Sucht"

Sucht, in der Medizin eine veraltete Bezeichnung für Krankheit, die sich nur noch in Zusammensetzung erhalten hat (z. B. Schwind-, Wasser-, Fett-, Gelbsucht). Das Wort ist wahrscheinlich gleichen Stammes mit »Seuche« und »siechen«. Übertragen bezeichnet es krankhafte Begierde (Sehnsucht [schon mhd.], Rach-, Ruhm-, Trunk-, Morphium-, Kokainsucht usw.).

(Quelle: Meyers Lexikon von 1926)

Anfang der Neuzeit herausgebildet, eine *Drogensucht* im heutigen Sinne kannte man erst seit Beginn des Industriezeitalters.

Geschichte des Begriffs „Sucht"

Sucht bedeutet Krankheit, Leidenschaft, Trieb. Nach W. Hermann Fahrenkrug/Wolfram Quack (1985) tritt die Bedeutung im Sinne von Krankheit im 16. Jahrhundert zurück, ist im 18. Jahrhundert veraltet und im 19. Jahrhundert erloschen. Gleichzeitig nimmt Sucht seit dem 16. Jahrhundert die Bedeutung von Leidenschaft, Trieb an und wandelt sich so zu einem religiös-moralischen Wertbegriff zur Umschreibung der Sündhaftigkeit bzw. Lasterhaftigkeit menschlichen Handelns. Ab Ende des 18. Jahrhundert ergab sich ein weiterer Bedeutungswandel in der Auffassung von Sucht: Nunmehr lag das Krankheitsmoment im „Verlust der vernunftgemäßen, willentlichen Selbstkontrolle über leidenschaftliche/triebhafte Seelenzustände und Verhaltensweisen" (ebd., S. 345). Zu dieser Zeit ist es eine Minderheit von Naturforschern und Ärzten, die Sucht mit heilend-helfenden Reaktionen begegnen. Seit der Mitte unseres Jahrhunderts wandelt sich auch diese medizinische Sicht. Nunmehr wird davon ausgegangen, Sucht sei eine erlernte Verhaltensstörung. Dem Suchtbegriff scheint demnach die „Funktion eines gesellschaftlichen Codes für die Deutung und den Umgang mit ‚abweichenden/unerwünschten Seelenzuständen und Verhaltensweisen im Bereich menschlicher Leidenschaften und Triebe' zuzukommen" (Winter 1993, S. 346).

Der Versuch der Weltgesundheitsorganisation, Ende der 60er Jahre den Begriff „Sucht" durch den vermeintlich wissenschaftlicheren Begriff „Abhängigkeit" zu ersetzen, hat sich nicht durchgesetzt. Denn, so schillernd und schwer faßbar der Begriff der Sucht auch ist, er bietet den wesentlichen Vorteil, alle süchtigen Verhaltensweisen – seien sie mit der Einnahme von Suchtstoffen verbunden oder nicht – als Risiko des Menschseins zu verstehen, das jeden Menschen treffen kann.

„Für die meisten Individuen scheint es Tätigkeiten und/oder Substanzen unterschiedlichster Art zu geben, die von ihnen eingesetzt werden, um a) spezifische Stimmungen/Gefühlslagen zu erzeugen und/oder b) emotionale Spannungen zu überdecken, zu verdrängen oder auch aufzulösen. […] Welcher Art diese Tätigkeiten/Substanzen sind, ist individuell verschieden und abhängig von lebensgeschichtlichen Erfahrungen, subkulturellen Gewohnheiten und nicht zuletzt vom Geschlecht. Nahezu jede Tätigkeit und jede Substanz kann in dieser Weise eingesetzt werden […]. Der Konsum psychoaktiver Stoffe aller Art paßt sich in dieses Spektrum ein." (Stein-Hilbers 1985, S. 100)

Selbst das Trinken von Wasser kann zur Sucht werden, wie Alexander Mitscherlich in einer Untersuchung zur Trinksucht (nicht: Trunk-

Abbildung 4: Süchte in Deutschland

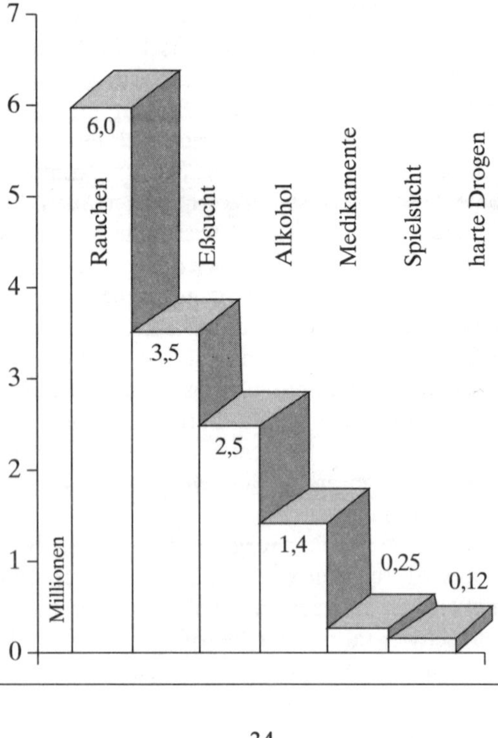

sucht) eindrucksvoll belegt. Dort findet sich auch schon die seit dem 19. Jahrhundert übliche, etymologisch aber nicht korrekte Verbindung von Sucht und suchen: „Eine Sucht entsteht allemal dort, wo gesucht, aber nicht gefunden werden kann.“ (Mitscherlich 1947, S. 280) Allerdings hat der Begriff „Sucht“ – und das ist ein beträchtlicher Nachteil – „einen durchaus dämonischen Charakter bewahrt. Dies drückt sich unter anderem auch in einer völlig irrationalen Angst, verbunden mit einem lustbetonten Schaudern, vor dieser Art von Krankheit aus. Sie umweht ein geheimnisvoller Hauch von etwas Unerklärlichem, Fremdem“ (Harten 1991, S. 45).

„Drogenwelle“

Die irrationale Angst drückt sich auch in einer der beliebtesten Metaphern für das Drogenproblem, der „Drogenwelle“, aus. So beginnt beispielsweise das Vorwort des Handbuchs zur Drogenpolitik von Gustav Hug-Beeli:

> „Kein anderes Ereignis hat in den letzten Jahren alle Bevölkerungsschichten so stark beschäftigt, wie die Ende der sechziger, anfangs der siebziger Jahre einer eigentlichen Sturmflut gleich auch über unser Land [die Schweiz] hereingebrochene Drogengefahr. Die erste Cannabiswelle wurde durch die Heroinwelle abgelöst, worauf die Kokainwelle folgte, der sich die Designerdrogenwelle anschloß, deren Anfang wir erst erleben, und mancher fragt sich, welches wird die Zukunftsdroge sein?“ (Hug-Beeli 1995, S. 9)

Kontrollverlust

Das Spezifische der Sucht aus psychologischer Sicht ist der innere Zwang, der sich aus einer Gewöhnung nach dem Prinzip der Selbstverstärkung derart steigert, daß er als Erkrankung des Ichs durch Selbstkontrolle nicht zu beherrschen ist. Dieser Zustand wird gewöhnlich als Kontrollverlust bezeichnet. Ein zu schwach ausgeprägtes Selbstwertgefühl gilt als wichtigster Faktor bei der Entwicklung einer Sucht. Entscheidend ist, daß eine Tätigkeit, gegebenenfalls die Einnahme einer Substanz, sich aus den fließenden Übergängen vom Neugierverhalten über gewohnheitsmäßiges Handeln bis zur Sucht verselbständigt, zum Selbstzweck wird und bis zur Existenzgefährdung alle anderen Bedürfnisse in den Hintergrund treten läßt.
Im Falle der Drogensucht verfestigt sich süchtiges Verhalten zusätzlich durch die Integration der Droge in den Stoffwechsel, wodurch die Droge zum notwendigen „Lebensmittel“ wird (körperliche Abhängigkeit). Die Selbstverstärkung wird in diesem Falle durch den regelmäßigen Wechsel zwischen den Unlustgefühlen der Entzugserscheinungen und der Befriedigung durch erneute Drogeneinnahme nachhaltig gefördert.

Freiheitsverlust

Sucht wird als Einschränkung bzw., in weitergehenderer Formulierung, als Verlust von Freiheit und dieser wiederum als Zerstörung der Persönlichkeit und behandlungsbedürftige Krankheit verstanden. Diese zunächst triviale Feststellung – Abhängigkeit macht unfrei! – findet sich in vielen Texten, z.B. bei Jürg Zutt (1948/1978, S. 2 und 8): „Der Süchtige wird in seiner Freiheit beschränkt. Hier liegt das eigentliche Problem der Sucht." „Es entspricht auch der Wesensgleichheit des Versagens, wenn man den gewohnheitsmäßigen Glücksspieler als Süchtigen bezeichnet und viele andere, bei denen sich Gewohnheiten eine solche Bedeutung erzwungen haben, daß sie der Entwicklung und Bewahrung der Persönlichkeit schaden oder sie zerstören." Die stigmatisierende Dimension dieser Sicht wird z.B. bei Karl-Ludwig Täschner (1983, S. 17) deutlich, der den Gedankengang abwertend zuspitzt: „Sucht verfehlt den (zwischen)menschlichen Bezug. Süchtige befinden sich deshalb auch nicht auf ‚eigentlich menschlicher Daseinshöhe'." Gegen diese Stigmatisierung wehrt sich aus eigener Erfahrung William S. Burroughs (1982, S. 562) mit der provozierenden Feststellung: „Süchtige sind zum Gähnen normal."

subjektiver Sinn von Sucht

Mit der negativen Wertung von Sucht wird die prohibitive Prävention begründet, die in ihrer puritanischen Übersteigerung zum illusionären Ziel einer drogenfreien Gesellschaft führt und jede Erfahrung mit der „Gefahr" rauschhaften Erlebens unterbinden möchte. Diese Begründung übersieht nicht nur, daß Verbote die Suchtgefahr steigern und daß der Umgang mit allgegenwärtigen Risiken gelernt werden muß. Sie ignoriert auch, daß jede Sucht einen subjektiven Sinn, eine Funktion hat als Versuch der Selbsthilfe gegen Schwächen und Belastungen – gleichsam als „Lebenskrücke" –, die freilich selbst zum beherrschenden Problem werden kann; die Sucht „hilft dem Menschen, während sie ihn zerstört" (Shaffer, zit. n. Milkman/Sunderwirth 1984, S. 9).
Sigmund Freud schrieb unter dem Eindruck seiner Raucherkrebserkrankung: „Ich habe das Rauchen völlig aufgegeben, nachdem es mir genau 50 Jahre lang als Schutz und Waffe im täglichen Kampf mit dem Leben gedient hat. Ich bin jetzt wohler als vorhin, nicht glücklicher." (Freud 1930, zit. n. Gay 1989, S. 644)
Sebastian Scheerer (1995, S. 8) sieht eine zunehmende Bedeutung – nicht unbedingt eine Zunahme – von Sucht, weil die Menschen, in Umkehrung des Arguments vom Verlust der Freiheit durch Drogenkonsum, einen Verlust der Freiheit in ihrem alltäglichen Leben empfinden:

„Vielleicht wird Sucht immer mehr zum Symbol der Angst, daß es den Individuen nicht mehr lange gelingen wird, ihre eigenen Handlungen und Lebensumstände in einem nennenswerten Umfang selbst zu bestimmen – und zum Symbol der Möglichkeit, einfach dadurch aus einem überkomplexen und allzu streßreichen Alltag zu fliehen, daß man sich vollständig auf ein Objekt fixiert, sich an eine Droge oder eine Aktivität verliert. Bedenkt man dann noch, daß die Gesellschaft ein solches Verhalten als Krankheit ansieht und die Betroffenen von ihren 'normalen' Verpflichtungen, Erwartungen und Verantwortlichkeiten befreit, dann läßt sich in gewisser Weise sogar verstehen, warum manche Süchtige ihren Zustand paradoxerweise auch als eine Art Befreiung erleben."

zwiespältige Bedeutung von Sucht

Sucht erweist sich als recht ambivalente „Krankheit". Sie entsteht – auch wenn immer wieder das Bild der „sozialen Infektion" beschworen wird – nicht nach dem Muster klassischer Erkrankungen durch Infektion, sondern aus der Befriedigung von Bedürfnissen. Entsprechend einer Grundannahme der *Bedürfnistheorie*, derzufolge der Wert einer Bedürfnisbefriedigung mit der Häufigkeit ihrer Erfüllung abnimmt, werden die meisten Menschen nicht süchtig, da sie alternative Bedürfnisbefriedigungen nutzen können. Sofern dies aber nicht der Fall ist, weil Alternativen – zumindest aus subjektiver Sicht – nicht verfügbar sind, kommt es nicht zu einer Änderung, sondern zu einer Fixierung auf ein bestimmtes Muster der Bedürfnisbefriedigung, d.h. zu einer Sucht. Darin liegt zweifellos eine Einschränkung in der Freiheit der Bedürfnisentfaltung und damit auch in der Entwicklung der Persönlichkeit. Ob und bei welchen Inhalten wir die mangelnde Freiheit der Bedürfnisentfaltung aber eine Krankheit (und nicht etwa eine Tugend, z.B. Arbeitssucht = Fleiß) nennen, ist eine Frage der Wertung.
Die zwiespältige Bedeutung von Sucht als Bedürfnis mit „– relativ – lebenserhaltender" Funktion in einem als belastend empfundenen Leben (Plack 1969, S. 220) und zugleich als behandlungsbedürftige Krankheit drückt sich auch in dem Widerspruch aus, daß Süchtige und ihre soziale Umgebung oft erheblich an der Sucht leiden, ihnen aber zugleich die Krankheitseinsicht fehlt, womit wiederum die Leidensdruckthese und der helfende Zwang bei der Motivierung für eine Behandlung begründet werden. Erst im nachhinein, nach der Überwindung einer Sucht, erweist sich eventuell ihr Sinn, denn Suchterfahrungen sind Lebenserfahrungen:

„[...] diejenigen, die bei ihrem Versuch, mit den Herausforderungen des modernen Lebens zurechtzukommen, Alkohol, Medikamente, Essen, Drogen,

Helfen bis zur Selbstaufgabe und Selbstvergessenheit als möglichen Lösungsweg eingeschlagen haben und dabei in Sackgassen geraten sind, versuchen auch ‚nur‘ ihren Lebensaufgaben zu begegnen. Das gelingt ihnen, wie allen anderen, mal schlechter und mal besser. Ja, wenn man sich mit denjenigen unterhält, die die Lebenserfahrung Sucht hinter sich gelassen haben, dann hört man doch häufig, daß es genau diese Erfahrungen waren, die den eigenen Horizont, den eigenen Lebensmut erweitert haben. Und vielleicht ist es genau dieses Paradox, was die Arbeit in der Suchtkrankenhilfe so spannend macht.“ (Appel 1992, S. 131)

Abbildung 5: Süchtige Ratten

„Frauen könnten ein höheres Suchtpotential als Männer haben, schließen Wissenschaftler aus Tierexperimenten. Prof. Florian Holzboer [...] berichtete von Versuchen, bei denen männlichen und weiblichen Ratten Wasser und Alkohol als Alternative angeboten wurden. Weibchen tranken bei steigender Dosierung viel mehr Alkohol als Männchen. Der Unterschied blieb auch nach dreiwöchiger Abstinenz erhalten. Wurden die weiblichen Tiere durch Hormonmanipulation den Männchen angeglichen, mäßigte sich das Trinkverhalten. Es könne sein, daß das weibliche Suchtpotential hormonelle Ursachen habe.“

(Quelle: Frankfurter Rundschau vom 8.3.1996)

PS: Jetzt bleibt lediglich zu erklären, warum unter den alkoholkranken Menschen nur ein Drittel Frauen sind.

1.2.2. Erklärungsansätze

biochemische Ansätze

Eine allgemeine Erklärung von Sucht bezieht sich auf biochemische Vorgänge im Stoffwechsel des Gehirns. Im sogenannten *Belohnungssystem* des Körpers, der organischen Grundlage für positive Gefühle, werden die Impulse zwischen den Nervenzellen durch Botenstoffe (Neurotransmitter) ausgelöst. Sie gleichen in ihren Wirkungen psychoaktiven Substanzen (Endorphine = endogene Morphine) und werden daher oft als körpereigene Opiate bezeichnet, die Euphorie bei bestimmten Tätigkeiten, unter anderem bei extremer sportlicher Betätigung, auch ohne die äußere Zufuhr von Drogen auslösen. Durch die Einnahme psychoaktiver Substanzen, die entsprechende positive Gefühle auslöst, wird bei fortgesetztem Gebrauch der natürliche Neurotransmitterstoffwechsel derart gestört, daß der Körper auf die Zufuhr der körperfremden Substanzen angewiesen ist. Neben erworbenen wird auch von angeborenen, genetisch bedingten Defekten im Neurotransmitterstoffwechsel (Suche nach dem „Sucht-Gen“) ausgegangen, die erklären sollen, warum einige Menschen sehr leicht süchtig werden. Die Existenz dieses Belohnungssystems wird als Ergebnis der Evolution verstanden, es hat also einen Überlebensvorteil für die Menschen.

klassische Ansätze

Neben allgemeinen biochemischen und evolutionären Theorien gibt es unzählige spezifische Ansätze zur Erklärung der Entwicklung der

Abbildung 6: Trias der Drogenabhängigkeit

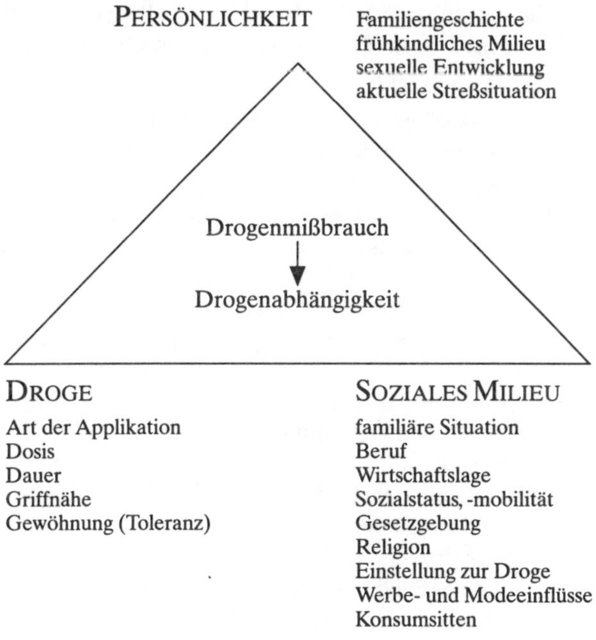

(Quelle: Ladewig u. a. 1979, S. 18)

Drogensucht. Einen Überblick bieten am Beispiel der Heroinsucht Jerome J. Platt/Christina Labate (1982, S. 48ff.), eine umfassende Kritik findet sich bei Christiane Schmerl (1984, S. 46ff.). Die klassischen Erklärungsansätze orientieren sich jeweils vorwiegend:

(a) an den pharmakologischen Eigenschaften der Drogen (Suchtpotential),
(b) an der Persönlichkeit der Süchtigen (Anlagen, Sozialisation, Suchtpersönlichkeit) und ihrer mangelnden Kompetenz bei der Bewältigung von Belastungen (mangelndes Selbstbewußtsein, mangelnde Frustrationstoleranz und Konfliktfähigkeit),
(c) an Erfahrungen sozialer Ungleichheit (Armut, Arbeitslosigkeit, Anomie),
(d) an allgemeinen Charakteristika der Gesellschaft (Überbetonung der Rationalität auf Kosten der Gefühle, Individualisierung, Leistungsgesellschaft, Suchtgesellschaft, fehlende Wertorientierung, Zerfall der Familie),
(e) an kulturellen, gegebenenfalls sub- oder teilkulturellen Merkmalen (Werte und Normen zum Drogenge- und -mißbrauch sowie zur Sucht).

multikausale Ansätze

Alle derartigen klassischen Erklärungsansätze erfassen richtige Teilaspekte des Problems, können aber keinesfalls als allgemeine „Suchttheorie(n)" Geltung beanspruchen, weil sie sich meist aus der Sicht einzelner Wissenschaftsdisziplinen monokausal nur auf einzelne, mehr oder weniger gewichtige Faktoren der Suchtgenese beziehen. Moderne Ansätze gehen grundsätzlich von multikausalen (bzw. multifaktoriellen), die verschiedenen Disziplinen integrierenden Erklärungsansätzen aus. Unter diesen ist das sogenannte Trias-Modell von Dieter Ladewig u.a. (1979, S. 18) am bekanntesten, in dem die Persönlichkeit, die Droge und das soziale Milieu als drei Ursachenbündel kombiniert werden (Abbildung 6, S. 39).
In diesem Ansatz fehlen allerdings noch die Dynamik der biographischen Entwicklung und der Einfluß situativer Bedingungen in den konkreten Entscheidungen der abweichenden Karriere, die in neueren Untersuchungen regelmäßig als bedeutsam erkannt worden sind.
Ein umfassendereres Modell, das die Faktoren des Trias-Modells und auch die *biographischen und situativen Perspektiven* enthält, veranschaulicht Abbildung 7 (S. 41). Ausgangspunkt ist das Handeln in Situationen, hier also der Umgang mit Drogen. Die Faktorenbündel

Abbildung 7: Biographisch-situative Vermittlung

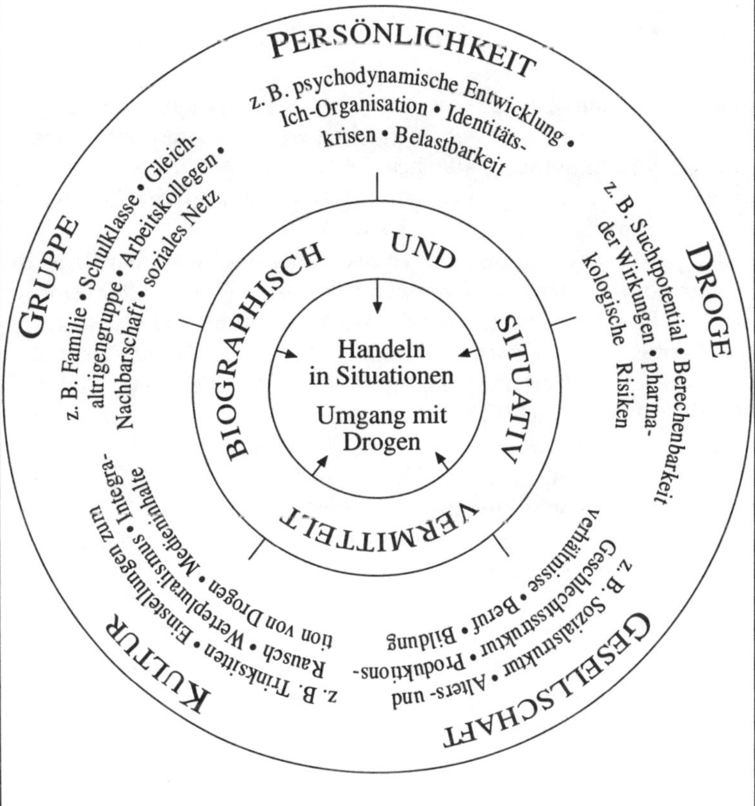

(Quelle: nach Loviscach 1983, S. 37)

„Persönlichkeit", „Droge", „Gesellschaft", „Kultur" und „Gruppe" wirken sich im konkreten Handeln nicht direkt aus, sondern immer vermittelt durch die individuelle Biographie und die aktuelle Situation. So entfaltet zum Beispiel eine Droge nicht einfach „objektiv" ihre pharmakologischen Eigenschaften, sondern wirkt je nach der biographisch und situativ geprägten persönlichen Wahrnehmung und Verarbeitung unterschiedlich. Entsprechendes gilt für den gesellschaftlichen Status der Illegalität oder für die biographische Erfahrung einer gestörten Familienstruktur in der Kindheit. Das Modell erlaubt es auch, die unterschiedlichen Entscheidungsbedingungen auf den verschiedenen Stufen der abweichenden Karriere jeweils erneut zu analysieren (siehe Teil 1, Kapitel 3, S. 168ff.).

Literatur: Einen Zugang zur schwierigen Problematik des Begriffs Sucht eröffnet *Rolf Harten:* Sucht, Begierde, Leidenschaft. Annäherung an ein Phänomen. München 1991.
Empfehlenswert ist die kritische, kurze und gut lesbare Darstellung von *Sebastian Scheerer:* Sucht. Reinbek 1995.
Hilfreich zum Verständnis der Entwicklung des Suchtbegriffs ist der Beitrag von *W. Hermann Fahrenkrug/Wolfram Quack:* Überlegungen zur Geschichte des Suchtbegriffes am Beispiel der „Modellsucht Alkoholismus“? In: Deutsche Hauptstelle gegen die Suchtgefahren (Hg.): Süchtiges Verhalten. Hamm 1985, S. 245-353.
Die Vielfalt von Suchttheorien, richtiger von Theorien zur Suchtgenese, stellen vor: *Jerome J. Platt/Christina Labate:* Heroinsucht. Theorie, Forschung, Behandlung. Darmstadt 1982, S. 48ff.
Zu dem hier nur sehr kurz angesprochen biochemischen Belohnungssystem des Körpers ist zu empfehlen: *Solomon Snyder:* Chemie der Psyche. 2. Aufl. Heidelberg 1994.

2. Jugend, Identität, Belastungen und Abweichung

„Drogengebrauch ist Grenzgang, nicht Auswanderung. Nicht indem wir ein anderer werden und bleiben, erfahren wir, wer wir sind oder sein können, sondern indem wir die Grenzen unserer Alltagswelt zeitweilig überschreiten, um als Gewandelte zurückzukehren."
(Marzahn 1994, S. 83)

In diesem Kapitel geht es um den Drogengebrauch als jugendliches Handeln, für das drei einander ergänzende und aufeinander aufbauende Konzepte zu diskutieren sind. Im Jugendalter mit seinen spezifischen Aufgaben und Belastungen wird Drogengebrauch zunächst nach dem Identitätskonzept als Teil der Identitätsentwicklung und als Strategie zur Lösung von Identitätsproblemen dargestellt und danach im Sinne des Risikofaktorenkonzepts als gesundheitsgefährdendes Muster der Bewältigung jugendspezifischer Belastungen. In beiden Fällen ergibt sich, daß Drogengebrauch, wenn die ursprünglichen Probleme nicht gelöst werden, die Belastungen sich häufen und konventionelle Bewältigungskompetenzen nicht ausreichen, nach dem Konzept abweichenden Handelns in Prozesse der Stigmatisierung und Ausgrenzung münden kann.

2.1. Jugend

Drogenkonsum muß „vor allem als Problem der Jugendentwicklung verstanden werden" (Projektgruppe TUdrop 1984, S. 51). Er wird, auch wenn die Ursachen häufig in der Kindheit liegen, weit überwiegend im Jugendalter begonnen und, in erster Linie bei illegalen Drogen, zum Teil auch wieder beendet oder aber für längere Zeit verfestigt. Es ist daher sinnvoll, der Analyse von Drogenproblemen ein Konzept der Aufgaben und Risiken des Jugendalters zugrundezulegen.

Mit Jugendalter bezeichnen wir die Lebensphase, die von der Pubertät, d.h. dem 12. bis 14. Lebensjahr, bis zur Übernahme zentraler Erwachsenenrollen der beruflich/ökonomischen, partnerschaftlich/fami- Jugendalter liären und weltanschaulich/politischen Selbständigkeit reicht. Dies geschieht heute meist zwischen dem 18. und 25. Lebensjahr.

Individuation und Integration

Die Entwicklungsaufgabe dieses Lebensalters wird in der Jugendforschung als die Doppelaufgabe der Individuation und der Integration in die Gesellschaft beschrieben, in deren Mittelpunkt die Identitätsfindung steht. Diese Lebensphase ist zugleich als Übergang vom Status des Kindes zum Status des Erwachsenen und als eigenständige Lebenswelt zu verstehen, wobei von Gleichaltrigengruppe und Erwachsenenwelt zum Teil widersprüchliche Verhaltens- und Anpassungserwartungen formuliert werden. Bei der hieraus resultierenden, von Nachahmung wie von Protest geprägten Anpassung an die Erwachsenenwelt spielt der Drogenkonsum eine zentrale Rolle: Zum Protest: „Der Konsum illegaler Drogen ist immer noch einer der wirksamsten Schocks, die Jugendliche und Heranwachsende ihren Eltern und ihrer sozialen Umwelt versetzen können." (Stöver 1994, S. 61) Zur Anpassung: „In wohl allen Kulturen wird der Junge dadurch zum Mann, daß er die Rauschmittel der Alten nun ebenfalls genießen darf." (Behr 1982, S. 102)

Gleichaltrigengruppen

Bei der Lösung von der Herkunftsfamilie und dem Lernen der Erwachsenenrollen im Jugendalter sind die Gruppen Gleichaltriger (peergroups, Cliquen) besonders wichtig. Als selbstgewählte Bezugsgruppen bieten sie den Rückhalt, den die Familie gerade in diesem Alter oft nicht bieten kann, weil die Lösung von der Familie regelmäßig ein stärker oder schwächer ausgeprägtes Moment des Protests gegen die Eltern enthält, das Konflikte provoziert. Diese Tatsache wurde schon immer bemerkt und in der Geschichte oft beklagt. Anders als in früheren Zeiten gibt es aber in unserer Gesellschaft eine ausgeprägte Jugendkultur als eigenständige Lebenswelt mit eigenen Werten und Normen, in der die Gleichaltrigengruppen eine bedeutende Rolle spielen. Die Zugehörigkeit und Anerkennung in der „Clique" wird um so stärker zu einer existentiellen Frage, je mehr es an Rückhalt und Verständnis in der Familie mangelt. In diesem Zusammenhang kann abweichendes Handeln, besonders auch Drogengebrauch, zum Symbol der Zugehörigkeit zur Gleichaltrigengruppe und zugleich der Distanz zur Herkunftsfamilie sowie zu den Verboten der Erwachsenenwelt werden.

2.2. Identität

Im Zentrum des Entwicklungsprozesses im Jugendalter steht die Identität. Erikson bezeichnet diese Lebensphase auch als „psychosoziales Moratorium" (Erikson 1988, S. 98). Die mit der Pubertät verbundenen biopsychischen Veränderungen sowie die Herausforderungen des Rollenwandels vom Kind zum Erwachsenen verunsichern die in den vorhergehenden Lebensphasen erreichte Identität, die deshalb im Jugendalter neu aufgebaut werden muß.

„Der wachsende und sich entwickelnde Jugendliche ist nun, angesichts der physischen Revolution in ihm, in erster Linie damit beschäftigt, seine soziale Rolle zu festigen. Er ist in manchmal krankhafter, oft absonderlicher Weise darauf konzentriert herauszufinden, wie er, im Vergleich zu seinem eigenen Selbstgefühl, in den Augen anderer erscheint und wie er seine früher aufgebauten Rollen und Fertigkeiten mit den gerade modernen Idealen und Leitbildern verknüpfen kann. Manche Jugendliche müssen in ihrer Suche nach einem neuen Gefühl von Dauer und Identität die Kämpfe früherer Jahre noch einmal durchfechten [...]." (Erikson 1976, S. 106)

Begriff „Identität"

Der Begriff „Identität" wird in der Literatur sehr unterschiedlich verwendet. Wir übernehmen sinngemäß die Definition, die Urs Haeberlin/Eva Niklaus (1978, 18ff.) im Anschluß an George Herbert Mead vorgeschlagen haben, und nennen Identität (Ich-Identität) die Fähigkeit einer Person, ihr Leben als sinnvolles zusammenhängendes Ganzes zu erleben und zu gestalten. Die zwei wesentlichen Funktionen von Identität sind, Kontinuität im biographischen Wandel und Integration in der Rollenvielfalt zu erhalten, was gerade im Jugendalter mit seinen typischen schnellen und tiefgreifenden Veränderungen und Belastungen so notwendig wie schwierig ist.

Identitätskrisen

Folgen wir den Anregungen dieser Definition, so wird deutlich, daß Identitätskrisen durch biographische Belastungen der Vergangenheit, der Gegenwart und der erwarteten Zukunft verursacht werden können, wenn es nicht gelingt, die Belastungen konstruktiv zu bewältigen. Was aber „konstruktiv bewältigen" bedeutet, darüber gehen die Meinungen zwischen Jugendlichen und Erwachsenen bekanntlich oft auseinander.

Nach einem Vorschlag von Erving Goffman (1975) kann auffälliges oder abweichendes Verhalten als bewußte oder unbewußte Strategie für die Lösung von Identitätsproblemen verstanden werden. In dieser Sicht erscheint jugendliches Risikoverhalten, das von Erwachsenen als abenteuerlich und gefährlich beurteilt wird, oft sinnvoll; zum Teil suchen Jugendliche das Risiko geradezu, um in Grenzerfahrungen Identität zu erleben. Neben anderen riskanten Aktivitäten ist der Konsum von Drogen, zumindest in den Anfangsphasen und oft bis in mittlere Phasen der Karriere, zum guten Teil als Identitätserfahrung zu verstehen.

„Die Gefahr, die im rauschhaften Erleben für die Gestalt der Persönlichkeit liegt, [...] ist eine echte Gefahr und somit ein Wagnis, sich ihr auszusetzen. Sich solcher Gefahr auszusetzen, und die Freude, sich in ihr zu bewähren, gehört, wie alle Wagnisse, in denen der Wert des Lebens erfahren wird, indem er aufs Spiel gesetzt wird, im wesentlichen zum jugendlichen Alter. Im Leben des Süchtigen wird diese Gefahr zur selbstzerstörenden Wirklichkeit." (Zutt 1948/1978, S. 7)

Dies trifft erstens und vor allem für den Drogengebrauch in der Gleichaltrigengruppe zu, die eben nicht nur verführt und ein Risiko darstellt, sondern auch die Identitätsfindung unterstützt. Und es gilt zweitens individuell, wenn Drogenkonsum als Mittel der Selbsthilfe („Selbstmedikation") eingesetzt wird, um eine Bedrohung der Identität durch Belastungen und widersprüchliche Gefühle situativ bewältigen zu können. Tatsächlich bieten viele Drogen die gewünschten Wirkungen, wie z.B. Angst zu überdecken, Kummer zu vergessen, Streß zu mindern, Machtgefühle zu wecken, die Stimmung zu heben oder die Leistungsfähigkeit auszuweiten.
Aus der Sicht des Identitätskonzepts stehen für die Jugendlichen nicht die gesundheitsgefährdenden, sondern die identitätsstabilisierenden Aspekte des Drogengebrauchs im Vordergrund. Präventive und korrektive Interventionen werden sich auf dieser Grundlage weniger auf die Risiken des Verhaltens konzentrieren als auf die Entfaltung und Stabilisierung der Identität.

2.3. Belastungen und Risiken der Bewältigung

In ähnlicher Weise wie im Identitätskonzept, aber mit anderen Schwerpunkten, wird das Jugendalter auch im Konzept gesundheitsgefährdender Belastungen und Risiken gesehen.

Das Jugendalter birgt ein „erhebliches Stimulierungs- aber auch Belastungspotential". Jugendliche „müssen die schnelle Veränderung der Struktur ihrer

Motive, Gefühle, Denkweisen und Reaktionsmuster und den Neuaufbau ihrer personalen Identität in einer Zeitspanne ihres Lebens bewerkstelligen, in der von ihnen zugleich soziokulturelle Anpassungs- und sozioökonomische Qualifizierungsleistungen verlangt werden. Hieraus ergeben sich strukturell angelegte Problemkonstellationen, die unter günstigen Bedingungen in produktiver Weise bewältigt, unter ungünstigen Bedingungen aber auch in unproduktiver und für die weitere Persönlichkeits- und Gesellschaftsentwicklung problematischer Weise verarbeitet werden können" (Hurrelmann u.a. 1985, S. 27 und 104).

Risikofaktoren

An anderer Stelle spricht Klaus Hurrelmann (1991, S. 192ff.) in diesem Zusammenhang von „Risikofaktoren", die, wenn sie sich im Lebenslauf häufen bzw. in bestimmten Risikokonstellationen auftreten, Auffälligkeiten, Abweichungen und Krankheiten einschließlich Suchterkrankungen wahrscheinlicher machen.
In entsprechenden Jugendstudien, z.B. einer Untersuchung 17 bis 20 Jahre alter Jugendlicher in Nordrhein-Westfalen von Mansel und Hurrelmann, wurde nachgewiesen, daß problematische Formen der Lebensbewältigung und psychosoziale Belastungen korrelieren. Allgemein erwiesen sich unter den verschiedenen Lebensbereichen die Belastungen aus Schule und Beruf als besonders schwerwiegend. Speziell für den Konsum von (legalen) Drogen waren jedoch die Einflüsse der Belastungen im Bereich Freizeit und Gleichaltrigengruppe am gewichtigsten. Die Autoren interpretieren:

> „Die sozialen Entwicklungen besonders in der letzten Dekade haben den Jugendlichen nicht nur mehr Chancen gebracht, ihre Individualität zu entfalten, sondern haben ihnen auch eine Rechnung präsentiert. Die Jugendlichen müssen für die vermehrten sozialen Chancen auch einen 'Preis' zahlen, der gleichzusetzen ist mit erhöhtem Streß infolge des Risikos, einen individuell entworfenen Lebensplan nicht realisieren zu können." (Mansel/Hurrelmann 1991, S. 7)

Probleme und Konflikte ergeben sich in der Auseinandersetzung mit der Gesellschaft, der Familie, der Schule, der Berufsausbildung, den Gleichaltrigengruppen und auch mit sich selbst für junge Menschen fast unausweichlich. Ob dabei die stimulierenden oder die belastenden Momente überwiegen und wie die unvermeidlichen Belastungen bewältigt werden, hängt einerseits ab von den gesellschaftlichen Widersprüchen, denen sich Jugendliche ausgesetzt sehen. Andererseits sind für die Bewältigung von Belastungen die sozialen Ressourcen (Unterstützungen aus der sozialen Umwelt, Netzwerk) und die personalen

Ressourcen (persönliche Problembewältigungskompetenzen) entscheidend.

Bewältigungskompetenzen

Die Chancen, den allfälligen Belastungen der Probleme und Krisen im Jugendalter gewachsen zu sein, hängen weitgehend davon ab, ob ein junger Mensch biographisch günstige oder benachteiligende Lebens- und Sozialisationsbedingungen hatte und hat. Als hervorstechende Risikofaktoren nennt Hurrelmann (1991, S. 192ff.) in der Kindheit ungesicherte Bindungs- und Beziehungsstrukturen in der Familie und im Jugendalter die gesteigerten Leistungs- und Qualifizierungsanforderungen bei gleichzeitiger Unsicherheit des Übergangs in den Beruf sowie die Schwierigkeiten der Identitätsentwicklung in einem pluralistischen Werte- und Normensystem.

Andere Forscher stellen im Rahmen des Risikofaktorenkonzepts schwerwiegende Lebensereignisse (life events) in den Vordergrund. So belegt z.B. Klaus Krämer (1992, S. 118–132), daß die Suchtmittelgefährdung mit der Belastung durch negative „Lebensereignisse“ steigt und durch familiäre Unterstützung und einen aktiven persönlichen Verarbeitungsstil wiederum abgeschwächt wird.

In der Sicht des Risikofaktorenkonzepts werden problematischer Drogenkonsum ebenso wie andere Formen abweichenden Handelns, z.B. Kriminalität oder psychosoziale Störungen, als Resultat mißlungener Sozialisation und mangelnder sozialer Unterstützung verstanden. Daher geht es diesem Konzept, anders als in traditionellen Auffassungen, nicht in erster Linie um die Sozialisation gegen den Drogenkonsum, sondern um den Erwerb von Kompetenzen zur Bewältigung von Problem- und Konfliktsituationen. Diese Sichtweise hat seit Mitte der 80er Jahre zu einer Veränderung in der Praxis der Prävention geführt: Nicht mehr der Kampf gegen die Drogen wird in den Mittelpunkt gestellt, sondern der Aufbau von Handlungskompetenzen zur Vorbeugung gegen Sucht. Diese Perspektive wird unterstützt durch Vorschläge für sozialpolitische und sozialpädagogische Interventionen, um präventiv Belastungen zu vermeiden und korrektiv das Problemverhalten einzudämmen.

Kritik

Das Risikofaktorenkonzept kann mißverstanden werden, weil es sich auf das Kriterium von Gesundheit und Krankheit konzentriert, womit nur ein Teil des Problems erfaßt wird, worauf Max M. Wambach in seiner Kritik dieses Konzepts hinweist: „Körperliche Verschwendung und gesundheitsriskantes Verhalten bilden einen notwendigen

Gegenpol zum disziplinierten Arbeitsleben, zum reglementierten, erlebnisarmen Alltag" (Wambach 1988, S. 12).
Drogenkonsum wird von konsumbereiten Jugendlichen bei insgesamt ambivalenter Haltung typischerweise nicht vorrangig als gesundheitsgefährdend gewertet. Im Vordergrund stehen vielmehr – wenigstens zu Beginn – die Befriedigung einer langen Reihe recht unterschiedlicher Bedürfnisse wie Neugier, Abenteuerlust, Erlebnishunger, Zugehörigkeit zu Cliquen, Protest, Demonstration von Status, Stimmungsbeeinflussung, Ausgleich von Streß, Leistungssteigerung, Kompensation von Schwächen, Flucht vor Problemen.
In einer Gesellschaft, in der Drogenkonsum zur kulturellen Ausstattung gehört, ist das Lernen des Umgangs mit Drogen eine wichtige Sozialisationsaufgabe. Entscheidend für die Risiken des Drogenkonsums – hier treffen das Belastungs-/Bewältigungs- und das Identitätskonzept zusammen – ist nicht so sehr der Gebrauch von Drogen, sondern deren Instrumentalisierung als problematische Bewältigungsstrategie bei Belastungen.

2.4. Abweichendes Handeln, Stigmatisierung und Ausgrenzung

Der Konsum illegaler und der Mißbrauch legaler Drogen werden gewöhnlich als abweichendes Handeln verstanden. Diese Auffassung schließt sich an das Identitätskonzept an. Wir haben auf Goffmans Überlegung hingewiesen, abweichendes Handeln könne als Strategie verstanden werden, die Identität zu stabilisieren. Auch das Belastungs-/Bewältigungskonzept im Jugendalter sieht die verschiedenen auffälligen und gesundheitsgefährdenden Verhaltensweisen Jugendlicher teilweise als abweichendes Handeln zur Bewältigung von Belastungen. Wir wollen uns wegen der grundlegenden Bedeutung mit dem theoretischen Konzept „abweichendes Handeln" etwas ausführlicher befassen.
Vorab ist eine Anmerkung zur Wortwahl zu machen: Wir sprechen von abweichendem *Handeln* und nicht von abweichendem *Verhalten*. Damit soll betont werden, daß es prinzipiell – das heißt in dem gleichen Sinne wie bei sonstigem menschlichen Handeln – aktives Handeln ist. „Wir selbst sind die Urheber der Handlung, wenn wir auch nicht ihre Erfinder sind." (Durkheim 1973, S. 131)

Begriff „abweichendes Handeln“

Die Definition des Begriffs „abweichendes Handeln“ ist in der Literatur heftig umstritten. Die entscheidenden Differenzen bestehen zwischen normativen und reaktiven Definitionen, d.h. ob abweichendes Handeln im wesentlichen durch die Verletzung von Normen oder durch die negativen sozialen Reaktionen auf die Normverletzung bestimmt sei. Dieser Gegensatz findet sich auch in den Drogentheorien wieder, wenn zum Beispiel nach der „Suchtpersönlichkeit“ gesucht oder wenn die repressive Drogenpolitik an allem Elend schuldig gesprochen wird. Beide Positionen können auf der Basis der Interaktionstheorie zusammengefaßt werden. Hier soll unter abweichendem Handeln ein Handeln verstanden werden, das soziale Regeln verletzt und negativ bewertet wird. Abweichendes Handeln ist also ein Prozeß, in dem die Regelverletzung und die soziale Reaktion wechselweise miteinander verschränkt sind. Für die Fortsetzung des Drogenkonsums und die Entstehung einer Drogenabhängigkeit spielt es eine große Rolle, wie die soziale Umgebung reagiert. Die Regelverletzung allein, ohne soziale – sei es helfende, sei es strafende – Reaktion, erklärt nur sehr bedingt die spätere Situation vieler Drogenabhängiger mit ihren lebensgefährlichen Risiken und ihrer psychosozialen Verelendung.

Verletzung sozialer Regeln

(1) Der *erste Schritt* in jedem konkreten Prozeß abweichenden Handelns ist die Verletzung sozialer Regeln. In soziologischer Sicht sind hingegen die sozialen Regeln der erste Schritt: Sie müssen zunächst vorhanden sein, bevor sie verletzt werden können. Dies ist der Ansatz der klassischen Untersuchungen von Howard S. Becker (1973, S. 8), der davon ausgeht, „daß gesellschaftliche Gruppen abweichendes Verhalten dadurch schaffen, daß sie Regeln aufstellen, deren Verletzung abweichendes Verhalten konstituiert, und daß sie diese Regeln auf bestimmte Menschen anwenden, die sie zu Außernseitern abstempeln.“

Mit sozialen Regeln sind hier in abgekürzter Formulierung die sozialen Werte, Normen und Verhaltensmuster gemeint, an denen sich unser Handeln orientiert. Es geht nicht allein um rechtliche Vorschriften und kriminelles Handeln, sondern um alle möglichen Formen sozialen Handelns, deren Verletzung negative Reaktionen hervorruft. Der Ansatz schließt nicht aus, wie in der Kritik oft unterstellt wird, daß vor dem ersten Schritt bedingende Faktoren bestehen, z.B. Dispositionen, Sozialisationsmängel oder verführerische Situationen. In Bezug auf kriminelle Karrieren erinnert Tilmann Moser (1978, S. 15) zu Recht daran, daß sich die Abstemplung „am bereits Gezeichneten" vollzieht.

Der konsequente Umkehrschluß, daß es ohne soziale Regeln keine Abweichung gäbe, ist Anlaß für die Forderung nach der Freigabe illegaler Drogen. Wie aber bei den legalen Drogen deutlich wird, wäre mit einer solchen Freigabe zwar die Schärfe der Illegalität und damit ein wesentlicher Faktor der Verelendung zu vermeiden, die Realität abweichenden Handelns im Umgang mit Drogen aber nicht abgeschafft.

Im Entstehen, Durchsetzen und im Wandel sozialer Regeln werden Interessen und Machtverhältnisse deutlich, die soziale Ungleichheit herstellen, erhalten und verstärken. Die Opposition gegen Machtverhältnisse ist daher ein wichtiger Grund, warum gegen Regeln verstoßen wird. Daher ist Drogengebrauch als *jugendliche Opposition* regelmäßig ein mehr oder weniger gewichtiges Motiv für den Beginn einer Drogenkarriere. Der Zusammenhang mit den Machtverhältnissen erklärt außerdem, daß die soziale Reaktion auf Regelverletzungen meist zugleich weiteren Interessen dient. Der Kampf gegen den Drogengebrauch zum Beispiel dient nicht nur dem Interesse an Sicherheit und Ordnung und an der Gesundheit der Bevölkerung, sondern zugleich auch der Machtdemonstration, der Disziplinierung der jungen Generation und der Ablenkung von anderen sozialen Problemen.

Soziale Regeln sind mehrdeutig. Ein und dasselbe Handeln kann zu verschiedenen Zeiten, in verschiedenen Gesellschaften, je nach Situation und je nach Gruppenbezug als konform oder als abweichend gelten. So gilt zum Beispiel Alkoholkonsum in islamischen Gesellschaften als abweichend und in unserer Gesellschaft (weitgehend) als konform. Auf einem Polterabend ist Alkoholkonsum konform, während das gleiche Handeln beim Autofahren als abweichend gilt. Alkoholkonsum in einer Gruppe Vierzehnjähriger kann innerhalb der Gruppe konform sein, außerhalb gilt er als abweichend. Diese Unterschiede der Regeln je nach Gruppenbezug erklären zum Teil, warum eine Verschärfung der negativen sozialen Reaktionen oft nicht die erwünschte Wirkung hat, sondern im Gegenteil dazu beitragen kann, die Regelverletzung innerhalb des subkulturellen Gruppenbezugs zu verstärken. Für die Betroffenen geht es dann nicht nur um eine Entscheidung für oder gegen den Drogengebrauch, sondern zugleich um eine Entscheidung für oder gegen eine Gruppenzugehörigkeit. Ein

weiteres bekanntes Beispiel sind die unterschiedlichen Normen für Frauen und Männer in Bezug auf den Alkoholkonsum: Eine betrunkene Frau gilt im Vergleich zu einem Mann in gleicher Lage als viel stärker abweichend. Dieser Umstand hat gravierende Folgen für die geschlechtsspezifischen Unterschiede beim Alkoholkonsum. Frauen trinken häufig heimlich und über den ganzen Tag verteilt, was der Entwicklung einer Alkoholabhängigkeit wesentlich Vorschub leistet.
Eine Form der Widersprüchlichkeit sozialer Regeln ist die Doppelmoral, die im Bereich des Drogengebrauchs stark ausgeprägt ist. Die Unterscheidung zwischen legalen und illegalen Drogen verletzt bei vielen jungen Menschen den Sinn für Konsequenz und Gerechtigkeit und läßt die gesamte Drogenpolitik als verlogen erscheinen. So wird die Glaubwürdigkeit der Drogenerziehung und der Drogenpolitik in Frage gestellt.
Schließlich ändern sich soziale Regeln im Laufe der Geschichte, sie sind also nicht universal zu allen Zeiten gültig. Ein Handeln, das gegenwärtig als abweichend gilt, kann zu anderen Zeiten als konform gegolten haben und mag künftig wieder als konform gelten. Die Geschichte der Drogen ist voll von Beispielen, daß der Gebrauch bestimmter Drogen zeitweise verboten, zeitweise aber auch erlaubt war. So war zum Beispiel das Tabakrauchen im 17. Jahrhundert extrem illegal und wurde zum Teil mit Folter und Tod bestraft. Danach war es – für Männer – lange Zeit völlig konform und wird gegenwärtig wieder zunehmend als abweichendes Handeln abgestempelt (siehe Teil 2, Abschnitt 2.2., S. 132ff.).

soziale Reaktionen: soziale Kontrolle

(2) Der *zweite Schritt* im Prozeß abweichenden Handelns sind die sozialen Reaktionen auf eine Regelverletzung. Durch sie wird der Prozeß erst vervollständigt. Denn auch das Handeln derjenigen, die die Regeln aufstellen und die die Regelverletzer „bessern“ wollen, also auch das Handeln der Sozialpädagogen und Sozialarbeiter, muß mit in die Betrachtung einbezogen werden. Becker (1973, S. 133ff.) nennt diejenigen, die Regeln setzen und durchsetzen, „moralische Unternehmer“ oder „moralische Kreuzfahrer“, was die Antidrogenkämpfer aller Zeiten gut bezeichnet.
Die sozialen Reaktionen auf Regelverletzungen können von Personen, Gruppen und Institutionen ausgehen und informatorischen, pädagogischen, therapeutischen oder strafenden Charakter haben. Alle diese sozialen Reaktionen, die abweichendes Handeln verhin-

dern, einschränken und bekämpfen sollen, werden zusammen „soziale Kontrolle" genannt. Soziale Kontrolle kann ihrem primären Ziel entsprechend verhindern, daß abweichendes Handeln entsteht oder fortgesetzt wird. Es können aber auch paradoxe Wirkungen auftreten, da zum Teil „gerade die sozialen Prozesse, die anscheinend entworfen wurden, um abweichendes Handeln zu vermindern, es ironischerweise hervorzurufen scheinen" (Philipson 1975, S. 141). Es lohnt sich daher, die Wirkungen sozialer Kontrolle etwas detaillierter zu betrachten, wobei vor allem der lerntheoretische Aspekt bedeutsam ist.

negative Verstärker

Der Lerneffekt negativer sozialer Reaktionen beruht auf der ambivalenten Wirkung negativer Verstärker in Lernprozessen. Sie können erstens einen Lernvorgang stoppen. So kommt es in vielen Fällen erst gar nicht zum ersten Versuch des Drogenkonsums oder der Gebrauch bleibt ein einmaliges bzw. sehr begrenztes Experiment. Negative Verstärker können aber zweitens unerwartete Wirkungen haben:

(a) Sie können, vorzugsweise bei jungen Menschen, nach dem Motto „Was verboten ist, macht mich erst richtig scharf" zu abweichendem Handeln provozieren.
(b) Sie können, wenn nicht zugleich positive Verstärker eingesetzt werden, dazu beitragen, den Regelbrecher zu stigmatisieren und so auf sein abweichendes Handeln festzulegen.
(c) Sie können den Regelbrecher ausgrenzen und in subkulturelle Gruppenbezüge abdrängen, in denen sein abweichendes Handeln positiv verstärkt wird.
(d) Im Falle der Drogenabhängigkeit ist der Versuch, einen Lernprozeß zur Lösung aus dem Drogenkonsum zu bewirken, durch eine entscheidende Besonderheit erschwert: Das Aufhören ist mit dem Erleben negativer Verstärker, nämlich den Entzugserscheinungen, verbunden, Rückfall hingegen mit einem positivem Verstärker, nämlich dem Ende der Entzugserscheinungen. (In Wirklichkeit ist der Vorgang komplizierter, so ergibt sich eine weitere Komplikation dadurch, daß im Rückfall meist zugleich auch verinnerlichte negative Verstärker des Versagens eine Rolle spielen.) Daraus ergibt sich die ungünstigste aller Lernbedingungen, denn es muß sowohl gegen negative wie gegen positive Verstärker gelernt werden. Im Rahmen der Behandlung wird daher versucht, die negativen Verstärker des Entzugs in positive Verstärker des Erfolgs und des Gruppenbezugs umzuwerten und den Rückfall konstruktiv zu nutzen.

Stigmatisierung und Ausgrenzung

Das Konzept des abweichenden Handelns ist für die Soziale Arbeit und damit auch für die Drogenhilfe wegen des damit verbundenen Prozesses der Stigmatisierung („Stigma", griechisch „Brandmal") und Ausgrenzung bedeutsam. Stigmatisierung wird als Interaktionsprozeß verstanden, in dem sich das Handeln des Regelbrechers und die soziale Reaktion gegenseitig bis zur Ausgrenzung hochschaukeln können, wobei die stigmatisierte Person als *Sündenbock* fungiert. Die Metapher des Sündenbocks stammt aus dem Alten Testament (siehe Abbildung 8).

Abbildung 8: Sündenbock

„Dann soll Aaron seine beiden Hände auf dessen Kopf legen und über ihm bekennen alle Missetat der Israeliten und alle ihre Übertretungen, mit denen sie sich versündigt haben, und soll sie dem Bock auf den Kopf legen und ihn durch einen Mann, der bereitsteht, in die Wüste bringen lassen, daß also der Bock alle ihre Missetat auf sich nehme und in die Wildnis trage; und man lasse ihn in die Wüste."

(3. Buch Mose 16, 21f.)

Der Prozeß der Stigmatisierung (Abbildung 9, S. 55) kann dazu führen, daß die negativ bewertete Auffälligkeit, das Stigma, in mehreren Stufen nach und nach die ganze Person des Regelbrechers dominiert. Zugleich steigert sich die soziale Reaktion, die soziale Kontrolle, mehr und mehr bis zur Ausgrenzung und „Behandlung" in totalen Institutionen (Gefängnisse, Therapieeinrichtungen). Den Antrieb dieser Prozesse bilden soziale Ungleichheit, Verunsicherung und Angst, die bewirken, daß nach Sündenböcken für das eigene Schicksal gesucht wird, daß eigenes Versagen auf andere, gewöhnlich schwächere Gesellschaftsmitglieder projiziert wird und daß das gesellschaftliche Leistungsniveau durch Selektion der relativ Leistungsunfähigen aufrechterhalten wird. Stigmatisierung ist ein bedeutsames Mittel zur Bekräftigung der Normen einer Gesellschaft und eine Herrschaftstechnik („teile und herrsche"). Das Konzept des über verschiedene Stufen und Situationen sich vollziehenden Stigmatisierungsprozesses zeigt deutlich, daß die Drogenhilfe den Klienten ihrer jeweiligen Lage entsprechende, unterschiedliche Hilfen anbieten muß.

Abbildung 9: Stigmatisierung und Ausgrenzung

		Interaktionen		Hilfen
Abweichendes Handeln	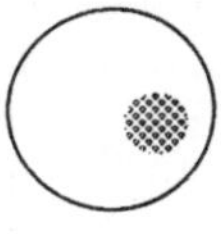	**1. Regelverletzung, Auffälligkeit**		
		X trinkt zuviel Alkohol	Eine Person fällt mit einem Merkmal, einer Eigenschaft, einer Handlung auf, die als Makel, als Regelverletzung interpretiert werden kann.	Prävention zur Vermeidung der Auffälligkeit; Zielgruppe: potentielle Konsumenten; Klärung der realen Situation des Klienten und ggf. Unterstützung beim Lösen des zugrundeliegenden Problems.
	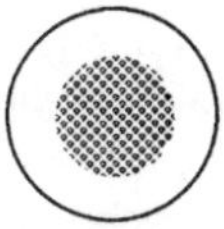	**2. Negative Bewertung, Stigma**		
		X ist Alkoholiker	Es folgt eine soziale Reaktion mit negativer Bewertung dieses Merkmals, die den Prozeß stoppen oder als Stigma den Fortgang wesentlich beeinflussen kann.	Prävention zur Aufklärung; Zielgruppe: Eltern, Lehrer, soziale Helfer, Polizisten ...; Unterstützung bei der Abwehr des Stigmas und bei der Lösung des unsprünglichen Problems.
Stigmatisierung	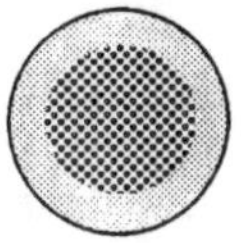	**3. Generalisierung**		
		und auch sonst ein übler Mensch	Zusätzlich zu der beobachteten Auffälligkeit werden der betroffenen Person weitere nicht beobachtete negative Merkmale zugeschrieben.	Prävention zur Entdramatisierung; Zielgruppe: Multiplikatoren, Meinungsführer; Unterstützung bei der Abwehr von Zuschreibungen und bei der Lösung des primären Problems.
		**4. Selbststigmatisierung, Identifikation**		
		Ich bin Alkoholiker und	Die betroffene Person übernimmt die ihr aufgedrängte Identität, stigmatisiert sich selbst und sucht ihre Erfolgserlebnisse auf dem Gebiet des abweichenden Handelns; das abweichende Handeln verfestigt sich.	Unterstützung der Identität des Klienten: fördern einer realistischen Selbsteinschätzung und der Stärken; Beratung, Förderung der Problemlösungskompetenz, Motivation, Therapie.
Ausgrenzung		**5. Randgruppe, abweichende Lebensweise**		
		schließe mich Gruppen ähnlich Betroffener an, bei denen ich akzeptiert werde	Die soziale Umgebung sieht sich in ihrer Beurteilung bestätigt und identifiziert die betroffene Person als Mitglied einer abweichenden Gruppe mit abweichender, evtl. subkultureller Lebensweise.	Akzeptieren des Klienten und Unterstützung alternativer Beziehungsangebote; Beratung, Förderung der Problemlösungskompetenz, Schadensminderung, Motivation und Therapie.
		**6. Ausgrenzung, totale Institution**		
		Alkoholiker sind krank und gehören in eine Anstalt	Als Mitglied der Randgruppe, die gesellschaftlich als soziales Problem definiert ist, wird die betroffene Person – im Extrem in totalen Institutionen – ausgegrenzt, behandelt, verwahrt.	Soziale Arbeit zur Lebenshilfe; Unterstützung zur Schadensminderung bzw. zur Unterbrechung des „Teufelskreises“: niedrigschwellige Begleitung, alternative Erfolgserlebnisse, Substitution, Therapie.

Drogen-
karriere

Das theoretische Modell der Stigmatisierung im Rahmen des Prozesses abweichenden Handelns wird als Biographie konkret gelebt. In der Literatur findet sich hierfür oft der Begriff „Karriere abweichenden Handelns", der sich auch in der Drogenforschung als „Suchtkarriere" bzw. „Drogenkarriere" eingebürgert hat (siehe Teil 1, Kapitel 3, S. 58ff.). Paul Schulz hat schon früh die Karriere von Heroinkonsumenten analysiert:

„– Das Verhalten des Drogenkonsumenten wird als außergewöhnlich und nicht üblich dargestellt.
– Dieses außergewöhnliche, nicht übliche Verhalten wird als typische Form der Andersartigkeit verallgemeinert, womit der Drogenkonsument als Vertreter einer Klasse ganz bestimmter Andersartigkeit gewertet wird.
– Diese Andersartigkeit wird besonders dadurch sichtbar gemacht, daß der Drogenkonsument und sein Verhalten wiederholt mit dem ‚positiven Gegenteil' (also dem nicht drogenkonsumierenden Jugendlichen) konfrontiert und verglichen werden.
– Der Ankläger des Drogenkonsumenten stellt sich selber dabei als Sachwalter des öffentlichen Interesses dar, verweist auf die gemeinsamen höheren Werte, auf die er seine Anklage stützt und als deren Verteidiger er auftritt.
– Die ‚Zuschauer' müssen sich deshalb mit dem Ankläger identifizieren und sich vom Angeklagten distanzieren.
– Der so Stigmatisierte wird aus der Gruppe der ‚Normalen' ausgesondert und als Außenseiter isoliert.
– Der so isolierte Außenseiter versteht sich immer stärker in der Rolle, in die er durch die Ausgliederungsmechanismen hineingedrängt worden ist, bis er diese Rolle als seine eigene voll übernimmt." (Schulz 1974, S. 166f.)

Teufelskreis

Eine bekannte Variante des Karrierekonzepts ist das Teufelskreis-Modell, wie es zum Beispiel von Stephan Quensel (1973, S. 45-55) für kriminelle Karrieren erarbeitet worden ist.

Drogensub-
kultur, Szene

Schließlich gehören auch die geläufigen Begriffe „Drogensubkultur" und „Szene" in den Zusammenhang des Konzepts abweichenden Handelns. Gemeint ist mit diesen Begriffen, daß rund um den Konsum illegaler Drogen Werte, Normen und Verhaltensmuster entstehen, die von der übrigen Gesellschaft mehr oder weniger abweichen. Zu diesen Unterschieden gehört unter anderem ein eigener Jargon, den Außenstehende kaum verstehen. Die Drogensubkultur steht als sogenannte „offene Drogenszene" in einem gespannten Wechselverhältnis zur übrigen Gesellschaft. Sie ist Lebenswelt und Ort der Zuflucht für einen Teil der Konsumenten, Ort des Gruselns, der Aggression und der gaffenden Neugierde des Bürgers, Observierungs-

und Zugriffsort für die Polizei und Ort der Hilfe für die Drogenarbeit. Die Kritik (siehe Mariak 1991) warnt zu Recht vor den stigmatisierenden Effekten beider Begriffe, unterschätzt aber, daß sie sehr wohl geeignet sind, bedeutsame Aspekte der Lebensweise eines Teils der Drogenkonsumenten zu bezeichnen.

Literatur: Eine Kurzfassung des aktuellen Belastungs-/Bewältigungskonzepts samt Anwendung für die Prävention gibt *Elisabeth Nordlohne:* Drogenkonsum im Kontext von Entwicklungsanforderungen im Jugendalter: Ansätze für die Prävention. In: Bundesarbeitsgemeinschaft Kinder- und Jugendschutz (Hg.): Suchtprävention – (k)eine Aufgabe der Jugendhilfe. Freiburg 1995, S. 17–30.
Zur Einführung in das Thema „abweichendes Handeln" ist das klassische Werk von *Howard S. Becker:* Außenseiter. Zur Soziologie abweichenden Verhaltens. Frankfurt a. M. 1973, besonders die beiden Kapitel zum Marihuanagebrauch, noch immer empfehlenswert.
Unter den zahlreichen Texten über Theorien abweichenden Handelns ist eine Auswahl schwer zu treffen, einen differenzierten Überblick gibt *Siegfried Lamnek:* Theorien abweichenden Verhaltens, 5. Aufl. München 1993.
Die Arbeit von *Tilmann Moser:* Jugendkriminalität und Gesellschaftsstruktur. Zum Verhältnis von soziologischen, psychologischen und psychoanalytischen Theorien des Verbrechens. Frankfurt a. M. 1972/1978, vermittelt ein für die Soziale Arbeit hilfreiches Verständnis der Zusammenhänge.

3. Drogenkarriere: Entstehungszusammenhänge und Verläufe

„Was machst du da?“ fragte er den Säufer, den er stumm
vor einer Reihe leerer Flaschen sitzend antraf.
„Ich trinke“, antwortete der Säufer mit düsterer Miene.
„Warum trinkst du?“ fragte ihn der kleine Prinz.
„Um zu vergessen“, antwortete der Säufer.
„Um was zu vergessen?“ erkundigte sich der kleine Prinz,
der ihn schon bedauerte.
„Um zu vergessen, daß ich mich schäme“, gestand der Säufer
und senkte den Kopf.
„Weshalb schämst du dich?“ fragte der kleine Prinz,
der den Wunsch hatte, ihm zu helfen.
„Weil ich saufe!“ endete der Säufer und verschloß sich endgültig
in sein Schweigen.
Und der kleine Prinz verschwand bestürzt.
Die großen Leute sind entschieden sehr, sehr wunderlich,
sagte er zu sich auf seiner Reise.
(Saint-Exupéry 1995, S. 60f.)

In diesem Kapitel wird das Konzept der Drogenkarriere vorgestellt, das zwar in der Drogenhilfe geläufig ist, in der Öffentlichkeit aber häufig auf Widerstände stößt, weil es ein hohes Maß an Differenzierung verlangt. Das Konzept hilft, den Verlauf einer Drogenkarriere als Prozeß mit persönlichen, sozialen und gesellschaftlichen Faktoren zu verstehen, in dem von Stufe zu Stufe über die Fortsetzung oder Nichtfortsetzung entschieden wird. Das bedeutet umgekehrt, daß für jede Stufe auch unterschiedliche Erklärungen für das Handeln in Betracht zu ziehen sind. Am Beginn von Drogenkarrieren stehen in der Regel legale Drogen. Der Gebrauch illegaler Drogen, gewöhnlich zuerst Cannabis, wird von den meisten jungen Leuten nach dem Probieren wieder aufgegeben; er wird vor allem dann bis zur Gewöhnung oder gar Abhängigkeit fortgesetzt, wenn er sich subjektiv als Problemlöser bewährt. Aus zentralen Erfahrungen der Verelendung und des Leidensdrucks, des Strafvollzugs und der Konfrontation mit Todesfällen ergeben sich Karrieren nach dem Muster des Teufelskreises, die den Ausstieg erheblich erschweren. Dennoch ist die Karriere von Drogenkonsumenten – anders als häufig angenommen wird – kein zwangsläufiger Prozeß, es bestehen vielmehr sehr unterschiedliche Verlaufsmöglichkeiten, darunter neben der Therapie (und dem Tod) auch die Selbstheilung, der kontrollierte Konsum und der Umstieg auf Ersatzmittel.

3.1. „Einmal Junkie, immer Junkie"?

Die schlichteste Vorstellung über Drogenkarrieren unterstellt das Bild der „schiefen Bahn", auf der jemand, gleichsam wie ein Bierfaß in den Kneipenkeller, unaufhaltsam abgleitet. In der Tradition dieser Auffassung stehen Sprüche wie „Selbstmord auf Raten" oder „einmal Junkie, immer Junkie" und die zugleich abschreckende wie faszinierende Warnung, wer einmal (illegale) Drogen probiere, sei schon halbtot. In der Wirklichkeit trifft dieses Bild, das lange Zeit von den Medien bevorzugt wurde, nur selten zu. Es entstand teils aus den leidvollen Erfahrungen betroffener Angehöriger, teils aus der unzulässigen Verallgemeinerung wissenschaftlicher Studien an dem verelendeten Teil der Drogenabhängigen, die in Einrichtungen untersucht wurden.

Differenzierung

Die Wirklichkeit ist sehr viel differenzierter: Nur eine kleine Minderheit der Probierer wird Gewohnheitskonsument, von denen wiederum nur ein Teil auf der offenen Drogenszene landet, süchtig wird und das bekannte Bild verelendeter Drogenkonsumenten bietet. Ein Teil der Drogenabhängigen schafft den Ausstieg mit professionellen sozialpädagogischen und therapeutischen Hilfen (Therapie) oder auch ohne diese (Selbstheilung), ein Teil steigt um auf Ersatzdrogen (Substitution) oder auf weniger stigmatisierte Drogen (z.B. von Heroin auf Alkohol), ein Teil ändert die Konsummuster bis zur Stabilisierung des Konsums unterhalb der Abhängigkeit (kontrollierter Konsum) oder auf weniger riskanten Gebrauch (z.B. Heroin „chinesen", d.h. verdampfen und inhalieren, statt injizieren). Süchtige Konsumenten haben Clean-Phasen, Ex-User haben Rückfälle. Diese vielfältige Realität ist kaum auf einen Nenner zu bringen, weshalb zu Recht immer wieder betont wird, *den* Drogenkonsumenten gebe es nicht, jeder einzelne Drogenkonsument und jede einzelne Drogenkonsumentin habe seine/ihre eigene Geschichte. Mit dem Konzept der Drogenkarriere läßt sich aber immerhin ein Großteil der bedeutsamen Faktoren und Möglichkeiten der tatsächlichen Verläufe erfassen.

Der Begriff „Karriere“ ist in der Soziologie abweichenden Handelns gebräuchlich und bezeichnet anders als in seiner üblichen Bedeutung in der Alltagssprache und in der Berufssoziologie, aus der er übernommen wurde, nicht nur positive Karrieren:

„Traditionsgemäß bleibt der Ausdruck Karriere denen vorbehalten, die gewärtigen können, in den Genuß des innerhalb einer respektablen, gehobenen Berufslaufbahn vorgesehenen Aufstiegs zu gelangen. Dieser Ausdruck wird neuerdings jedoch in erweitertem Sinn zur Bezeichnung der sozialen Wechselfälle im Lebenslauf eines jeden Menschen verwendet. [...] So aufgefaßt, bedeutet Karriere weder eine glanzvolle noch eine enttäuschende Angelegenheit; es geht also weder um den Erfolg noch um das Scheitern.“ (Goffman 1981, S. 127)

Der Begriff ist geeignet, den prozeßhaften Verlauf abweichender Karrieren darzustellen sowie eine Vorstellung davon zu vermitteln, daß abweichendes Handeln von vielen Faktoren beeinflußt und weder allein als persönliche Entscheidung eines einzelnen zu verstehen ist, noch allein als Konsequenz gesellschaftlicher Bedingungen. Abweichler sind weder nur Täter noch nur Opfer. Diese Überlegung mag banal erscheinen, sie wird aber in der Praxis vielfach ignoriert. So werden Drogenkonsumenten einerseits als Angeklagte für ihr Handeln voll verantwortlich gemacht und andererseits wird ihnen als Klienten (bzw. Patienten) sehr oft jede persönliche Entscheidungskompetenz aberkannt.

Das in Abbildung 10 (S. 61) wiedergegebene (etwas veränderte) Modell von Albert Cohen (1968, S. 79) zeigt anschaulich den Weg der abweichenden Karriere von A über Aa nach Aaa (wie auch den des konformen Handelns B – Bb – Bbb) als einen Weg unter anderen, die vom gleichen Ausgangspunkt ausgehen und bei denen nach jeder Stufe eine neue Richtung eingeschlagen werden kann. Die immer erneuten Entscheidungen auf jeder Stufe hängen von situativen Umständen ebenso ab wie von der Persönlichkeit mit ihren biographischen Erfahrungen und sozialen Bedingungen. In den meisten Fällen werden Wege zwischen beiden Extremen mit wechselhaften Mischungen relativer Abweichung und relativer Konformität gegangen.

Von Stufe zu Stufe sind erhebliche Lernschritte erforderlich, die Becker (1973, S. 36-52) exemplarisch in seiner Darstellung „Wie man Marihuana-Benutzer wird“ analysiert hat:

Abbildung 10: Entscheidungsstufen abweichenden Handelns

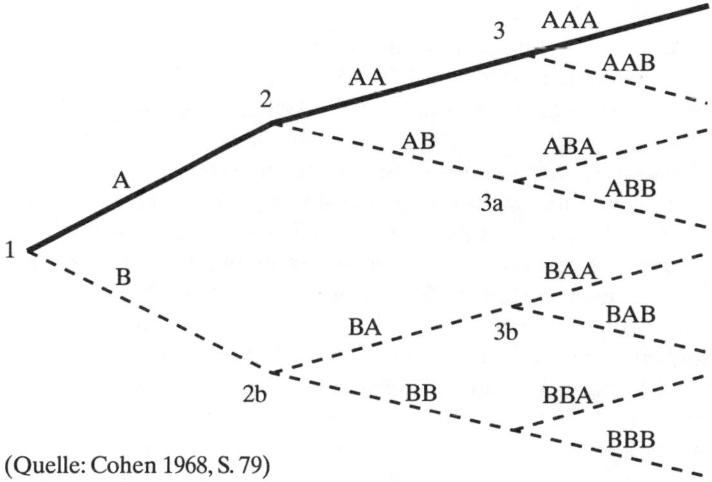

(Quelle: Cohen 1968, S. 79)

„Niemand wird Drogenbenutzer, ohne 1. zu lernen, die Drogen in einer Weise zu rauchen, die tatsächliche Wirkungen hervorruft, ohne 2. zu lernen, die Effekte zu erkennen und mit dem Drogengebrauch in Verbindung zu bringen (in anderen Worten zu lernen, ‚high' zu werden), und ohne 3. zu lernen, die wahrgenommenen Empfindungen zu genießen. [...] Nach Durchlaufen dieses Prozesses ist das Individuum bereit und fähig, Marihuana zum Vergnügen zu benutzen." (ebd., S. 51)

Dies ist nur ein kleiner Teil des Lernprozesses, zu dem vor allem auch gehört, mit der Illegalität und der sozialen Kontrolle umgehen zu lernen.

Der Begriff „Karriere abweichenden Handelns" im engeren Sinne reicht von der ersten Regelverletzung bis zur abweichenden Lebensweise in der Ausgrenzung und schließt auch den Ausstieg ein. In einem weiteren Sinne wird der Begriff aber auch auf die gesamte Biographie bezogen, die Erfahrungen der frühen Kindheit sowie die weiteren Erfahrungen mit der Familie, der Schule und mit Gleichaltrigengruppen im Jugendalter sowie die kulturellen und gesellschaftlichen Lebensbedingungen als Vorgeschichte der Abweichung einbezieht.

3.2. Zur Vorgeschichte

Die häufigsten Zusammenhänge zwischen Drogenkonsum und der Biographie von Drogenkonsumentinnen und -konsumenten finden sich bezüglich gestörter Familienverhältnisse, Schulproblemen und diverser Persönlichkeitsstörungen (siehe Teil 1, Abschnitt 2.3., S. 46ff.).

Familien-störungen

(a) Fast regelmäßig werden in einschlägigen Untersuchungen überproportional viele Drogenkonsumenten gefunden, die in Heimen oder nur mit einem Elternteil aufgewachsen sind, deren Familie durch starre Rollenmuster gekennzeichnet war oder die von erheblichen Störungen in ihrer Familie berichten. Ein großer Teil, meist der Frauen, hat Erfahrungen mit sexueller Gewalt gemacht. Auffällig sind auch Gleichgültigkeit, emotionale Ablehnung bis Haß durch einen Elternteil und sowohl Vernachlässigung wie Überbehütung bis zu symbiotischen Beziehungen. Außerdem gehört hierhin auch die Beobachtung, daß bei vielen Drogenkonsumenten wenigstens ein Elternteil Probleme im Umgang mit Suchtstoffen (meist Alkohol, Medikamente – der Tabakkonsum wurde in der Vergangenheit noch kaum als Sucht beachtet) hatte und als Vorbild für derartiges Bewältigungsverhalten fungierte.
Es gibt freilich eine Tendenz, bei allen Problemen vorrangig die Ursachen in der Familie zu sehen, sie geradezu „hineinzufragen“. In Beratungs- und Therapiegesprächen sind derartige Antworten nicht nur Berichte, sondern zugleich auch „erwünschte“ Antworten, mit denen die Befragten die Erwartung bestätigen, daß die Familie immer schuld ist – und: wer genügend sucht, wird oft genug Väter finden, die zu wenig, und Mütter, die zu viel liebten. Es ist also etwas Zurückhaltung gegenüber dieser Interpretation geboten. Dennoch gilt, daß derartige Konstellationen, so sie denn zutreffen, zu übermäßigen Belastungen für die Kinder und Jugendlichen und zugleich zu mangelnder Unterstützung durch die Familie bei deren Bewältigung führen können. Die Bewältigung von Konflikten und kritischen Lebensereignissen gelingt vor diesem Hintergrund häufig nicht konstruktiv, sondern nur als Fehlanpassung. Die Variante der Fehlanpassung in Form des Drogenkonsums als „Problemlösung“ liegt dann nahe, wenn der Gebrauch von psychoaktiven Substanzen als Problemlösungsmuster von den Eltern gelernt wurde.
Die allgemein vermutete Zunahme von Störungen in den Familien wird neben dem zunehmenden ökonomischen und psychosozialen

Druck der Leistungsgesellschaft auf den durch die gesellschaftlichen Veränderungen bewirkten Wandel der Familien zurückgeführt. Dies gilt in erster Linie für die verunsicherte Rollenstruktur in der Familie sowohl in den Beziehungen der Eltern zueinander wie in den Eltern-Kind-Beziehungen sowie für die Schwierigkeiten bei der Vereinbarung von Familien- und Berufsrollen und von familialer Solidarität und Individualisierung. So notwendig ein Wandel der alten patriarchalischen Familienstrukturen, auch im Interesse der Kinder ist, so leicht nehmen die Kinder Schaden, wenn es den Eltern nicht gelingt, ihnen emotional annehmende, zuverlässige und anregende Beziehungen für ihre Entwicklung zu bieten.

Schulprobleme

(b) Eine weitere häufige Beobachtung ist, daß Drogenkonsumenten erhebliche Schwierigkeiten in der Schule und in der Berufsausbildung hatten. In der Konsequenz haben sie überproportional häufig keinen oder höchstens einen Hauptschulabschluß und keine abgeschlossene Berufsausbildung.

Persönlichkeitsstörungen

(c) Schließlich werden häufig verschiedene Persönlichkeitsstörungen, vor allem mangelndes Selbstwertgefühl und depressive Tendenzen in extremer Ausprägung beobachtet. Derartige Persönlichkeitsstörungen sind teilweise selbst als Symptome psychosozialer Belastungen zu verstehen, teilweise aber auch als ererbte Dispositionen, die sich bei entsprechender Umwelt entfalten können. Als Anlage werden außerdem bestimmte Stoffwechseldefekte beobachtet oder vermutet, die beim Umgang mit verschiedenen Drogen, so bei Alkohol und Opiaten, leicht zum süchtigen Gebrauch führen können.

Kumulation der Risiken

Alle diese beobachteten Zusammenhänge sind, vor allem, wenn sie gehäuft in einer Biographie auftreten, als Risikofaktoren zu werten, die zu übermäßigem Streß sowie zu Fehlanpassungen führen und so die Bewältigungskompetenzen der Kinder und Jugendlichen einschränken können. Wer mit derartigen Belastungen in die Turbulenzen der Identitätsentwicklung des Jugendalters einsteigt, hat es schwer, diese Lebensalteraufgabe ohne gravierende Schäden zu bewältigen. Zwingend sind die Zusammenhänge jedoch nicht, weshalb wir hier auch nicht von „Ursachen“ sprechen, die allzuleicht eindimensional als Ursache-Wirkungs-Mechanismus mißverstanden und für Schuldzuweisungen mißbraucht werden. Die Zusammenhänge beschreiben lediglich Risiken, die mit überproportionaler Wahrscheinlichkeit zu unterschiedlichen abweichenden Karrieren, also auch –

aber nicht nur – zu Drogenkarrieren führen können. Die Gefahren können auch bewältigt werden und zur Stärkung der Identität beitragen!

3.3. Beginn der Drogenkarriere

Der Beginn von Drogenkarrieren wird infolge der drogenpolitisch provozierten Fixierung auf illegale Drogen häufig mit dem ersten Konsum illegaler Drogen gleichgesetzt. In dieser Perspektive beginnt die Drogenkarriere meist mit Cannabiskonsum. Bezieht man jedoch die legalen Drogen ein, was zweifellos sinnvoll ist, dann beginnt der Drogenkonsum in aller Regel schon deutlich vor dem 14. Lebensjahr mit Tabak und Alkohol. Beide sind in diesem Alter formal illegale Drogen. Hinzu kommen von Ärzten verschriebene oder von den Eltern abgegebene psychoaktive Medikamente zur Leistungssteigerung und Beruhigung (der Anteil der Jugendlichen, die entsprechende Medikamente einnehmen, wird auf 10 bis 20 Prozent der Jugendlichen geschätzt) sowie der Gebrauch von Schnüffelstoffen (der in Deutschland kaum verbreitet zu sein scheint).

Neugierde, Protest, Gruppendruck bzw. der allgemein als ausschlaggebend eingeschätzte Einfluß der Freunde und Bekannten sowie Selbstdarstellung und Nachahmung elterlicher und sonstiger Vorbilder sind wesentliche Motive. Die weitverbreitete vom pathologischen Erklärungsansatz geleitete Meinung, Drogenkonsum sei schon in seinem Beginn als Notsignal und Symptom von Persönlichkeitsstörungen zu interpretieren, auf die mit selbsttherapeutischen Maßnahmen reagiert werde, trifft zumindest in den ersten Stadien einer Drogenkarriere in der Regel nicht zu. Es handelt sich eher um jugendliches Risikoverhalten im Zusammenhang der Identitätsentfaltung (siehe Teil 1, Abschnitt 2.2., S. 45ff.), und „folgt dem dieser Entwicklungsphase immanenten Anspruch, mit sich und der Umwelt zu experimentieren, um herauszufinden, welche Ausgestaltung der Persönlichkeit als erstrebenswert erachtet wird“ (Franzkowiak 1986, S. 2).

3.4. Fortsetzung der Drogenkarriere, Gewöhnung und Abhängigkeit

3.4.1. Faktoren der Fortsetzung der Karriere

Ob und wie der Drogenkonsum fortgesetzt wird, hängt von vielen Faktoren ab, die in der jeweiligen Karrierestufe mehr oder weniger reflektiert entschieden werden. Dazu gehören

(a) das der jeweiligen Droge eigentümliche Wirkungsspektrum einschließlich ihres Suchtpotentials, ihre Erreichbarkeit („Griffnähe") sowie die soziokulturellen Moden für bestimmte Drogen.
(b) Wesentlicher aber ist neben der allgemeinen Einstellung zum Gebrauch von Drogen (siehe Abbildung 11, S. 68), ob die erwarteten Wirkungen auch eintreten und ob der Gebrauch der Droge mit Erfolg als Problemlöser bei schon *vorhandenen Problemen,* z.B. in der Selbstdarstellung, der Anerkennung oder der Flucht vor Konflikten, instrumentalisiert wird.
(c) Schließlich entstehen auf dieser Stufe der Drogenkarriere durch den Konsum selbst zunehmend *neue Probleme,* bei deren Bewältigung weiterer Drogengebrauch eingesetzt wird. Die Angst, abhängig geworden zu sein und nicht mehr ohne fremde Hilfe aufhören zu können, sowie die Bekämpfung der Entzugserscheinungen überlagern mit der Zeit mehr und mehr die anfänglichen Motive. Bei illegalen Drogen kommen noch der Streß mit der Beschaffung und der Stigmatisierung sowie mit den Risiken der Strafverfolgung, der schweren Infektion und des Drogenunfalls hinzu.
(d) Außerdem ist das *Einstiegsalter* eine bedeutsame Variable für die Fortsetzung (wie auch später für den Ausstieg aus) der Karriere: Je früher mit dem Konsum (meist legaler) Drogen begonnen wurde, desto wahrscheinlicher ist auch die Fortsetzung der Karriere mit illegalen Drogen, weil die Entwicklung einer Abhängigkeit im Jugendalter auch bei legalen Drogen vergleichsweise schnellt eintritt und weil weniger alternative Bewältigungsmuster gelernt werden konnten.

3.4.2. Legale Drogen

Der weitere Weg unterscheidet sich beträchtlich, je nachdem, ob es sich um legale oder um illegale Drogen handelt. Bei legalen Drogen ist eine vergleichsweise längere Dauer des Konsums als Genußmittel zu beobachten, bis, wenn überhaupt, so häufig und intensiv konsumiert wird, daß es zu Mißbrauch und Abhängigkeit kommt. Vom Mißbrauch bis zum süchtigen Konsum dauert es z.B. bei Heroin, entsprechend häufigen und intensiven Gebrauch vorausgesetzt, gewöhnlich etwa drei Monate, beim Alkohol nach ärztlicher Faustregel ein Jahr. Bei Kindern und Jugendlichen sind diese zeitlichen Perspektiven allerdings deutlich kürzer. Es spricht viel dafür, daß das langsamere Fortschreiten in der Karriere weniger mit dem Suchtpotential zu tun hat als mit der fehlenden Stigmatisierung, die einen kultivierten Umgang mit der Droge wesentlich erleichtert. Denn sobald jemand diese – soziokulturell recht variable – Grenze deutlich überschreitet, setzt zunehmend die Stigmatisierung ein, die zum Abbruch der Karriere führen, sie aber umgekehrt auch rasch vorantreiben kann.
Bei Tabak sind derart differenzierte Beobachtungen nicht bekannt. Wohl aber wird beobachtet, daß das Fortschreiten der Karriere vom Genußmittelkonsum zum Mißbrauch und zur Abhängigkeit oft im Zusammenhang mit Krisen steht, häufigeres und intensiveres Rauchen also für verschiedene psychosoziale Funktionen instrumentalisiert wird. So haben beispielsweise Befragungen ergeben, daß unter der rauchenden Bevölkerung der Anteil geschiedener Frauen und Männer deutlich überproportional vertreten ist.
Bei Medikamenten werden ähnlich schnelle Entwicklungen einer Abhängigkeit beobachtet wie bei Opiaten.
Für die Karriere des Alkoholikers sind etablierte Karrieremuster entwickelt worden, die sich häufig auf das *klassische Phasenmodell* von Elvin M. Jellinek (nach Schlüter-Dupont 1990, S. 20ff.) berufen:

Voralkoholische Phase: Trinken unauffälliger oder mäßiger Alkoholmengen, innerhalb von zwei Jahren kann sich eine leichte Zunahme der Alkoholtoleranz einstellen. Immer mehr dient Alkohol dazu, eine geminderte Frustrationstoleranz zu kompensieren.
Prodromal[= Vorlauf]-Phase: Alkoholvergiftungen, Blackouts, heimliches Trinken, gieriges Trinken der ersten Gläser, usw. Diese Phase entwickelt sich in ca. sechs Monaten bis fünf Jahren.

Kritische Phase: Kontrollverlust, aggressives Benehmen, Wechsel von großspurigem Benehmen und dauernder Zerknirschung usw., physische Abhängigkeit.
Chronische Phase: Verlängerte, tagelange Räusche, Angstzustände, Zittern usw., die erworbene Alkoholtoleranz geht verloren, das bisher benutzte Abwehr- und Erklärungssystem versagt, der Alkoholiker wird leichter der Behandlung zugänglich.

Daneben steht die bekannte Jellineksche Typologie zur *Klassifizierung von Alkoholikern,* das auf die Vielfalt hinter dem Etikett „alkoholkrank" aufmerksam macht. Mit Bezeichnungen nach dem griechischen Alphabet werden fünf Gruppen unterschieden: Alpha-Alkoholiker (Problem- und Erleichterungstrinker), Beta-Alkoholiker (Gelegenheitstrinker), Gamma-Alkoholiker (abhängige Trinker), Delta-Alkoholiker (Spiegeltrinker, d.h. gleichmäßige Alkoholaufnahme) und Epsilon-Alkoholiker (Quartalssäufer).
Diese Modelle sind stark am medizinischen Krankheitsverlauf bzw. -zustand orientiert. Mehr auf die psychosoziale Karriere des Alkoholkonsumenten konzentrierte Karrieremodelle orientieren sich vor allem an den Wechselbeziehungen mit der Familie. Im Vordergrund stehen gewöhnlich in der Anfangsphase mißbräuchlichen Konsums das Leugnen des Problems und erste nichtprofessionelle Interventionen. In der Fortsetzungsphase überwiegt die Resignation vor dem Problem und die Übernahme von Rollen und Aufgaben des Alkoholkonsumenten durch Angehörige, es beginnt die Co-Abhängigkeit der Familienmitglieder. In der Abhängigkeitsphase versucht die soziale Umgebung mehr und mehr, sich dem Problem durch die Flucht zu entziehen und Druck auf den Kranken auszuüben. Es kommt zur Distanzierung und zur angedrohten oder tatsächlichen Trennung. In und nach der Behandlungsphase treten oft gespannte Beziehungen auf, da sich die soziale Umgebung im familiendynamischen Sinne auf den Kranken eingestellt oder neu organisiert hat und ihm mit Mißtrauen begegnet.

3.4.3. Illegale Drogen

In der möglichen Gesamtkarriere des Umgangs mit psychoaktiven Stoffen folgen, wenn überhaupt, nach Tabak, Alkohol und Medikamenten illegale Drogen. Auch wenn aus retrospektiven Untersuchungen von Heroinabhängigen der Eindruck eines zwanghaften Fortschreitens in der Karriere entsteht, so trifft das doch nur in einem sehr kleinen Teil der Fälle zu. Auch hier ist ein Fortschreiten in der Drogenkarriere zur jeweils stärkeren Droge weniger den Eigenschaften der Drogen zuzuschreiben als psychosozialen Faktoren. Typisch in den Einstellungen und Erwartungen zum Konsum illegaler Drogen ist „die zwiespältige Haltung zwischen Hingezogensein und Abwehr", die ein „stabiles Charakteristikum der Einstiegssituation" zu sein scheint (Reuband 1994, S. 96).

Der Konsum illegaler Drogen beginnt in der Regel mit Cannabis. Neugierde ist das weitaus häufigste Motiv. Erst mit sehr großem Abstand folgen danach Lustgewinn, Gruppendruck und Probleme, darunter vor allem Familienprobleme. Die Motivationen haben sich seit Anfang der 70er Jahre nicht grundlegend gewandelt. Infolge der Illegalität der Drogen stehen private Orte des Konsums im Vordergrund. Fast immer sind mehrere, darunter meistens bereits drogenerfahrene Personen anwesend. D.h. heißt aber auch: Der Dealer, der als Fremder den Jugendlichen verführt, ist ein Mythos (ebd., S. 112). Beim ersten Konsum illegaler Drogen empfinden ein Drittel keine, gut ein Viertel angenehme und gut ein Zehntel unangenehme Wirkungen. Angenehme Wirkungen empfanden vor allem Personen mit den Motiven Lustgewinn und Problemen, bei Neugierde sind die positiven Erfahrungen nur halb so häufig, d.h. sie sind nicht so „erfolgreich". Eher angenehme Drogenwirkungen haben auch Personen mit positiver Konsumbereitschaft (ebd., S. 131ff.; siehe Abbildung 11).

Abbildung 11: Konsumbereitschaft und Drogenwirkung (Angaben in %)

Wirkung	Konsumbereitschaft			insgesamt
	positiv	ambivalent	negativ	
angenehm	33	24	20	26
teils-teils	23	25	18	24
unangenehm	8	10	22	11
keine	36	41	40	39
N =	201	261	45	536

(Quelle: Reuband 1994, S. 142)

Die weitere Fortsetzung des Konsums illegaler Drogen wird deutlich durch die Erfahrungen beim Erstkonsum bestimmt: Negative Erfahrungen machen die Fortsetzung bei gleichzeitig geringer Konsumbereitschaft unwahrscheinlich, weil dann die negativen Bewertungen aus einer ambivalenten Einstellung zum Drogenkonsum in den Vordergrund treten. Und umgekehrt wird die Fortsetzung des Konsums bei positiven Erfahrungen mit dem Erstkonsum wahrscheinlicher (ebd., S. 143ff.). Zu den positiven Erfahrungen gehören natürlich auch Erfolge bei der Instrumentalisierung des Drogenkonsums als Problemlöser.

Nur ein sehr kleiner Teil von unter fünf Prozent der Cannabiskonsumenten steigt auf harte Drogen um. Umgekehrt haben aber fast alle Konsumenten harter Drogen vorher Cannabis konsumiert. Vom ersten Cannabiskonsum bis zum Umstieg auf Heroin vergehen normalerweise mehrere Jahre; danach dauert es im Durchschnitt weitere eineinhalb Jahre bis zur Entdeckung durch die Polizei. Diese angesichts des großen Verfolgungsdrucks überraschende Beobachtung erklärt, daß sich die Wirkungen des Stigmatisierungsprozesses zwar nicht so häufig bemerkbar machen, wie angenommen wird, aber doch in einem beachtlichen Teil der Fälle in der vorhergesagten Richtung eintreten.

Nach den Untersuchungen von Reuband (1994, S. 227ff.) hören, nachdem der Drogengebrauch den Eltern, der Schule oder der Polizei bekannt geworden ist, nur wenige mit dem Konsum auf, ein Viertel reduziert ihn. Die Hälfte aber verändert ihren Drogenkonsum nicht, ein Fünftel steigert sogar, entsprechend der Stigmatisierungstheorie, den Konsum.

> „Nur dort, wo das Verhalten als abweichend identifiziert wird und der Delinquente bereits in seiner Delinquenzkarriere weiter fortgeschritten ist, scheint eine Verstärkung des bisherigen Verhaltensmusters etwas häufiger als dessen Reduktion zu sein." (ebd., S. 240)

„Chancen" der Illegalität

Bei der Fortsetzung des Konsums illegaler Drogen sollte nicht unterschätzt werden, daß den rechtlichen Risiken, die offenbar bei einiger Cleverness oft lange vermieden werden können, auch erhebliche „Chancen" der Illegalität gegenüberstehen. So kann ein junger Mensch durch Erfolge beim Dealen viel Geld in der Tasche haben und Macht über andere Menschen ausüben, Abenteuer erleben und durch seinen Lebensstil beeindrucken, Prestige gewinnen und so mit einem gewissen Status in die Szene hineinwachsen. „Fixer sein gewinnt in diesem Stadium also quasi den Stellenwert eines ‚Berufs'" (Berger 1982, S. 1210), durch den ein junger Mensch früher als in respektablen Berufen Selbständigkeit und Identität, die vordringlichsten Ziele zum Ende des Jugendalters, erreichen kann. Zum Teil sind es gerade diese Erfahrungen, die den Ausschlag für die Fortsetzung des Konsums geben und später als wertvolle Erinnerungen berichtet werden.

3.5. Weitere Verläufe

3.5.1. Leidensdruck und Verelendung

In fortgeschrittenen Stadien der Abhängigkeit sind es deutlich andere Faktoren, die die Karriere bestimmen. Die Wirkung der Droge verlagert sich mehr und mehr von den früher angestrebten und erlebten Effekten auf die Beseitigung der Entzugserscheinungen. Eine der gefährlichsten Konsequenzen, die Entwicklung einer Polytoxikomanie, ist gegenwärtig der Regelfall bei den verelendeten Opiatkonsumenten. Infolge der Stigmatisierung, die in diesem Stadium auch bei legalen Drogen greift, nehmen die negativen Erfahrungen zu. Für viele Konsumenten illegaler Drogen kommt es zu dem bekannten Teufelskreis von Szene, Haft und Therapie, oft begleitet von erheblichen Krankheiten und Obdachlosigkeit. Zur fortgeschrittenen Karriere des Drogenkonsums gehört der Leidensdruck, der in Bezug auf den Alkoholismus zu der zentralen These des Suchtmodells entwickelt worden ist (siehe Teil 2, Abschnitt 1.1., S. 122ff.). Die Theorie geht davon aus, daß die Behandlungsbereitschaft mit steigendem Leidensdruck und sinkenden sozialen, seelischen und körperlichen Möglichkeiten zunimmt.

> „Die Bedeutung des Leidensdruckes für die Entwicklung der Behandlungsbereitschaft sollte den Arzt nicht veranlassen, ihn leichtfertig abzubauen, sondern unter Umständen unter sorgfältiger Abwägung der Folgen zu fördern. Ein gutgemeinter, aber unbedachter Abbau der durch das Trinken entstandenen Schwierigkeiten und Konflikte kann die Behandlungsbereitschaft und damit den Gesundungsprozeß verzögern." (Schmidt 1993, S. 176f.)

In vielen Versionen orientieren sich Karrieremodelle am Leidensdruck und der daraus abgeleiteten Behandlungsmotivation. So beschreiben beispielsweise Heckmann u.a. (1993, S. 28f.) die Drogenkarriere unter diesem Gesichtspunkt knapp in drei Stufen:

(a) Volle Integration in die illegale Szene: deren Faszination mit ihren Ritualen, ihrer Exotik, dem Abenteuer und dem Gemeinschaftsgefühl überwiegt.
(b) Leiden an der Sucht und dem Leben in der Randständigkeit: nun steht das Gefühl des Ausgeliefertseins an die Droge und den Dealer, der tägliche Entzug und der Streß der Szene im Vordergrund. „Sie wollen im gleichen Augenblick Schluß machen mit den Drogen und unbedingt den nächsten Schuß bekommen. Wenn der Stoff zu wirken beginnt, verlieren im gleichen Augenblick die Lasten der Sucht und der Streß der illegalen Existenz ihre Schrecken."
(c) Kapitulation vor der Sucht: Der Selbstbetrug ist zu Ende. „Sie sind das Leben in der Illegalität und das Ausgeliefertsein an Drogen, Personen und Institutionen so leid, daß sie alles akzeptieren würden, was sie von dieser Last befreit. Sie sind am Ende."

Die Bedeutung des Leidensdrucks für die Motivation zur Veränderung der Lebenspraxis kann nicht bestritten werden. In ihrer extrem zugespitzten Übertragung auf Heroinkonsumenten – auch durch Zwangsmaßnahmen sollen sie so weit gebracht werden, daß sie nur noch die Wahl zwischen Tod und Therapie haben – ist diese These jedoch heftig umstritten. Es ist keineswegs ausgemacht, daß der Leidensdruck zwangsläufig zur Behandlungsmotivation führt, „denn es ist so, daß Leiden nur den Starken stärker, den Schwachen aber schwächer macht" (Feuchtwanger 1979, S. 123). Die „Kapitulation vor der Sucht" kann ebenso zur Kapitulation vor dem Leben führen, die Verelendung kann so weit schwächen, daß keine Kraft mehr für eine Änderung der Lebensweise vorhanden ist oder Suizid und mangelnde Vorsicht beim Drogengebrauch provoziert werden. Die sogenannten Drogentoten sind auch eine Folge dieser, als rechtliche Verbindung von Helfen und Strafen Politik gewordenen, empirisch aber nur sehr eingeschränkt belegten Theorie.
Der Zusammenhang zwischen Leidensdruck und Motivation zur Verhaltensänderung ist sicher nicht so zu sehen, daß mit der Steigerung des Leidensdrucks auch eine lineare Steigerung der Motivation zur Verhaltensänderung verbunden ist. Vielmehr ist eher damit zu rechnen, daß mit steigendem Leidensdruck die Motivation zunächst zu-

nimmt, dann aber nach mehreren Wellen des Auf und Ab wieder sinkt (Abbildung 12).

Abbildung 12: Leidensdruck und Motivation

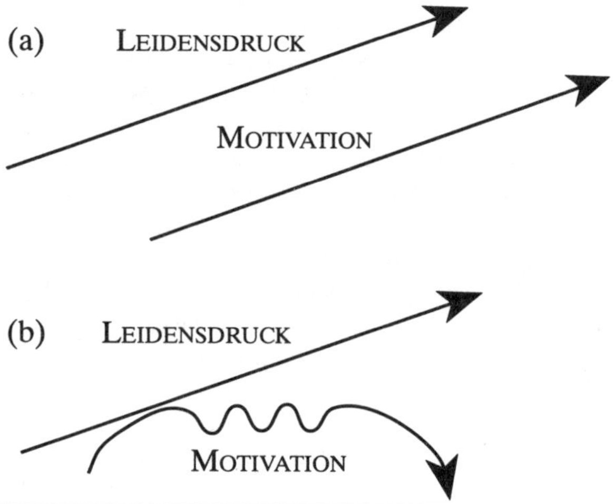

3.5.2. Strafvollzug

Als Zuspitzung des Leidensdrucks ist der Knast eine der häufigen Erfahrungen in der Karriere. Rund zwei Drittel der Drogenkonsumenten auf der Szene haben wenigstens einen Gefängnisaufenthalt hinter sich, rund 50 Prozent der Strafgefangenen im Regelvollzug sind „Drogenabhängige“ (gemeint sind Konsumenten illegaler Drogen). Der Strafvollzug birgt für sie, über das übliche Maß hinaus, zusätzliche Leiden und Gefahren, da die Illegalität des Drogenkonsums mit allen bekannten Risiken hier auf die Spitze getrieben wird. Die Drogen, die es im Knast durchaus gibt, sind extrem teuer und von besonders schlechter Qualität. Meist haben die Drogenkonsumenten im Gefängnis mangels geldlicher Zahlungsmittel „Verträge“ für alle möglichen Gegenleistungen einschließlich persönlicher Dienste bis hin zu sexuellen (Prostitution) oder kriminellen Handlungen. Spritzen sind schwer zu bekommen, werden also gemeinsam und in schlechtem Zustand benutzt, wodurch Infektionen vorprogrammiert sind. Der Anteil der HIV-Infizierten unter Fixern mit Hafterfahrung ist mit bis zu 30 Prozent etwa doppelt so groß wie unter Fixern ohne Hafterfahrung. Erst 1996 startet das in Deutschland erste Modellprojekt zur Spritzenvergabe in der niedersächsischen Justizvollzugsanstalt für Frauen in Vechta. Zum Teil erweist sich der Strafvollzug, wie für sonstige kriminelle Karrieren, so auch für Drogenkonsumenten, als eine wesentliche Stufe der Karriere, etwa wenn aus dem Gelegenheitskonsum Gewohnheit wird, wenn infolge der unregelmäßigen Versorgung die Entwicklung der Polytoxikomanie gefördert wird oder wenn die Drogenkarriere sich auf nicht drogenspezifische Kriminalität ausweitet. Allgemein muß davon ausgegangen werden, daß Verhaltensweisen wie Realitätsflucht und Passivität, die bei der Entwicklung einer Sucht eine Rolle spielen, durch den Aufenthalt im Strafvollzug eher verstärkt als abgebaut werden und daß Alternativen zum Suchtmittelkonsum noch weniger zur Verfügung stehen.

3.5.3. Drogentodesfälle

Wenn von Drogentoten die Rede ist, sind gewöhnlich diejenigen gemeint, die im Zusammenhang mit dem Konsum harter illegaler Drogen, meist Heroin, sterben. Die Zahl der Menschen, die infolge des Gebrauchs der legalen Drogen Alkohol und Tabak sterben, ist zwar unvergleichlich höher – sie wird bei Alkohol auf 40.000 und bei Tabak auf fast die doppelte Zahl jährlich geschätzt – wird aber bei weitem nicht so nachhaltig und vor allem auch nicht so schamlos beachtet.

„Und dann gibt es noch die merkwürdige Gewohnheit, jeden Menschen, der nach Polizeimeldung in Hamburg an den Folgen illegalen Drogenkonsums stirbt, zu numerieren und zu melden, wie man es einst mit Starfighterabgestürzten tat. […] Warum müssen immer wieder die distanz- und würdelosen Photos von toten Fixern auf dem Bahnhofsklo gezeigt werden. […] Haben Drogenabhängige keine Eltern, Freunde und Angehörige, die der Rücksichtnahme dringend bedürfen?“ (Stratenwerth 1990, S. 30)

Die amtliche Definition, welche Fälle als Drogentodesfall gezählt werden, stammt vom Bundeskriminalamt (1979, zit. n. Heckmann u.a. 1993, S. 16). Sie lautet:

„Meldepflichtig sind alle Todesfälle, die in einem kausalen Zusammenhang mit dem mißbräuchlichen Konsum von Betäubungsmitteln oder als Ausweichmittel verwendeten Ersatzstoffen stehen.

Abbildung 13: „Drogentote"

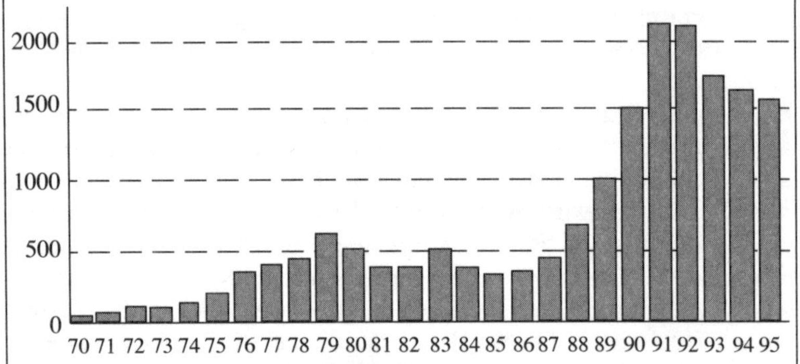

(A) Todesfälle infolge beabsichtigter oder unbeabsichtigter Überdosierung,
(B) Todesfälle infolge langzeitigen Mißbrauchs,
(C) Selbsttötungen aus Verzweiflung über die Lebensumstände oder unter Einwirkung von Entzugserscheinungen,
(D) tödliche Unfälle unter Drogeneinfluß stehender Personen."

Etwa drei Viertel der Todesfälle ereignen sich nach dieser Definition infolge von Überdosierung wegen des stark schwankenden Heroingehalts, geringerer Toleranz nach Abstinenzphasen oder Mischkonsums. Bei vier Fünfteln der Todesfälle werden neben Opiaten zugleich andere psychoaktive Substanzen gefunden. Die häufigsten tödlichen Kombinationen sind Opiate mit Alkohol (55%) und/oder Medikamente, vor allem Benzodiazepine (17%) und Codein (17%) (ebd., S. 92ff.). In diesen Fällen ist oft nicht „Überdosierung" die Todesursache, sondern Kreislaufversagen infolge des Zusammenwirkens der verschiedenen Mittel. Entgegen der in den Medien immer wieder verwendeten Rede vom „Goldenen Schuß" sind Selbsttötungen nicht die Regel: Jeder zehnte Todesfall ist ein Suizid, der oft im Zusammenhang mit psychosozialen Krisen steht. Tragisch und empörend ist, daß etwa ein Zehntel der im Zusammenhang mit Drogenkonsum Gestorbenen auf der Warteliste einer Therapieeinrichtung stand. Der Drogentod ist nicht nur ein zufälliger Unglücksfall, sondern großenteils die Folge mangelnder Vorsicht, die wiederum durch psychosoziale Krisensituationen (Partnertrennung oder -tod, Depression, Therapie- oder Haftende, veränderte Wohnsituation u.a.) provoziert wird.

In die gleiche Richtung deutet die Tatsache, daß zwei Drittel der Drogentoten vorher schon mindestens einen Drogennotfall erlitten hatten. Die Mortalität Drogenabhängiger wird pro Jahr auf ein bis drei Prozent geschätzt und ist damit gegenüber der Sterblichkeit in den entsprechenden Altersgruppen um das 10 bis 30fache erhöht. Rund die Hälfte der Todesfälle ereignet sich nach weniger als vier Jahren des Konsums harter Drogen. Überraschenderweise sind nur ein Teil (die Angaben schwanken zwischen einem und zwei Drittel) der Drogentoten polizeilich registriert. Diese Feststellung wie auch die Beobachtung, daß etwa ein Viertel erwerbstätig war, bestätigt, daß es vielen Konsumenten illegaler Drogen, sogar bei harten Drogen, erstaunlich lange gelingt, unentdeckt zu bleiben.

3.5.4. Soziale Differenzierungen am Beispiel des Geschlechts

Im Hinblick auf das Konzept der Stigmatisierung deuten diese Beobachtungen an, daß sich die Wirkungen des Stigmatisierungsprozesses vor allem dann durchsetzen, wenn die Betroffenen angeschlagen sind bzw. wenn sie geringere Chancen der Gegenwehr haben. Das gilt sowohl individuell, je nach den persönlichen und sozialen Ressourcen, als auch nach sozialen Differenzierungen, die diese Ressourcen beeinflussen: Es macht im Stigmatisierungsprozeß einen Unterschied, ob die Betroffenen Frauen oder Männer, sozial Benachteiligte oder Privilegierte, Inländer oder Ausländer usw. sind.
Exemplarisch für diese Differenzierungen sollen die Unterschiede zwischen Frauen und Männern diskutiert werden. Traditionell geht man, freilich auf der Basis höchst unsicherer Daten, davon aus, daß Frauen bei Substanzmißbrauch und -abhängigkeit (außer bei Medikamenten, bei denen es gerade umgekehrt ist) rund ein Drittel der Betroffenen ausmachen. Allerdings gleichen sich, wenigstens beim Konsum von Drogen, was ja noch nicht Abhängigkeit bedeutet, die Anteile der Geschlechter in den jüngeren Altersgruppen mehr und mehr aneinander an. Als Erklärung für diese Beobachtung wird angeführt, daß der Emanzipationsprozeß sich eben nicht nur auf die Chancen, sondern auch auf die Risiken gleicher Teilhabe an der Gesellschaft erstreckt. Die in diesem Zusammenhang gern kolportierte Behauptung, Emanzipation verursache Sucht, ist damit jedoch nicht belegt, wohl aber die Vermutung, daß Drogenkonsum, -abhängigkeit und Sucht für Frauen und Männer eine tendenziell unterschiedliche Bedeutung haben

können. Die Biographie von Frauen ist von vornherein stärker als bei Männern durch Abhängigkeit und Benachteiligung gekennzeichnet. Der Konsum von Drogen kann unter diesen Umständen noch deutlicher als bei Männern sowohl Teilhabe an gesellschaftlichem Handeln wie auch Auflehnung gegen (soziale) Abhängigkeit und Selbsthilfe zur Bewältigung daraus folgender Probleme und Konflikte bedeuten. Die Paradoxie, daß gegebenenfalls soziale und persönliche Abhängigkeit gegen die Abhängigkeit einer Sucht eingetauscht wird, erläutert Marlene Stein-Hilbers (1991, S. 49):

> „Die ‚Selbsttherapie' durch Drogenkonsum und -mißbrauch entspricht der bei Frauen vorfindbaren Tendenz zu selbstschädigendem Verhalten und zur Inkaufnahme vermehrter Abhängigkeit, die ihnen ohnehin schon bekannt ist."

Das hat Folgen für den Suchtprozeß:

gefährliches Konsummuster

(a) So wird z.B. beim Alkoholkonsum seltener als bei Männern exzessiver Mißbrauch beobachtet, der bei Frauen stärkere negative soziale Reaktionen zur Folge hat. Die soziale Kontrolle schützt Frauen so einerseits vor Alkoholmißbrauch und -abhängigkeit; andererseits provoziert sie einen unauffälligeren stetigen Konsum kleiner Mengen. Dieses Konsummuster ist aber extrem gefährlich, weil es leichter zu problematischem und zu süchtigem Konsum führen kann. Dies gilt zumal dann, wenn der stetige Alkoholkonsum der Bewältigung fortwährender Konflikte und Frustrationen in abhängiger Situation dient. Hinzu kommt als zusätzliche Steigerung des Risikos die Verbindung von Alkoholkonsum mit dem bei Frauen viel häufigeren Gebrauch psychoaktiver Medikamente.

Abhängigkeit und Gewalterfahrung

(b) Der zentrale geschlechtsspezifische Unterschied im Suchtprozeß, der eng mit der allgemeinen Abhängigkeit zusammenhängt, ist die häufige Gewalterfahrung, insbesondere von sexueller Gewalt schon in der Kindheit der Frauen. Hier wird der Drogenkonsum überwiegend zugleich als Flucht vor der schrecklichen Realität wie als selbstdestruktives Handeln bei extrem geschädigter Identität verstanden, was einen besonderen Teufelskreis auslösen kann:

> „Wie es scheint, setzen viele Frauen psychotrope Stoffe ein, um mit diesen Gewalterfahrungen besser fertig zu werden. Es spricht alles dafür, daß Alkohol und Drogen die Gewalttätigkeiten in der Erinnerung und in der Realität verblassen lassen. Wenn die Wirkung der Stoffe nachläßt, werden sich die Frauen der alten und der neu hinzugekommenen Wunden bewußt, die sie mit

nüchternen Sinnen nicht ertragen können. Neuer Konsum verspricht neues Vergessen. Die Frauen sind in einen Teufelskreis geraten, aus dem es kein einfaches Entrinnen gibt.“ (Vogt 1994, S. 86)

(c) Frauen sind, wenn sie ihre Benachteiligung überwinden wollen, regelmäßig einem größeren Leistungsdruck ausgesetzt als Männer. Sie müssen im Beruf gewöhnlich mehr leisten, um die gleiche Anerkennung zu bekommen, und sie sind viel stärker dem doppelten Rollendruck als Berufstätige und als Familienfrau ausgesetzt. Drogenkonsum wird hier als Mittel der Leistungssteigerung und der Bewältigung von Streß und Frust verstanden.

verstärkter Leistungsdruck

(d) Frauen werden als Konsumentinnen illegaler (harter) Drogen seltener als Männer wegen Beschaffungskriminalität straffällig. Das scheint zunächst ein Vorteil zu sein, da Hafterfahrungen eine erhebliche Stigmatisierungs- und Ausgrenzungswirkung haben. Die für Frauen typische Beschaffungsprostitution reproduziert jedoch in verschärfter Weise deren Abhängigkeits- und Gewalterfahrungen. Da sie sich oftmals um jeden Preis prostituieren müssen, haben sie wegen ihres illegalen Drogenkonsums keine Chance, sich gegen Erpressung und Gewalt zu wehren. Auffällig ist, daß in Justizvollzugsanstalten der Anteil opiatabhängiger Frauen mit 50 bis 60 Prozent merklich über dem entsprechenden Anteil der Männer liegt. Frauen überschreiten insgesamt viel seltener die Grenzen der Illegalität, scheinen dies aber relativ häufig im Zusammenhang mit Betäubungsmitteldelikten tun.

Beschaffungsprostitution

(e) Frauen wurden (und werden zum Teil immer noch), wenn sie im Verlauf ihres Suchtprozesses mit dem Drogenhilfesystem in Kontakt kommen, oftmals nicht sinnvoll behandelt. Da die frauenspezifischen Hintergründe und Ursachen für süchtigen Drogenkonsum wesentlich mit ihrer Abhängigkeit und häufig mit extremen Erfahrungen von Männern ausgeübter Gewalt zusammenhängen, können sie zu männlichen Beratern und Therapeuten kaum das notwendige Vertrauen finden. Und in der gemischtgeschlechtlichen Entwöhnungsbehandlung wiederholen sich in der Gruppe oft die alten Erfahrungen von Ungleichheit und Abhängigkeit.

geschlechtsspezifische Hilfe fehlt

Angesichts dieser umfassenden geschlechtsspezifischen Entstehungszusammenhänge für fortgesetzten und süchtigen Drogenkonsum stellt sich die Frage, warum Frauen bei den klassischen Substanzabhängigkeiten fast immer eine Minderheit stellen. Dies hängt zusammen mit der sozialen Kontrolle durch Stigmatisierung. Entsprechend ihrer im Vergleich zu Männern eher auf passive, nichtauffällige Problembewältigung ausgerichteten Sozialisation „wählen“ Frauen unter den verschiedenen Formen suchtriskanten Handelns bevorzugt jene aus, die für sie zunächst keine negativ bewertete Auffälligkeit zur Folge haben, sondern eher in positiven Zusammenhängen gesehen werden. Das sind der Medikamentenkonsum, der an das stärkere Gesundheitsbewußtsein der Frauen anknüpft und durch Ärzte noch gefördert wird, sowie die süchtige Eßstörung, die besonders in der Form der Magersucht zugleich eine Anpassung an gesellschaftliche Schönheitsideale darstellt.

3.5.5. Aus- und Umstieg: Therapie, Selbstheilung, kontrollierter Konsum, Substitution

Von den registrierten Drogenkonsumenten treten nach unterschiedlichen Untersuchungen nach einigen Jahren rund zwei Drittel nicht mehr als auffällig in Erscheinung. Die landläufige und von der Drogenpolitik weitgehend unterstellte Meinung, die nur zwei Möglichkeiten für Heroinkonsumenten kennt: die Therapie oder die Verelendung mit der Konsequenz des wahrscheinlichen Todes, kann also nicht zutreffen. Tatsächlich gibt es aus dem Karrierestadium des fortgeschrittenen Konsums harter illegaler Drogen mehrere Wege des Aus- und Umstiegs. Die wichtigsten sind die Therapie, die Selbstheilung, der kontrollierte Konsum und die Substitution.

Therapie

(a) Das traditionelle Hauptziel der Drogenhilfe ist die Abstinenztherapie. In der fortgeschrittenen Karriere der Konsumenten (das ist nur ein Teil derjenigen, die als behandlungsbedürftig gelten) kommen bei rund zwei Dritteln häufig sogar mehrere Therapieaufenthalte vor. Die Entscheidung für eine Therapie ist also keineswegs schon mit dem Ausstieg aus der Drogenkarriere gleichzusetzen, bei dem, gleichsam in Umkehrung der Karriere, Cleanphasen, reduzierter Konsum und Rückfälle sowie eine gewöhnlich langsame stufenweise Lösung von der Szene bzw. der abweichenden Lebenspraxis charakteristisch sind. Über die Ergebnisse der therapeutischen Intervention, die „Erfolge“, gibt es sehr unterschiedliche Daten. Es scheint aber, daß die bekannte Drittel-Faustregel eine Annäherung an die Wirklichkeit bietet: Ein Drittel der Therapieabsolventen wird dauerhaft abstinent, bei einem weiterem Drittel tritt eine Besserung der Situation ein und das dritte Drittel erreicht keine nennenswerten Veränderungen. Allerdings wird nur etwa ein Drittel aller Behandlungsbedürftigen von den Therapieangeboten erreicht (siehe Teil 3, Abschnitt 5.6., S. 259ff.).

Selbstheilung

(b) Ein weiterer Weg, den die Karriere nehmen kann, ist die sogenannte Selbstheilung (auch Spontanheilung oder -remission). Mit diesem Ausdruck ist gemeint, daß der Ausstieg aus der Drogenbindung selbstinitiiert ohne überwiegende professionelle Hilfe, in der Regel aber mit Unterstützung anderer Menschen, gelingt. Über ihren Anteil, der wahrscheinlich mit dem der professionellen Therapieerfolge vergleichbar ist, gibt es recht unterschiedliche Schätzungen, da es ja gerade ein Merkmal dieses Weges ist, weitgehend außerhalb der zählenden Institutionen zu verlaufen. Dieser Weg aus der Drogenkarriere wird auch als „Herauswachsen“ (maturing out) aus der Drogenabhängigkeit bezeichnet und ist mit einem Identitätsprozeß verbunden:

> „Mit zunehmender Umsetzung des Projektes ‚drogenfreie Lebensbewältigung‘ verblaßt die ‚Junkie-Identität‘. Diese lebensgeschichtlichen Wandlungsprozesse im Selbstverständnis und Verhalten ziehen zum einen eine Änderung des Identitätsgefühls und damit der Bewertung von Lebenszusammenhängen nach sich. Zum anderen rekurrieren sie auf die Existenz multipler Identitätsmuster, die auch bei Opiatgebrauchern vorhanden sind.“ (Weber/Schneider 1992, S. 28)

Der Weg der Selbstheilung kann eher von Konsumenten mit Erfolg eingeschlagen werden, die ein Lebensalter von 25 bis 35 Jahren erreicht haben, deren Konsum nicht sehr extrem ist, die nicht stark verelendet sind und deren Lebensperspektiven sich drastisch verändert haben. Unter ihnen finden sich überdurchschnittlich viele Konsumenten mit relativ günstigen sozialen Bedingungen, insbesondere mit qualifizierter Ausbildung. Am bekanntesten sind Untersuchungen über Selbstheilung bei den Vietnamveteranen der USA, die nach ihrer Rückkehr, von dem Druck des Krieges entlastet, meist ohne professionelle Hilfe auch den Konsum von Heroin wieder aufgaben.

> „Es scheint klar zu sein, daß Opiate nicht in einer solchen Weise abhängig machen, daß aus ihrem Konsum notwendigerweise Abhängigkeit resultiert, noch daß ein Individuum einmal abhängig notwendigerweise permanent abhängig bleibt. Zumindest ist ein Individuum unter bestimmten Umständen in der Lage, Narkotika zu konsumieren und sogar abhängig zu werden und gleichzeitig unter anderen sozialen Bedingungen ihren Konsum zu vermeiden.“ (Robins u.a., zit. n. Schneider 1988, S. 482)

kontrollierter Konsum

(c) Wie die Selbstheilung wird auch die Möglichkeit des kontrollierten Konsums harter illegaler Drogen, namentlich von Heroin, meist für sehr unwahrscheinlich gehalten. Unter kontrolliertem Konsum wird ein Gebrauch unterhalb des Abhängigkeitsniveaus verstanden, also etwa das gleiche Konsummuster, das die große Mehrheit der Alkoholkonsumenten praktiziert. Nach Wayne M. Harding (1982, S. 1222), der eine bekannte Untersuchung über dieses Thema gemacht hat, zählten in den USA Ende der 70er Jahre über 40 Prozent aller Heroinkonsumenten zu dieser Gruppe. Ob allerdings der Umstieg zum kontrollierten Konsum auch eine realistische Chance für Schwerabhängige darstellt, ist umstritten. Er setzt, zumindest unter der Bedingung der Illegalität, sicher eine stabile Persönlichkeit und ein stabiles soziales Umfeld voraus, was nicht gerade einer Beschreibung der Konsumenten auf der Szene entspricht. Für diese Teilgruppe ist sicher auch schon der risikobewußte Gebrauch von Drogen zum kontrollierten Konsum zu rechnen. Im übrigen muß, wenigstens in diesem Punkt, auch auf die unterschiedliche Situation der Heroin- gegenüber den Kokainkonsumenten hingewiesen werden. Bei Kokainkonsumenten wird ein kontrollierter Konsum viel eher erwartet, teils weil in der Drogenwirkung die körperliche Abhängigkeit keine Rolle spielt, teils weil viele Konsumenten traditionell in günstigeren sozialen Bedingungen leben. Vermutlich entscheidet sich die Möglichkeit zum kontrollierten Konsum gewöhnlich in einem früheren Stadium der Karriere, denn sie „setzt die Nutzung und Wirksamkeit von vorhandenen Stützsystemen (Freunde, Familie, Kontakte außerhalb der Drogenszene, vorhandene Berufserfahrungen etc.) voraus. Sie wird wahrscheinlicher, je größer die Handlungsmöglichkeiten und Anknüpfungspunkte außerhalb der drogenbezogenen Alltagspraxis sind“ (Schneider 1993b, S. 80).

Substitution

(d) Schließlich gibt es im Falle der Opiatabhängigkeit seit Ende der 80er Jahre in Deutschland die Möglichkeiten der Substitution mit Methadon oder Codeinpräparaten (siehe Teil 3, Kapitel 6, S. 263ff.). In der Karriere von Opiatkonsumenten kommt der Umstieg auf Methadon infolge der rechtlichen und medizinischen Klauseln gewöhnlich erst in sehr fortgeschrittenem Stadium bei erheblicher Verelendung, vor allem bei schweren Erkrankungen in Frage. Ihr Anteil reicht in einigen Großstädten schon bis zur Hälfte der bekannten Opiatkonsumenten. Die Substitutionsbehandlung ermöglicht die für den Ausstieg aus der Karriere wesentliche Ablösung von der Szene sowie aus der drogenbezogenen Kriminalität und das Entwickeln neuer konformer Lebensperspektiven und ist daher oft eine Vorentscheidung zur späteren Abstinenz.

Literatur: Neben dem schon empfohlenen Klassiker von *Howard S. Becker* (Außenseiter. Zur Soziologie abweichenden Verhaltens) ist auf den kritischen Überblick über die theoretischen Grundlagen des Karrierekonzepts von *Axel Groenemeyer:* Drogenkarriere und Sozialpolitik. Entwicklungsbedingungen der Drogenabhängigkeit und Möglichkeiten der Intervention durch stationäre Behandlung. Pfaffenweiler 1990, hinzuweisen.
Die empirische Vielfalt der Karrieren in der Ausstiegsphase belegen die Auswertung der hessischen AMSEL-Studie [Ambulante Therapie und Selbstheilung] von *Richard Sickinger* u.a.: Wege aus der Drogenabhängigkeit. Gelungene und gescheiterte Ausstiegsversuche. Freiburg 1992, sowie *Georg Weber/Wolfgang Schneider:* Herauswachsen aus der Sucht illegaler Drogen. Selbstheilung, kontrollierter Gebrauch u. therapiegestützter Ausstieg, Hg.: Ministerium für Arbeit usw. des Landes NRW. Düsseldorf 1992.
Zu dem hier nur exemplarisch angesprochenen Thema „Frauen und Sucht" gibt es mittlerweile einige Literatur; zur Einführung ist empfehlenswert das von *Christa Merfert-Diete* und *Roswitha Soltau* herausgegebene Taschenbuch: Frauen und Sucht. Die alltägliche Verstrickung in Abhängigkeit. Reinbek 1984/1991; speziell zur Drogenkarriere von Frauen siehe: *Klaus Krämer:* Delinquenz, Suchtmittelumgang und andere Formen abweichenden Verhaltens. Ein Geschlechtervergleich. Freiburg 1992; *Heike Zurhold:* Drogenkarrieren von Frauen im Spiegel ihrer Lebensgeschichten. Eine qualitative Vergleichsstudie differenter Entwicklungsverläufe opiatabhängiger Frauen. Berlin: Vlg. f. Wissenschaft u. Bildung 1993.
Zur Problematik des Strafvollzugs siehe *Richard Reindl/Werner Nickolai* (Hg.): Drogen und Strafjustiz. Freiburg 1994.
Einen Überblick über die besonderen Umstände von Drogenkonsum und Sucht im Betrieb gibt: *Rita Rußland:* Suchtverhalten und Arbeitswelt. Vorbeugen, Aufklären, Helfen. Frankfurt a.M. 1988.

4. Gesellschaft und Drogen

„Es ist eine Forderung der Natur, daß der Mensch mitunter betäubt werde, ohne zu schlafen: daher der Genuß im Tabakrauchen, Branntweintrinken, Opiaten."
(Goethe, Maximen und Reflexionen, Nr. 245)

„Selbstkontrolle [...] ist in der Neuzeit Europas für die psychische Verfassung erste Bürgerpflicht."
(Legnaro (a) 1982a, S. 111)

Drogenkonsum ist eine universelle Erscheinung mit Wurzeln in der Evolution und kann viele Funktionen erfüllen. Ob es sich dabei um ein soziales Problem handelt, hängt von den soziokulturellen Umständen ab. In diesem Kapitel werden einige Beispiele für den kulturintegrierten Drogengebrauch in traditionellen Gesellschaften dargestellt und danach die völlig andere Situation des problematischen Drogenkonsums in modernen Gesellschaften mit ihrer Rationalisierung und Unterdrückung der Affekte. Der Wandel setzte seit der europäischen Neuzeit ein und verstärkte sich ganz erheblich seit dem Ende des vergangenen Jahrhunderts. Das soziale Problem wird im Umfang, den gesundheitlichen, sozialen, finanziellen und politischen Folgen des Drogengebrauchs gesehen. Versuche, die nachteiligen Folgen des Drogenkonsums durch Verbote zu bekämpfen, haben das Problem nicht beseitigt, sondern zum subkulturellen Milieu der Drogenszene und damit zur Entstehung einer sozialen Randgruppe geführt. Es gibt Erwartungen, daß aus dem Drogenkonsum der Szene bei entsprechender Drogenpolitik in Zukunft wieder ein kulturintegrierter Drogengebrauch werden könne.

4.1. Drogen und Sucht als universelles Phänomen

Gegen die von puritanischem Eifer genährte Illusion einer drogenfreien Gesellschaft steht die Beobachtung, daß Drogen in allen Gesellschaften in verschiedenen Funktionen als Heil-, Lebens- oder Genußmittel sowie als Hilfsmittel ritueller Praktiken bekannt waren.

evolutionäre Argumente

Die Feststellung, daß der Drogengebrauch universell ist, hat dazu angeregt, nach evolutionären Zusammenhängen zu suchen. Der evolutionäre Ansatz geht aus von dem Vorhandensein körpereigener opiatähnlicher Substanzen, die als Botenstoffe (Neurotransmitter) zur Schmerzlinderung, Erregung und als inneres Belohnungssystem einen evolutionären Überlebensvorteil bieten (siehe Teil 1, Abschnitt 1.2.2., S. 38ff.). Sie bilden die biochemische Grundlage der Suchtgefährdung des Menschen, die aus dieser Sicht als „hochgradige Fixierung bei der Suche nach einer Gefühlserfahrung" verstanden wird (Scheerer 1995, S. 34).

ethologische Argumente

Der ethologisch-anthropologische Ansatz, der von einigen Tierverhaltensforschern (Ethologen) vertreten wird, bezieht sich auf die Entwicklungsgeschichte der Menschen, in der der Gebrauch psychotroper Pflanzen gelernt worden ist. Da sich in der Natur zahlreiche Pflanzen mit psychotropen Eigenschaften finden – Richard Evans Schultes (1982) beschreibt ein große Zahl solcher Pflanzen und deren Verwendung in allen Erdteilen – liegt es nahe, daß die Menschen deren Eigenschaften sehr früh kennenlernten. Dabei haben sie vermutlich das Verhalten der Tiere beobachtet und daraus ihre Schlüsse gezogen. Tiere meiden gewöhnlich psychoaktive Pflanzen wegen ihres oft abschreckenden Geschmacks oder wegen ihrer Wirkungen, „dennoch gewöhnen sich einige Tiere (wie einige Menschen) an diese negativen Wirkungen und suchen diese Pflanzen" (Siegel 1982, S. 83). Am bekanntesten sind vielleicht – außerhalb von Laborversuchen – die Beobachtungen an Elefanten, die gezielt Drogenpflanzen und auch gegorene Früchte fressen. Sie sind dann alkoholisiert, haben Bewegungsstörungen und werden aggressiv. „Alkohol kann […] ein wahres Problem für Elefanten sein." (ebd., S. 81)

„In Tests wurde gefunden, daß der Alkoholkonsum der Elefanten wie auch anderer Tiere sich steigert, wenn die Herde vergrößert bzw. das Weideland verkleinert wird oder wenn sie in Gefangenschaft gehalten werden. Der gleiche Effekt wurde in Laborversuchen erreicht. Daraus wird geschlossen, daß Drogenkonsum eine „natürliche biologische Antwort" (Siegel 1982, S. 84) auf soziale Lebensbedingungen darstellt, die Streß und Depression verursachen – ein Zusammenhang, der bei Menschen gut bekannt ist.

keine „Sucht" in traditionellen Gesellschaften?

Wenn auch der Gebrauch von Drogen universell ist, so gilt dies nicht von der Drogensucht. Aus vormodernen Zeiten gibt es kaum Berichte über Entzugserscheinungen und süchtigen Umgang mit Drogen.

Hierfür werden unterschiedliche Gründe angeführt:

(a) Die Drogen hatten eine geringere Wirkstoffkonzentration (Opium ist nicht gleich Heroin, Wein nicht gleich Schnaps, Coca nicht gleich Kokain);
(b) zudem standen sie regelmäßig zur Verfügung, so daß Entzugserscheinungen gar nicht bemerkt wurden;
(c) aus dem gleichen Grunde entstand keine suchtbegünstigende Zentrierung der Aufmerksamkeit auf eine Droge;
(d) das Handeln, Denken und Fühlen der Menschen hatte mehr emotionale und spirituelle Alternativen, da es sich noch nicht an der modernen, einseitig vernunftgesteuerten Selbstkontrolle orientierte;
(e) Sucht als „soziales Problem" war noch nicht entdeckt, man achtete also nicht darauf;
(f) die Drogen wurden nicht in effekt-, sondern in genußorientierten und kulturintegrierten Konsummustern gebraucht, wodurch ihr Konsum starker sozialer Kontrolle unterworfen war.

4.2. Kulturintegrierter Drogengebrauch

Ein gängiges Argument in der heutigen Drogenpolitik ist die Berufung auf die Gefahr „kulturfremder" Drogen, da deren Gebrauch nicht in die Kultur integriert sei. Die ethnologische und kulturanthropologische Forschung hat zahlreiche Darstellungen des kulturintegrierten Drogengebrauchs (Beispiele Völger/v. Welck 1982) geliefert, von denen im folgenden vier beispielhaft vorgestellt werden.

Tabak bei den Indianern Amerikas

(a) Tabak bei den Indianern Amerikas: Die Friedenspfeife ist in unserer Wahrnehmung eines der bekanntesten Symbole der Indianer und sogar in unseren Sprachgebrauch eingegangen (v. Welck 1982, S. 420–431). Der folgende Bericht zeigt, wie das Tabakrauchen im Leben der Indianer als zentrales kulturelles Symbol fungierte und aus dieser Tradition heraus bis in die Gegenwart hinein wirkt.
Tabak wurde zur Zeit des Eintreffens der Europäer von den Indianern in Amerika als Universalheilmittel, als Stärkungsmittel, als Wahrsagehilfe, als Narkotikum, als Halluzinogen sowie im rituellen Zusammenhang als Zeichen der Freundschaft und Gastfreundschaft, bei festlichen Anlässen, zur Bekräftigung von Verträgen, als Opfergabe für die übernatürlichen Mächte und als Zeichen der Verbun-

denheit zu diesen verwendet. Der Tabak war den Indianern heilig und kommt in den Mythen über die Erschaffung der Welt und der Menschen vor. Anbau, Ernte und Zubereitung waren teilweise bestimmten Kultgemeinschaften vorbehalten, die Tabakspfeifen waren oft aus wertvollem Material und aufwendig geschnitzt. Auch heute noch gehören Tabakspfeifenrituale bei den Indianern Nordamerikas in zeremoniellen Zusammenhängen „als Symbol des Bewußtseins indianischer Würde und ureigener Tradition" (ebd., S. 431) zum wichtigen Bestandteil indianischer Zusammenkünfte.

Zu Beginn eines Symposiums 1974 in Mexiko City über indianische Geschichtsforschung, an dem rund 20 Indianer und Weiße teilnahmen, „sprach auf Bitten von Dave Warren, dem Vorsitzenden des Symposiums, einer der indianischen Teilnehmer, Joe Medicine Crow, ein Gebet, entzündete daraufhin eine Pfeife, hob sie zur Sonne empor, senkte sie zur Erde, blies den Rauch in alle vier Himmelsrichtungen und ließ dann die Pfeife kreisen. ‚Zur Herstellung einer größeren Verständigungsbereitschaft unter den Teilnehmern, zur Festigung einer guten Arbeitsatmosphäre und um den Ernst des zu behandelnden Themas zu unterstreichen'" (ebd., S. 431).

Kawa in Polynesien

(b) Kawa in Polynesien: Der folgende Bericht (Koch 1982, S. 923-994) konzentriert sich auf die soziale Funktion des Drogengebrauchs, Hierarchie und zugleich Gemeinschaft in einer Gesellschaft darzustellen. Die bei uns recht unbekannte Droge Kawa, die allerdings inzwischen als Arzneimittel verschrieben wird, bewirkt durch muskuläre und emotionale Entspannung ein Gefühl der Behaglichkeit und Zufriedenheit. Ob sie berauschend wirkt, ist eine Frage der Definition. Sie führt nicht zu Bewußtseinsstörungen, wohl aber zu einem gesteigerten Gefühl des Wohlbefindens, einer Euphorie.
Die Kawa ist das traditionelle „Nationalgetränk" der Polynesier, denen vor der Ankunft der Europäer kein anderes Genußmittel bekannt war. Kawa wird auch als vielseitiges Heilmittel mit schmerzlindernden, betäubenden und entzündungshemmenden Wirkungen verwendet. Sie wird aus der Wurzel eines von den Europäern „Rauschpfeffer" genannten Pfeffergewächses zubereitet. Der unangenehme, leicht bittere und seifige Geschmack ist gewöhnungsbedürftig, was aber erleichtert wird durch den aromatischen Duft und das Gefühl der Frische und des gelöschten Durstes im Mund. Der gemeinschaftliche Kawa-Genuß prägte weithin das Gesellschaftsleben in Polynesien. Die Kawa gehörte als Weiheakt zu den großen Anlässen und jedem wichtigen Ereignis im alltäglichen Leben. Sie galt als heiliger Trank in vie-

len Phasen des Lebens, war eine wichtige Opfergabe an die Götter und hatte eine hohe symbolische Bedeutung für Festlichkeiten und Gastfreundschaft. Sie wurde und wird nach strengen zeremoniellen Regeln zubereitet und ausgeteilt. Dazu gehören besondere, nur diesem Zweck vorbehaltene hölzerne Schalen als wesentlichem Besitzstück des Haushalts.

Besonders streng geregelt waren die Zubereitung und Austeilung im alten Tonga: „Kein öffentliches religiöses Ritual geschah ohne die Kawa-Zeremonie, ebenso keine profane Feier oder nur eine Versammlung. Dabei waren die Regeln der Zubereitung und der Austeilung des Trankes, alle Bewegungen vorschreibend, exakt gleichartig und der Schichtung der altpolynesischen Gesellschaft entsprechend: Der ranghöchste Häuptling hatte den Vorsitz, rechts und links neben ihm saßen die leitenden matapule (offizielle Helfer und Ratgeber), welche die Bereitung des Trankes mit ihren Weisungen arrangierten. Ihnen folgten in der Sitzordnung links und rechts die nächsthöheren Häuptlinge, und so formte sich die Gesellschaft mit abnehmendem Rang zur Kreisform. Genau gegenüber dem Vorsitzenden saß der Mann, der in der hölzernen Schale die Kawa bereitete. Dieser war ein Gemeiner oder Sklave, zuweilen auch ein niederer Häuptling.“ (ebd., S. 987) Die Förmlichkeit wird auch heute noch bei alltäglichen Anlässen gewahrt, obwohl infolge einer gewissen Demokratisierung der tonganischen Gesellschaft mehr Kawa getrunken wird als in der Vergangenheit.

Alkohol bei den Germanen

(c) Alkohol bei den Germanen: Eine der bekanntesten Darstellungen zum Drogengebrauch, nämlich über die Trinksitten der Germanen, findet sich in Tacitus' Germania aus dem Jahre 98 (zit. n. Harten 1991, S. 145f.). Tacitus ging es um ein positives Gegenbild zum Sittenverfall im Römischen Reich. Nicht einmal der exzessive Alkoholgebrauch unserer Vorfahren war ihm ein Anlaß, sich moralisch zu empören, denn Drogengebrauch wurde noch nicht als soziales Problem gesehen.

„[Nach dem Frühstück] gehen sie an die Arbeit, aber noch öfter zu einem Gelage. Nie sind sie dabei unbewaffnet. Tag und Nacht in einem fort zu zechen, ist für niemanden eine Schande. Natürlich gibt es da Händel – das kommt ja bei Betrunkenen immer vor –, die selten mit bloßen Schimpfereien, sondern meist mit Mord und Totschlag enden. Doch auch wenn sie Feinde miteinander versöhnen, wenn sie Ehen schließen, Fürsten berufen oder über Krieg und Frieden beraten wollen, setzen sie sich zum Becher, als ob dann der Mensch besonders offenherzig und zugänglich für große und ehrliche Gedanken wäre. Diese naiven Menschen, die nicht verschlagen noch gerieben sind, verraten in fröhlicher Stimmung auch die Geheimnisse ihres Herzens.

So liegt die Meinung aller unverhüllt und offen da. Am folgenden Tage erörtern sie die Sache noch einmal und führen erst jetzt einen Beschluß herbei. Die Behandlung einer Sache zu zwei so verschiedenen Zeitpunkten ist zweckdienlich: sie beraten, wenn sie sich nicht verstellen können, und sie treffen die Entscheidung, wenn sie nicht irren können."

Die Fortsetzung des Alkoholgebrauchs unserer Vorfahren bis in unsere Tage bedarf hier keiner literarischen Schilderung.

Opium im Iran

(d) Opium im Iran: Da in den ethnologischen und kulturanthropologischen Darstellungen großer Wert auf die kulturelle Symbolik und den rituellen Gebrauch von Drogen gelegt wird, erfahren wir gewöhnlich recht wenig über den alltäglichen Umgang mit Drogen. Wir sollten jedoch davon ausgehen, daß kulturintegrierte Drogen auch als „private" Genußmittel verbreitet waren und sind. Eine Annäherung bietet der folgende Bericht: Nach Schams Anwari-Alhosseyni (1982, S. 823–833) raucht der Schirehi (Opiomane) den Opiumextrakt in der Pfeife. Die Schirehiha versammelten sich bis Anfang 1979 in der Schirehchanek (Opiumhöhle) und rauchten gemeinsam. Zum Opiumrauchen werden einige Utensilien gebraucht: die Opiumpfeife, die aus einem Griff und dem Kopf besteht, die durch ein Mittelstück miteinander verschraubt werden, Feuerzange, Kohlebecken mit glühender Kohle, eine Nadel, Opiumzange, Taschenmesser und natürlich Opium. Zum Ritual sind ferner unerläßlich Samowar, Teekanne, Teetassen und Süßigkeiten. Es gilt als vornehm, aus eigener Pfeife zu rauchen, und um das Ansehen des Opiumrauchers zu erhöhen, gibt es alle diese Teile auch in Luxusausführungen. Auf das Rauchen sollte man sich eine Stunde zuvor seelisch einstellen und mit den Vorbereitungen beginnen. Der Raum, in dem die Utensilien bereitgehalten werden, wird mit Matratzen, Decken und Kissen ausgelegt, damit man sich entspannt zurücklegen kann. Wenn man das Opium rauchen will, wird der Pfeifenkopf über der Holzkohle angewärmt. Dann klebt man eine Portion Opium auf den Kopf neben der Öffnung und läßt sie vorsichtig am Feuer brutzeln. Mit der Feuerzange hält man nun ein Stück glühende Holzkohle knapp über das Opium und zieht, bis die Pfeife ausgeraucht ist. Die Reste werden mit dem Messer abgekratzt. Wenn auf diese Weise drei oder vier Portionen geraucht sind, soll man heißen Tee mit Süßigkeiten trinken, mit halbgeschlossenen Augen wach träumen und die Trunkenheit genießen. In dieser Phase werden auch Gedichte vorgetragen, oder es wird musiziert.

„Für das Gelingen des Rituals sind Stille, Reinlichkeit und Licht wesentlich. Es ist sehr wichtig, nicht allein zu rauchen, weil sonst böse Geister ihre Kräfte entfalten könnten. Ideal ist ein Freundeskreis, in dem die Raucher sich verstanden fühlen und seelisch aufeinander eingestimmt sind. [...] Auch soll man schweigen, wenn der taryak auf der Pfeife zischt; ich beobachtete, wie Opiumraucher auf dieses Zischen lauschten und dabei leise al-modschir-al-modschir flüsterten, was ‚der Beschützer' bedeutet und einer der sogenannten schönsten Gottesnamen ist." (ebd., S. 831f.)

Wenn man das hier beschriebene Ritual des Opiumrauchens mit dem gehetzten Schuß des Fixers in einem Hauseingang vergleicht, wird der Unterschied nur allzu deutlich, der unser Drogenproblem vom kulturintegrierten Drogengebrauch trennt. In diesem Sinne macht Anwari-Alhosseyni folgende Schlußbemerkung zu seinen Beobachtungen:

„Im Orient – im weitesten Sinne – schützt das Ritual den Raucher von Opium und Haschisch vor Übermaß und Abhängigkeit. Erst der Wegfall der Tradition und der Einbettung in religiös-mystische Bezüge führt zu jenem Verfall an die Sucht, die den Raucher zum bloßen Konsumenten verkommen läßt." (ebd., S. 832)

Damit ist einer der wesentlichen Gründe für die Verbreitung des problematischen Drogenkonsums angesprochen. Es wäre jedoch falsch, den kulturintegrierten Drogengebrauch zu romantisieren, denn er ist ambivalent und schützt in modernen Gesellschaften besonders dann nicht vor den Risiken eines kollektiven problematischen Drogenkonsums, wenn eine Droge zum Merkmal der Integration einer Gesellschaft wird. Ein Beispiel gibt das folgende Zitat:

„Ich wurde eingeladen, herumgereicht und beklatscht. Man zitierte auch meine Geistesblitze, aber Vertrauen schenkte mir niemand. Ich war einfach kein richtiger Kumpan für sie. Darum behandelten sie mich als Original. Als Fremdling. Nicht wegen der Sprache, die ich fast akzentfrei zu artikulieren wußte. Auch nicht wegen meines Judentums, nehme ich an. Es war – wie soll ich das ausdrücken? – der Alkohol, der uns trennte. Ich konnte nicht saufen. Ich war ihnen zu exklusiv." (Kaminski 1991, S. 288)

4.3. Problematischer Drogenkonsum

Auch wenn es in unserer Gesellschaft manchen kulturintegrierten Drogenkonsum gibt, z.B. bei Kaffee, Tee und großenteils auch beim Alkohol sowie (noch) bei Tabak, so ist doch Drogenkonsum mehr oder weniger zu einem Problem geworden, das sich um die harten illegalen Drogen zentriert. Wenn wir den folgenden Bericht aus Frankfurt (nach: Frankfurter Rundschau vom 26. Oktober 1994) lesen, als sei er ebenfalls eine ethnologische Darstellung wie die vorangegangenen Beispiele, fallen einige der wesentlichen Unterschiede zwischen kulturintegriertem und problematischem Drogengebrauch deutlich ins Auge.

Das Drogenproblem in einer modernen Großstadt

Im Bahnhofsviertel formiert sich massiver Protest gegen die Lage auf der offenen Drogenszene. 100 Geschäftsleute, Firmenmanager und Arbeitnehmer haben den Magistrat mit ihren Unterschriften zum Handeln aufgefordert.
Bei einer Pressekonferenz kritisierten zahlreiche Unterstützer der Interessengemeinschaft die Verhältnisse im Bahnhofsviertel. Auf Stadt und Polizei sei kein Verlaß, weshalb mittlerweile 14 Anlieger rund um den Karlsplatz private Sicherheitsdienste engagiert hätten, um die Fixer im Interesse von Mitarbeitern und Kunden von ihren Türen fernzuhalten. Die Stadt habe auf zahlreiche Briefe der Anlieger entweder gar nicht oder ausweichend geantwortet. Deshalb hätten sich die Betroffenen jetzt zusammengeschlossen.
Die Interessengemeinschaft ist sich darüber einig, daß es keinen Sinn ergibt, die Fixer aus dem Bahnhofsgebiet in ein anderes Viertel zu vertreiben. Es handele sich um Kranke, die in Kliniken gehören. Der Gesetzgeber muß Therapieplätze anbieten, meinte der Vertreter einer Versicherung. Ein Marketing-Mann wunderte sich, daß die Stadt einerseits Spritzen verteile, andererseits aber nicht für Räumlichkeiten sorge, wo sich die Süchtigen die Injektionen setzen könnten. Druckräume [die es inzwischen gibt], das könnte eine Lösung sein. Darüber ist sich die „Montagsrunde", in der Stadt, Polizei und Staatsanwälte die Drogenpolitik abstimmen, längst einig. Die Staatsanwaltschaft hat für den Fall keine rechtlichen Bedenken, daß in den Druckräumen kein Drogenhandel stattfindet.

Die Darstellung der Situation in Frankfurt konzentriert sich vollkommen auf den Konsum illegaler Drogen, der vor allem den Geschäftsleuten ein erhebliches Ärgernis ist. Sie versuchen verständlicherweise mit allen Mitteln, gegen die für ihre Geschäftstätigkeit nachteilige Situation anzugehen. Für die Stadt ist der Drogenkonsum ein soziales Problem, das sie nicht in den Griff bekommt. Die weitere Ausgrenzung der Drogenkonsumenten durch Vertreibung mit Hil-

fe der Polizei führte zu keiner Lösung. Bessere Ergebnisse werden unter anderem durch eine Art „negativer Integration" erwartet, indem den Drogenkonsumenten kontrollierte Orte, sogenannte „Druckräume", für ihren Konsum zugewiesen werden.
Als problematisch gelten in erster Linie die Anzahl der Konsumenten und Abhängigen, die gesundheitlichen, sozialen, finanziellen und politischen Folgen sowie – bei etwas differenzierterer Betrachtung – die Konsummuster. Die im folgenden genannten Zahlenangaben beruhen sämtlich auf mehr oder weniger überzeugenden Schätzungen und sollen hier nicht kritisch erörtert werden, weil es lediglich darum geht, weithin akzeptierte Größenordnungen des Problems darzustellen. Es sei aber darauf hingewiesen, daß sie je nach politischer Intention um bis zu 100 Prozent und mehr schwanken.

Umfang des Problems

(a) Man rechnet in Deutschland mit 120.000 Abhängigen harter illegaler Drogen (womit vor allem Heroin und Kokain gemeint sind), 3 bis 4 Millionen Konsumenten weicher illegaler Drogen (womit Cannabis, im wesentlichen Haschisch, gemeint ist – es ist unbekannt, wieviele Haschischkonsumenten süchtig sind), 2,5 Millionen Alkoholkranken, 1,4 Millionen Medikamentenabhängigen und 6 Millionen Nikotinikern. Allerdings kann man diese Zahlen nicht einfach addieren und so zu dem Schluß kommen, es gäbe 10 Millionen (15 Prozent der über 14jährigen Bevölkerung) Drogenabhängige, da viele Menschen mehrere Drogen gebrauchen, also über den üblichen polyvalenten Drogenkonsum hinaus vermutlich polytoxikoman sind (siehe Abbildung 4, S. 34).

gesundheitliche Folgen

(b) Der exzessive und chronische Gebrauch von Drogen hat durchweg gesundheitlich negative Folgen, zu denen in erster Linie die Sucht und zahlreiche, je nach Droge spezifische körperliche Krankheiten gehören. Bei einigen Drogen steht der Mißbrauch in engem Zusammenhang mit Todesfällen. Die bei weitem meisten Drogentoten werden mit jährlich rund 70.000 dem Tabakgebrauch zugeschrieben. Rund 40.000 Todesfälle werden auf Krankheiten und Unfälle zurückgeführt, die durch Alkoholmißbrauch verursacht werden. Im Zusammenhang mit dem Mißbrauch harter illegaler Drogen kommt es zu jährlich bis zu 2.000 Todesfällen. Bei einigen Drogen, allen voran beim Alkohol, sind auch die Kinder durch den Drogenmißbrauch der Eltern gesundheitlich gefährdet. Beim Tabakmißbrauch kommt zur gesundheitlichen Selbstschädigung noch die Fremdschädigung durch das Passivrauchen der Nichtraucher hinzu.

(c) Die wichtigste soziale Folge des Drogenmißbrauchs ist die Tatsache, daß in der Regel weitere Personen aus der engsten sozialen Umgebung, vor allem die Familienmitglieder, erheblich leiden. Daher schätzt man beispielsweise beim Alkoholmißbrauch zusätzlich zu den zweieinhalb Millionen Alkoholkranken weitere acht bis zwölf Millionen Betroffene. Im engeren Sinne meint man mit sozialen Folgen die Konsequenzen, die sich für die Konsumenten selbst aus ihrer Sucht ergeben, wie der Verlust der Freunde, des Arbeitsplatzes oder des sozialen Ansehens. In einem weiteren und sehr umstrittenen Sinne wird die „Infektion" anderer Menschen durch die Süchtigen als soziale Folge verstanden.

soziale Folgen

(d) Verschiedentlich ist versucht worden, die gesellschaftlichen Kosten des Drogenmißbrauchs zu berechnen. In die Rechnung gehen nicht nur die Kosten der Hilfseinrichtungen ein, sondern auch die Krankheits- und Rentenkosten, die Kosten der verlorenen Arbeitsstunden und bei illegalen Drogen die Kosten der Strafverfolgung. Dabei kommen erhebliche Summen zusammen, z.B. werden 80 Milliarden Mark jährlich gesellschaftliche Kosten beim Alkoholmißbrauch geschätzt.

finanzielle Folgen

(e) Bei den politischen Folgen stehen die Gefährdungen durch die international organisierte Kriminalität im Vordergrund. Das Geschäft mit illegalen Drogen ermöglicht derart extreme Gewinne, daß die Drogenhändler in der Lage sind, mit ihrer wirtschaftlichen Macht Regierungen zu korrumpieren und Volkswirtschaften zu dominieren. In Deutschland werden die Gewinne des Drogenhandels auf 4 bis 5 Milliarden Mark und weltweit auf 100 bis 900 Milliarden US-Dollar geschätzt. (Zum Vergleich: Der Staatshaushalt der Bundesrepublik beträgt 450 Milliarden Mark.)

politische Folgen

Umgekehrt muß auch der strafrechtliche Antidrogenkampf als politische Folge der sozialen Problematisierung gesehen werden. Die übersteigerte Verbotspolitik verschärft die Verelendung der Konsumenten erheblich und gefährdet die rechtsstaatlichen Grundsätze unserer Gesellschaft (siehe Teil 1, Abschnitt 5.1., S. 98ff.). Auch gibt es vielfach kriminelle Taten gegen Drogenkonsumenten (z.B. Erpressung, Vergewaltigung, gewaltsame Übergriffe), die sich infolge ihrer Stigmatisierung gewöhnlich kaum wehren können, weil sie erpreßbar sind und weil ihnen niemand glaubt.

Außerdem sind die Gefährdungen von Sicherheit und Ordnung durch die Beschaffungskriminalität ein erhebliches politisches Problem.

Beschaffungskriminalität

Freilich ist die übliche Annahme, Drogenkonsum führe zu Kriminalität, zu differenzieren. Bei näherer Betrachtung erweist sich, daß ein großer Teil der Konsumenten illegaler Drogen schon vorher wegen krimineller Handlungen aufgefallen ist. Es besteht offensichtlich ein komplexer Zusammenhang zwischen Kriminalität und dem Konsum illegaler Drogen, beide haben gemeinsame Ursachen und können sich gegenseitig verstärken. Schließlich ist darauf hinzuweisen, daß es auch im Zusammenhang mit legalen Drogen, am auffälligsten in Verbindung mit legalem Alkoholkonsum (Gewalt- und Straßenverkehrsdelikte), eine erhebliche Kriminalität gibt.

Konsummuster

(f) Als problematisch müssen die Konsummuster angesehen werden, die zu existentiellen gesundheitlichen Risiken führen. Das ist zunächst der süchtige, fast kein Risiko scheuende Konsum. Zum Problem der Konsummuster gehört zweitens die Tendenz, die Wirkungen des Konsums durch effektivere Methoden der Einnahme zu erhöhen, insbesondere die Drogen zu injizieren. Diese Tendenz ist teilweise auf die kulturelle Wertschätzung gesteigerter Effektivität zurückzuführen, die selbstverständlich auch Drogenkonsumenten nicht fremd ist, und teilweise auf den hohen Preis der Drogen. Ein weniger riskantes Konsummuster ist z.B. das Rauchen von Heroinzigaretten, das bei der Heroinvergabe in Großbritannien angeboten wird. Drittens wird der vereinsamte, den kulturintegrierten Konsummustern entgegengesetzte Konsum als problematisch angesehen. Er entzieht sich der mitmenschlichen sozialen Kontrolle und wird stärker als Ersatzbefriedigung von Bedürfnissen und als Ausweichen vor Problemlösungen instrumentalisiert. Dies liegt im Trend der Individualisierung und betrifft daher nicht nur den Alkohol- und Medikamentenkonsum bei älteren Menschen, sondern alle Altersgruppen.

4.4. Drogenkonsum als soziales Problem

Der zentrale Begriff für den problematischen Konsum ist das Verständnis des Drogengebrauchs als soziales Problem und der gesellschaftlichen Reaktionen als soziale Kontrolle. Man spricht von sozialen Problemen, wenn ein Mißstand allgemein als unerwünscht anerkannt und wenigstens zum Teil für behebbar gehalten wird. Die Anerkennung eines Mißstandes als soziales Problem ist gewöhnlich ein langfristiger Prozeß, in dem entsprechende neue Werte und Normen mit dem Ziel propagiert werden, sie in politisches Handeln umzusetzen. In dieser Phase kommt es auch zum gesellschaftlichen Auftrag der Sozialen Arbeit, Institutionen und Konzepte der Hilfe zu entwickeln. Zusätzlich dient die Konzentration auf ein soziales Problem oft auch der politischen Integration und Mobilisierung einer Mehrheit auf Kosten ausgegrenzter Minderheiten sowie der Ablenkung von anderen Mißständen.

Abbildung 14: Stichwort „Junkie"

junk[1] [dʒʌŋk] *n* **1.** (*discarded objekts*) Trödel *m,* altes Zeug, Gerümpel *nt.* **2.** (*inf: trash*) Ramsch, Plunder, Schund *m.* **3.** (*sl: drugs*) Stoff *m* (*sl*).
junk[2] *n* (*boat*) Dschunke *f.*
junkie [ˈdʒʌŋkɪ] *n* (*sl*) Fixer(in *f*) (*sl*)
junk room *n* Rumpelkammer *f;* **junk shop** *n* Trödelladen *m;* **junk yard** *n* (*for metal*) Schrottplatz *m;* (*for discarded objekts*) Schuttabladeplatz *m;* (*of rag and bone merchant*) Trödellager(platz *m*) *nt.*

(Quelle: Pons 1983, S. 597)

Die Folge der Etablierung eines sozialen Problems ist, daß diejenigen, die als Verursacher identifiziert werden, hier also die Drogenkonsumenten und -händler, als abweichend definiert werden. Das Konzept abweichenden Handelns konkretisiert die gesellschaftliche Definition sozialer Probleme auf der individuellen Ebene (siehe Teil 1, Abschnitt 2.4., S. 49ff.). Personen, die die veränderten Werte und Normen verletzen und deren Handeln als abweichend definiert wird, gelten nunmehr als sündig bzw. unmoralisch, als kriminell oder als krank bzw. hilflos. Sie werden behandelt, stigmatisiert und ausgegrenzt. Sucht, und im Vorgriff auf die befürchtete Sucht auch schon der Drogengebrauch, wird in unserer Gesellschaft insgesamt als abweichendes Handeln und im Detail als Krankheit des Ichs (Psychologie, Psychiatrie), als unvernünftiges Handeln und defizitäre Lebenskompetenz (Sozialpädagogik) sowie als rechtswidriges Handeln (Strafverfolgung) interpretiert. Drogengebrauch bzw. Sucht stellen Grundwerte moderner Gesellschaften: Ich-Bewußtsein, Rationalität und Selbstkontrolle in Frage. Deren Verletzung wird Anlaß für gesellschaftliche Reaktionen in Form von heilenden, helfenden und strafenden Interventionen (siehe Teil 1, Kapitel 1, S. 26ff.).
Der gesellschaftliche Diskurs bei der Definition eines sozialen Problems enthält gewöhnlich eine weitere Eigentümlichkeit, die im Falle

des Drogenproblems eine große Rolle spielt. Um möglichst viele Menschen für die Bekämpfung eines sozialen Problems zu mobilisieren, werden rigorose moralische Standpunkte propagiert, die dann in der Realisierung einer entsprechenden Politik relativiert werden müssen. Das kann zu erheblichen Widersprüchen und einer Doppelmoral in der praktischen Politik führen. Ein besonders anschauliches Beispiel ist die Kampagne „Keine Macht den Drogen", für die ausgerechnet in den Fußballstadien geworben wird. Unter anderem auf diesem Zusammenhang beruht die Verteufelung der Konsumenten illegaler Drogen als Sündenbock für eigene Schwierigkeiten des in dieser Hinsicht „braven Bürgers" im Umgang mit seinen „kulturintegrierten" Drogen.

Für die Drogenhilfe ergeben sich aus dem Prozeß sozialer Probleme einerseits das Mandat, ein Hilfesystem aufzubauen, und die Rechtfertigung, Finanzmittel für die Hilfeleistung zu erhalten. Andererseits folgen aus den Widersprüchen des Prozesses aber auch erhebliche Beeinträchtigungen für eine effektive Arbeit, die in der Drogenhilfe ganz besonders bei der Kriminalisierung hilfsbedürftiger Konsumentinnen und Konsumenten oder der rigorosen Abstinenzforderung in einer „süchtigen Gesellschaft" oder der unzulänglichen Familien-, Kinder- und Jugendpolitik auffallen.

4.5. Die Drogenszene als Subkultur

Indem der Konsum illegaler Drogen als soziales Problem verstanden und das Handeln der betroffenen Individuen als abweichend definiert, stigmatisiert und ausgegrenzt wird, entsteht zugleich die Drogenszene als gegen die dominierende Kultur gerichtete oder sich von dieser abgrenzende subkulturelle Lebenspraxis.

Drogensubkultur Teil der Jugendkultur

Die Drogenszene macht den problematischen Konsum für die Bürger sichtbar und für die Medien darstellbar. Dadurch verengt sich der Blick auf den verelendeten Teil der Konsumenten, während die vielen anderen Varianten des Konsums in der „privaten Drogenszene" (Schneider 1993b, S. 73) unsichtbar bleiben (siehe Teil 1, Kapitel 3., S. 58ff.). In dieser extremen Zuspitzung wird das Drogenproblem zum „nützlichen Feind" (Christie/Bruun 1991), der die staatliche Machtdemonstration rechtfertigt und die Projektion eigener Versagungen und Ängste der Bürger auf die als Sündenbock dienenden Außenseiter ermöglicht. Es ist auch davor zu warnen, die Drogenszene als Subkultur romantisch zu mystifizieren. Dagegen hat Hans Georg Behr (1981) mit der Charakterisierung der Heroinkonsumenten als „verhinderte Spießbürger“ argumentiert. Ganz anders, aber mit ähnlichem Ergebnis, analysiert Peter Noller die Heroinszene als Teil der Populärkultur Jugendlicher in ihrer extremen Widersprüchlichkeit von Selbstzerstörung und subkultureller Basis für Ansätze der Selbstdarstellung, Selbstfindung und Selbstorganisation:

„Als Opfer und Mitglieder einer am Rande der Gesellschaft lebenden sozialen Gruppe halten die Heroinabhängigen dieser Gesellschaft einen Spiegel vor, in dem die in ihr praktizierte und produzierte Gewalt, die Negativität und Konflikthaftigkeit zwischenmenschlicher Beziehungen sichtbar wird. Die Gesellschaft wiederum reagiert darauf mit dem Versuch der Grenzziehung durch die Kriminalisierung der Szene und die Pathologisierung ihrer Mitglieder: das Abweichende der Szene soll so von dem, was als normal zu gelten hat, unterschieden werden. [...] Indem sich die Fixer selbst kaputt machen, zeigen sie der Gesellschaft, wie sie Individuen kaputt macht. [...] Innerhalb des Gewaltzusammenhangs der Heroinszene kann von den Individuen Selbstbestimmung radikal nur gelebt werden als Selbstzerstörung; zugleich dient diese den Mitgliedern der Szene zur Vergewisserung der eigenen Identität und Subjektivität.“ „Die Selbstzerstörung auf der Szene gilt es demzufolge nicht als individuellen Mangel, sondern als Teil des gewaltsamen Lebenszusammenhangs innerhalb der bürgerlichen Gesellschaft und des ausgrenzenden Umgangs mit Randständigen zu thematisieren.“ „Freilich, die auf Veränderung der Lebensformen und -weise ausgerichtete Neugier beim ersten Drogenkonsum, das Bedürfnis nach anderen Erfahrungen, nach Identität und Kommunikation, schließlich das Einrichten in der Heroinszene führen nicht zu einem besseren Leben, sondern zu bornierten Formen von Subjektivität.“ (Noller 1989, S. 14f. und 29)

Es ist unwahrscheinlich, daß die Gesellschaft diese subkulturelle Szene jemals integriert. Einstweilen wird ganz im Gegenteil allenthalben versucht, zumindest die offene Drogenszene in den Metropolen durch Vertreibung und Auflösung zu bekämpfen, was allerdings in der Vergangenheit wenig erfolgreich war (siehe Noller 1993, S. 63ff. für Frankfurt). Dennoch ist die Sichtweise von Noller hilfreich, um uns auf die Bedürfnisse der betroffenen Menschen aufmerksam zu machen und dazu anzuleiten, ihre Lebenspraxis ernstzunehmen. Immerhin hat sich in der zweiten Hälfte der 80er Jahre aus entsprechenden Erfahrungen und Überlegungen die sogenannte akzeptierende Drogenarbeit entwickelt, die sich mehr auf die schadensmindernde Begleitung als auf die abstinenzorientierte Behandlung konzentriert (siehe Teil 3, Abschnitt 4.1.1., S. 213ff).

Drogensozialisation in der Subkultur

Die subkulturelle Drogenszene muß aber nicht nur als Gegenstand kommunaler Sorgen und polizeilicher Maßnahmen verstanden werden. Sie kann auch als Ansatz zur Entstehung möglicher kultureller Normen im Umgang mit Drogen interpretiert werden, die analog zum traditionellen kulturintegrierten Drogengebrauch Drogensozialisation leisten, riskante Konsummuster verdrängen und die Drogen domestizieren können:

> „Entgegen ihrem öffentlichen Image sind diese Gruppen keine Verführer, die schwache Individuen zum Drogenmißbrauch anleiten; ganz im Gegenteil sind sie ein Teil sozialer Selbststeuerung, wirksam unter denjenigen, die bereits Drogen konsumieren. Es gehört deshalb zu den beklagenswertesten Resultaten unserer Drogenpolitik, die Bedeutung solcher Selbstregulation gänzlich verkannt und solche Gruppen eher verfolgt oder erschwert, statt ermutigt und unterstützt zu haben." (Marzahn 1994, S. 76)

Hier wird der Kern des Problems, von dem wir am Anfang dieses Kapitels ausgegangen sind, als Unterschied in den Menschen- und Gesellschaftsbildern sozialwissenschaftlicher und psychologisch/medizinischer Sichtweise deutlich: Wo der Sozialwissenschaftler Marzahn Drogengebrauch als Teil des Menschseins und der menschlichen Kultur versteht, also für eine Drogensozialisation eintritt, sehen die Psychologen Schmidbauer/v. Scheidt den schwachen Menschen, der durch gesellschaftliche Verbote zu schützen ist:

> „Da der Gebrauch jedes Nervengiftes schädlich ist und da gleichzeitig wohl die wenigsten Menschen in der Lage sind, sich aufgrund dieser Schädlichkeit dem Angebot der Rauschdrogen völlig zu entziehen [...], müßte Cannabis eigentlich verboten bleiben, ja im Grunde gehörten die anderen erwähnten Substanzen (also auch alle in diesem Buch behandelten Rauschdrogen) streng verboten. Aber die gesellschaftliche und politische Realität, die ja leider eine andere Art von Vernunft fordert als die wissenschaftliche Realität, spricht für die Legalisierung zumindest der schwächeren Cannabis-Variante Marihuana (während das wesentlich stärkere Haschisch und schon gar Haschisch-Öl weiterhin streng kontrolliert gehören)." (Schmidbauer/v. Scheidt 1993, S. 144)

Literatur: Zu den verschiedenen Aspekten des Themas finden sich interessante Beiträge in *Gisela Völger/Karin v. Welck* (Hg.): Rausch und Realität Drogen im Kulturvergleich. Reinbek 1982.

In Bd. 1 steht auch der stärker theoretisch orientierte, anregende Aufsatz von *Aldo Legnaro:* Ansätze zu einer Soziologie des Rauschs – zur Sozialgeschichte von Rausch und Ekstase in Europa, S. 93-114.
Sozial- und kulturhistorisch interessant und spannend zu lesen ist *Wolfgang Schivelbusch:* Das Paradies, der Geschmack und die Vernunft. Eine Geschichte der Genußmittel. Frankfurt a.M. 1990.
Die Konstruktion des „sozialen Problems“ Drogen am weltweit einflußreichen Beispiel der USA untersucht *Peter Selling:* Die Karriere des Drogenproblems in den USA. Eine Studie über Verlaufs- und Entstehungsformen sozialer Probleme. Pfaffenweiler 1989.

5. Drogenpolitik: Gesellschaftliche Reaktionen auf das „Drogenproblem“

„Die Gesellschaft braucht Suff und Süchtige. Sie braucht den Suff,
um Schmerz, Angst und Einsamkeit zu betäuben,
sie braucht das Heer der süchtigen Sündenböcke, um ihren
eigenen Hilfeschrei nicht hören zu müssen und Schmerz und
Angst und Einsamkeit von sich fernhalten zu können.“
(Geier 1986, S. 7)

Drogenpolitik in Deutschland ist vorrangig Verbotspolitik, die sich seit den 20er Jahren im Gefolge der vor allem von den USA betriebenen internationalen Drogenpolitik entwickelte. Dementsprechend steht die Geschichte des Betäubungsmittelgesetzes und die komplizierte Organisation der Drogenpolitik im Zentrum dieses Kapitels. Da diese Politik mehr und mehr als gescheitert angesehen werden muß, wird die aktuelle sogenannte Legalisierungsdebatte am Beispiel von Heroin mit ihren Vorschlägen zur Entkriminalisierung, zur kontrollierten Abgabe durch ärztliche Verschreibung oder lizenzierten Verkauf und zur vollständigen Legalisierung diskutiert. Aus der Sicht der Drogenhilfe ist eine Änderung der Drogenpolitik dringend geboten, da die Verbotspolitik die Chancen der Hilfe erheblich einschränkt.

5.1. Die verbotsorientierte Drogenpolitik

Die gesellschaftlichen Reaktionen auf Probleme im Umgang mit Drogen, die die Drogenpolitik bestimmen, können ignorierend, *helfend* oder *strafend* sein, Drogenkonsum läßt sich „als Krankheit, Verbrechen, abweichendes Verhalten oder gar als Ausdruck der Selbstbestimmung verstehen“ (Kreuzer 1987, S. 95). Alle diese Möglichkeiten finden sich in unterschiedlicher Mischung in unserer Drogenpolitik. Bei Alkohol und Medikamenten (bis vor kurzem galt das auch bei Tabak) überwiegt die ignorierende, zum Teil helfende Reaktion: Gebrauch wird als Recht der Selbstbestimmung, Mißbrauch teilweise als abweichendes Handeln und Abhängigkeit als Krankheit verstanden. Bei Cannabis, Heroin, Kokain usw. überwiegt die strafende, durch

Hilfe ergänzte Reaktion: Gebrauch wird mit Mißbrauch, zum Teil sogar mit Abhängigkeit gleichgesetzt und gilt als abweichendes Handeln, das zugleich Straftat und Krankheit ist. Den beiden Drogengruppen wird dementsprechend der politisch-juristische Status als „legale“ oder als „illegale“ Drogen zugeschrieben.
Die beiden gesellschaftlichen Systeme, die sich neben der Politik vorrangig mit Drogenproblemen befassen, das der Strafverfolgung wie das der Hilfe, sind in beachtlichem Umfang ausgebaut worden. Eine zufriedenstellende Integration ist jedoch, trotz der sogenannten Therapie-statt-Strafe-Regelungen im Betäubungsmittelgesetz, nicht gelungen (siehe Teil 1, Abschnitt 6.2., S. 115ff.). Da der weitaus größte Teil der Drogenstraftaten von Menschen begangen wird, die als Kleindealer ihren eigenen Bedarf durch strafbaren Drogenhandel decken, geraten viele von ihnen in einen Teufelskreis, in dem sich Gefängnis-, Szene- und Therapieerfahrungen abwechseln. Diese Realität ist aus der Sicht der Drogenhilfe fatal, weil sie ihre Handlungsmöglichkeiten erheblich einschränkt. In der öffentlichen Diskussion über illegale Drogen dominiert die Verbotspolitik noch immer in einem Maße, daß sie, nach einer Formulierung von Quensel (1982, S. 10), als „Gedankengefängnis“ für die meisten Menschen andere Möglichkeiten des Nachdenkens und Handelns als kaum vorstellbar erscheinen läßt. Kritiker der Drogenpolitik fordern daher vor allem eine „Normalisierung“, d.h. „daß die Mittel des Rechts nicht den Zielen der Gesundheits- und Sozialpolitik entgegenstehen, sondern ihnen folgen müssen“ (Neumeyer/Schaich-Walch 1992, S. 10).

Wie der Prozeß der Illegalisierung abläuft, können wir zur Zeit am Beispiel des Tabaks gleichsam als teilnehmende Beobachter in einem „sozialen Experiment“ (das seinerseits Teil eines langen historischen Prozesses ist; siehe Teil 3, Abschnitt 2.2., S. 196ff.) miterleben. Nach einer längeren Informationsphase über die Risiken des Tabakkonsums schwenkt die Tabakpolitik, obgleich die Aufklärung langsam Wirkung zeigt, mehr und mehr auf eine Verbotspolitik um. Die öffentliche Meinung wird gegen den Tabakgenuß mobilisiert, und inzwischen wird fast nur noch darüber diskutiert, welche Verbote durchgesetzt werden können. Raucher werden dadurch langsam aber sicher ausgegrenzt.
Angenommen, die gegenwärtige drogenpolitische Linie wird weiter verfolgt und Tabak wird illegal, dann ist die Zukunft vorauszusehen: Es werden schlechtere Qualitäten und verunreinigte, z.B. mit nikotinhaltigen Insektiziden getränkte Zigaretten angeboten. Die Preise steigen schwindelerregend und lösen Beschaffungskriminalität aus. Die Zigaretten werden intensiver

Abbildung 15: Raucherrisiken

Länge der Kippen in mm	*Fundort*
18	**vornehmes Restaurant**
17	**Universitäten**
15	**Banken**
14	**Ämter und Behörden**
14	**Gastwirtschaften**
12	**Großbetriebe**
10	**Polizei und Militär**
9	**Gerichte und Gefängnisse**
5	**Kneipen und Bordelle**

(Quelle: Krebsforschungsinstitut Wien, aus: Quick vom 16.10.75)

und hastiger geraucht, wodurch die gesundheitlichen Risiken sich erheblich erhöhen. Arme Konsumenten rauchen die Kippen, die die meisten Schadstoffe enthalten. Raucher wenden sich bei gesundheitlichen Beschwerden nicht rechtzeitig an einen Arzt, um nicht registriert zu werden, usw. Der „Erfolg“ wird nicht ausbleiben: Es wird nicht mehr rund ein Drittel der erwachsenen Bevölkerung rauchen, sondern nur noch ein kleinerer Teil von vielleicht zehn oder zwanzig Prozent. Diese aber werden viel mehr rauchen, viel schneller in die Sucht geraten und viel stärker geschädigt werden. Ein Teil der Nichtraucher wird sich anderen Süchten zuwenden. Für Jugendliche wird das Rauchen mehr noch als schon in der gegenwärtigen relativen Illegalität jugendlichen Rauchens ein geeignetes Medium der Selbstdarstellung.
Natürlich ist das Tabakrauchen sehr ungesund; dies gilt sogar, anders als bei den zur Zeit illegalen Drogen, auch für Nichtraucher, was eine Drogenpolitik in Sachen Tabak rechtfertigt. Aber wo liegt der Gewinn einer derartigen

Verbotspolitik? Die Politik hat Tatkraft bewiesen und davon abgelenkt, daß Umweltgefahren weiterhin die gleichen Schäden wie der Tabakgenuß verursachen. Und sie hat eine neue Randgruppe von Versagern geschaffen, auf die die Abhängigen legaler Süchte ihr schlechtes Gewissen projizieren können. Das abweichende Handeln der Raucher wird Zeit und Energie der Polizei und der Gerichte absorbieren, während für Prävention und Therapie, vor allem aber für eine bessere Jugendpolitik nach wie vor wenig getan wird.
Das alles war der Bundesregierung 1974 noch bekannt, als sie (Bundestagsdrucksache 7/2070, S. 1f. und 11) ein Tabakverbot mit der Begründung ablehnte: Als „logische Konsequenz" würde „möglicherweise eine noch größere gesundheitliche Gefährdung" durch Qualitätsverschlechterung, höhere Preise des Schwarzmarktes und Ausweichen auf Tabakersatzstoffe entstehen. Das Verbot sei demnach „keine Lösung", es sei nicht beabsichtigt, „mündige Bürger zu gängeln und gesundheitsgerechtes Verhalten durch Gesetze oder Auflagen zu erzwingen. Es muß das Ziel sein, Einsicht und Kritik zu wecken."

5.2. Zur Geschichte des Betäubungsmittelgesetzes

Das im Zentrum der Diskussion stehende „Gesetz über den Verkehr mit Betäubungsmitteln", wie das Betäubungsmittelgesetz (BtMG) vollständig heißt, geht auf das Opiumgesetz von 1920 zurück.

Vorgeschichte: 1729 erließ der chinesische Kaiser das erste bekannte Antiopiumgesetz, dem zahlreiche weitere Verbote folgten; das Gesetz von 1850 bedrohte das Opiumrauchen mit der Todesstrafe, die Familie des Rauchers mit der Sklaverei und die Nachkommen mit dem Ausschluß von staatlichen Ämtern. 1872 wurden in Deutschland nach der Apothekerverordnung Opiate und Cannabis, in der Folge auch Kokain, sowie andere stark wirkende Arzneimittel apothekenpflichtig und später verschreibungspflichtig. 1878 erließ die Stadt San Francisco die erste Strafrechtsnorm der westlichen Welt gegen das Opiumrauchen, das sich gegen chinesische Arbeiter richtete. 1909 fand in Schanghai auf Betreiben der USA die erste einer Reihe internationaler Drogenkonferenzen statt, auf der Empfehlungen an die Regierungen der beteiligten Länder beschlossen wurden, Produktion und Handel von Opium und anderen Narkotika zu kontrollieren. Dies war „die Geburtsstunde der internationalen und deutschen Gesetzgebung auf dem Drogensektor" (Bieniek 1993, S. 102). Die Initiative ging auf die Mäßigkeits- und Abstinenzbewegungen des 19. Jahrhunderts zurück, die in den USA besonders einflußreich waren und denen Alkohol und Opium als „die Wurzel aller sozialen und ökonomischen Probleme" galten (ebd., S. 42).

Infolge einer Verpflichtung im Versailler Vertrag, die Internationale Opiumkonvention (Haager Abkommen) von 1912 zu übernehmen, wurde 1920 das erste deutsche Opiumgesetz erlassen (Abdruck in: Bauer 1992, S. 31ff.). Es regelte die Kontrolle von Opiaten und das Verbot von Rauchopium. Deutschland folgte seitdem der internationalen, vor allem von den USA vorangetriebenen Prohibitionspolitik. Anzumerken ist, daß es in Deutschland zu dieser Zeit und bis in die 60er Jahre kein bemerkenswertes Drogenproblem mit Opiatabhängigen gab. Sie waren meist Angehörige medizinischer Berufe oder infolge einer Opiatbehandlung abhängig geworden.

Selbst in der Zeit nach dem Zweiten Weltkrieg, als es besonders viele Süchtige gab, lebte „die große Mehrzahl der Abhängigen [...] polizeilich unauffällig, führte ein normales Familien- und ein meist unbeeinträchtigtes Berufsleben. Von einem ‚Drogenproblem‘ war – der großen Zahl der Süchtigen zum Trotz – weder viel die Rede noch etwas zu sehen“ (Scheerer 1982, S. 67).

1929 wurde das Opiumgesetz novelliert (Abdruck in: Körner 1994, S. 1249ff.). Es enthielt die Vereinbarungen des Genfer Abkommens von 1925 und erfaßte auch die Hanfdrogen. Dieses Gesetz blieb in seinen Grundzügen bis 1971 gültig.

BtMG 1971

Unter dem Eindruck einer aktuellen „Drogenwelle“ wurde 1971 das Betäubungsmittelgesetz, das bis dahin eher eine verwaltungsrechtliche Kontrollregelung war, weitgehend neu und nun mehr als strafrechtliches Instrument gefaßt (Abdruck: ebd., S. 1253ff.).

Zur Begründung hieß es unter anderem: Ziel des Gesetzes sei, „der Rauschgiftwelle in der Bundesrepublik Deutschland Einhalt zu gebieten und damit große Gefahren von dem einzelnen und der Allgemeinheit abzuwenden. Es geht darum, den einzelnen Menschen, insbesondere den jungen Menschen vor schweren und nicht selten irreparablen Schäden an der Gesundheit und damit vor einer Zerstörung seiner Persönlichkeit, seiner Freiheit und seiner Existenz zu bewahren. Es geht darum, die Familie vor der Erschütterung zu schützen, die ihr durch ein der Rauschgiftsucht verfallenes Mitglied droht. [...] Es geht schließlich darum, die Funktionsfähigkeit der Gesellschaft nicht gefährden zu lassen“ (Bundestagsdrucksache 6/1877 vom 25. Februar 1971, S. 5).
Bei der „Rauschgiftwelle“ ging es im wesentlichen um Cannabis.

BtMG 1981

1981 wurde das Betäubungsmittelgesetz im Anschluß an internationale Abkommen zum Drogenrecht novelliert (siehe Teil 1, Kapitel 6, S. 113ff.). Unter dem Schlagwort „Therapie statt Strafe“ wurden mit den §§ 35ff. auch Aspekte der Hilfe in das Gesetz aufgenommen, deren Begründung schlaglichtartig die prohibitive Grundtendenz der Drogenpolitik beleuchtet: Man ging nämlich, ganz im Sinne der herrschenden Lehre von der motivierenden Wirkung des Leidensdrucks als „helfendem Zwang", von dem Ziel aus, „kleine bis mittlere drogenabhängige Straftäter mehr als bisher zu einer notwendigen therapeutischen Behandlung zu motivieren, wobei Strafdrohung und Strafvollstreckung nur Hilfsmittel sein können, den erforderlichen ‚Initialzwang' zur Therapiebereitschaft auszulösen" (Bundestagsdrucksache 9/27 vom 27. November 1980, S. 26).

Neben den umstrittenen Wirkungen der beabsichtigten allgemeinen (Generalprävention) und individuellen (Spezialprävention) Abschreckung der strafrechtlichen Drogenpolitik steht das sehr zweifelhafte Ergebnis, daß rund die Hälfte aller Strafgefangenen drogenabhängig ist. Dies führt innerhalb der Justizvollzugsanstalten zu großen Problemen und bei den Strafgefangenen selbst oft zu einem situationsbedingten Fortschreiten in der Drogen- und Kriminalitätskarriere sowie zu erheblichen Gefährdungen ihrer Gesundheit, zumal viele der Hilfsangebote wie z.B. Spritzentausch oder Methadonvergabe nicht oder nur eingeschränkt zur Verfügung stehen.

Kritik der Drogenpolitik

Die Kritiker werfen der verbotsorientierten Drogenpolitik schon seit Ende der 70er Jahre (z.B. Balluseck 1978, S. 156f.) Erfolglosigkeit vor. Sybille Kappel urteilt 1991 (S. 17): „Das Drogenstrafrecht schadet mehr, als es nützt. Die Kosten der Kriminalisierung sind größer als ihr Nutzen. Das Drogenstrafrecht ist kontraproduktiv." Die Kritik bezieht sich oft auf eine Formulierung von Quensel (1982, S. 9): „Unser Drogen-Elend besteht weniger im Ausmaß des Drogen-Problems, sondern sehr viel mehr in der problematischen Drogenpolitik, die sich ihr Problem erst schafft." Es gebe weniger ein Drogenproblem als vielmehr ein Drogenpolitik-Problem bzw. ein „Drogen-Problem-Problem" (Kreuzer 1987, S. 95). Kritisiert wird nicht nur die mangelnde Effektivität, sondern auch der Schaden, den diese Drogenpolitik stiftet:

(a) Sie trage (Mit-)Schuld an der Verelendung der Drogenkonsumenten, indem sie diese stigmatisiere und ausgrenze und dadurch sowohl die Entwicklung einer risikoarmen Konsumkultur wie auch wirksame Hilfsangebote behindere.

(b) Sie füge dem Rechtsstaat Schaden zu, da sie die Beschaffungskriminalität der Konsumenten wie die organisierte Kriminalität des Drogenhandels zur Folge habe, die wiederum mit zweifelhaften Methoden

der Strafverfolgung (verdeckte Ermittler, Lockspitzel, Kronzeugen, Lauschangriff) bekämpft werde und Kräfte der Strafverfolgungsbehörden absorbiere; außerdem gibt es verfassungsrechtliche Kritik wegen der Verletzung des Gleichheitsgrundsatzes, des Rechts auf freie Entfaltung der Persönlichkeit und des Gebots der Verhältnismäßigkeit (Landgericht Lübeck, Vorlagebeschluß vom 17. Dezember 1991), die jedoch vom Bundesverfassungsgericht zurückgewiesen wird (Beschluß vom 9. März 1994).
(c) Sie unterscheide willkürlich legale und illegale Drogen und greife damit in die Selbstbestimmung der Bürger ein.

Verteidigung der Drogenpolitik

Hauptargumente für die verbotsorientierte Drogenpolitik sind:

(a) Sie verhindere im Interesse der Gesundheit des Einzelnen wie der Volksgesundheit und zur Vermeidung weiterer gesellschaftlicher Schädigungen auf der Angebotsseite die Verbreitung neuer kulturfremder Drogen und bekämpfe die organisierte Kriminalität.
(b) Sie reduziere durch ihre general- und spezialpräventiven Wirkungen die Nachfrage und die Motivation zur Therapie.
(c) Sie entspreche den internationalen Abkommen, an die wir drogenpolitisch gebunden seien.

Die Verteidiger der Verbotspolitik reagieren auf Vorschläge zur Entkriminalisierung oder gar Legalisierung prompt mit der Rede von der „Kapitulation der Drogenpolitik“ und verhöhnen derartige Vorschläge z.B. mit den Worten, sie wollten „ganz offensichtlich die berauschte Republik“ (Frankfurter Rundschau vom 3. November 1995). Unterstützung erhalten sie durch die Vereinten Nationen, die im Suchtstoffübereinkommen von 1993 die Verbotspolitik offensiv begründen:

> Über die Gesundheit hinaus beeinträchtige der Verkehr mit Suchtstoffen „die wirtschaftlichen, kulturellen und politischen Grundlagen der Gesellschaft“. Er fördere die organisierte Kriminalität, „welche die rechtmäßige Wirtschaft untergräbt und die Stabilität, Sicherheit und Souveränität der Staaten gefährdet“, und ermögliche den internationalen kriminellen Vereinigungen mit ihren hohen finanziellen Gewinnen und Reichtümern „die Strukturen des Staates, die rechtmäßigen Handels- und Finanzgeschäfte und die Gesellschaft auf allen Ebenen zu durchdringen, zu vergiften und zu korrumpieren“ (zit. n. Körner 1994, S. 1403).

In der Drogenpolitik werden Sachargumente vorrangig im Kräftefeld politischer Machtpositionen und Ideologien zur Kenntnis genommen und in diesem Sinne instrumentalisiert. Daher erweisen sich Kritik und Verteidigung der Drogenverbotspolitik wie sonst nur wenige Themen als Erkennungszeichen der Ideologie politischer Parteien. Auch finden verbotsorientierte Positionen beim Wähler – nach fast drei Jahrzehnten intensiver Beeinflussung – weit eher Zustimmung als solche, die eine Entkriminalisierung oder Legalisierung anstreben. In Meinungsumfragen unterstützen regelmäßig zwischen zwei Drittel und vier Fünftel der Befragten repressive Maßnahmen der Drogenpolitik und fordern deren Verstärkung. Liberalere Meinungen, die den Konsum von Drogen für eine Privatsache halten, äußern bis zu einem Drittel, unter Jugendlichen bis zur Hälfte der Befragten. Übrigens: 83 Prozent der Bevölkerung kennen persönlich keinen Konsumenten illegaler Drogen (Kury u.a. 1992, S. 382).

5.3. Die Organisation der Drogenpolitik

Um die Realität der Drogenpolitik besser verstehen zu können, muß auch die spezifische Organisation dieses Politikbereichs betrachtet werden. Die gegenwärtige Drogenpolitik ist als Kompromiß im Rahmen der vielfältig ineinandergreifenden Kompetenzen auf diesem Gebiet entstanden. Änderungen sind daher nur sehr mühsam zu erreichen.

Bundeszuständigkeit

Die Zuständigkeiten sind auf Bund, Länder und Gemeinden verteilt. Der Bund ist zuständig für die Schaffung der gesetzlichen Rahmenregelungen. Dazu gehören insbesondere das Betäubungsmittelrecht und die internationale Zusammenarbeit. Da Drogenprobleme viele verschiedene Politikbereiche betreffen, sind zahlreiche Ministerien mit den ihnen zugeordneten Bundesoberbehörden beteiligt. Unter den zwölf Ministerien, die sich mit Drogenpolitik befassen, sind drei hervorzuheben: das Innenministerium mit den Aufgaben der repressiven Drogenbekämpfung und der Koordination der Bundes- und Länderpolizeibehörden, das Justizministerium mit den Aufgaben der Schaffung und Prüfung rechtlicher Normen der Drogenpolitik sowie das Gesundheitsministerium mit den Aufgaben der Rahmengebung für Prävention und Rehabilitation im Bereich der Gesundheitsfürsorge. Das Gesundheitsministerium hat dabei eine zentrale Funktion, besonders weil das Bundesinstitut für Arzneimittel und Medizinprodukte (früher: Bundesgesundheitsamt) wichtige Befugnisse im Betäubungsmittelrecht hat. Der Bundesdrogenbeauftragte ist jedoch seit 1992 entgegen der substantiellen Zuständigkeit des Gesundheitsministeriums dem Bundesinnenministerium zugeordnet, worin sich zweifellos auch eine Gewichtung in der politischen Sicht ausdrückt. Zur Koordination der drogenpolitischen Arbeit der Bundesministerien gibt es einen interministeriellen Arbeitskreis aller beteiligten Ressorts.

Länderzuständigkeit

Die Bundesländer sind infolge ihrer Aufgaben im Gesundheits-, Erziehungs- und Polizeiwesen sowie im Strafvollzug an der rechtlichen und politisch-administrativen Ausgestaltung der Drogenpolitik im Rahmen der bundesgesetzlichen Regelungen zuständig und über den Bundesrat zum Teil an deren Formulierung beteiligt. In den Ländern sind die Sozial- und Gesundheitsministerien, die Innenministerien, die Justizministerien und die Kultusministerien mit Fragen der Drogenpolitik befaßt. Die Drogenbeauftragten der Länder sind bei den Ressorts der Gesundheits- und Sozialpolitik angesiedelt, in den neuen Bundesländern vermittelt durch die jeweilige „Gesellschaft gegen Alkohol- und Drogengefahren e.V.“. Zur Koordination der drogenpolitischen Arbeit innerhalb der einzelnen Länderregierungen gibt es interministerielle Arbeitskreise und für die Zusammenarbeit der Länder untereinander sowie mit dem Bund den Ständigen Arbeitskreis der Drogenbeauftragten der Länder und des Bundes.

kommunale Zuständigkeit

Die Kommunen bzw. die Kreise, die nach den drogenpolitischen Vorgaben des Bundes und der Länder die Drogenprobleme konkret bewältigen müssen, haben zwar die größte Problemnähe, aber im Rahmen dieser Politikorganisation den geringsten Anteil an der Formulierung der Drogenpolitik. An deren Gestaltung vor Ort jedoch haben sie großen Anteil, da sie für die örtlichen Angebote der Drogenhilfe zuständig sind und mit den lokalen Problemen der Drogenszene wie mit den Ängsten und Protesten der Bevölkerung umgehen müssen. Im Zentrum der kommunalen Zuständigkeit steht gewöhnlich die Drogenberatungsstelle, deren Träger – nach dem Subsidiaritätsprinzip – die Wohlfahrtsverbände, die Kommunen oder eigens zu diesem Zweck gegründete Vereine sein können. In ihrer Arbeit müssen sie mit vielen örtlichen und regionalen Einrichtungen und Behörden, unter anderem mit dem Jugend-, Gesundheits- und Sozialamt, mit Polizei, Staatsanwaltschaft, Gericht und Strafvollzugsanstalten, mit Einrichtungen der Drogenhilfe und Krankenhäusern, Kindergärten und Schulen zusammenarbeiten. Infolge des großen Problemdrucks kommen die heftigste Kritik an der Drogenpolitik und die drogenpolitischen Initiativen seit Jahren aus den Großstädten. Sie haben sich 1990 in der Konferenz „Drogenpolitik in europäischen Städten" (European Cities on Drug Policy – ECDP) international organisiert.

Neben den Zuständigkeiten des Bundes, der Länder und der Kommunen sind auch nichtöffentliche Institutionen in die Gestaltung der Drogenpolitik einbezogen. Unter ihnen ist auf die Deutsche Hauptstelle gegen die Suchtgefahren (DHS) als Dachorganisation in Hamm hinzuweisen, in der sich die Spitzenverbände der Freien Wohlfahrtspflege und die Fachverbände als Dachorganisation zusammengeschlossen haben. Sie gelten als die „drogenpolitisch relevanten Institutionen der Drogenpolitik" (Viebach 1987, S. 123).

nichtöffentliche Institutionen

5.4. Zur Legalisierungsdiskussion

Als Quintessenz der Kritik an der Drogenpolitik werden seit Ende der 80er Jahre die Liberalisierung der Verbotspolitik bis hin zur Abschaffung des Betäubungsmittelgesetzes gefordert. Dabei werden die beiden Begriffe Entkriminalisierung und Legalisierung oft recht undifferenziert verwendet, die keineswegs gleichbedeutend sind: *Entkriminalisierung* bezieht sich auf das Handeln der Konsumenten, das nicht mehr bestraft werden soll. *Legalisierung* bezieht sich hingegen auf die Substanzen, die nicht mehr verboten sein sollen, was die Entkriminalisierung einschließt.

Es lassen sich drei Grundmodelle der Legalisierung mit jeweils mehreren Varianten unterscheiden, die exemplarisch am Beispiel von Heroin diskutiert werden:

Modelle der Legalisierung

(a) Heroin als Arzneimittel: Es soll, wie in Großbritannien und in einem Modellprojekt in der Schweiz praktiziert, den Ärzten erlaubt sein, Heroin (und andere Opiate) zu therapeutischen Zwecken an Abhängige zu verschreiben, um einer weiteren Verschlechterung ihrer Situation entgegenzuwirken und Ansätze zur Verbesserung zu ermöglichen. Dieser Ansatz, der auch Substitution mit Originalsubstanzen genannt wird, richtet sich an Drogenkonsumenten, deren Abhängigkeit diagnostiziert ist, also nicht an Probierer oder Gelegenheitskonsumenten. Derartige Vorschläge gehen von der Annahme aus, daß Sucht durch Behandlung nicht geheilt werden könne, sondern Süchtige nur aus der Sucht herauswachsen könnten. In der Zwischenzeit

Heroin als Arzneimittel

müsse versucht werden, die mit dem Drogenkonsum verbundenen Risiken zu mindern:

„Wenn Drogensüchtige trotz Ärzten und Polizisten, und nicht etwa ihretwegen, gesund werden, so zielt die beste Intervention darauf, sie gesund, gesetzestreu und lebendig zu erhalten, bis etwa zehn Jahre vergangen sind." (So der britische Arzt John Marks 1990, zit. n. Bauer 1992, S. 88)

kontrollierter Verkauf

(b) Staatlich kontrollierter Verkauf: Dieser Ansatz bezieht sich auf die ökonomischen Gesetzmäßigkeiten des illegalen Drogenmarktes, der dem Drogenhandel extrem hohe Gewinne ermöglicht, weil die Süchtigen fast jeden Preis zahlen. Mit einer staatlich kontrollierten Abgabe zu normalen Preisen und einer Qualitätskontrolle sollen der illegale Drogenhandel verdrängt und dadurch die drogenbezogene Kriminalität reduziert sowie die gesundheitlichen Gefährdungen der Konsumenten verringert werden. Der illegale Drogenhandel soll nach diesem Konzept weiterhin verfolgt, die Konsumenten nur nach eingehender Beratung und Registrierung bedient und das Hilfesystem aus den Einnahmen ausgebaut werden. Das Abstinenzziel bleibt bestehen. Einige Vertreter dieses Konzepts vertreten eine Einschränkung des staatlich kontrollierten Verkaufs auf Schwerstabhängige, die durch andere Angebote nicht erreicht werden.

Heroin als Genußmittel

(c) Heroin als Genußmittel: Während die beiden ersten Modelle nur eine Teillegalisierung unter ärztlicher oder staatlicher Kontrolle befürworten, sehen die Vorschläge, die Heroin als Genußmittel verstehen, eine vollständige Legalisierung mit möglichst wenig Kontrolle vor. Heroin sollte den gegenwärtig legalen Genußmitteln gleichgestellt und frei verkäuflich sein, Herstellung und Handel nach dem Lebensmittelgesetz und der Konsum etwa nach dem Vorbild des Alkohols entsprechend den Bedürfnissen des Jugendschutzes, des Straßenverkehrsrechts usw. kontrolliert werden. Die Grundvorstellung ist, der Konsum von Heroin sei „Ausdruck eines normalen menschlichen Verlangens nach Genuß" (Bauer 1992, S. 94). Erwartet wird, daß sich unter diesen Bedingungen eine risikoarme Konsumkultur entwickeln könne. Selbst wenn sich die Zahl der Konsumenten – vermutlich nur vorübergehend – erhöhe, wäre nicht mit einer größeren, sondern mit einer niedrigeren Zahl Abhängiger zu rechnen, deren Situation nicht mehr durch die Illegalität verschärft werde. Um der Gefahr zu begegnen, daß sich nach den Marktgesetzen ähnlich wie zur Zeit bei legalen Drogen ein Angebotsdruck zur

Konsumsteigerung ergibt, wird von einigen Autoren ein staatlich lizenzierter Verkauf bevorzugt.

Die Hauptargumente gegen jede Liberalisierung des Umgangs mit den zur Zeit illegalen Drogen berufen sich auf die Erfahrungen mit den gegenwärtig legalen Drogen. Eine der immer wiederkehrenden Begründungen beruft sich auf die menschliche Schwäche im Umgang mit Drogen, die eine mündige Selbstbestimmung kaum erwarten lasse und daher den Gesetzgeber zu prohibitiven Maßnahmen verpflichte. An diesem weltanschaulichen Argument scheiden sich die Geister.

Gegenargumente

Ein frühes, damals auf Cannabis bezogenes Beispiel gibt Wolfgang Heckmann (1979, S. 41): „Zu verallgemeinern auf alle Drogen ist jedoch die Erfahrung, daß es immer viel mehr Menschen gibt, die glauben, mit dieser oder jener Droge umgehen zu können, als Menschen, die dies wirklich unter Beweis stellen. In der Mehrzahl der Fälle siegt die Droge über den Menschen und nicht umgekehrt." – Dies trifft objektiv nicht zu, denn es gibt nach allen Untersuchungen seit Anfang der 70er Jahre immer viel mehr „Probierer" als regelmäßige Konsumenten.

Im einzelnen wird von den Gegnern einer Liberalisierung angenommen, die Konsumentenzahlen würden ansteigen, die Drogenprobleme zunehmen, der Schwarzmarkt und die Kriminalität bestehen bleiben. Die Vermutung, daß die Zahl der Konsumenten und die Drogenprobleme wachsen würden, geht teils von der Annahme einer menschlichen Schwäche zur Sucht aus, für die es dann unbegrenzte Möglichkeiten gebe, und teils von dem Zustand einer Gesellschaft, die zu süchtigen Verhaltensweisen geradezu dränge. Die Befürchtung, der Schwarzmarkt und die Kriminalität würden weiterbestehen, bezieht sich auf das durchweg für notwendig gehaltene Verbot einer Abgabe an Kinder und Jugendliche sowie das Angebot neuer Drogen – sogenannter Designer-Drogen – mit großem Gefährdungsrisiko.

In der heftigen Debatte gibt es keine stichhaltigen Argumente für eine abschließende Stellungnahme, wohl aber gute Gründe für eine vorsichtige schrittweise Liberalisierung des Umgangs mit Drogen in Richtung der Legalisierung. Sie beziehen sich im Kern auf die Chancen, die möglichen Schäden für die Konsumenten so gering wie möglich zu halten und den Aufwand der Drogenpolitik von repressiven auf präventive und helfende Aktivitäten zu verlagern. Außerdem könnte eine Legalisierung dazu beitragen, die Realität von Drogenkonsum in unserer Gesellschaft als gegeben zu akzeptieren, eine „drogenfreie Gesellschaft“ also als Illusion zu erkennen, und damit zum Nutzen der Betroffenen wie der Gesellschaft den Konsum von Drogen zu entdramatisieren. Allerdings sollten nicht allzu große Erwartungen an eine liberalere Drogenpolitik gestellt werden, die, wie Karl-Heinz Reuband (1992) gezeigt hat, die Realität der Drogenprobleme nur bedingt beeinflußt. Eine „Lösung“ des Drogenproblems ist auch mit der Legalisierung nicht zu erreichen, gesucht wird nach einer Drogenpolitik, die möglichst wenig schadet.

„Noch sind wir allerdings weit davon entfernt, öffentlich eine vorurteilsfreie Diskussion zu führen und über eine andere ‚Drogenkultur‘, das heißt einen prinzipiell anderen Umgang mit Drogen und Drogenabhängigen in dieser Gesellschaft, nachzudenken.“ (Noller 1993, S. 56) Zur Zeit wird, mit ersten Erfolgen, aber noch weit entfernt von aller Legalisierung, um die Möglichkeit der Drogenhilfe gerungen, Fixerräume einzurichten. Eine Fortführung der drogenpolitischen Diskussion ist unerläßlich, um das „Gedankengefängnis“ zu verlassen und die Fixierung auf die Verbotspolitik zu überwinden, der sogar noch ihre Kritiker erliegen, soweit sie sich ausschließlich auf die Frage der Totallegalisierung konzentrieren.

5.5. Drogenpolitik und Drogenhilfe

Die Zusammenhänge zwischen Drogenpolitik und Drogenhilfe, die oft nicht genügend durchschaut und daher nicht hinreichend berücksichtigt werden, lassen sich exemplarisch am Arbeitsbereich der Drogenberatungsstellen erläutern (siehe Teil 3, Kapitel 4, S. 213ff.).

Unter der Bedingung der drogenpolitischen Doppelstrategie des Verfolgens und Helfens, in der die Verbotsorientierung dominiert, wurde das Ziel der Drogenfreiheit vorrangiges Programm der Drogenhilfe. Dementsprechend verstanden sich die Drogenberatungsstellen immer mehr als Einrichtungen zur Vermittlung in Therapie und professionalisierten sich in diesem Sinne. Mit der einengenden Therapieorientierung vernachlässigten sie andere Aufgaben wie lebenspraktische und schadensmindernde Hilfen, erreichten immer schwerer ihre Zielgruppe und verloren die Klientenperspektive immer mehr aus den Augen, so daß schließlich auch das Ziel der Vermittlung in Abstinenztherapien nicht mehr optimal erreicht wurde. Diese Orientierung beginnt sich seit 1985, teils aus konzeptionellen Gründen, teils unter dem Druck der Aidsproblematik, zu ändern.

Peter Raschke und Ferdinand Schliehe (1987, S. 247) beschrieben die Situation der traditionellen Drogenberatung in der Mitte der 80er Jahre als „drogenpolitische Zwickmühle: Einerseits stößt sie bei der Zielgruppe weitgehend ins Leere, da Programmperspektive und Betroffenenperspektive so inkongruent geworden sind, daß es zunehmend des Problemdrucks durch Instanzen sozialer Kontrolle bedarf, damit die ‚Hilfe' auch nachgefragt wird. Andererseits besteht eine Hilfebedürftigkeit seitens der Betroffenen, die aber nur unter Bedingungen angefordert wird, die nicht den sozialpolitischen Intentionen der Förderer [der Drogenpolitik] entspricht. Ein Beharren auf dem drogenpolitischen Paradigma der ‚Drogenfreiheit' verfehlt tendenziell das gewünschte Ziel und behindert eine Form der Hilfe, die zum einen notwendig ist und zum anderen die gewünschten Resultate haben kann, sie aber nicht gewährleistet."

Entsprechende „Zwickmühlen" im Verhältnis zwischen Drogenpolitik und Drogenhilfe finden sich in der gesamten Drogenhilfe (siehe insbesondere Teil 3, Kapitel 1, S. 168ff.). Hingewiesen sei hier nur auf die entsprechenden Dilemmata in der Prävention (Teil 3, Kapitel 3, S. 205ff.) oder der Therapiezuweisungen auf der Basis des § 35 BtMG (siehe Teil 1, Abschnitt 6.2., S. 115ff.) sowie in der Substitutionsbehandlung (siehe Teil 3, Kapitel 6, S. 263ff.).
Aus der Sicht Sozialer Arbeit muß es darum gehen, die drogenpolitischen Rahmenbedingungen der Drogenhilfe zu verbessern, wie es durch die in den letzten zehn Jahren entwickelten Angebote der Substitution, der niedrigschwelligen Suchtbegleitung sowie der Suchtprävention geschehen ist. In diesem Sinne stellt die Deutsche Hauptstelle gegen die Suchtgefahren (1991a, S. 28) zur Drogenpolitik fest:

„Unsere Gesellschaft wird auch in Zukunft mit Mißbrauch und Abhängigkeit von legalen und illegalen Drogen und den damit verbundenen Problemen konfrontiert bleiben. Sie muß daher Voraussetzungen schaffen, damit angemessen auf die Symptome und Ursachen des Drogenmißbrauchs und der -abhängigkeit reagiert und präventiv gehandelt werden kann. Die Reaktionen unserer Gesellschaft auf das Drogenproblem sind bisher aber einseitig. Die repressiven Maßnahmen (‚Kampf den Drogen') überwiegen, vernachlässigt werden Beratung und Hilfe sowie die Forschung, wenig Beachtung findet eine ursachenorientierte Prävention."

Ob dieses Ziel mit der Auflösung der Drogenpolitik in einem größeren Konzept gesundheitsfördernder Politik erreicht werden kann, wie

Ralf Beke-Bramkamp (1992, S. 173) zum Abschluß seiner Studie annimmt, ist fraglich. Denn innerhalb des Systems der Drogenhilfe konkurrieren medizinisch und psychosozial orientierte drogenpolitische und fachliche Grundauffassungen. Die drogenpolitische Zuordnung zum medizinischen System und nicht zur Jugendhilfe wird von Vertretern der psychosozialen Drogenhilfe als „schwerer ordnungspolitischer Fehler" (Leune 1991a, S. 83) kritisiert.

Literatur: Noch immer zu empfehlen ist die Arbeit von *Stefan Quensel:* Drogenelend. Cannabis, Heroin, Methadon: Für eine neue Drogenpolitik. Frankfurt a.M. 1982.
Hierauf aufbauend und aktueller sind die entsprechenden Beiträge in *Sebastian Scheerer/Irmgard Vogt* (Hg.): Drogen und Drogenpolitik. Ein Handbuch. Frankfurt a.M. 1989.
Zum Thema der Legalisierung bieten die Arbeiten von *Christine Bauer:* Heroinfreigabe. Möglichkeiten und Grenzen einer anderen Drogenpolitik. Reinbek 1992, sowie *Heino Stöver:* Drogenfreigabe. Plädoyer für eine integrative Drogenpolitik. Freiburg 1994, einen guten Überblick und eine engagierte Diskussion.
Zur hier nicht näher ausgeführten unterschiedlichen Entwicklung der Drogenpolitik und -gesetzgebung in den Niederlanden und der Schweiz, die zu vielfältigen Vergleichen herausfordert und die Entwicklung in Deutschland beeinflußt hat, siehe: *Sebastian Scheerer:* Die Genese der Betäubungsmittelgesetze in der Bundesrepublik und in den Niederlanden. Göttingen: Schwartz 1982, bzw. *Gustav Hug-Beeli:* Handbuch der Drogenpolitik. Bern 1995.
Eine Abrechnung mit der internationalen Drogenpolitik und ihren gesellschaftlichen Risiken enthält *Günter Amendt:* Die Droge – der Staat – der Tod. Auf dem Weg in die Drogengesellschaft. Hamburg 1992.

6. Drogenrecht

„Die Grundcrux des BtMG ist, daß wir gesundheitliche Probleme mit strafrechtlichen Mitteln lösen sollen, und das kann eigentlich nur schiefgehen."
(Körner in: Frankfurter Rundschau vom 24. November 1990

Im folgenden wird gelegentlich von „verbotenen" oder „illegalen" Drogen gesprochen. Das entspricht zwar dem üblichen Sprachgebrauch und trifft im Effekt auch zu, ist aber juristisch nicht korrekt, denn verboten ist nur der unerlaubte Umgang (Besitz, Handel usw.) mit bestimmten Drogen.
Im Mittelpunkt des Drogenrechts steht das Betäubungsmittelgesetz – BtMG. Es handelt sich um ein strafrechtliches Nebengesetz, das jeglichen Umgang mit den in den Anlagen genannten „Betäubungsmitteln" rund um den selbst nicht verbotenen Konsum regelt. Am wichtigsten für die Soziale Arbeit sind der § 29, der die Grundstraftatbestände enthält, und die §§ 35ff., in denen geregelt ist, unter welchen Bedingungen der Grundsatz „Therapie statt Strafe" angewandt wird. Außerdem gibt es eine große Zahl weiterer Gesetze, die rechtliche Konsequenzen für den Fall enthalten, daß gegen das BtMG verstoßen wird oder legale Drogen mißbräuchlich verwendet werden.

6.1. Betäubungsmittelgesetz

Im Zentrum des geltenden Drogenrechts steht das Gesetz über den Verkehr mit Betäubungsmitteln – Betäubungsmittelgesetz (BtMG) von 1981 (BGBl. 1981, S. 681) in der Neufassung vom 1. März 1994 (BGBl. I, S. 359) (zur Geschichte des Gesetzes siehe Teil 1, Kapitel 5, S. 98ff.). Es unterstellt den Verkehr mit Betäubungsmitteln umfassender staatlicher Kontrolle und enthält detailliert beschriebene Verbote, Listen der kontrollierten Substanzen, Straftatbestände und Strafrahmen sowie Regelungen zum Verhältnis von Therapie und Strafe bei betäubungsmittelabhängigen Straftätern.

Anlagen I bis III des BtMG

Die in unterschiedlichen Abstufungen kontrollierten Substanzen, die nach dem Sprachgebrauch des Gesetzgebers „Betäubungsmittel" genannt werden – diese Bezeichnung trifft nicht durchweg zu, international heißen sie gewöhnlich Suchtstoffe –, sind in den Anlagen I bis III dieses Gesetzes aufgelistet. Die Bundesregierung ist nach § 1 Abs. 2 BtMG ermächtigt, diese Listen durch Rechtsverordnungen zu ändern, um schneller auf neue Drogen reagieren zu können. Anlage I enthält nicht verkehrsfähige Substanzen, die ohne Erlaubnis nicht in Verkehr gebracht werden dürfen, also praktisch verboten sind (z.B. Cannabis, Heroin, LSD); Anlage II nennt verkehrsfähige, aber nicht verschreibungsfähige Substanzen, die unter Auflagen gehandelt werden dürfen (vorwiegend Roh- und Grundstoffe der Pharmaindustrie); in Anlage III stehen verkehrs- und verschreibungsfähige Substanzen, die unter bestimmten Umständen und nach den aufwendigen Vorschriften der Betäubungsmittelverschreibungs-Verordnung (BtMvv) vom Arzt mit BtM-Rezepten verschrieben werden dürfen (z.B. Opium, Morphin, Levomethadon, Kokain).

§ 29 BtMG

Die Grundstraftatbestände unerlaubten Umgangs mit Betäubungsmitteln und die Strafrahmen sind in den §§ 29 bis 31a beschrieben. Den Kern der Verbotsformulierung enthält der § 29 Abs. 1:

> „Mit Freiheitsstrafe bis zu fünf Jahren oder mit Geldstrafe wird bestraft, wer Betäubungsmittel unerlaubt anbaut, herstellt, mit ihnen Handel treibt, sie, ohne Handel zu treiben, einführt, ausführt, veräußert, abgibt, sonst in den Verkehr bringt, erwirbt oder sich in sonstiger Weise verschafft.“ Das gleiche gilt wenn jemand Betäubungsmittel ohne Erlaubnis besitzt (§ 29, 1, Ziff. 3). Strafbar sind auch der Versuch zu den hier genannten Handlungen (§ 29, 2) sowie das Handeltreiben usw. mit Stoffen, die zwar keine Betäubungsmittel sind, aber als solche ausgegeben werden (§ 29, 6).

Die Formulierung ist so kompliziert, weil der Gesetzgeber alles rund um den möglichen Konsum, der selbst nicht verboten ist – Selbstschädigung ist straffrei – in das Verbot einbeziehen will. Bestraft wird unter anderem auch, wer Betäubungsmittel unbefugt verschreibt oder verabreicht, anderen die Mittel zum Erwerb oder zur Herstellung von Betäubungsmitteln bereitstellt oder „eine Gelegenheit zum unbefugten Verbrauch, Erwerb oder zur unbefugten Abgabe von Betäubungsmitteln öffentlich oder eigennützig mitteilt, eine solche Gelegenheit einem anderen verschafft oder gewährt oder ihn zum unbefugten Verbrauch von Betäubungsmitteln verleitet.“ Schließlich ist es verboten „in einer Versammlung oder durch Verbreiten von Schriften“ zum unbefugten Verbrauch von Betäubungsmitteln aufzufordern.

Nach den §§ 30 und 30a beträgt die Freiheitsstrafe in besonders schweren Fällen nicht unter zwei bzw. nicht unter fünf und bis zu 15 Jahren. Dazu gehört insbesondere, wenn der Täter gewerbsmäßig oder ohne Erlaubnis in nicht geringen Mengen mit Betäubungsmitteln handelt, sie ein- oder ausführt und „dabei als Mitglied einer Bande handelt, die sich zur fortgesetzten Begehung solcher Taten verbunden hat“, sowie wenn er die Betäubungsmittel abgibt und dadurch leichtfertig den Tod eines anderen verursacht. Bandenmäßiges Handeln beginnt schon bei zwei Personen, z.B. einem Ehepaar.

§§ 30 und 30a BtMG

Nach den §§ 31 und 31a (und § 29 Abs. 5) kann die Strafe gemildert oder von einer Strafe abgesehen werden, wenn der Täter zur Aufklärung oder Verhinderung von Straftaten nach dem BtMG beiträgt (sogenannte Kronzeugenregelung) und wenn jemand unter bestimmten Umständen Betäubungsmittel in geringer Menge zum Eigenverbrauch erwirbt oder besitzt. Als geringe Menge werden z.B. in Nordrhein-Westfalen angesehen: 10 g Haschisch, jeweils 0,5 g Heroin, Kokain und Amphetamin sowie drei Tagesdosen anderer Betäubungsmitteln. Bei diesen Mengen wird je nach Droge ein Reinheitsgrad (Anteil der Droge an dem verschnittenen Stoff) von 10 bis 25 Prozent angenommen. Von Strafe kann auch in diesen Fällen nur abgesehen werden, wenn ein geringes Verschulden vorliegt und andere Personen nicht gefährdet werden, die Tat also z.B. nicht in der Nähe eines Kindergartens, einer Schule oder eines Jugendheimes geschah. Mit dieser Regelung sollen Ersttäter und bei entsprechenden Umständen auch Rückfällige geschont werden. Die Mittel des BtMG treffen „nicht zuletzt wegen der leichteren Verfolgbarkeit und daraus resultierender Manipulierbarkeit der Erfolgsquoten“ (Böllinger 1995, S. 47) zu 90% die Konsumenten.

§§ 31 und 31a BtMG

6.2. „Therapie statt Strafe“

Für die Drogenhilfe besonders wichtig sind die Vorschriften der §§ 35 bis 38 BtMG, in denen die Zurückstellung der Strafvollstreckung zum Zwecke der Therapie und die Anrechnung von Therapiezeiten auf die Strafe geregelt sind. Die Vollstreckung der Strafe zugunsten einer Therapie kann zurückgestellt werden, wenn die Tat aufgrund einer Betäubungsmittelabhängigkeit begangen wurde und die Freiheitsstrafe bzw. die Reststrafe nicht mehr als zwei Jahre beträgt. Der Zurück-

§§ 35ff. BtMG

stellungsantrag ist vom Verurteilten, meist als Therapiezusage, zu stellen. Zu den Bedingungen gehört, daß das Urteil rechtskräftig ist, daß der Verurteilte eine anerkannte Therapie schon begonnen bzw. deren baldigen Antritt verbindlich vereinbart hat und daß er sich verpflichtet, der Vollstreckungsbehörde den Beginn und die Fortsetzung der Behandlung nachzuweisen. Als Therapie, genauer: als eine „der Rehabilitation dienende Behandlung" (§ 35 Abs. 1 BtMG), werden vorzugsweise klassische Langzeittherapien, in letzter Zeit aber auch teilstationäre, ambulante und Substitutionsbehandlungen mit psychosozialer Begleitung anerkannt. Zuständig für die Zurückstellung ist die Vollstreckungsbehörde. Das ist bei Erwachsenen die Staatsanwaltschaft mit Zustimmung des Gerichts des ersten Rechtszuges, bei Jugendlichen und Heranwachsenden der Jugendrichter. Die Zurückstellung kann widerrufen werden. Die Zeit einer während der Zurückstellung angetretenen Therapie wird (bzw. kann) bis zu zwei Drittel der Freiheitsstrafe auf die Strafe angerechnet und das letzte Drittel zur Bewährung ausgesetzt werden. Diese Regelung soll motivierenden Druck auch nach der Therapiezeit ausüben. Zuständig für die Anrechnung ist das Gericht. Außerdem gibt es die relativ selten genutzte Möglichkeit, vorläufig von der Anklageerhebung abzusehen bzw. das Verfahren vorläufig einzustellen, um den Erfolg einer begonnenen Behandlung abzuwarten.

Kritik Diese gewöhnlich unter dem Schlagwort „Therapie statt Strafe" diskutierten Regelungen, die nur einen geringen Anteil der Verdächtigten bzw. Verurteilten erreichen, sind in der Drogenhilfe umstritten. Im Zentrum der Kritik steht die Vorstellung des Gesetzgebers, mit der Strafandrohung eine Motivierung zur Therapie bewirken zu können. Die Therapeuten lehnen eine Therapie unter Zwangsandrohung ab, weil nur eine freiwillige Behandlung Erfolg verspreche. In der Realität allerdings ist die Frage der Motivation bei den Einrichtungen in den Hintergrund getreten, denn es werden rund 70 Prozent der Therapieplätze auf diesem Wege belegt. Ein weiterer wesentlicher Kritikpunkt, der zum Verständnis der Situation in den 80er Jahren bedeutsam ist, war die (Anfang der 90er Jahre wieder gestrichene) Vorschrift, daß die freie Gestaltung der Lebensführung in der Therapieeinrichtung (z.B. durch Ausgangsverbot, Briefzensur, Post- und Telefonsperre, Besuchsverbot) erheblich eingeschränkt sein mußte. Kritiker hingegen sprachen von einem „Privatknast", in dem nicht einmal die Grundrechte eingehalten würden, die in der Strafvollzugsanstalt gültig blei-

ben. Hier war die Kritik allerdings gespalten, denn diese Linie entsprach weitgehend den Konzepten der Einrichtungen. Schließlich wurde die wahlweise Zuschreibung kritisiert, derzufolge drogenabhängige BtM-Täter als krank gelten, wenn sie sich dazu bekennen, andernfalls aber als Kriminelle behandelt werden, daß also eher von „Therapie, *sonst* Strafe" (Kindermann 1995, S. 17) oder „Therapie plus Strafe" (Böllinger 1995, S. 48) gesprochen werden müsse.
Weitere rechtliche Möglichkeiten zur Unterbringung bzw. Therapie auf richterliche Weisung liegen in den §§ 61ff. StGB, in den landesrechtlichen Freiheitsentziehungsgesetzen, sowie in jugendrechtlichen Sonderregelungen (z.B. § 93a JGG).

6.3. Weitere rechtliche Normen

Das Drogenrecht reicht weit über das BtMG und andere strafrechtliche Normen, zu denen unter anderem auch das Gesetz zur Bekämpfung der organisierten Kriminalität (OrgKG) von 1992 gehört, hinaus. Zusätzliche rechtliche Regelungen und Folgen außerhalb des Strafrechts bei Konsum, Mißbrauch oder Abhängigkeit von legalen und illegalen Drogen finden sich insbesondere in folgenden Bereichen:

(a) Ländergesetze zur Unterbringung psychisch Kranker, z.B. Freiheitsentziehungs-, Unterbringungs- oder Psychischkrankengesetze genannt (vorläufige bzw. endgültige Unterbringung unter anderem bei Suchterkrankung wegen Selbst- oder Fremdgefährdung und Gefährdung der öffentlichen Sicherheit und Ordnung);
(b) Kinder- und Jugendhilfegesetz und Bürgerliches Gesetzbuch (Eingriffe in das Elternrecht wegen Gefährdung des Kindeswohls, Betreuung wegen Suchterkrankung – früher Entmündigung, die gerade wegen „Trunksucht" nicht selten erfolgte;
(c) Jugendschutz (altersabhängig abgestufte Rauch- und Alkoholverbote);
(d) Straßenverkehrsgesetz (Nichterteilung oder Entzug der Fahrerlaubnis wegen Drogenmißbrauch);
(e) Unfall- und Kfz-Haftpflichtversicherung (Verlust des Versicherungsschutzes bei Schäden unter Drogeneinwirkung);
(f) Krankenversicherung (eventuell, aber selten Verlust des Anspruchs auf Krankengeld bei selbstverschuldeter Suchterkrankung);

(g) Schulrecht (disziplinarische Maßnahmen bis zum Schulverweis, Meldepflicht an die Aufsichtsbehörde, Informationspflicht an die Eltern bei Drogenkonsum/-mißbrauch);
(h) Arbeitsrecht (betriebliche Drogen-, meist Alkohol- und neuerdings auch Rauchverbote und Kündigung, eventuell keine Lohnfortzahlung) und Gewerberecht (Entzug der Gaststätten- und Gewerbeerlaubnis, Berufsverbot wegen Verstoßes gegen das BtMG);
(i) Ausländerrecht (Risiko der Abschiebung bei Verurteilung wegen BtM-Delikten oder bei Inanspruchnahme von Sozialhilfe);
(j) Für den Arzt: Strenge Verschreibungsvoraussetzungen für Betäubungsmittel nach der Betäubungsmittelverschreibungsverordnung (BtMVV) in Verbindung mit § 13 BtMG sowie – als Quasi-Recht – für die kassenärztliche Behandlung die NUB-Richtlinien (Richtlinien der Ärzte und Krankenkassen über die Einführung neuer Untersuchungs- und Behandlungsmethoden) der Ärzte und Krankenkassen (Indikationen, bei denen die Leistungen von den Krankenkassen übernommen werden können);
(k) Für den Drogenberater/-therapeuten: Verschwiegenheitspflicht (§ 203 Abs. 1 Nr. 4 StGB), Zeugnisverweigerungsrecht (§ 53 StPO); strafbare Begünstigung und Strafvereitelung (§§ 257 und 258 StGB); Datenschutz (Bundesdatenschutzgesetz, Sozialgesetzbuch § 35 SGB I und §§ 67–77 SGB X: Sozialgeheimnis); Führung von Geschäften für Klienten (BGB §§ 164, 167); Rechtsberatung (das Verbot der Rechtsberatung wird nicht angewandt, wenn es um Beratung in Fragen des Betäubungsmittelrechts und andere direkt mit den Aufgaben der Einrichtung zusammenhängende Fragen geht).

Schließlich sollen hier noch die bedeutsamsten internationalen Verträge zur Drogenpolitik erwähnt werden, denen die Bundesrepublik verpflichtet ist (abgedruckt bei Körner 1994, S. 1347ff., 1397ff., 1403ff.):

(a) Einheitsübereinkommen von 1961 über Suchtstoffe vom 30. März 1961 i.d.F. vom 25. März 1972 (oft zitiert als „Single Convention"),
(b) Übereinkommen über psychotrope Stoffe vom 21. Februar 1971,
(c) Übereinkommen der Vereinten Nationen gegen den unerlaubten Verkehr mit Suchtstoffen und psychotropen Stoffen vom 19. Dezember 1988 (oft zitiert als „Wiener Übereinkommen").

Literatur: Standardkommentar zum Betäubungsmittelgesetz ist *Harald Hans Körner:* Betäubungsmittelgesetz. Arzneimittelgesetz, 4., neubearb. Aufl. München 1994; der Kommentar ist sehr ausführlich und enthält über den rein rechtlichen Bereich hinaus reichhaltige Informationen zur gesamten Drogenproblematik.
Nützlich, zumal das Werk von Körner für den Privatgebrauch etwas teuer ist, ist auch *Albrecht Brühl:* Drogenrecht. Informationen für Betroffene und Helfer. München 1992.
Kritisch und praxisorientiert sind die entsprechenden Kapitel in *Lorenz Böllinger/Heino Stöver/Lothar Fietzek:* Drogenpraxis, Drogenrecht, Drogenpolitik. Ein Leitfaden. 4. vollst. überarb. Aufl. Frankfurt a.M. 1995.
Zur Problematik der Strafjustiz und des Strafvollzugs siehe *Richard Reindl/Werner Nickolai* (Hg.): Drogen und Strafjustiz. Freiburg 1994.

Teil 2
Drogen exemplarisch

Die folgenden Kapitel dieses Teiles beschäftigen sich mit den weit verbreiteten und am heftigsten diskutierten Drogen Alkohol (Kapitel 1), Tabak (Kapitel 2), Haschisch (Kapitel 3), Heroin (Kapitel 4), Kokain (Kapitel 5) und Ecstasy (Kapitel 6). Neben kurzgefaßten Grundinformationen zu den Drogen werden jeweils exemplarisch Erkenntnisse aus der Geschichte dieser Drogen zum kritischen Verständnis der Politik, Theorie und Praxis der Drogenhilfe skizziert, die jeweils in den Überschriften der Kapitel schlagwortartig gekennzeichnet sind. Die Informationen über *Wirkungen*, besonders über die psychoaktiven Wirkungen der Drogen müßten regelmäßig nach der Dosis, der Einnahmeart, dem Grad der Abhängigkeit und der persönlichen und soziokulturellen Konsumsituation differenziert werden, was in den folgenden Kurzbeschreibungen kaum möglich ist. Die *Zahlenangaben* über Verbreitung, Konsum und Risiken der einzelnen Drogen sollen lediglich über Größenordnungen orientieren. In der Regel beruhen die in der Literatur mitgeteilten und meist stark divergierenden Zahlenangaben auf Befragungen, Schätzungen und Hochrechnungen, die im einzelnen kritisch diskutiert werden müßten.

1. Alkohol: Die Modellsucht Alkoholismus

Knecht Matti zum Abschied vom Gutsherrn Puntila:
„Die Stund des Abschieds ist nun da.
Gehab dich wohl, Herr Puntila.
Der Schlimmste bist du nicht, den ich getroffen
Denn du bist fast ein Mensch, wenn du besoffen."
(Brecht 1958, S. 165)

Der Alkohol ist die vermutlich am weitesten verbreitete und älteste Droge mit berauschender Wirkung. Sie ist als Genußmittel in den Alltag unserer Gesellschaft integriert und kann als Rauschmittel neben einer Abhängigkeit vielfältige seelische, geistige und körperliche Schädigungen verursachen. Dies trifft bei rund 2,5 Millionen Deutschen zu. Anhand des Alkohols ist vor zweihundert Jahren das Suchtmodell entwickelt worden, demzufolge der Alkohol die Sucht erzeugt, die als Kontrollverlust definiert wird und als Krankheit diagnostiziert und behandelt werden muß. Dieses Modell ist später auf alle Abhängigkeiten von psychotropen Substanzen übertragen worden und entspricht auch heute noch der am weitesten verbreiteten Überzeugung zum Thema Sucht.

1.1. Grundinformationen zu Alkohol

Trinkalkohol (Äthylalkohol) wird im menschlichen Organismus im Magen und im Dünndarm aufgenommen. Bereits nach fünf Minuten kann Alkohol im Blut nachgewiesen werden. Die höchste Konzentration im Blut wird nach 30 bis 90 Minuten erreicht. Im menschlichen Körper wird Alkohol in kleinen Mengen produziert und durch spezielle Enzyme (stündlich 0,1 Promille) abgebaut. Alkohol hat vor allem berauschende Wirkungen und ein beachtliches Suchtpotential. Im leichten bis mittleren Rauschzustand überwiegen je nach körperlicher und seelischer Verfassung und Trinkumständen stimulierende, enthemmende, euphorisierende oder sedierende, im schweren Rauschzustand narkotische Wirkungen. Bei einer Blutalkoholkonzentration von etwa 5 bis 8 Promille wirkt Alkohol durch Atemlähmung tödlich.

Chronischer Alkoholkonsum kann vielfältige, zum Teil irreversible Schädigungen im Körper verursachen, die zu „einem bunten Bild von Folgekrankheiten“ (Teschke 1989, S. 111) führen. Am bekanntesten sind die Schädigungen der Leber und anderer innerer Organe, des Gehirns und des Nervensystems, des Herz- und Gefäßsystems sowie verschiedene Stoffwechselstörungen. Hinzu kommen ein erhöhtes Krebsrisiko und bei Schwangerschaft Schädigungen des Embryos.

Geschichte

Neben und vor den Risiken, in deren Licht Alkohol als das „Rauschgift par excellence“ (Schmidbauer/v. Scheidt 1993, S. 32) gilt, ist freilich daran zu erinnern, daß Alkohol ein Lebens- und Genußmittel ist. Vermutlich haben die Menschen schon als Jäger und Sammler organische Substanzen vergärt, um alkoholische Getränke zu gewinnen. Erstmals durch Dokumente belegt ist der Weinanbau und die Verwendung von Getreide für die Herstellung alkoholischer Getränke um 3000 v. Chr. in den alten Hochkulturen in Ägypten, Mesopotamien und Assyrien. Besonders Wein und Bier wurden zu rituellen und medizinischen Zwecken sowie als Lebens-, Genuß- und als Rauschmittel verwandt. Man kannte nur die natürlichen Vergärungsprozesse, aus denen Produkte mit geringem Alkoholgehalt entstanden. Die Herstellung hochprozentiger alkoholischer Getränke durch Destillation wurde im Mittelalter von den Arabern entdeckt (von denen auch das Wort „Alkohol“ stammt) und in Europa bekannt. Destillierter Alkohol wurde zunächst als besonders wertvolle Medizin erwähnt. Erst im 17. Jahrhundert erreichte die Herstellung von Spirituosen einen größeren Umfang.

Verbreitung

In Deutschland liegt der Verbrauch alkoholischer Getränke, umgerechnet in reinen Alkohol, seit den 70er Jahren bei 12 Litern pro Kopf der Bevölkerung und erreicht damit einen Spitzenplatz in der Weltrangliste. Unter den Getränken der Deutschen rangierte 1994 Bier mit jährlich 140 Litern pro Kopf der Bevölkerung hinter Kaffee (169 Liter) und vor Erfrischungsgetränken (90 Liter) (Deutsche Hauptstelle… 1995, S. 14). Der Bierkonsum macht vier Fünftel des gesamten Konsums von Alkoholika aus. „Pro Kopf der Bevölkerung“ schließt Säuglinge und die fünf bis sechs Prozent Antialkoholiker ebenso ein wie Kampftrinker und Alkoholiker. Als untere „Gefährdungsgrenze“ gilt bei Männern der tägliche Konsum von 60 und bei Frauen von 40 Gramm Alkohol; das sind ungefähr vier bzw. drei Gläser Bier. Zwischen 15 und 20 Prozent der erwachsenen Bevölkerung trinken mehr und werden daher als alkoholgefährdet eingestuft, 2,5 Millionen Bundesbürger gelten als behandlungsbedürftige Alkoholkranke. Zwischen 15 und 20 Prozent der Jugendlichen trinken täglich Alkohol, wobei sich inzwischen der Anteil der Mädchen dem der Jungen angleicht. An den Folgen des Alkoholkonsums (ohne die 2.000 bis 5.000 alkoholbedingten tödlichen Verkehrsunfälle) sterben nach unterschiedlichen Angaben jährlich rund 40.000 Menschen.

Kosten

Die volkswirtschaftlichen Schäden durch Alkoholismus werden in stark divergierenden Berechnungen auf 6 bis 113 Milliarden Mark geschätzt. Bei der gesellschaftlichen Kosten-Nutzen-Analyse, in der neben ökonomischen auch psychosoziale Argumente für die „Aufrechterhaltung der gegebenen Verhältnisse“ zu bedenken sind, geht Legnaro (1982a, S. 111) davon aus, daß, trotz der Leiden, die chronischer Alkoholkonsum verursacht, der Nutzen überwiegt.

Funktionen

Die meisten Menschen geben in Umfragen an, sie tränken Alkohol wegen der Geselligkeit, um den Durst zu stillen oder weil ihnen ihr Getränk schmecke. Rund die Hälfte der Konsumenten schätzt am Alkohol auch dessen psychoaktiven Effekte. Zwischen 10 und 20 Prozent geben als ihr Motiv die Problem- und Konfliktbewältigung bei Ärger, Depression und Einsamkeit an. In dieser Gruppe ist das Risiko am größten, daß der Umgang mit Alkohol zum problematischen Trinken und damit zum abweichenden Verhalten wird und schließlich zur Abhängigkeit führt.

Für alkoholische Getränke wird viel Geld ausgegeben: Von gut 70 Milliarden Mark, die die Deutschen Anfang der 90er Jahre insgesamt für Getränke ausgaben, entfiel mehr als die Hälfte auf Alkoholika. Davon kassierte der Staat gut 6,5 Milliarden Mark an Alkoholsteuern.

1.2. Exemplarische Informationen: Alkoholismus als soziales Problem und die Entwicklung des Suchtmodells

Das 16./17. Jahrhundert gilt als die Hauptzechperiode des deutschen Volkes. In dieser Zeit begann die neuzeitliche moralische Problematisierung des Alkoholtrinkens, z.B. mit Luthers Strafpredigten wider den Saufteufel:

„Es muß ein jegliches Land seinen eigenen Teufel haben, unser deutscher Teufel wird ein guter Weinschlauch sein und Sauf heißen [...] Und wird solch ewiger Durst [...] Deutschlands Plage bleiben [...] bis an den jüngsten Tag.“ „Es ist leider [...] ganz Deutschland mit Saufen geplagt. Wir predigen [...] und schreien daruber, es hilft aber leider nicht viel. Es ist alt böses Herkommen in deutschen Landen, [...] hat zugenommen und nimmt noch zu. Da sollten Kaiser, Könige, Fürsten, Adel zutun, daß ihm gesteuert würde." (Zit. n. Stolleis 1982, S. 183f.)

Erfindung der Alkoholkrankheit

Die Trunksucht wurde „keineswegs als eine schon immer vorhandene Krankheit entdeckt, wie etwa der Cholera-Erreger, die Trunksucht wurde erfunden, konstruiert aus dem Material einer neuen Auffassung der Welt" (Spode 1993b, S. 158f.). Die Problematisierung stand im Zusammenhang mit dem sozialen Wandel seit Beginn der Neuzeit, der mit einem Wertewandel hin zu rationalem Verhalten und Selbstkontrolle und weg von affektiven Werten verbunden war.

„Trunkenheit [wird] nun als ein Mangel an Selbstbeherrschung, als Verlust der Kontrolle über sich selbst, als dysfunktional für die innerweltliche Tätigkeit des aufkommenden Berufsmenschen" bewertet. [...] Trinkt man also [...] im Mittelalter, weil die Affekte ungehemmt sind, so in der Neuzeit, um sie zu enthemmen." (Legnaro, 1982b, S. 163f.)

Das Zerbrechen der alten Ordnungen und der enorm gesteigerte Druck zu rationalem Verhalten und Selbstkontrolle wurden von den Menschen als Verunsicherung erlebt, die angst machte und zu einem gesteigerten Bedürfnis nach Betäubung führte. Die ganze Wucht der „bedeutendsten Antidrogenkampagne der Geschichte" richtete sich aber nicht gegen den Alkoholkonsum, sondern gegen den als „größte Drogenepidemie der Geschichte" (Austin 1982, S. 122 und 121) wahrgenommenen, damals neuartigen Tabakkonsum (siehe Teil 2, Abschnitt 2.2., S. 132ff.).
Ende des 18. Jahrhunderts beschrieb Adolph Freiherr Knigge den weiteren Übergang zur Problematisierung:

„Der Wein erfreut des Menschen Herz, und wenn man dies Vehiculum nicht als nothwendiges Bedürfnis, ohne welches man durchaus nicht in frohe Laune zu setzen ist, sondern als Erweckungsmittel braucht, um in trüben Augenblicken den natürlichen guten Humor, der nie ganz aus dem Gemüthe des ehrlichen Biedermanns weichen darf, unter dem Schutte von häuslichen Sorgen hervorzurufen, so habe ich nichts dagegen einzuwenden [...] Allein kein Anblick ist so widrig für den verständigen Mann, als der eines Menschen, welcher sich durch starke Getränke um Sinne und Vernunft gebracht hat." (Knigge 1878/o.J., S. 261)

Elendsalkoholismus

Im 19. Jahrhundert, als es mit dem billigeren und effektiveren Schnaps zu „Branntweinepidemien" kam, konkretisierte sich die Problematisierung des Alkoholkonsums zur sozialen Diskriminierung und Ausgrenzung „unfähiger“ und „minderwertiger“ Menschen. Das Problem wurde nun als „Elendsalkoholismus“ zum „Stigma der Unterschichten“ (Spode 1993a, S. 193), deren Elend aus dieser Sicht nicht als Folge der Ausbeutung, sondern als Folge des übermäßigen Alkoholkonsums galt. Kritisch schrieb Friedrich Engels (1970, S. 331) 1845 hierzu:

> „Alle Lockungen, alle möglichen Versuchungen vereinigen sich, um die Arbeiter zur Trunksucht zu bringen. Der Branntwein ist ihnen fast die einzige Freudenquelle, und alles vereinigt sich, um sie ihnen nahezulegen. [...] Und abgesehen von den mehr physischen Einflüssen, die den Arbeiter zum Trunk antreiben, wirkt [...] die Gewißheit, im Rausch wenigstens für ein paar Stunden die Not und den Druck des Lebens zu vergessen, und hundert andere Umstände, so stark, daß man den Arbeitern ihre Vorliebe für den Branntwein wahrlich nicht verdenken kann. Die Trunksucht hat hier aufgehört, ein Laster zu sein, für das man den Lasterhaften verantwortlich machen kann, sie wird ein Phänomen, die notwendige, unvermeidliche Folge gewisser Bedingungen auf ein, wenigstens diesen Bedingungen gegenüber, willenloses Objekt.“

Antialkoholbewegung

In der ersten Hälfte des vorigen Jahrhunderts entstand in Deutschland „die größte Massenbewegung des 19. Jahrhunderts, der ‚Kreuzzug wider den Branntwein‘“ (Spode 1993a, S. 270). Und gegen Ende des Jahrhunderts wurden die noch heute bestehenden Antialkoholorganisationen, das Blaue Kreuz, der Guttemplerorden und der Kreuzbund, gegründet. Der Erfolg dieser Verbände war begrenzt, verdienten doch sowohl die Produzenten wie der Staat viel Geld mit dem Alkohol, also, nach der herrschenden Ideologie, mit der Trunksucht der Arbeiter. Die Problematisierung des Alkohols erreichte in den USA ihren Höhepunkt. Dort wurde seit der Mitte des 19. Jahrhunderts der „Teufel Alkohol“ als Sündenbock für alle sozialen Spannungen im Lande verantwortlich gemacht. „Amerika würde gesund werden, wenn die Nation nur völlig abstinent wäre.“ (Levine 1982, S. 243) 1919 hatten die Abstinenzorganisationen Erfolg: Die Alkoholprohibition, die in vielen amerikanischen Bundesstaaten mit dem Verbot von Tabak und weiteren Drogen verbunden war, wurde eingeführt – und 1933 wieder aufgehoben. Die Erwartung von Steuereinnahmen und die Sorge wegen allgemeiner Gesetzlosigkeit durch Mißachtung der Alkoholverbotsgesetze waren die Hauptgründe für das Ende der Prohibition. Die Folgen des Verbots waren nicht unbedingt die erwünschten. Im Zusammenhang mit der Prohibition blühte der Schwarzmarkt mit Alkohol, die organisierte Kriminalität etablierte sich, der Alkohol war oft mit dem lebensgefährlichen Methylalkohol versetzt, die Konsumgewohnheiten unter der Bedingung der Illegalität wurden riskanter.

Die Analogie dieses historischen Modells der Problematisierung der Droge Alkohol zur Gegenwart drängt sich auf: Auch in unserem Jahrhundert erleben wir einen Zusammenbruch alter Ordnungen, einen enorm gesteigerten Rationalitätsdruck, ein erhöhtes Angstniveau, ein vermehrtes Bedürfnis nach Drogenkonsum und einen heftigen Antidrogenkampf, wiederum wie im 17. Jahrhundert gegen „kulturfremde“ Drogen. Und auch heute wird exzessiver Drogenkonsum zum Stigma, das besonders die jungen Menschen trifft, die den Belastungen des Wandels unserer Gesellschaft nicht gewachsen sind.

das Suchtmodell

Die Problematisierung des Alkoholkonsums von der moralischen Empörung über die soziale Diskriminierung zur individuellen Stigmatisierung erfolgte mit Hilfe des Suchtmodells, dessen Grundgedanken Ende des 18. Jahrhunderts in Europa und Amerika von Ärzten entwickelt wurden. Das waren in England Thomas Trotter und in Deutschland Christoph Wilhelm Hufeland. Am bekanntesten wurden aber die Thesen des Amerikaners Benjamin Rush, dem Begründer der amerikanischen Abstinenzbewegung, die Elvin M. Jellinek nach der Aufhebung der Prohibition in enger Zusammenarbeit mit den Anonymen Alkoholikern in den USA praktisch durchsetzte. Das am Alkohol entwickelte Suchtmodell beruht auf folgenden Grundgedanken: Alkohol erzeugt von sich aus Sucht, die als Kontrollverlust über das Trinken definiert und als Krankheit diagnostiziert wird. Die Idee wurde in unserem Jahrhundert auch auf andere Drogen übertragen. „Sucht“, 1964 von der Weltgesundheitsorganiation als „Abhängigkeit“ definiert, gilt als das zentrale Problem des Drogengebrauchs. In der Bundesrepublik ist Alkoholismus seit 1968 versicherungsrechtlich als Krankheit anerkannt. Das Konzept der Sucht als „Krankheit“ ist umstritten: Die Medikalisierung sozialer Probleme förderte einerseits die Professionalisierung der Hilfe und eine gewisse Entstigmatisierung. Andererseits aber wird auf diese Weise auch ein soziales Problem individualisiert und entpolitisiert. Als Reaktion auf diese Kritik ist das Konzept zu dem bekannten Trias-Modell erweitert worden, in dem die Persönlichkeit, die Droge und das soziale Milieu verbunden sind (siehe Teil 1, Abschnitt 1.2.2., S. 38ff., und Abbildung 6, S. 39).

In ihm werden nicht nur die Beziehung des Individuums zur Droge, sondern auch die Beziehungen zwischen Individuum und sozialem Umfeld sowie zwischen Gesellschaft und Droge thematisiert.
Hintergrund der sozialen Reaktionen auf die Krankheit Alkoholismus ist die illusionäre Idee einer abstinenten Gesellschaft, die noch heute weitgehend der Drogenpolitik vorschwebt. Trotz aller wissenschaftlichen Erklärungen von Sucht schwingen die alte moralische Diskriminierung und soziale Stigmatisierung noch heute deutlich in Theorie, Praxis und Politik der Drogenhilfe mit. Nach dem Grundsatz der vollständigen Abstinenz darf das alkoholkranke Individuum in der Therapie unverzüglich und für immer keinen Tropfen Alkohol mehr zu sich nehmen. Als Konsequenz dieser Maxime wurde der Leidensdruck zur Grundlage der Therapiemotivation erklärt, die zu der zwiespältigen Unterscheidung der Kranken in solche tendiert, die gerettet werden können, wenn sie infolge ihres Leidensdrucks genügend motiviert sind, und solche, die als „Therapieresistente" verelenden und an ihrer Sucht zugrunde gehen (siehe Teil 1, Abschnitt 3.5.1., S. 70ff.).
Die moderne Alkoholismusforschung hat zum Teil alternativ, zum Teil ergänzend zu dem nach wie vor in der therapeutischen und rechtlichen Praxis dominierenden klassischen Krankheitskonzept (Süß 1988, S. 21) lerntheoretische Modelle des problematischen Trinkens entwickelt. Sie geht außerdem davon aus, daß neben psychosozialen Faktoren biologische Prozesse und genetisch gesteuerte Dispositionen bei Entstehung und Verlauf der Alkoholkrankheit eine beachtliche Rolle spielen (Schmidt 1986, S. 70-104).

Literatur: Über den Stoff Alkohol, seine Wirkungen und die Konsumgewohnheiten informieren die Beiträge von *Rolf Teschke* und von *W. Hermann Fahrenkrug* in: Sebastian Scheerer/Irmgard Vogt (Hg.): Drogen und Drogenpolitik. Frankfurt a.M. 1989, S. 107–120 und S. 73–87.
Zur historischen Problematisierung des Alkoholkonsums besonders materialreich und lesenswert ist *Hasso Spode:* Die Macht der Trunkenheit. Kultur- und Sozialgeschichte des Alkohols in Deutschland. Opladen 1993a.

2. Tabak: Die „integrierte" Droge im Wandel der Bewertung

„Eine brennende Zigarette ist ein kleines Laboratorium, in dem durch verschiedene Vorgänge aus den natürlichen Bestandteilen sowie den Zusätzen [...] ca. zweitausend Substanzen, darunter ein Cocktail von akut und chronisch wirkenden Giften, freigesetzt werden."
(Hess 1989, S. 57)

Die psychoaktive Substanz der Zigarette ist das Nikotin, das sowohl anregend wie beruhigend wirkt. Für die enormen körperlichen Schädigungen durch das Rauchen sind vor allem die krebserregenden Stoffe Kohlenmonoxyd und Teer verantwortlich. Dem Suchtpotential des Nikotins, das lange Zeit nicht erkannt oder vielmehr geleugnet wurde, sind rund ein Viertel der Raucher und Raucherinnen, das sind etwa sechs Millionen Menschen, erlegen. Wegen seiner Einbindung in zahlreiche alltägliche Handlungsabläufe erfüllt das Rauchen neben dem Genuß zahlreiche psychische und soziale Funktionen, die einen Ausstieg aus der Raucherkarriere erschweren. Exemplarisch interessant ist die wechselvolle Geschichte des Tabaks, die zeigt, wie wenig Verbote gegen eine Droge vermögen und daß das beliebte Argument zur Unterscheidung von legalen und illegalen Drogen, die einen seien „kulturintegriert" und die anderen „kulturfremd", nicht stichhaltig ist. Die in der alten Welt ganz und gar kulturfremde Droge Tabak wurde nach ihrer erstaunlich schnellen weltweiten Einführung während des 16. Jahrhunderts im 17. Jahrhundert extrem bekämpft, war in der ersten Hälfte des 20. Jahrhunderts Paradebeispiel einer integrierten Droge und erhält nun nach und nach wieder den Status einer verfemten Droge.

2.1. Grundinformationen zu Tabak

Unter den vielen Inhaltsstoffen des Tabaks sind Nikotin, Kohlenmonoxyd und Teer hervorzuheben. Der psychoaktive Stoff im Tabak ist das Nikotin. Es ist, wie die meisten Drogen pflanzlicher Herkunft, ein Alkaloid, das verwandt ist mit einem körpereigenen Stoff, dem Neurotransmitter Acetylcholin.

Obwohl wir heute beim Tabak fast nur an das Zigarettenrauchen denken, sei daran erinnert, daß es weitere Konsumformen gibt: Tabak wird auch gekaut, geschnupft, als Zigarre oder in der Pfeife geraucht. Das Nikotin wird beim Rauchen über die Schleimhäute im Mund-/Rachenraum sowie beim Inhalieren über die Lunge eingenommen. Diese Konsumform erlaubt es dem Raucher, die Wirkungen, meist ganz unbewußt, sehr genau zu dosieren.

Nikotin

Die psychoaktiven Wirkungen des Nikotins treten beim Inhalieren nach sieben Sekunden ein und erreichen ihren Höhepunkt nach drei bis fünf Minuten, nach 30 bis 40 Minuten treten Entzugserscheinungen auf. Es wirkt je nach Dosis sowohl anregend wie entspannend auf Herzfrequenz und Blutgefäße, Muskelspannung, Darmtätigkeit und Konzentrationsfähigkeit. In der üblichen Dosierung hat es eine leicht euphorische und berauschende Wirkung sowie ein früher bestrittenes und heute unterschiedlich hoch eingeschätztes Suchtpotential. Nikotin ist sehr giftig, 20 bis 100 mg sind je nach Applikationsweise tödlich. Eine Zigarette enthält zwei bis vier mg Nikotin. Vergiftungen, die in früheren Zeiten vorkamen, weil Tabak gelegentlich als Betäubungsmittel in intensiveren Konsumformen (z.B. Trinken von Tabakbrühe) gebraucht wurde, sind selten geworden, da der „Tabakkonsum heute sozusagen domestiziert“ ist (Hess 1987, S. 64). Gesundheitsschädliche Wirkungen werden bei der Entstehung der Arteriosklerose und bei der Tromboseentwicklung angenommen.

Kohlenmonoxyd, Teer

Bei den Begleitstoffen ist insbesondere auf das Kohlenmonoxyd und den Teer (Kondensat) hinzuweisen. Kohlenmonoxyd fördert die Entstehung von Krebs, schädigt die Schleimhäute im Mund-/Rachen-/Lungenraum und führt so zur Anfälligkeit für Infektionskrankheiten, behindert den Sauerstofftransport des Blutes, was zu Leistungsminderung und Herz-Kreislauf-Schäden führt, und hat einen leicht narkotisierenden Effekt, was Betäubungserscheinungen und Schlafstörungen zur Folge hat. Teer (Kondensat) ist krebsfördernd und zerstört die Schleimhäute. Außerdem gehen von beiden Schadstoffen auch Schädigungen auf Ungeborene aus sowie, anders als bei anderen Drogen, auf anwesende Nichtraucher, die sogenannten „Passivraucher“. Die Sterblichkeit infolge chronischen Rauchens ist hoch. Jährlich sterben an den durch Rauchen verursachten Krankheiten in Deutschland rund 70.000 und weltweit 2,5 bis 3 Millionen Menschen.

Verbreitung

Die Zahlen über die Verbreitung des Rauchens sind besonders unsicher, weil von unterschiedlichen Kriterien ausgegangen und das Rauchen zunehmend diskriminiert wird. Nie-Raucher gibt es unter den Männern knapp ein Drittel, unter den Frauen gut zwei Drittel. In der über 15 Jahre alten sogenannten „rauchfähigen" Bevölkerung" wird mit einem Viertel bis einem Drittel Rauchern gerechnet. Ihr Anteil ist trotz der Antiraucherkampagnen nur wenig gesunken, hat sich aber in der Geschlechterverteilung verändert. In der rauchenden Bevölkerung ist der Anteil der Männer gesunken und der der Frauen gestiegen. In den mittleren Jahrgängen wird am meisten geraucht, in den Städten mehr als auf dem Lande, in unteren sozialen Schichten mehr als in höheren. Der Anteil der nikotinabhängigen starken Raucher (über 20 Zigaretten täglich), der sogenannten „Nikotiniker", wird auf ein Viertel der Raucher und Raucherinnen geschätzt. Das sind etwa sechs Millionen Menschen.

Funktionen

Das Rauchen erfüllt für die Raucher zahlreiche Funktionen. Es bietet einen, für Nichtraucher schwer verständlichen, Genuß, der nicht nur im Geschmack, sondern auch in der optischen und taktilen Wahrnehmung der Zigarette empfunden wird. Weiter hat das Rauchen psychische Funktionen, unter anderem Anregung, Streßminderung, Selbstbelohnung und Selbstdarstellung, sowie soziale Funktionen, etwa in der Statusdarstellung, im Erleben von Zugehörigkeit, als Kontaktmittel, bei der Zeiteinteilung und Unterscheidung von sozialen Situationen, z.B. der Pause von der Arbeit. Schließlich, so paradox das bei der offenkundigen Schädlichkeit für die Gesundheit ist, hat das Rauchen gesundheitliche Funktionen wie Gewichtskontrolle und Verdauungsförderung. Henner Hess (1987, S. 146) vermutet: „In der Doppelfunktion als Anregung und Entspannung liegt vielleicht überhaupt das Geheimnis des universalen Erfolges der Zigarette."

Kosten

Die volkswirtschaftlichen Kosten werden für die (alte) Bundesrepublik auf 50 bis 60 Millionen DM geschätzt. Dagegen stehen die Steuereinnahmen von rund 18 Millionen DM aus der Tabak- und Umsatzsteuer zuzüglich der weiteren Steuern aus Produktion, Handel, Werbung. Die in den Kosten enthaltenen Krankheitskosten kann man – in einer etwas zynischen Rechnung – auch ignorieren, denn die lebenslangen Krankheitskosten sind bei Rauchern und Nichtrauchern in etwa gleich groß. „Bei nüchterner Betrachtung ist eher wahrscheinlich, daß der ökonomische Nutzen des Rauchens für den Staat größer ist als die Kosten" (v. Troschke 1987, S. 218).

Zigaretten machen rund 90 Prozent des Umsatzes an Tabakwaren aus. 40 Prozent dieses Umsatzes machen weltweit sechs multinationale Konzerne. Diese „größten und mächtigsten Drogendealer der Welt“ (Hess 1987, S. 102) BAT (GB), Philip Morris (USA), Reynolds (USA), Rembrandt (Südafrika), American Brands (USA), Imperial (GB) sind zugleich in vielen anderen Branchen (häufig z.B. im Alkoholgeschäft) tätig. In der Bundesrepublik wurden 1990 128 Milliarden versteuerte Zigaretten für 23 Milliarden Mark und weitere Tabakwaren für 1,9 Milliarden Mark verkauft.

2.2. Exemplarische Informationen: der lange Weg von der kulturfremden Droge zum kulturell integrierten Genussmittel – und zurück

„Kaum eine Sucht ist so eng in den Alltag verwoben wie das Rauchen.
Es begleitet nahezu jede Tätigkeit,
außer gerade das Schlafen und das Zähneputzen.“
(Niederberger 1987, S. 1)

Dieses Ergebnis einer langen Entwicklung ist erstaunlich. Vor der europäischen Geschichte des Tabaks stand der rituelle Gebrauch der alten Maya-Priester, die den Rauch des brennenden Tabaks einatmeten, „um mit den Göttern ins Gespräch zu kommen. Der Rauch sollte dem Geist Flügel ansetzen und ihn in die Höhe tragen“ (ebd.). Gleichzeitig war der Tabak bei den Indianern Amerikas eine Genußdroge und auch Medizin.

In Europa war das Tabakrauchen vor Columbus' Reisen nach Amerika unbekannt. Es verbreitete sich im Laufe des 16. Jahrhunderts durch die sehr mobilen Berufsgruppen der Seefahrer, Kaufleute und Soldaten für die damalige Zeit sehr schnell in der gesamten alten Welt. Auch der extrem hohe Preis – Tabak wurde zeitweise in Pfeffer und Silber aufgewogen – änderte daran nichts. Ende des 16. Jahrhunderts begann die nachhaltige und zum Teil extrem grausame Verfolgung mit Todesstrafen, Verstümmelungen, Gefängnis und hohen Geldstrafen.

Kampf gegen den Tabak

Besonders aufschlußreich ist die Entwicklung in England (Austin 1982), wo das Tabakrauchen Ende des 16. Jahrhunderts Mode geworden war und Anfang des 17. Jahrhunderts als „die größte Drogenepidemie der Geschichte“ (ebd., S. 121) galt. Im Kampf gegen den Tabak führte König Jakob I. (1603 bis 1625) „eine der bedeutendsten Antidrogenkampagnen der Geschichte“ (ebd., S. 122). Zu den Argumenten gehörte, daß der Tabak die moralischen und finanziellen Kräfte des Landes aushöhle, daß er eine Sünde sei und „ein lebendiges Beispiel und Muster der Hölle“ (ebd., S. 123), daß er Krankheit hervorrufe und arbeitsunfähig mache. Die Kampagne begann mit einer Erhöhung der Importzölle auf Tabak um 4.000 Prozent, um die Konsumenten von seinem Genuß abzuhalten, was nicht gelang. Der steigende Preis förderte hingegen Schmuggel, Bestechung und Korruption. Die Kampagne endete noch zu Jakobs Regierungszeit damit, daß er ein königliches Monopol auf den Tabak erließ: Der König hatte das Einkommen entdeckt, das aus der Droge zu gewinnen war, eine Erkenntnis, die den Regierungen bis heute zu kräftigen Einnahmen verhilft. Diese Entwicklung ist durchaus typisch für viele Drogen und belegt, ähnlich wie der Mißerfolg der Alkoholprohibition in den USA (siehe Teil 1, Abschnitt 1.2., S. 32ff.), die in einem Teil der Bundesstaaten auch den Tabak einschloß, wie wenig Verbote gegen Drogen vermögen.

Integration

Seit dem Ende des 19. Jahrhunderts entwickelte sich der Tabak zur bestintegriertesten Droge. Dies war vor allem eine Folge der Konsumform des Rauchens industriell hergestellter Zigaretten. Sie sind relativ billig, leicht zu transportieren, fast überall und immer erhältlich und einfach zu konsumieren und zu dosieren. Im gleichen Maße gilt dies für keine andere Droge. Sie wurde besonders in den industriellen Gesellschaften zum Symbol für das Tempo und die Schnellebigkeit des modernen Lebens. „Eine Zigarettenlänge, wie die neue informelle Zeiteinheit heißt, unterscheidet sich von der Zigarrenlänge wie die Geschwindigkeit der Postkutsche von der des Automobils.“ (Schivelbusch 1990, S.123f.)

erneuter Kampf gegen Tabak

Zur Zeit gilt der Tabak – noch – als Genußmittel, das prinzipiell nach dem Lebensmittelrecht kontrolliert wird. Produktion und Handel sind legale Wirtschaftstätigkeiten, die Produktion wird sogar in vielen Ländern subventioniert. Der Besitz kleiner wie großer Mengen ist legal. Der Konsum ist zwar prinzipiell legal, wird jedoch weltweit nach und nach diskriminiert und zunehmend für viele Rauchsituationen (z.B. in öffentlichen Verkehrsmitteln, Seminarräumen usw.) illegalisiert. Das Ziel ist die tabakfreie Gesellschaft. Die schon von Jakob I. in seinem Kampf gegen den Tabak angeführten Argumente, das Tabakrauchen sei ein „Brauch, der den Augen verhaßt, der Nase unangenehm, dem Gehirn schädlich und der Lunge gefährlich“ ist (Austin 1982, S. 123), werden nun, nach den Glaubensregeln unseres

Jahrhunderts, wissenschaftlich als gesundheitliche Risiken begründet. Das sonst bei Drogen regelmäßig angeführte psychiatrische Argument der Abhängigkeit, die „Suchtkrankheit“, wird zwar gelegentlich angeführt, steht aber nicht im Vordergrund. Ein prominentes Beispiel ist die Weltgesundheitsorganisation (WHO), die die Nikotinabhängigkeit 1964 nicht in ihre Typologie der Drogenabhängigkeiten (siehe Einführung) aufnahm; inzwischen hält die WHO das Rauchen für „die größte Epidemie, der sich die Organisation zur Zeit gegenüber sehe“ (WHO-Experte Alan Lopez, Frankfurter Rundschau vom 21.9.1994). Die zunehmende Desintegration des Rauchens und Polarisierung beim Thema Rauchen wird vermutlich auch unerwünschte Auswirkungen haben, wie wir sie schon vom Verbot anderer Drogen kennen (siehe Teil 1, Abschnitt 5.1., S. 98ff.).

Literatur: Einen guten und lesbaren Überblick geben *Henner Hess:* Rauchen. Geschichte, Geschäfte, Gefahren. Frankfurt a.M. 1987, sowie *Jürgen v. Troschke:* Das Rauchen. Genuß und Risiko. Basel 1987, der dem Titel seines Buches entsprechend Genuß und Risiko des Rauchens darstellt.

3. Haschisch: Sündenbock der Drogenpolitik

„Möchten die Laien und die Unerfahrenen, die auf die Bekanntschaft mit unerhörten Freuden begierig sind, es sich doch eindringlich gesagt sein lassen, daß sie im Haschisch durchaus nichts Wunderbares finden werden, durchaus nichts anderes als die gesteigerte eigene Natur! [...] Das Haschisch wird für die Eindrücke und die vertraulichen Gedanken des Menschen ein Vergrößerungsspiegel sein – aber ein klarer Spiegel."
(Baudelaire 1858, zit. n. Schmidbauer/v. Scheidt 1989/1993, S. 108)

Die Wirkungen von Cannabis (Haschisch und Marihuana) hängen auffällig stark von der Stimmung der Konsumentinnen und Konsumenten vor dem Gebrauch ab, gesucht wird gewöhnlich der euphorisierende bis berauschende Effekt. Unter den häufig konsumierten Drogen – die Zahl der Konsumentinnen und Konsumenten wird auf drei bis vier Millionen geschätzt – ist Cannabis als nicht besonders gefährlich einzustufen. Es hat nur ein geringes Suchtpotential, führt nicht zu tödlichen Vergiftungen und hat bei mäßigem Konsum kaum körperliche Schädigungen zur Folge. Dennoch wurde Cannabis, darin liegt seine exemplarische Bedeutung, zur Zeit des Jugendprotests um 1970 als Sündenbock von der Drogenpolitik für die Risiken des Drogenkonsums verantwortlich gemacht und als kulturfremde Droge im verschärften Betäubungsmittelgesetz von 1971 dem Heroin und Kokain gleichgestellt. Die beiden bevorzugten Theorien, mit denen diese Politik gerechtfertigt wurde, waren die Entwicklung des sogenannten *amotivationalen Syndroms*, demzufolge die Konsumenten antriebsarm und leistungsschwach würden, und die Behauptung, der Cannabiskonsum bedeute den Einstieg in Drogenkarrieren. Eine differenziertere Betrachtung zeigt, daß mit diesen auch heute noch häufig geglaubten Theorien keine Eigenschaften der Droge beschrieben wurden, sondern Probleme junger Menschen mit und in ihrer Gesellschaft. Cannabis hat in diesem wie in anderen Konfliktfeldern als Sündenbock gedient.

3.1. Grundinformationen zu Cannabis/Haschisch

Haschisch und Marihuana werden aus der Hanfpflanze (Cannabis sativa) gewonnen. Haschisch ist das Harz, das die Hanfpflanze kurz vor der Blüte aussondert. Es wird gesammelt und zu Platten gepreßt, die je nach Herkunft von schwarz über rot bis grün gefärbt sein können. Marihuana sind die getrockneten Blüten, Blätter und oberen Stengel der gleichen Pflanze. Cannabisöl ist ein Extrakt aus Haschisch. Im Cannabis sind mehr als 400 chemische Verbindungen gefunden worden, über deren Zusammenwirken beim Gebrauch der Droge bisher noch wenig bekannt ist. Die wirksame Hauptsubstanz bilden die Tetrahydrocannabinole (THC).

Geschichte

Die Geschichte von Cannabis als Nahrungs-, Heil- und Genußmittel und als Nutzpflanze zur Herstellung von Kleidung, Seilen und Lampenöl reicht weit zurück bis in die Ursprünge menschlicher Zivilisation im Neolithikum. In Mitteleuropa wurde der Hanfanbau schon in vorchristlicher Zeit nachgewiesen, die psychotrope Wirkung der Pflanze war spätestens seit den Kreuzzügen bekannt. Der großen Verbreitung entsprechen die unterschiedlichsten Bezeichnungen der Cannabisdrogen aus allen Teilen der Welt (siehe Abbildung 16). Cannabis ist in Deutschland seit 1929 und verschärft seit 1971 bzw. 1982

Abbildung 16: Cannabis-Namen

Acapulco Gold	Hash	Mary Warner
Beng	Heu	Mezz
Bhang	Jaysmoke	Mooters
Blue Sky Blond	Joint	Pot
Bomber	Kabak	Reefer
Charas	Kenia Gras	Schimmelafghan
Dagga	Kif	Shit
Djoma	Knaster	Simsemilla
Fu	Kraut	Tea
Gage	Ma	Thaisticks
Ganjah	Maconha	The Top
Gras	Maria Johanna	Weed
Greffo	Mary Jane	

eine illegale Droge und als solche den sogenannten harten Drogen wie Heroin oder Kokain gleichgestellt. Die medizinische Verwendung ist ebenfalls verboten.
In einigen Ländern wird jedoch der therapeutische Wert bei verschiedenen Erkrankungen, unter anderem gegen den Brechreiz bei der Chemotherapie von Krebserkrankungen, erforscht. 1996 wurde durch entsprechende Änderung des BtMG der landwirtschaftliche Anbau der Hanfpflanze mit höchstens 0,3% THC-Gehalt als ökologisch vorteilhafte Nutzpflanze erlaubt. Die Lockerung des Hanfanbauverbots soll den deutschen Landwirten die Erschließung des Marktpotentials für die Hanfpflanze sowie ihre vielfältigen Anwendungsmöglichkeiten zur industriellen Verwertung und eventuellen Energiegewinnung ermöglichen.
In der gegenwärtigen Diskussion wird Cannabis, entgegen seiner langen Geschichte, als neue kulturfremde Droge verstanden. Diese Auffassung entstand anläßlich ihrer zunehmenden Verbreitung als „Protestdroge der Jugend“ (Wolffersdorff-Ehlert 1989, S. 374) in den USA zur Zeit der Beat- und Hippie-Generation in den 50er und 60er Jahren sowie in Deutschland im Zuge der Studentenbewegung in den 60er und 70er Jahren. Inzwischen ist „die in der Welt am meisten verbreitete illegale Droge“ (Thamm 1991, S.17) dennoch eine Alltagsdroge mit „hoher Freizeitqualität“ (Quensel 1989, S. 382) geworden. In Deutschland wird die Zahl der meist jungen Cannabiskonsumenten, die überwiegend Haschisch gebrauchen, auf drei bis vier Millionen geschätzt.
Cannabis wird pur (in der Pfeife bzw. speziellen Rauchgeräten) oder mit Tabak gemischt geraucht („Joint“), mit Speisen gemischt, z.B. als Keks oder Konfekt, gegessen und in Getränken, z.B. als Tee, getrunken. Beim Rauchen wird je nach THC-Gehalt und Übung mit 0,2 bis 0,3 g Haschisch in wenigen Minuten eine Wirkung von einer bis vier Stunden erreicht. Beim Essen oder Trinken wird die dreifache Menge gebraucht, die Wirkung tritt nach 30 bis 60 Minuten ein. Das THC wird im Körper nur langsam in mehreren Tagen, vollständig erst nach drei bis vier Wochen, abgebaut.
Cannabis zählt zu den psychedelischen, auch halluzinogenen Drogen. Seine psychoaktiven Wirkungen sind nicht einheitlich zwingend. Sie hängen vielmehr neben der Dosierung in besonders starkem Ausmaß von den Umständen des Gebrauchs ab. An ihrem Beispiel wurden die Begriffe „Set“, der persönliche Zustand des Konsumenten, und „Set- Set und Setting

ting", die näheren Umstände des Konsums, eingeführt. In grober Einteilung verstärkt Cannabis die jeweils vor dem Konsum bestehende Stimmung.

Erwartungen und Wirkungen

Darüber hinaus beeinflußt die kulturell dominierende Erwartung die Wirkungen, d.h. die Konsumenten machen tendenziell die Erfahrungen, die sie kulturell gelernt haben. Eine detaillierte Studie über das Lernen des Marihuanagebrauchs und zugleich ein eindrucksvolles Beispiel für das Lernen abweichenden Verhaltens findet sich bei Becker (1973, S. 36ff.). Es ist daher kaum möglich, die psychoaktiven Wirkungen „objektiv" zu beschreiben. Schon die anscheinend einfachsten Fragen führen zu entgegengesetzten Ergebnissen. So verspürte z.B. bei einem Experiment mit Cannabiskonsumenten die Hälfte Hunger nach dem Konsum, während die andere Hälfte eher appetitgebremst war (Schmidbauer/v. Scheidt 1993, S. 103).

Hintergrund der widersprüchlichen Erfahrungsmöglichkeiten dieser Substanz, die „uns narrt" (Quensel 1989, S. 380), ist einerseits die (auch bei einigen anderen Drogen bekannte) physiologische Doppelwirkung sedierender und stimulierender Effekte. Andererseits haben wir es bei den verschiedenen Cannabisprodukten mit einem sehr weiten Spektrum der Konzentration des Wirkstoffes THC zu tun. Er reicht vom Marihuana mit 0,5 bis 7 Prozent über Haschisch mit 3 bis 12 Prozent bis zum Cannabisöl mit 12 bis 60 Prozent.

Verschiedene Befragungen ergaben, daß Cannabis dem geübten Konsumenten die Möglichkeit zu folgenden positiv bewerteten Erfahrungen gibt: Entspannung, Wohlbefinden, verstärkte Selbstreflexion und Sensibilisierung für zwischenmenschliches Verstehen, verstärkte Sinneswahrnehmungen, Bewußtseinserweiterung, Halluzination und Rausch. Sidney Cohen (1982, S. 1391) beschreibt die Wirkung so: „Der psychische Zustand (high genannt) äußert sich in einer angenehmen, entspannten Euphorie mit traumartigen Sequenzen, die manchmal in lebhafter Farbigkeit wahrgenommen werden." Statt „high" wird, etwas weniger romantisch, auch der Ausdruck „stoned" verwendet.

Risiken

Über die möglichen Risiken des Cannabiskonsums gibt es, ebenso wie bei den positiven Beurteilungen, sehr widersprüchliche Aussagen. Einigkeit scheint darin zu bestehen, daß Todesfälle infolge Überdosierung nicht belegt sind. Einigermaßen gesichert sind die Risiken des akuten Cannabiskonsums im Straßenverkehr oder beim Bedienen komplizierter Maschinen infolge der Desorientierung im Zeit-/Raumempfinden. Riskant ist auch das chronische Rauchen. Die zusätzlich zum Tabak im THC vermehrt enthaltenen Reiz- und Teerstoffe und die übliche Technik des tiefen und langanhaltenden Einatmens verursachen oft chronische Erkrankungen der Atemwege und im Extremfall Krebs. Infolge der Aktivierung des Herzschlags besteht für Personen mit Herzstörungen ein Risiko. Außerdem kann eine Disposition für epileptische Anfälle und psychotische Erkrankungen erhöht werden. Besonders ernst zu nehmen ist die – für allen Drogenkonsum wesentliche – Gefährdung junger Menschen, den Cannabiskonsum als Fluchtmittel zur „Lösung" ihrer entwicklungstypischen oder persönlichen Schwierigkeiten zu instrumentalisieren. Gerade für diesen Bereich hat sich aber das als Abschreckung gemeinte Verbot als untauglich und sogar umgekehrt als Anreiz erwiesen. Dies belegen z.B. die Erfahrungen in den Niederlanden und in Teilen der USA, wo der Cannabiskonsum unter jungen Leuten mit der Quasilegalisierung eher zurückging.

Immer wieder angeführte Risiken sind die Schädigung des Immunsystems, Chromosomenschäden, Hirnstörungen, Beeinträchtigung des Langzeitgedächtnisses, Cannabispsychosen, Angst- und Panikgefühle, Erschöpfung, Konzentrationsverlust sowie das Phänomen des flash-back (Echo-Rausch). Sie sind bei mäßigem Konsum als unwahrscheinlich einzuschätzen, bei chronisch exzessivem Konsum nicht auszuschließen.

Da die meisten Risiken von dem weichen oder harten Konsummuster abhängen, ist das umstrittene Risiko der Abhängigkeit entscheidend. Die weit überwiegende Meinung ist, daß auch bei hartem Konsum keine oder höchstens eine geringe körperliche Abhängigkeit entsteht, wohl aber eine Gewöhnung mit milden Entzugserscheinungen, die sich in Übelkeit, Appetitlosigkeit, Schlaflosigkeit und Reizbarkeit für ein bis zwei Tage zeigen können. Entgegen der unter Cannabiskonsumenten weitverbreiteten Meinung kann sich die Gewöhnung bei exzessivem Mißbrauch zur psychischen Abhängigkeit entwickeln. Dies kommt schon in einem alten marokkanischen Sprichwort zum Ausdruck: „Hanf ist wie Feuer – wenig wärmt, viel verbrennt" (zit. n. Behr 1982, S. 66).

3.2. EXEMPLARISCHE INFORMATIONEN: HASCHISCH – KULTURFREMD ODER SYMBOL DER KULTURENTFREMDUNG

Wegen ihrer exemplarischen Bedeutung sollen die beiden am häufigsten angeführten und am heftigsten umstrittenen Risiken, die Einstiegsthese und die These des amotivationalen Syndroms, etwas ausführlicher diskutiert werden.

Einstiegs-/ Umstiegsthese

Die Einstiegs-/Umstiegsthese interpretiert den Konsum der „weichen" Droge Cannabis als Einstieg in eine Drogenkarriere mit Umstieg auf den Gebrauch „harter" Drogen, insbesondere Heroin. Grundlage dieser These ist die Beobachtung, daß Heroinabhängige in der Regel angeben, sie hätten vorher Haschisch konsumiert. Zum Teil wird, physiologisch und psychologisch unbegründet, unterstellt, es gäbe einen Automatismus der Effektsteigerung vom Cannabis zum Heroin oder Kokain. Zweifellos gibt es aber Konsumenten, deren Bedürfnissen das ganz andere Wirkungsspektrum von Heroin mehr entspricht als das von Cannabis. Schließlich wird angeführt, Cannabiskonsum sei ein Einstieg in die Illegalität und senke durch die Nähe der Szenen die Hemmschwelle zum Konsum gefährlicherer illegaler Drogen. Soweit diese Argumente zutreffen, beschreiben sie eine zynische Realität, denn die Illegalität von Cannabis schafft ja erst diese Perspektiven einer derartigen Drogenkarriere.

> „Das mangelhaft differenzierte Drogenverbot [rückt] Cannabis und härtere Drogen näher aneinander, so daß [...] allein von hier aus eine Einstiegsthese begründbar wird: Verbot und undifferenzierte Verfolgung begünstigen eine gemeinsame ‚Scene', korrumpieren und kriminalisieren den Markt, und treffen vor allem diejenigen, die mangels zureichender subjektiver und objektiver Ressourcen am leichtesten in das Verfolgungsnetz geraten: Einstieg, Dealermarkt, Angstreaktion und Problematik der Arrestierten bestätigen dann im Wege der self-fulfilling prophecy das ursprüngliche Sünden-Paradigma." (Quensel 1982, S. 82)

Tatsächlich treffen die Argumente nur selten zu, denn von den Cannabiskonsumenten wechseln nur zwischen ein und fünf Prozent zum Heroin oder Kokain. Der Einstiegsthese liegen zwei methodische Fehler zugrunde: Erstens ist es Unfug, statistisch von der Ausnahme auf die Regel zu schließen (z.B. Porschefahrer sind vermutlich vorher Fahrrad gefahren, also ist das Fahrrad das Einsteigermodell von Porsche). Zweitens wird wegen der Fixierung auf illegale Drogen übersehen, daß der konkrete Einstieg in süchtige Drogenkonsummuster in der Regel bei den legalen Drogen Medikamente, Nikotin und Alkohol beginnt. Da diese methodischen Fehler den Verfechtern der Einstiegsthese auf Dauer nicht verborgen bleiben konnten, wird als letztes Argument angeführt, Cannabis sei eine „kulturfremde“ Droge, es sei „in die westliche Kultur eingebrochen“ (Schmidbauer/v Scheidt 1993, S. 123) und deswegen nicht beherrschbar. Obwohl dieses Argument historisch nicht zutrifft, ist Hanf unter dem Namen und in der Form des wesentlich potenteren Haschisch in den 60er und 70er Jahren auch von den Konsumenten als neue exotische Droge empfunden worden. Aus dieser Wahrnehmung heraus wurde Cannabis zu einem Symbol der gegen die Gesellschaft mit ihrem „Leistungsprinzip, Zweckdenken und Zukunftsglauben“ (Gelpke 1982, S. 14f.) protestierenden und sich verweigernden jungen Menschen.

amotivationales Syndrom

Ihrer Verweigerung widmete sich die These des amotivationalen Syndroms. Es galt in den 70er Jahren als die entscheidende psychische Störung infolge Cannabiskonsums und wird auch heute noch oft angeführt. Täschner (1979a, S. 164f.) beschrieb es folgendermaßen:

> „Unter dem sogenannten amotivationalen Syndrom verstehen wir [...] ein durch Teilnahmslosigkeit, Passivität und das Gefühl des Wohlbefindens trotz objektiv vorliegender Krankheitserscheinungen gekennzeichnetes Zustandsbild, das im Gefolge des Cannabiskonsums nach längerer oder kürzerer Zeit eintritt. Gleichgültigkeit gegenüber Alltagsanforderungen und allgemeine Antriebsverminderung sind weitere Kennzeichen dieses Bildes. Die Fähigkeit, sich aktiv mit der Umwelt auseinanderzusetzen, [...] geht allmählich verloren.“

Derartige Verhaltensweisen der Verweigerung, des Ausstiegs, des Protests können tatsächlich bei Haschischkonsumenten beobachtet werden. Die Frage ist freilich, inwieweit sie eine Folge des Cannabiskonsums sind oder umgekehrt eine Einstellung junger Menschen, von denen ein Teil als Ausdruck ihrer Haltung Haschisch raucht. In den 70er Jahren sprach man in diesem Zusammenhang von der „Null-Bock-Generation“. Eine leistungsmindernde Wirkung des Cannabiskonsums konnte, wenigstens bei sozialintegriertem Konsum, nicht nachgewiesen werden, wohl aber eine dem Leistungsprinzip gegenüber nachlässige bis kritische Haltung. Die gleiche Haltung wurde auch bei den Nichtkonsumenten gefunden, die nicht strikt gegen Cannabis eingestellt waren. Die Cannabisgegner hingegen orientierten sich am Leistungsprinzip (nach dem Bericht über mehrere Untersuchungen bei Quensel 1989, S. 387f.). Durch den Cannabiskonsum wird diese Haltung eher verstärkt als abgebaut und kann daher, als modische Attitüde in einer Clique begonnen, unversehens zu einer die Persönlichkeit verändernden Erfahrung werden. In Fällen chronischen und exzessiven Konsums sind amotivationale Tendenzen wohl weniger als cannabisspezifische Wirkung zu verstehen, sondern vorwiegend als Konsequenz der Sucht. Die These des amotivationalen Syndroms erweist sich in der politisch motivierten und wissenschaftlich verbrämten Verallgemeinerung als Stigmatisierung einer Generation junger Menschen, die sich abweichend, nämlich kritisch und verweigernd dem Leistungsprinzip gegenüber verhielt. Nicht die Droge war „kulturfremd", sondern vielmehr fühlten sich deren Benutzer von ihrer Gesellschaft und Kultur entfremdet.

Sündenbock

Die Diskussion zum „amotivationalen Syndrom" zeigt, wie tatsächlicher oder unterstellter Drogenkonsum zur Stigmatisierung mißbraucht und eine Droge zum Sündenbock gemacht wird. Dieser Vorgang ist gerade bei Cannabis nicht untypisch. So richtete sich der Kampf gegen Marihuana in den USA, der nach dem Ende der Alkoholprohibition in den 30er Jahren seinen Gipfel erreichte, unter anderem weil die Drogenbekämpfungs-Administration ein neues Betätigungsfeld suchte, auch gegen die mexikanischen Einwanderer mit ihrem Marihuanakonsum.

Damals wurde in den USA Marihuana als „Mörderkraut" extrem diskriminiert, es erhielt „eine dämonisierte Rolle [...als] der Terrorist aus der Natur" (Behr 1982, S. 13). Zur Rechtfertigung diente die Geschichte des persischen Geheimbundes der Assassinen im 12. Jahrhundert. Durch den Konsum von Haschisch seien diese in besinnungslose Raserei versetzt und in fanatische Mörder verwandelt worden. Der Beleg: Das Wort „Assassinen" bedeutete „Haschisch-Leute" und im Englischen heißt „assassin" Attentäter, Mörder. In Wirklichkeit waren die Assassinen eine kleine extreme schiitische Geheimgesellschaft, die demokratische Ideale vertrat, das Privateigentum abschaffen und die freie Liebe einführen wollte. Ihrer Taktik politischer Mordanschläge fielen viele Führer ihrer Gegner zum Opfer. Auffälliger Haschischkonsum ist nicht bekannt geworden. Ihre Bezeichnung als „Assassinen" diente vielmehr, und darauf kommt es in die-

sem Zusammenhang an, schon damals als stigmatisierende Bezeichnung, um so einen politisch-religiösen Gegner als Spinner zu diskriminieren (Scheerer 1989b, S. 372; Behr 1982, S. 74–80).
Ein anschauliches Beispiel bietet auch die 1939 veröffentlichte, in griechischen Militärgefängnissen und Psychiatrien durchgeführte Untersuchung „Die Haschischsucht“ von Stringaris (1939 S. 56f.):

„Sie [die Haschischsüchtigen] sind in hohem Maße mißtrauisch, scheu und ängstlich und halten sich abseits von anderen Menschen, sie entwickeln sogar eine ausgesprochen feindliche Einstellung gegen die Gesellschaft [...]. Sie nehmen stets eine Protesthaltung ein. Die Ordnung wird als Bedrückung aufgefaßt, Gesetze und Polizei sind nur dazu da, ihre Freiheit einzuschränken. [...] Ihre maßlosen Wünsche nach Wohlhabenheit, Bequemlichkeit, Vergnügungen, Luxus, gutem Essen, die an ihren oft mehr als ärmlichen Verhältnissen scheitern, reizen sie zum Haß gegen den Reichtum und gegen all diejenigen, die sie im Besitze dieser Annehmlichkeiten wähnen. [...] Dabei brennen in ihnen aber Wünsche, die mehr auf Träumereien und Spekulationen beruhen. Romantische Ideen und abenteuerliche Neigungen führen sie auf diese Weise bis zum Verbrechertum, mit dem sie stets in engen Beziehungen stehen, wie auch mit Organisationen und Parteien, die mit der bestehenden Gesellschaftsordnung unzufrieden sind und diese bekämpfen.“

Diese Erkenntnisse waren in den 50er Jahren noch der Stand des publizistischen Wissens. 1954 stand in der Zeitung „Die Welt“ unter der Überschrift „17.340 rauchen Marihuana“: „Neben der Marihuanazigarette ist vor allem das Kokain in Westdeutschland verbreitet. Endstation solcher Spaziergänge in ein künstlich erzeugtes ‚Paradies‘ sind fast immer das Zuchthaus, die Irrenanstalt oder der Friedhof.“ (Zit. n. Wolffersdorff-Ehlert 1989, S. 376)
In den 50er Jahren lenkte die antikommunistische Kampagne McCarthys in den USA die Aufmerksamkeit auf den Drogenkonsum (damit war damals gewöhnlich Marihuana gemeint) der verdächtigten Intellektuellen. Zu dieser Zeit begann mit der Beat-Generation das eskalierende Wechselspiel subkultureller Jugendbewegungen und deren Verfolgung unter dem Stigma des Drogenkonsums, das sich mit den Hippies in den 60er Jahren verschärfte. Daran schloß sich dann die „Drogenwelle“ bzw. die Protestwelle in den europäischen Ländern an. Für die drogenkonsumierenden Gruppen hatte dieser Prozeß die Ausgrenzung in kriminalisierte „Szenen“ und häufig eine Verfestigung ihres Drogenkonsums zur Folge.

Literatur: Informativ und lesenswert ist *Hans-Georg Behr:* Von Hanf ist die Rede. Basel 1982 [aktualis. u. erw. Aufl. Frankfurt a.M.: 1995], und *Jack Herer:* Die Wiederentdeckung der Nutzpflanze Hanf, hg. von *Mathias Bröckers.* Frankfurt a.M. 1993.
Die großen Cannabis-Studien (der Indische Hanfdrogenreport 1894, der LaGuardia-Report 1944, der Britische Cannabis-Report 1968) findet man in Auszügen bei *Rudolf Walter Leonhardt:* Haschisch-Report. München 1970, einem Buch, das bei seinem Erscheinen in der Zeit intensivster Antidrogenpropaganda heftige Kritik auslöste.

4. Heroin: die verteufelte Droge

„Opium! Furchtbares Mittel unvorstellbarer Freuden und Leiden!"
(de Quincey 1822/1985, S. 181)

Heroin gehört zur Gruppe der Opiate, unter denen das direkt aus der Mohnpflanze gewonnene Opium seit Jahrtausenden als Heil- und Rauschmittel bekannt ist. Es hat eine starke schmerzstillende und euphorisierende bis berauschende Wirkung, die beim intravenösen Gebrauch zum sogenannten Kick gesteigert wird. Wegen seines hohen Suchtpotentials zählt es zu den sogenannten „harten" Drogen. Eine Überdosis kann eine tödliche Atemlähmung verursachen, ansonsten hat sauberes Heroin kaum bleibende körperliche Schädigungen zur Folge. Am Beispiel des Heroins, das als die Droge schlechthin verteufelt wird, zeigen sich besonders deutlich die Auswirkungen der Stigmatisierung und Ausgrenzung, die oft fälschlich als Folgen des Heroinkonsums selbst beschrieben werden. Hier sind neben erheblichen gesundheitlichen Risiken (Drogentodes- und -notfälle, schwere Hepatitis- und HIV-Infektionen usw.) und allgemeiner Verelendung besonders die riskanten Konsummuster, die Beschaffungskriminalität und -prostitution sowie die hohen Schwellen bei der Wahrnehmung von Hilfsangeboten zu nennen. Außerdem fördert diese Verteufelung neben der Abschreckung zugleich auch die Faszination der Droge und das subkulturelle Milieu der Drogenszene.

4.1. Grundinformationen zu Opiaten, insbesondere Heroin

Heroin wurde Ende des 19. Jahrhunderts erfunden. Es gehört zusammen mit Opium, Morphium, Methadon und Codein zur Gruppe der Opiate. Opium wird aus dem Opiummohn (papaver somniferum) gewonnen: Aus der durch Anritzen der Samenkapsel gewonnenen Milch erhält man Rohopium. Dessen Hauptalkaloid ist Morphium, das in einem einfachen Verfahren in Verbindung mit Essigsäure zu Heroin verarbeitet wird.

Produktion und Handel

Opiummohn (papaver somniferum) wird hauptsächlich im „Goldenen Halbmond" (Afghanistan, Iran, Pakistan), im „Goldenen Dreieck" (Burma, Laos, Thailand) sowie in Mexiko angebaut. Die „Veredlung" des (Roh-)Opiums zu Heroin findet überwiegend in den Anbauländern statt. Die Opiumgewinnung ist sehr mühsam – für ein Kilo Rohopium müssen ungefähr 2.000 Mohnkapseln 5 bis 8mal angeritzt und die heraustretende klebrige Masse abgeschabt werden –, sie bietet aber den armen Mohnbauern dieser Entwicklungsländer im Vergleich zu anderen landwirtschaftlichen Produkten weit höhere Erlöse.

Die enorme Preissteigerung um das zehn- bis zwanzigfache auf den vielen „Handelsstufen" von den Herkunftsländern bis zum Endverbraucher und der gleichzeitig sinkende Gehalt an Heroin im „Stoff" sind eine konsequente Folge der Illegalität des Handels. Wenn auch, trotz enormen Aufwandes, nur ein kleiner Teil von 5 bis 10 Prozent des importierten Heroins durch die Polizei sichergestellt wird, so ist der Drogenhandel doch ein riskantes Geschäft, in dem die international organisierte Kriminalität dominiert. Ihre Verbindung mit weiteren illegalen Geschäftsbereichen wie dem Waffenhandel und dem Glücksspiel führt zu einer gefährlichen Konzentration von Geld und Macht.

Wirkungen

Anfang des Jahrhunderts wurde Heroin neben seiner zentralen Bedeutung als Analgetikum bei über 30 teilweise abenteuerlichen Indikationen für Erwachsene und Kinder eingesetzt, unter anderem bei Erkrankungen der Atemwege (Husten) und der Lunge, Herzkranzgefäßverengung, Herzschwäche, Schluckbeschwerden, Magenkrebs, Influenza, multipler Sklerose, gynäkologischen Erkrankungen, Geburts- und Narkoseeinleitung, Fieber, Bluthochdruck, Diabetes, Schluckauf, Demenz, Depressionen, Psychosen sowie als Dopingmittel bei Tier und Mensch und als Anaphrodisiacum zur Dämpfung krankhaft gesteigerter Geschlechtslust bzw. der Nymphomanie. Außerdem wurde angenommen, man könne mit Heroin die Morphiumsucht bekämpfen.

Die heute anerkannten wichtigsten pharmakologischen Wirkungen des Heroins sind: Schmerzlinderung, Euphorie, Atemdepression (bei Überdosierung tödliche Atemlähmung) und Verstopfung. Als äußerlich sichtbare Wirkung ist die Miosis (Verkleinerung) der Pupillen zu erwähnen. Wegen seines hohen Suchtpotentials zählt es zu den sogenannten „harten" Drogen.

Wenn sie nicht in einer Überdosis genommen werden, verursachen saubere Opiate, also auch Heroin, „keine irreversiblen körperlichen

Störungen, auch nicht nach chronischem Gebrauch“ (Wely 1989, S. 305). Heroin hat eine viel stärkere analgetische Wirkung als Morphium, das wiederum stärker wirkt als Opium. Die Unterschiede des injizierten Heroins zum traditionellen Opiumrauchen sind beträchtlich. Heroin hat bei wenig unangenehmen Nebenwirkungen eine besonders stark und schnell euphorisierende Wirkung, die bei intravenösem Konsum zum sogenannten „Kick“ gesteigert wird. Hierauf beruht sein bevorzugter Konsum. Es (ver-)führt zu schnellen, effektiven Konsummustern, die weniger Raum für den genießenden Gebrauch lassen. Hier ist eine Analogie zu den Unterschieden von Bier und Wein zu Branntwein, von Coca zu Kokain und Crack und von Zigarre und Pfeife zur Zigarette zu sehen; korrespondierend mit der Lebensweise der Menschen in den modernen Gesellschaften wird auch in der Beeinflussung der Stimmungen Effektivität angestrebt.
Die biochemischen Wirkungen der Heroins (wie auch anderer Opiate) beruhen darauf, daß es in den Nervenzellen spezifische Rezeptoren und ähnlich wirkende körpereigene Stoffe, die Enkephaline und Endorphine (aus: endogene Morphine) gibt, die als Botenstoffe (Neurotransmitter) bei der Reizübertragung zwischen den Nervenzellen eine bedeutende Rolle spielen (siehe Teil 1, Abschnitt 1.2.2., S. 38ff.). Es wird vermutet, daß Störungen in diesem Bereich an der Entstehung der Opiatsucht beteiligt sind. Diese Rezeptoren können auch von Opiat-Antagonisten (z.B. Naltrexon) besetzt werden und so die Wirkungen der Opiate neutralisieren. Dies ist bei der Notfallbehandlung wichtig.

Entzugs-symptome

Zu den Entzugserscheinungen („Abstinenzsyndrom“, „Entzugskrankheit“, „Affe“), die bei abhängigen Konsumenten nach sechs bis acht Stunden Abstinenz eintreten, nach zwei bis drei Tagen ihren Höhepunkt erreichen und insgesamt vier bis zehn Tage dauern, können je nach Grad der Abhängigkeit gehören: Angst, Ruhelosigkeit, Reizbarkeit und Nervosität, Weinen, Schmerzen, Krämpfe, Schlaflosigkeit, abwechselnde Schweißausbrüche und Kälteempfindungen, Durchfall, Übelkeit, Erbrechen, Zittern, hoher Puls und Blutdruck, Austrocknen, Gänsehaut („cold turkey“). Hinzu kommen häufig Depressionen und andere psychische Störungen, die eine Suizidgefahr darstellen können. Die Opiate sind untereinander kreuztolerant; das bedeutet, die beim Gebrauch eines Opiates erworbene Toleranz gilt für alle Substanzen der Gruppe. Daher können die Entzugserscheinungen der Heroinabhängigkeit mit anderen Opiaten bekämpft werden. Hierauf beruht die Substitution mit Codeinpräparaten und Methadon (siehe Teil 3, Kapitel 6, S. 263ff.).

Konsummuster und -bedingungen

Um das Heroin injizieren zu können, wird es mit Wasser oder wegen der besseren Löslichkeit mit Zitronen- bzw. Ascorbinsäure erhitzt. Heroin kann aber auch durch „Sniefen" (Schnupfen), durch „Chinesen" (Verdampfen und Inhalieren), durch Schlucken oder durch Rauchen eingenommen werden. Da bei diesen Konsumformen, die weniger gefährlich sind, aber auch nicht den beim Injizieren erlebten „Kick" bringen, deutlich mehr „Stoff" gebraucht wird, sind sie infolge des hohen Heroinpreises oft keine realisierbare Alternative. Ein Fixer verbraucht täglich bei drei bis fünf „Schüssen" 0,5 bis 3 g Straßenheroin, für das er, bei erheblichen Preisschwankungen je nach Nähe und Qualität der „Connection", 100 bis 200 DM pro Gramm bezahlt.

Auf den vielen „Handelsstufen" wird „der Stoff" immer erneut mit unterschiedlichen Substanzen verschnitten. Das Straßenheroin des Endverbrauchers enthält daher oft gesundheitsgefährdende Stoffe und unterschiedlich viel, meist 10 bis 30 Prozent Heroin. Der Heroingehalt ist den Konsumenten gewöhnlich unbekannt, was die korrekte Dosierung erheblich erschwert und das Risiko von Überdosierungen provoziert. Ein Rat zur Vermeidung einer lebensgefährlichen Überdosierung lautet daher: „Nimm zunächst nur einen Teil der Dosis und warte die Wirkung ab, bevor du mehr nimmst."

Verbreitung

Über die Zahl der Heroinisten ist wenig bekannt. Da sie infolge der Illegalität meist mehrere Suchtstoffe konsumieren, ist schwer einzuschätzen, bei wie vielen Konsumenten Heroin die dominierende Droge („Leitdroge") ist. Sie stellen aber sicher die große Mehrheit unter den Konsumenten „harter" Drogen, die in der Bundesrepublik auf rund 120.000 geschätzt werden.

4.2. Exemplarische Informationen: Verfolgung und Verelendung

Einer der Teufel des 20. Jahrhunderts ist das Diacethylmorphin mit dem Handelsnamen „Heroin". Die Drogendiskussion im Laufe dieses Jahrhunderts machte Heroin zu *der* Droge, die symbolisch für alle Drogengefahren steht. Sie wird wie keine andere Droge verteufelt, mit der Folge, daß die Heroinkonsumenten dadurch in der Tat in eine

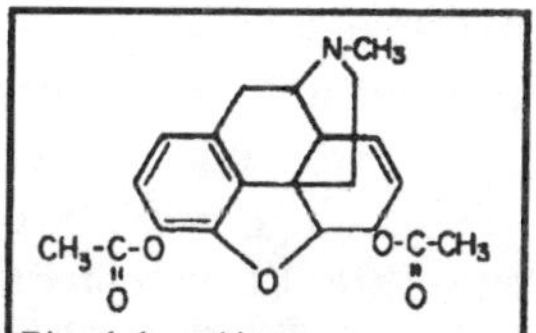

Diacethylmorphin

teuflische Situation gebracht werden. Diese extrem negative Bewertung ist in der langen Geschichte des Opiums bis gegen Ende des vergangenen Jahrhunderts nicht zu finden; sie bezog sich anfangs auch nicht auf das Heroin, sondern auf das Opiumrauchen.

Opium als Arznei- und Rauschmittel

Opium (von griechisch „Opos“ = Saft) war schon in den alten Hochkulturen das vermutlich wirksamste und vielseitigste Arzneimittel. Es wurde vor allem gegen Schmerzen, Durchfallerkrankungen und Schlaflosigkeit, darüber hinaus aber auch als Allheilmittel verwendet. Ebenso bekannt war es als Rauschmittel. Schon in einem Text der Sumerer (um 3500 v. Chr.) wird Mohn als „Pflanze der Freuden“ erwähnt, Homer nennt den Opiumsaft 710 v. Chr. „Trank der Vergessenheit“. Sowohl wegen seiner medizinischen wie wegen seiner psychoaktiven Wirkungen war das Opium in die kulturell-religiösen Mythen und Rituale der alten Kulturen integriert. Schließlich war Opium im Altertum auch als Gift bekannt, nach Matthias Seefelder (1990, S. 35) war es das „Staatsgift“ Athens: „Wir dürfen annehmen, daß nicht nur Sokrates, sondern ganz allgemein politische Gefangene damit hingerichtet wurden.“

Im Mittelalter erreichte das Opium die Länder Europas nördlich der Alpen und war im 18. und 19. Jahrhundert als Arznei- und Rauschmittel in zahllosen Mixturen, unter denen das Laudanum (das „Lobenswerte“) wohl am bekanntesten war, weit verbreitet.

Seefelder (1990, S. 130f.) berichtet für das 19. Jahrhundert aus England, „der Rausch von Laudanum war […] für viel weniger Geld zu haben als beispielsweise der von Gin […] So übernahm schließlich das Opium die Rolle des Sorgenbrechers und half über die Arbeitspause des Sonntags hinweg.“ Auch in Deutschland „verbreitete sich der Gebrauch von Opium; weniger in Bürgerhäusern, wo es als Laudanum […] in der Hausapotheke stand, als vielmehr in der Arbeiterschaft. Auch hier wurden Kinder mit Opiumpräparaten beruhigt, ehe die Mutter zur Arbeit ging.“

Anfang des 19. Jahrhunderts wurde eines der Hauptalkaloide des Opiums, das Morphium, entdeckt, dessen medizinische Verwendung Mitte des Jahrhunderts durch die Erfindung der Injektionsspritze beträchtlich gesteigert werden konnte. Die großzügige Verwendung in den Kriegen dieser Zeit führte dazu, daß viele Soldaten morphiumabhängig wurden; man sprach damals von der „Soldatenkrankheit“.

Problematisierung

Als Problem wurde der Opiatkonsum erst seit dem ausgehenden 19. Jahrhundert gesehen. Den größten Einfluß auf diesen Wandel in der Bewertung der Opiate vom verbreitetsten Allheilmittel zum „Feind Nr. 1" hatte zweifellos die Drogenpolitik der Vereinigten Staaten. Ihre Vorgeschichte bildet der britische Opiumschmuggel von Indien nach China im 18. und 19. Jahrhundert. Die chinesische Regierung, die schon 1729 das erste Opiumeinfuhrverbot und 1799 ein Opiumkonsumverbot erlassen hatte, versuchte, sich gegen den Opiumschmuggel der „fremden Teufel" zu wehren, was zu den Opiumkriegen von 1840, 1856 und 1860 führte. Die gemeinsam mit Frankreich und den Vereinigten Staaten siegreichen Briten setzten die „Legalisierung" ihres Opiumhandels durch, mit der Folge, daß die Zahl der chinesischen Opiumabhängigen von 1850 bis 1900 von 2 auf 20 bis 40 Millionen anstieg.

„Als 1773 englische Kaufleute ihre erste Ladung indischen Opiums nach China schmuggelten, begann ein illegaler Handel, der einige der größten britischen Handelsgesellschaften reich machte und China bis 1949 zehn bis zwanzig Millionen Opiumabhängige bescherte. Genau zwei Jahrhunderte später waren es die Syndikate von Auslandschinesen, die Unmengen südostasiatischen Heroins nach Europa zu schmuggeln begannen und damit in der westlichen Welt ein Drogenproblem bisher unbekannten Ausmaßes schufen. Hinter dieser historischen Ironie verbirgt sich eine bedeutungsvolle Entwicklung – Opium wird zu einer weltweiten Handelsware. Das gründet sich auf einer vielschichtigen politisch-ökonomischen Verflechtung von Opiumanbau, Verarbeitung und Export, von Preis und Absatzmöglichkeit." (McCoy 1982, S. 1077)

Der britische Handel mit Opium nach China wurde teils infolge des internationalen Drucks, teils auf Betreiben der britischen Antiopiumbewegung 1917 eingestellt. Mit den Opiumkriegen wurde zugleich die Öffnung Chinas für den Handel und für die christliche Missionierung erreicht. Alle drei Aspekte, die Ausbreitung des Opiumkonsums in China, die Ausweitung des britischen Handels in Asien und die Arbeit der Missionare haben die Drogenpolitik der USA merklich beeinflußt.

Dies gilt zunächst für die Minderheitenpolitik gegen die chinesischen Einwanderer in den USA, die hauptsächlich im harten, schlecht bezahlten Eisenbahnbau beschäftigt waren. Sie brachten die Gewohnheit des Opiumrauchens mit. Das erste Strafgesetz gegen Opium in San Francisco von 1878 erfolgte innerhalb einer Serie weiterer anti-

chinesischer Gesetze, die im Zuge einer nationalen Wirtschaftskrise und der Arbeitslosigkeit erlassen wurden.
Dabei hatten die weißen Amerikaner durchaus eigene Drogenprobleme. Nach Peter Selling (1989, S. 281) verbuchte die Patentmittelindustrie in den USA 1859 einen Umsatz von 3,5 Mio $. Im Jahre 1905 betrug er 75 Mio $:

„50.000 verschiedene Pharmaprodukte waren um diese Zeit im Handel, fast ein Drittel davon enthielt Morphin, Kokain, Opiumtinktur oder, nach 1898, Heroin. Die Verbraucher dieser ungeheuren Drogenmengen waren damals ganz überwiegend die Mitglieder der weißen, ländlichen, angepaßten Mittelschicht."

Die Missionare hatten sich früher am Opiumschmuggel beteiligt, und verteilten, um die Opiumsucht zu bekämpfen, nach 1880 Morphium, dessen Suchtpotential längst bekannt war, als „Jesus-Opium". Gegen Ende des Jahrhunderts agitierten sie in ihren Heimatländern, besonders in Großbritannien und den USA, gegen den Opiumhandel. Der amerikanische Bischof Charles Brent, ein ehemaliger Missionar in China, organisierte die ersten internationalen Opiumkonferenzen 1909 in Schanghai und 1912 in Den Haag, deren Vorsitzender er wurde.
Diese vor allem von den USA betriebene Antiopiumpolitik argumentierte moralisch mit der Verteufelung der Droge, entsprach aber zugleich deren außen- und wirtschaftspolitischen Interessen auf dem Weg zur Weltmacht in der Konkurrenz mit Großbritannien. Sie führte im Laufe des Jahrhunderts zu internationalen Abkommen zunächst über Opium, sodann über weitere Opiate, insbesondere auch über Heroin, und schließlich durch die UNO zu den heute gültigen internationalen Verträgen über die Rauschgiftkontrolle.
Im politischen Mißbrauch von Drogen wurde in den USA mit der Alkoholprohibition in den 20er Jahren zuerst der Alkohol zum großen Sündenbock. Diese Rolle übernahm in den 60er Jahren das Marihuana/Haschisch, dem danach das Heroin folgte. Ihm galt der „Krieg gegen die Drogen", den die amerikanischen Präsidenten seit langem führen. Gegenwärtig scheint diese Rolle mehr und mehr auf das Kokain überzugehen. Thomas Szasz (1982, S. 1337) sieht den Krieg gegen Drogen, „der gegen Menschen geführt wird, die die falschen Drogen benutzen", als ein Beispiel der „Dramen der Sündenbock-Verfolgungen" in der Geschichte.

Folgen für die Konsumenten

Die direkten Folgen der von der Drogenpolitik geschaffenen Konsumsituation sind gefährliche Konsummuster einschließlich der weitverbreiteten Polytoxikomanie, die gewöhnlich hohe Verschuldung und die Beschaffungskriminalität, die Verfolgung und starke soziale, psychische und gesundheitliche Verelendung eines großen Teils der Heroinkonsumenten sowie viele tödliche Unglücksfälle. Entscheidend ist das Wechselspiel sich gegenseitig bedingender und steigernder Stigmatisierung der Heroinkonsumenten mit der Entstehung von subkulturellen Heroin-/Drogenszenen und dem organisierten Verbrechen. Außerdem übt gerade die Verteufelung der Droge für junge Menschen eine faszinierende Anziehungskraft aus: „Je mehr Heroin kriminalisiert wird, um so mehr wird der Probekonsum propagiert“ (Quensel 1982, S. 161). Schließlich wachsen die gesellschaftlichen Kosten der Strafverfolgung, der Behandlung, des Einflusses der organisierten Kriminalität und der Gefährdung des Rechtsstaates tendenziell immer weiter an.

Literatur: Über Heroin einschließlich der Legalisierungsdebatte informiert *Christine Bauer:* Heroinfreigabe. Möglichkeiten und Grenzen einer anderen Drogenpolitik. Reinbek 1992, und über die Geschichte der Opiate *Matthias Seefelder:* Opium. Eine Kulturgeschichte. München 1990.
Zur Problematisierung der Opiumpolitik ist *Peter Selling:* Zur Geschichte des Umgangs mit Opiaten. In: Sebastian Scheerer/Irmgard Vogt (Hg.): Drogen und Drogenpolitik. Frankfurt a.M. 1989, S. 275–285, informativ (ausführliche Fassung: Die Karriere des Drogenproblems in den USA. Eine Studie über Verlaufs- und Entstehungsformen sozialer Probleme. Pfaffenweiler 1989).

5. Kokain: die „moderne" Leistungs- und Glücksdroge

„Aber wenn die weißen Unterdrücker es euch gleich tun wollen, so werden sich die guten Eigenschaften der Blätter in ihr Gegenteil verkehren: Die kleinen Blätter, die für euch Stärke und Überleben bedeuten, werden für sie zum Fluch. Ihr Gebrauch wird für eure Unterdrücker zur Schwäche und Sucht, die sie zerstören wird."
(Aus einer Legende der Kechúas-Indianer, zit. n. Schweer/Strasser 1994, S. 162)

Kokain wird aus der Cocapflanze gewonnen. Es wirkt stark anregend und euphorisierend bis berauschend. Exzessiver Konsum kann zu einer starken psychischen Abhängigkeit und negativen psychischen und gesundheitlichen Konsequenzen führen. Besonders riskant sind die der euphorischen Phase bei exzessivem Konsum folgenden Depressionen. Von der traditionell teueren Droge gibt es die Billigvariante Crack, deren euphorisierenden und berauschenden Effekte intensiver sind, schneller eintreten und kürzer wirken. Crack gilt als sehr riskante Droge. Die „doppelte Geschichte" von Coca/Kokain macht exemplarisch die Unterschiede deutlich, die aus der soziokulturellen Integration folgen. In der Form des Cocakauens war die Droge seit Jahrtausenden bis in die Gegenwart in Südamerika als Ritual-, Heil-, Lebens- und Genußmittel integriert. Der Gebrauch des weitaus intensiveren Kokains in modernen Gesellschaften führt dagegen zu Problemen, die nicht nur Konsequenz einer fehlenden, sondern vor allem einer widersprüchlichen Integration sind. Einerseits verspricht Kokain, eine moderne Leistungs- und Glücksdroge zu sein. Andererseits – und das ist typisch für einige Süchte – sind es gerade diese im Prinzip gesellschaftskonformen Erwartungen, die zum Selbstzweck werden und in Kombination mit den neuentwickelten, auf Effektivität zielenden Stoffen zur Sucht führen können.

5.1. Grundinformationen zu Kokain

Coca mit seinen vielseitigen Wirkungen war schon seit Jahrtausenden in den Hochkulturen Südamerikas bekannt. In Europa und den USA kam Kokain erst in der zweiten Hälfte des vorigen Jahrhunderts in Gebrauch und verbreitete sich in mehreren Phasen bis zur bevorzugten Droge in den USA der 80er Jahre. Seine psychoaktiven Wirkungen, die auch in zahlreichen literarischen Dokumenten beschrieben wurden, sind legendär:

> „Kokain wäre kein abhängigkeitserzeugendes Rauschmittel, wenn es – sowohl in der Einzeldosis vom Ungewohnten als auch vom Abhängigen konsumiert – nicht in einen Zustand des Glücks, Wohlbefindens und der umfassenden Erfüllung menschlicher Bedürfnisse hineinführte, die man sich überhaupt denken kann [...] Ein solcher Zustand überströmender glückhafter Erfüllung, vollständigen Einsseins mit sich und der Welt, totaler Bedürfnisbefriedigung drängt nach Wiederholung und Verstärkung." (Täschner/Richtberg 1982, S. 110)

die perfekte Glücksdroge?

Dem Anschein nach ist Kokain die perfekte Glücksdroge, zumal sie nicht bzw. kaum zu einer körperlichen Abhängigkeit führt, also beherrschbar zu sein scheint. Dennoch warnen die Autoren vor den vielfältigen Gefahren, die sich aus der starken psychischen Abhängigkeit und den Risiken des exzessiven Konsums ergeben. Tatsächlich sind bei kaum einer anderen Droge die Informationen über ihre Wirkungen so widersprüchlich. Dies ist auf zwei Umstände zurückzuführen: Einerseits sind die Differenzen zwischen kontrolliertem und exzessivem, süchtigem Konsum beträchtlich, andererseits werden diese Differenzen stärker als bei anderen Drogen beachtet, weil Kokain mit seinem traditionell hohen Preis keine Elendsdroge, sondern eher eine Droge von Konsumenten ist, die in sozial gesicherten Verhältnissen oder in sozial anerkannten Außenseiterrollen des Kunst- und Showgeschäfts leben und weniger mit Beschaffungskriminalität auffallen. So überwiegen, hierin übrigens ganz ähnlich wie beim Alkohol, für den einen Beobachter die positiven Seiten, während für andere die Risiken und Gefahren im Vordergrund stehen.

Wirkungen

Kokain ist das Hauptalkaloid der Cocapflanze, das auf chemischem Wege extrahiert und seit 1902 auch synthetisch hergestellt werden kann. Im klinischen Bereich wird Kokain als örtliches Betäubungsmittel für Eingriffe im Hals-Nasen-Ohrenbereich verwendet. Die psy-

choaktive Wirkung beruht, wie bei vielen anderen Drogen, darauf, daß es in den Neurotransmitterhaushalt eingreift.
Kokain wirkt vor allem anregend und wird daher als Aufputschmittel verwendet. Es führt zu Euphorie, Verlust von Müdigkeit und Appetit, Anstieg der Herz- und Atemfrequenz sowie der Körpertemperatur, gesteigerten Sinneswahrnehmungen, Wahrnehmungsstörungen und Halluzinationen. Die Wirkungen hängen stark von der Dosis, der Einnahmeart sowie der Situation des Konsumenten und seinen Erwartungen ab. Gewöhnlich führt der Gebrauch kleiner Dosen bei normal gestimmten Personen zu den von den Konsumenten positiv beurteilten Wirkungen, während exzessiver Gebrauch umgekehrt zu Nervosität, Anspannung, Schlafstörungen, Libidoverlust, Krämpfen und Angst führen kann. „Der Schwelleneffekt ist besonders deutlich bei negativ getönten Erfahrungen, wie z.B. Entsetzen, Wahnvorstellungen oder Halluzinationen" (Spotts/Shontz 1982, S.1408). Zu den gefürchteten Erfahrungen gehört die der euphorischen Phase bei hoher Dosierung teilweise folgende depressive Phase bis hin zu suizidalen Handlungen. Sie gilt, analog zu den Entzugserscheinungen körperlicher Abhängigkeit z.B. von Opiaten, als der entscheidende Grund für das zwanghafte suchtbildende Konsummuster psychischer Abhängigkeit. Beim Schnupfen des Kokains werden die gewünschten Wirkungen mit 3 bis 30 mg und bei der Injektion mit 8 bis 16 mg erreicht. Bei der Injektion und beim Rauchen dauern sie nur einige Minuten, beim Schnupfen rund eine halbe Stunde.
Die körperlichen und geistig-kreativen Leistungssteigerungen sowie die legendären sexuell anregenden und potenzsteigernden Wirkungen werden in der Literatur sehr unterschiedlich beurteilt. Das gleiche gilt für die aggressionssteigernden, halluzinativen und psychotischen Wirkungen, die wohl eher eine Ausnahme bei exzessivem Gebrauch sind. Als gefährlich gelten Mischungen von Kokain mit Heroin („Speed ball"), die aber wegen der sich widersprechenden Wirkungsrichtungen der Anregung und der Beruhigung („Uppers" und „Downers") nicht sehr verbreitet sind.
Kokain wird hauptsächlich geschnupft, kann aber auch geraucht, inhaliert, gegessen, getrunken und injiziert werden. Als tödliche Dosis (Atemlähmung, Herzstillstand) gelten bei oraler Einnahme etwa 1,3 g bei Injektionen knapp 800 mg. Es wird aber auch von Kokainkonsumenten berichtet, die bis zu 30 g täglich zu sich nehmen. Bei chronischem Schnupfen des Kokains besteht die Gefahr, die Nasenschleim-

häute zu schädigen, beim Injizieren gibt es die üblichen Risiken verschiedener schwerer Infektionen durch unsaubere Nadeln.

Verbreitung Über die Zahl der Kokainkonsumenten ist wenig bekannt, da sie besser als andere Süchtige ihren Drogengebrauch infolge ihrer überwiegend günstigen finanziellen und sozialen Situation sozial unauffällig gestalten und sich polizeilichen Zugriffen entziehen können. Sie sind in den Angaben über Konsumenten sogenannter harter Drogen enthalten, die in Deutschland auf ca. 120.000 geschätzt werden. Es gibt verschiedene Hinweise und Befürchtungen, daß ihre Zahl steigt.

Kokain kommt als Kokainhydrochlorid in den Handel. Es erreicht die Endverbraucher als illegale Droge mit verschiedenen Streckstoffen verschnitten in einem Reinheitsgrad von meist rund 30 Prozent.

Crack Von dem teuren Kokain gibt es die billigeren Varianten Kokainbase und Crack (free-base). Kokainbase ist ein stark verunreinigtes Zwischenprodukt der Kokainherstellung, Crack ist mit Backpulver vermischtes Kokain, das sich seit Mitte der 80er Jahre in den USA schnell verbreitete. Der Name „Crack" kommt von dem knackenden Geräusch, das beim Rauchen entsteht. Die euphorische und berauschende Wirkung übertrifft die des Kokains an Intensität und Schnelligkeit und ließ „Crack zum vielleicht verheerendsten Rauschmittel der Gegenwart werden" (Schmidbauer/v Scheidt 1993, S. 632). Crack wird nachgesagt, es mache schon beim ersten Gebrauch süchtig, verursache Probleme mit dem Herz-Kreislauf-System sowie eine Verengung der Blutgefäße mit der Gefahr des Atemstillstands, es führe nach kurzer Abhängigkeit zu irreparablen Hirnschäden und mache die Konsumenten gewalttätig. Ob diese verheerenden Wirkungen tatsächlich auf den Konsum von Crack zurückzuführen oder ob weitere Beimischungen dafür verantwortlich sind, ist allerdings unklar.

5.2. Exemplarische Informationen: Leistung und Lust

Coca/Kokain hat, deutlicher als andere Drogen, zwei unterschiedliche Geschichten: eine von der Integration im Leben der Indios und eine von der Instrumentalisierung als Leistungs- und Stimmungsdroge im Leben der „modernen" Menschen der Industriegesellschaften.

Coca Die ältesten Hinweise auf den Gebrauch von Coca in Südamerika reichen bis auf die Zeit von 3000 v. Chr. zurück. Für die Inkas war die Cocapflanze eine heilige Pflanze und ein Geschenk der Götter, „mit

dem der Hunger vertrieben werden kann, welches die Schwachen stärkt und den Unglücklichen Trost spendet" (Scheffer 1989, S. 350). Zur Zeit der spanischen Eroberung im 16. Jahrhundert war das Kauen von Cocablättern in der Bevölkerung allgemein verbreitet. Es erleichterte das Überleben besonders in den Hochregionen der Anden und war Ritual-, Heil-, Lebens- und Genußmittel in einem.
Die spanischen Eroberer verboten zunächst die Droge als Teufelswerk. Sie nannten das Cocakauen „hablar con el demonio" (mit dem Teufel sprechen), während Coca für die Indios „ein Mittel der Selbstdarstellung, ein Symbol für den Kampf um die Erhaltung ihrer ethnischen Identität" wurde (Kappeler 1991, S. 113). Die Spanier hoben das Verbot bald wieder auf und förderten sogar die Produktion, als sie die positiven Wirkungen für das Ertragen von Hunger und Überanstrengung bei den Zwangsarbeitern in den Gold- und Silberminen erkannten.
Über süchtigen Cocakonsum und negative gesundheitliche Auswirkungen bei den „coqueros" unserer Zeit gibt es unterschiedliche Untersuchungsergebnisse. Es überwiegt die Meinung, daß Mißbrauch zwar vorkomme, ein soziales Problem des Cocakonsums jedoch nicht vorliege.
Im 16. Jahrhundert wurde die Droge in Europa ebenso wie andere neue Drogen (Opium, Tabak, Kaffee, Tee) bekannt, aber kaum beachtet, was darauf zurückgeführt wird, daß die Cocablätter auf dem langen Transportweg ihre Wirksamkeit weitgehend verloren.
Der zweite Teil der Geschichte der Droge begann Mitte des 19. Jahrhunderts, als es gelang, das Kokain aus der Cocapflanze zu isolieren und dessen spezifische Wirkungen zu nutzen. In der Folgezeit fand Kokain in Europa und Amerika als Stimulanz wie als Heil- und Genußmittel zunehmendes Interesse. Unter anderem wurde auch angenommen, daß Kokain geeignet sei, die Morphinsucht wie auch die Alkoholsucht zu bekämpfen.

Kokain

In diesen Zusammenhang gehört auch die vielbeschworene Beschäftigung Freuds mit Kokain: „Die Wirkung, welche die Einnahme des Cocaïns auf den gesunden menschlichen Organismus ausübt, habe ich in wiederholten Versuchen an mir und anderen studirt [...] Wenige Minuten nach der Einnahme stellt sich eine plötzliche Aufheiterung und ein Gefühl von Leichtigkeit her [...] Langanhaltende, intensive geistige oder Muskelarbeit wird ohne Ermüdung verrichtet, Nahrungs- und Schlafbedürfnis, die sonst zu bestimmten Tageszeiten gebieterisch auftreten, sind wie weggewischt. [...]

Ich habe diese gegen Hunger, Schlaf und Ermüdung schützende und zur geistigen Arbeit stählende Wirkung der Coca etwa ein dutzendmal an mir selbst erprobt; zur physischen Arbeitsleistung hatte ich keine Gelegenheit." (Freud 1884, zit. n. dem Nachdruck in Täschner/Richtberg 1982, S. 215, 216 und 218)

Unter den zahlreichen literarischen Zeugnissen, die vor allem in den 20er Jahren dieses Jahrhunderts zu finden sind, belegt vielleicht die frühe, zugleich lässige wie provokante Notiz bei Arthur Connan Doyle (1984, S. 79) aus dem Ende des 19. Jahrhunderts gut die unproblematische Sicht der Zeitgenossen: Sherlock Holmes war, um einen Fall zu lösen, in eine Opiumhöhle geraten, vor der er seinen ständigem Begleiter und Berichterstatter Dr. Watson antraf. „‚Ich glaube, Watson' sagte er, ‚Sie befürchten, daß ich zum Kokainspritzen und all den anderen kleinen Schwächen, die Sie als Arzt so beunruhigen, auch noch das Opiumrauchen hinzugefügt habe.'"
Im Hamburger Hafen erhöhte sich von 1883 bis 1886 der Import von Cocablättern von 5.000 auf 86.000 kg, der Preis fiel von 22 auf 1,25 Mark pro Gramm. Es gab zahlreiche kokainhaltige Produkte, die als Tonika, Softdrinks, Nasensprays, Zäpfchen, Salben, Pastillen, Wein und Zigaretten verkauft wurden. Am weitesten verbreitet war (seit 1863) der „Vin Mariani", den viele bekannte Persönlichkeiten der Zeit rühmten. Unter ihnen war auch Papst Leo XIII, der Mariani „zum Wohltäter der Menschheit" erklärte (Scheffer 1982, S. 756). Auch Coca-Cola begann seit 1886 seinen Siegeszug als kokainhaltiges Erfrischungsgetränk; seit 1903 wird das Kokain aus den verwendeten Cocablättern vorher extrahiert.
Nach dem Ersten Weltkrieg wurde Kokain als Schickeriadroge Mode, in den Metropolen entstand eine regelrechte Kokainszene. Aus dieser Zeit stammt der Szene-Jargon: Kokain hieß „Koks", das Schnupfen des Kokains „koksen" oder „hochziehen", der Kokainrausch „Kokolores", „Koksen" war ein Teil der berühmten „Goldenen 20er". Zur gleichen Zeit begann aber auch die Diskriminierung, die sich häufig moralisierender Argumente bediente und gegen den Kokainkonsum in Randgruppen wandte. Die Kokainkonsumenten wurden als „sittlich defekt, degeneriert, psychopathisch, kulturlos und minderwertig etikettiert und ausgegrenzt" und als „Keimträger der Suchten" bekämpft (Seidenspinner 1928, zit. n. Gunkelmann (b) 1989, S. 365f.). Ab 1929 fiel Kokain, das seit 1896 rezeptpflichtig war, unter das neugefaßte Opiumgesetz.

Hauptsächlich aus dieser Zeit stammt die auch heute noch weitverbreitete Zuschreibung, Kokain führe „zu physischer Auszehrung, zu Schwäche und Verblödung, zum Verlust intellektueller Fähigkeiten, zu geistigem und moralischem Verfall, zum Verlust der Willenskraft und zum Wahnsinn". Doch „im Gegensatz zu früheren Ansichten [...] hat die Droge keine nachweisbaren Wirkungen auf den Charakter; sie verwandelt die Menschen nicht in asoziale ‚Halunken'" (Spotts/ Shontz 1982, S. 1407f.).
In den 60er Jahren trat der Kokaingebrauch wieder häufiger auf, nachdem sich die als Aufputschmittel ähnlich wirkenden Amphetamine zum Teil epidemisch verbreitet hatten.

> „Heutigen Gebrauchern gilt Kokain als euphorisierende, gesellige, geistig und sexuell stimulierende Droge mit exotischem Charakter [...] Kokaingebrauch wird mit Schauspielern, Musikstars und dem ‚jet set', neuerdings auch mit Hochleistungssportlern assoziiert." (Gunkelmann 1989a, S. 356)

Untersuchungen in den USA kommen zu dem Ergebnis, daß Kokain, neben dem Wunsch zu experimentieren, vor allem konsumiert wird, um gesellig beisammen zu sein, die Leistung zu steigern und sich gut zu fühlen, high zu sein.
Die zwei Geschichten des Coca- bzw. Kokaingebrauchs scheinen von zwei verschiedenen Stoffen zu handeln. Und in der Tat sind Coca und Kokain nicht ohne weiteres zu vergleichen. Das im Coca enthaltene Kokain wird durch den Speichel und die Magensäfte zu Ecgonin umgewandelt, dessen toxische Eigenschaften sehr viel schwächer als die des Kokains sind. Der grundlegende Unterschied ist aber eher in den soziokulturellen Erwartungen und den daraus folgenden Gebrauchsmustern zu sehen.
In den Coca-Kulturen Lateinamerikas war die Droge ein integrierter und integrierender Bestandteil des alltäglichen Lebens. Die Gebrauchsmuster zielten nicht auf Effektivität hinsichtlich der speziellen euphorischen und stimulierenden Wirkungen. Dementsprechend ergaben sich auch keine nennenswerten Suchtprobleme, die zu einer sozialen Problematisierung Anlaß gegeben hätten.
Ganz anders war die Entwicklung in den modernen industrialisierten Gesellschaften, in denen die Geschichte des Kokains erst mit seiner chemischen Isolierung als dem wirksamen Faktor der Droge begann. Nach einer Phase relativ integrierten Gebrauchs in der zweiten Hälfte des vorigen Jahrhunderts setzte seit Ende des Jahrhunderts die In-

strumentalisierung der Droge um ihrer stimulierenden und euphorischen Wirkungen willen ein. Dies entsprach den Bedürfnissen der Menschen in modernen Gesellschaften – was wäre uns wünschenswerter als Leistungssteigerung und Luststeigerung? – wie auch dem spezifischen Wirkungsspektrum dieser Droge. Daraus ergaben sich problematische, auf den Effekt zielende Gebrauchsmuster mit einer Tendenz zu süchtigem Konsum, die im Gegenzug zur sozialen Problematisierung führten. Als Folge der Stigmatisierung nahm wiederum der problematische Konsum zu. Das Geschenk der Götter hat sich in „Cocas Fluch“ (Schweer/Strasser 1994) verwandelt.
Damit gibt die Geschichte von Coca/Kokain ein hervorragendes Beispiel, wie der Gebrauch einer Droge von den soziokulturellen Umständen abhängt. Entsprechendes ist in der Gebrauchs-/Mißbrauchsgeschichte anderer Drogen festzustellen: Vom Bier und Wein zum Branntwein, von der Zigarre und Pfeife zur Zigarette, vom Opium zum Heroin, es ist immer wieder die gleiche „Erfindung“ effektiverer Stoffe und Gebrauchsmuster und deren Instrumentalisierung auf die gewünschten Effekte hin zu beobachten.

Literatur: Zu Geschichte von Coca und Kokain sind die Beiträge von *Karl-Georg Scheffer:* Coca. Geschichte, traditioneller Gebrauch und Wirkungsweise. In: Sebastian Scheerer/Irmgard Vogt (Hg.): Drogen und Drogenpolitik. Frankfurt a. M. 1989, S. 350–353, und von *Martina Gunkelmann* im gleichen Werk: Zur Geschichte des Kokains, S. 359–368, interessant zu lesen.
Über den Gebrauch von Kokain informieren in einem knappen Text *James V. Spotts/Franklin Shontz:* Forschungsergebnisse zum Kokaingebrauch. In: Gisela Völger/Karin v. Welck: Rausch und Realität. Reinbek, 1982, S. 1402–1409.

6. Ecstasy: die „saubere" Droge

> „Vielleicht gibt es keine andere Droge, der so viele wundersame Eigenschaften zugeschrieben worden waren wie Ecstasy; Sorgen, Ängste und Unzufriedenheit sollen geheilt, nicht nur überdeckt werden während der Wirkungszeit der Droge."
> (Pfersmann/Presslich 1994, S. 14)

Es scheint, daß der Gebrauch von Ecstasy nicht nur eine modische Episode ist. Künftig ist wohl mit einer weiten Verbreitung und eigenständigen Bedeutung dieser Droge zu rechnen. Daher soll sie hier – als sechste exemplarische Darstellung – aufgenommen werden. Da aber über diese Droge und die psychosozialen Umstände ihres Konsums recht widersprüchliche und noch wenig verläßliche Informationen vorliegen, wird sie nur sehr kurz behandelt.
Ecstasy, das zur Gruppe der Amphetamine gehört, ist die bekannteste unter den sogenannten Designerdrogen. Zu den sowohl stimulierenden, leistungssteigernden wie entspannenden Wirkungen kommt die einer starken seelischen Ausgeglichenheit hinzu. Die Droge paßt besonders gut zu der Gesellschaft, deren Leistungserwartungen sie erfüllt und deren Defizite an Harmonie und emotionaler Nähe sowie anscheinend auch an spirituellen Erfahrungen sie zu beheben verspricht. Verbreitung fand Ecstasy im Zusammenhang mit Techno-Musikveranstaltungen, in deren Rahmen auch die meisten bisher berichteten Erfahrungen gemacht worden sind. Wie diese Droge bei größerer Verbreitung in den Alltag hinein wirken mag, ist noch recht unbekannt. Möglicherweise werden künftig weniger ihre spezifischen Effekte den Ausschlag für die Verbreitung geben als die *saubere*, von Medikamenten gewohnte Einnahme in Tablettenform.

6.1. Grundinformationen zu Ecstasy

Wirkungen

Ecstasy – im Jargon oft kurz „E" genannt – wird meist als Partydroge bezeichnet und ist das bekannteste Beispiel für sogenannte Designerdrogen (Drogen, die gezielt zum Zweck der psychoaktiven Wirkung und zur Umgehung des Betäubungsmittelrechts, aber oft ohne zureichende Kenntnis der Risiken, in Labors „entworfen" werden). Es wird zu den psychedelischen (die Seele offenbarenden) bzw. zu den entaktogenen (innere Gefühle erzeugenden) Drogen gezählt. Ecstasy ist der synthetisierte Wirkstoff der Muskatnuß, der Anfang dieses Jahrhunderts in Deutschland als Appetitzügler entwickelt wurde, aber nicht auf den Markt kam. Es gehört zu der Gruppe der Amphetamine, die den körpereigenen Stoffen Adrenalin und Dopamin ähnlich sind. Als typische Wirkungen gelten die Steigerung der körperlichen Leistungsfähigkeit (Aufputschmittel), des Bewußtseins und der Wahrnehmung. Wie bei einigen anderen Drogen auch verbinden sich gegensätzliche Wirkungen. Je nach Set und Setting gibt es sowohl anregende und leistungssteigernde wie auch entspannende Effekte, zu denen noch ein gesteigertes Einfühlungsvermögen hinzukommt. In niedrigen Dosierungen (unter 50 mg, die allerdings nicht „handelsüblich" sind) wirkt Ecstasy stimulierend auf die geistige Klarheit, erhöht die Konzentration, baut Ängste ab und führt zu einer ungewöhnlichen seelischen Ausgeglichenheit. In höheren Dosen (ca. 100 bis 200 mg) kann es zu starken Halluzinationen, Muskelkrämpfen, Brechreiz, Ruhelosigkeit, Angst und Wasserverlust kommen. Die Effekte sind wegen der sehr schnellen Toleranzentwicklung von einigen Tagen, je nach der Häufigkeit der Einnahme, sehr unterschiedlich. Um die von den Gebrauchern als positiv empfundenen Wirkungen erleben zu können, wird von einem Dauerkonsum abgeraten und jeweils ein Abstand von ein bis zwei Wochen empfohlen. Außerdem wird vor einer erhöhten Tendenz zu Depressionen bis hin zur Suizidgefährdung bei exzessivem Konsum sowie vor gefährlichen psychischen Reaktionen des Entzugs gewarnt. Allerdings gibt es bisher kaum Erkenntnisse über die Langzeitwirkungen. Die besondere Wirkung eines tranceähnlichen Zustandes, die im privaten Konsum kaum erzielt wird, ergibt sich aus der Kombination der Drogeneinnahme an Raves mit der Technomusik, den Lichteffekten und dem Tanz.

Die Droge führt nicht oder kaum zur körperlichen Abhängigkeit, die Entstehung einer psychischen Abhängigkeit wird angenommen. Die Frage, ob es eine tödliche Dosis gibt, wird unterschiedlich beantwortet. Meist wird davon ausgegangen, daß eine tödliche Dosis unbekannt sei, die Polizei hingegen berichtet von Todesfällen infolge von Überdosierung. Gefahren gehen, wie bei allen illegalen Drogen, vor allem von der unbekannten Qualität (Reinheitsgrad und Art der Beimischungen) des Stoffes aus. Im Zusammenhang mit lang andauern-

den Techno-Tanzveranstaltungen wird von lebensgefährlichen Notfällen berichtet, wenn die Konsumentinnen und Konsumenten, ohne dies infolge der Drogenwirkung zu bemerken, sich überanstrengten und austrockneten, weil sie nicht genug tranken. Dies wird auf die hyperisotonischen und hyperthermischen (Erhöhung des Drucks der Körperflüssigkeiten und der Körpertemperatur) Eigenschaften von Ecstasy zurückgeführt. Weitere Gründe für Drogennotfälle können im Mischkonsum verschiedener Drogen liegen.
Gewöhnlich wird Ecstasy als Tablette eingenommen. Die Konsumenten zahlen zwischen 20 und 40 Mark pro Tablette, die unter zahlreichen Phantasienamen und schnell wechselnden „Markenzeichen" verkauft werden. Die Droge, die chemisch korrekt Methylendioxymethamphetamin (MDMA) heißt, fällt unter das Betäubungsmittelgesetz.

6.2. Exemplarische Informationen: Protestierende Anpassung

Geschichte

Der Weg von Ecstasy von seiner Entwicklung bis zu seinem Gebrauch als psychoaktive Droge dauerte lange und war mit besonderen Umständen verbunden. Als die Substanz 1913 von Merk, Darmstadt, als Appetitzügler entwickelt und patentiert wurde, waren „seltsame Nebenwirkungen" (Saunders 1994, S. 19) aufgefallen. In den 50er Jahren wurden in den USA Versuche unternommen, die Wirkungen psychedelischer Drogen, darunter auch MDMA, psychotherapeutisch zu nutzen. Diese Experimente dauern an, und es wird von erfolgreichen halluzinogen-gestützten Therapien auch bei Patienten berichtet, denen konventionelle Psychotherapien nicht helfen konnten. Insbesondere wird auch erwähnt, daß diese Behandlung bei Drogenabhängigen erfolgreich sei.
Zwischenzeitlich tauchte Ecstasy in verschiedenen subkulturellen Gruppen (esoterische Zirkel, Bhagwan-Jünger, in der BRD Teile der Schwulenszene) auf. Eine größere Verbreitung als psychoaktive Droge erreichte es erst seit Anfang der 90er Jahre im Zusammenhang mit der Technomusik und der Entstehung der Rave-Szene. Die Droge ist also nicht infolge ihrer eigentümlichen Wirkungen selbst, sondern als Teil einer Jugendkulturbewegung populär geworden.

„Wie machen die das? Wie hält man ein solches Tanzmarathon durch? Ein ehrlicher Raver nennt da nur zwei Alternativen. Entweder eine Ecstasy-Dosis, ersatzweise Amphetamine und Koffein, oder die stundenlange Verausgabe beim ‚Raven', bis der Körper eigenproduzierte Glücklichmacher, die Endorphine ausschüttet. Wenn man dieses Stadium, das echte Love-Parade-Gefühl, erreicht hat, so heißt es im Party-Guide für die Love-Parade 95, verliere man das Zeit- und Raumgefühl. ‚Dann kann man alles andere in den Hintergrund stellen'. Und ist laut Dr. Motto, alias Mathias Roeingh, dem ‚DJ-Guru' und Erfinder der Love-Parade, reif für ‚die Experience, die Unity'. Ein simples, aber wirkungsvolles Rezept der Raver lautet denn auch: ‚Abfeiern bis zum Geht-nicht-mehr.'" (Frankfurter Rundschau vom 10. Juli 95 über die „7. Love-Parade" in Berlin)

Verbreitung

Erst in jüngster Zeit gibt es Informationen, daß der Konsum der Droge diesen Rahmen und die entsprechende Altersgruppe der 20 bis 30jährigen anscheinend verlassen hat und zu einem weiter verbreiteten Phänomen wird, das auch jüngere Menschen erfaßt. Aktuelle Schätzungen für den regelmäßigen Konsum von Ecstasy (und „Speed", im Jargon für Amphetamine) unter 18jährigen liegen bei 4 Prozent und bei 9 Prozent unter 25jährigen. Dieser Weg erinnert an die „Drogenwelle" Ende der 60er/Anfang der 70er Jahre, die sich ebenfalls in engem Zusammenhang mit einer Jugendbewegung, der damaligen Protestbewegung, entwickelte und sich erst danach verselbständigte. Soweit diese Beobachtung zutrifft, ergibt sich daraus einmal mehr, daß es sinnvoll ist, Drogengebrauch und Drogenprobleme aus ihrer soziologischen Einbettung heraus zu verstehen.

erwartete Wirkungen

Dies gilt auch für die Wirkungen, die von Ecstasy erwartet werden und die sich weitgehend mit Forderungen unserer Gesellschaft wie auch ihren am meisten beklagten Defiziten decken: Die stimulierenden bis aufputschenden Effekte sind völlig konform mit dem Prinzip unserer Leistungsgesellschaft. Die mit dem Konsum verbundenen Gefühle von Harmonie, Nähe und Wärme, die vielfach berichtet werden, entsprechen ebenso den von jungen Menschen besonders stark empfundenen Defiziten wie die oft angeführten, in den MDMA-Parties ritualisierten ekstatischen, mystischen und spirituellen Erfahrungen. Hierzu paßt auch der Name *Ecstasy*, der irrtümlich (der Name entstand aus der Buchstabierweise der englischen Kurzformel XTC), aber treffend *Ekstase* zu bedeuten scheint.
Hinzu kommt, daß allem Anschein nach auch die geschlechtsspezifischen Erfahrungen den Erwartungen entsprechen. In den Berichten über den Gebrauch von Ecstasy wird meist darauf hingewiesen, daß die Anteile der Konsumentinnen und Konsumenten ungefähr ausge-

glichen seien und daß besonders die Konsumentinnen die sexuell nichtaggressive Haltung der Konsumenten schätzen.
Vermutlich werden diese gegenwärtig als spezifische „Wirkungen" von Ecstasy erwarteten und erfahrenen Effekte dann in den Hintergrund treten, wenn die Droge außerhalb der Jugendkulturbewegung der Technomusik zur Alltagsdroge im „Privatleben" junger Menschen wird. Bei solch einer privatisierten Verbreitung wird vermutlich vor allem die typische Gebrauchsform der Einnahme als Tablette die Akzeptanz beeinflussen. Diese Gebrauchsform ist nicht nur besonders einfach und unauffällig, sie ist die „sauberste" Methode der Applikation und assoziiert wegen der Analogie zur Medikamenteneinnahme eher Gesundheit als Krankheit. Damit mag auch zusammenhängen, daß immer wieder berichtet wird, die Konsumenten verbänden keinerlei Unrechtsbewußtsein mit ihrem Ecstasykonsum. Zugleich wird durch die privatisierte Form der Einnahme auch der von anderen Drogen berichtete Effekt eintreten, daß die Kontrolle der Konsummuster durch die Subkultur wegfällt und damit ein wichtiges Verhaltenskorrektiv verlorengeht.

neue „Drogenwelle"?

Exemplarisch wird beim Gebrauch von Ecstasy ein allgemeiner Hintergrund des Drogenkonsums junger Menschen deutlich, den man vielleicht mit der paradoxen Formulierung „protestierende Anpassung" bezeichnen kann. Einerseits drücken die mit Ecstasy verbundenen Harmonieerwartungen einen Protest gegen den Leistungs- und Konkurrenzdruck unserer Gesellschaft aus; andererseits erfüllt die erstrebte Leistungssteigerung – verlagert auf eine möglichst effektiv erlebte und nicht zuletzt verbunden mit der Technomusik zur Gegenwelt stilisierte Freizeit – genau diese gesellschaftlichen Werte. Typischerweise sind es vornehmlich sozial integrierte junge Menschen, die diese Droge bevorzugen und sich so nicht nur ihre Anpassungsleistung im Berufsleben erträglich machen, sondern die gesellschaftlich gegebenen Werte letztlich bestätigen.

Literatur: Gut lesbare Darstellungen sind *Nicholas Saunders:* Ecstasy, 2. Aufl., Zürich 1994, sowie *Philipp Anz/Patrick Walder* (Hg.): techno. Zürich 1995, die sich zeitbedingt vor allem an den Erfahrungen mit Ecstasy im Zusammenhang der Rave-Szene orientieren und – vielleicht deswegen – ein relativ günstiges Bild der Droge zeichnen. Vermutlich werden in den nächsten Jahren viele Untersuchungen über Ecstasy veröffentlicht werden.

Teil 3: Drogenhilfe

Der Teil 3 ist nicht nach Einrichtungen gegliedert, sondern nach Leistungen (Beratung, Therapie usw.), die sich allerdings schwerpunktmäßig auf bestimmte Einrichtungen verteilen und jeweils im passenden Zusammenhang dargestellt werden. Wie kaum ein anderes Arbeitsfeld der Sozialen Arbeit hat sich die Drogenhilfe in den letzten zehn Jahren verändert. Der Wandel konzentrierte sich um die Ablösung des „Abstinenzmodells“ durch das „Akzeptanzmodell“ (Kapitel 1). Dementsprechend ergeben sich auch – nicht immer gleichgerichtete und gleichweit entwickelte – Veränderungen in den organisatorischen und finanziellen Rahmenbedingungen des praktischen Handelns (Kapitel 2), der Prävention (Kapitel 3) sowie den ambulanten (Kapitel 4) und stationären Hilfen (Kapitel 5). Den Abschluß bildet die Darstellung der Substitution (Kapitel 6), deren Entwicklung starken Anteil an dem Wandel hatte.

1. Geschichte und Wandel der Grundauffassungen

In diesem Kapitel wird die Geschichte der Grundkonzepte der Drogenhilfe seit dem Ende der 60er Jahre dargestellt. Dabei geht es vor allem um den Wandel der Grundauffassungen zum Drogenproblem und den damit zusammenhängenden Veränderungen des Systems der Drogenhilfe. Nachdem (a) Anfang der 70er Jahre zunächst die politisch-emanzipatorische Releasebewegung mit Selbsthilfeeinrichtungen dominierte, entstand (b) seit der Mitte der 70er Jahre das am Grundgedanken der Abstinenz orientierte Hilfesystem der Therapeutischen Kette. In Konkurrenz zum Abstinenzmodell entwickelte sich (c) seit der Mitte der 80er Jahre auf dem Hintergrund einer akzeptierenden Grundauffassung gegenüber dem Lebensstil der Drogenkonsumenten das Akzeptanzmodell des vernetzten Verbundes der Hilfeeinrichtungen.

1.1. Die „neuen" Drogenprobleme

Die ambulanten wie die stationären Hilfen für Alkohol- und Medikamentenabhängige sind sehr viel älter als die spezifisch auf Abhängige von illegalen Drogen ausgerichteten Drogenberatungsstellen und -therapien. Im Vordergrund unseres Interesses soll aber die Geschichte der letztgenannten Einrichtungen stehen.

Sie entstanden erst mit dem Beginn einer nennenswerten Drogenszene, was in der Bundesrepublik etwa ab 1969 der Fall war. Die Jugend- und Protestbewegung befand sich auf ihrem Höhepunkt, neue, „antibürgerliche" Verhaltensweisen wurden ausprobiert. Die amerikanische Hippie-Bewegung gewann Einfluß auf diese Jugendbewegung nicht nur, was ihre Ablehnung der Leistungsgesellschaft anging, die zwangsläufig Krieg, Verelendung, zwischenmenschliche Kälte und Entfremdung produziere, sondern auch in Bezug auf Drogenkonsummuster. Der Konsum von LSD und Haschisch/Marihuana war einerseits Ausdruck des Protestes an sich, andererseits aber Mittel, um Bewußtsein und Wahrnehmung radikal zu verändern. Einzelne amerikanische Theoretiker dieser Weltsicht interpretierten bestimmte religiöse Grundeinstellungen in Verbindung mit der Einnahme von

LSD als „Politik der Ekstase“ (z.B. Leary 1971). Sie wurden von der amerikanischen Justiz wegen Drogenbesitzes drakonisch bestraft, was dazu beitrug, daß sie auch in Europa als Philosophen eines neuen Weges verehrt wurden, als Märtyrer einer Politik der Gewaltfreiheit, der Liebe, des Friedens. Die ursprünglichen Motive des „Pot-Rauchens“ waren also keineswegs in der einfachen Formel begründet, die Drogen zu benutzen, um eine komplexer und unübersichtlicher werdende Gesellschaft auszublenden und zu vergessen, sondern hatten auch politische und weltanschauliche Hintergründe – wie sehr auch immer man die Richtigkeit und Tragfähigkeit dieser Ideologien ablehnen mag (siehe Teil 1, Kapitel 2, S. 43ff., und Kapitel 4, S. 82ff.).
Der rasch steigende Konsum von Cannabis, LSD und Heroin wie auch die zunehmenden polizeilichen Anstrengungen im Kampf gegen Drogen lassen sich an den Zahlen der beschlagnahmten Mengen ablesen (siehe Abbildung 17).
Zusammen mit der außerparlamentarischen Bewegung jener Zeit geriet im Laufe der 70er Jahre auch die Hippie-Bewegung ins Stocken, sie verlor ihre gesellschaftlichen Visionen und ihre reformerische Grundhaltung und individualisierte sich. Der Drogenkonsum wurde privatisiert und büßte so die Kontrolle durch die Gruppe ein, der er bis dahin als Mittel diente. Heroin und andere Opiate hielten zuneh-

Abbildung 17: BtM-Sicherstellungen

Sicherstellungen	Cannabis: kg	LSD: „Trips“	Heroin: kg
1967	167	10	–
1968	381	30	0,001*
1969	2.278	5.861	0,587
1970	4.332	178.925	0,494
1971	6.670	89.281	2,9
1972	6.114	52.272	3,7
1973	4.732	77.207	15,429

* Die Sicherstellung von Heroin im Jahre 1968 wird in späteren Quellen der 90er Jahre mit 1,825 kg angegeben.

(Quelle: Deutsche Hauptstelle gegen die Suchtgefahren 1983, S. 24 und 26) mend Einzug in die Drogenkonsummuster vieler Jugendlicher, ihr Konsum war nicht länger Mittel, sondern Selbstzweck. Die beschlagnahmten Mengen Heroin zeigen auch hier den rasanten Wandel der Drogenszene.

1.2. Release

Die Releasebewegung war von Anfang an keine professionelle Bewegung, sondern eine politisch fundierte und motivierte Selbsthilfebewegung: „*Release* heißt Befreiung. Befreiung heißt Gefangenenbefreiung. Heißt Kampf gegen ein System, das in *unserer* Psyche *uns* gefangenhält." (Helft Euch selbst! 1971, S. 147). Die Releasebewegung läßt sich nur vor dem Hintergrund der ausklingenden politischen Jugendrevolte der Zeit verstehen. Die immer stärker werdenden Probleme vieler Jugendlicher mit Heroin – aber auch mit einem harten Konsum weicher Drogen – lösten insbesondere in politischen Zirkeln eine bundesweite Unterstützungsbewegung aus. Releasegruppen entwickelten Beratungs- und Therapiemodelle, deren oberstes Leitprinzip hieß: Helft Euch selbst! Die erste Gruppe entstand 1970 in Hamburg, bereits 1974 gab es mehr als 30 Einzelinitiativen in der Bundesrepublik (siehe Schuller 1990, S. 31f.). Die später so selbstverständliche Trennung zwischen „Klient" und „Therapeut" sollte erst gar nicht aufkommen:

> „Letzten Endes hat der bürgerliche Therapeut strukturell immer recht, ist immer mit Macht ausgestattet (Schlüsselgewalt) und braucht sich nicht voll und ganz selbst in den therapeutischen Prozeß einzulassen, da der andere, nämlich der Patient, grundsätzlich Unrecht hat. (Man bezeichnet dies dann bezeichnenderweise als ‚Krankheit')". (Release Hamburg, zit. n. Sollmann 1974, S. 172)

Roland Lutz, selber „Kind der 60er Jahre", erinnert sich noch gut an die Bemühungen, 1971/72 in einer kleinen westfälischen Stadt „Release" zu gründen. Unverkennbar rutschten Weggefährten der Jugendrevolte in die Opiatsucht, wurden passiv, gerieten in erhebliche soziale, gesundheitliche und psychische Krisen, aus denen sie kaum aus eigener Kraft herauskamen. Release trennte damals nicht zwischen *Betroffenen* und *Helfern*, die Sucht wurde verstanden als zwar verständliche und ernstzunehmende, in ihrer Konsequenz aber nicht zu

akzeptierende „Flucht vor der Wirklichkeit“, als reine Konsumhaltung, als Rückzug. Der Kampf wurde gegen die Gesellschaft geführt, die den Drogenkonsumentinnen und -konsumenten zunehmend repressiv begegnete, und gegen die Droge, die „passiv mache“ im Kampf gegen die bürgerliche Gesellschaft. Die Solidarität galt den Betroffenen, die nicht im Stich gelassen werden sollten.
Alle Releasegruppen kritisierten die Psychiatrisierung des Drogenproblems: Deren Somatisierung des Suchtphänomens – „die Droge macht süchtig“ – und die Methoden der Zwangsunterbringung und der Zwangstherapie, mit denen Gesundheitsämter und Psychiatrie weitgehend hilflos auf das neue gesellschaftliche Problem der illegalen Drogen und deren ausgesprochen schwierige Benutzer reagierten, wurden scharf abgelehnt. Diesen „bürgerlichen Konzepten“ setzte Release die *Solidarisierung* und kollektives Handeln entgegen. Die Drogenabhängigkeit wurde als unpolitische Flucht in ein „Reich der Phantasie“ gesehen; die Hilfe selbst sollte emanzipatorisch und bedürfnisorientiert sein.

„An die Stelle des Versuchs der ‚künstlichen Entgrenzung‘ durch Drogen müssen der Aufbau von Abwehrtechniken gegen die ich-feindliche Außenwelt und der gleichzeitig solidarische Kampf gegen die entfremdenden den Drogengebrauch bedingenden bzw. unterstützenden gesellschaftlichen Strukturen treten.“ (Release Hamburg zit. n. Sollmann 1974, S. 170)

Viele der Maßnahmen und Angebote für Abhängige von illegalen Drogen, die heute im Rahmen „niedrigschwelliger Drogenhilfe“ neu entdeckt wurden, existierten damals bereits: Teestuben, Notschlafeinrichtungen, Freizeit- und Arbeitsangebote ohne Abstinenzvoraussetzung (siehe Teil 3, Kapitel 4, S. 205ff.). Abstinenz wurde nicht zur Bedingung der Teilnahme erhoben, sondern als Ziel angesehen: nicht, um dem Ideal des bürgerlichen Normalmenschen im Sinne der Reintegration in die gesellschaftliche Norm zu entsprechen, nicht, um „caritativ“ zu helfen oder zu lindern, sondern als Voraussetzung, die für notwendig gehaltenen gesellschaftlichen Veränderungen bewußt, aktiv und solidarisch mitgestalten zu können. Release sah zu Recht, daß drogenabhängige Menschen sich dem Kampf um eine Veränderung der gesellschaftlichen Strukturen immer mehr entzogen oder gar ihm nicht erst zur Verfügung standen. Sie wurden letztlich, indem sie das Grundprinzip der bekämpften Konsumgesellschaft auf besonders selbstzerstörerische Weise übernahmen, auf radikale Art deren Opfer.

„Heute, nach einem langen Marsch, stehen wir hier und sehen Konsum: Massenweise wird LSD, Haschisch, Opium, Heroin wahllos konsumiert. Die Wirklichkeit hat das Risiko für den einzelnen erhöht, da es aber in Massen geschieht, ist sich der einzelne des Risikos nicht mehr bewußt und glaubt sich von den anderen gestützt und übersieht, daß nur er allein die Verantwortung für seine Entscheidung trägt. Auch der Anschein von Bewußtseinserweiterung, den Haschisch und LSD gaben, hat sich verflüchtigt, es geschieht nichts mehr, die Wirkungen ebnen sich immer mehr zur Trägheit und Dumpfheit oder zu Kinoersatz ein. Es ist kein Neuland mehr, es sind ausgefahrene Wege von Bewußtlosigkeit, von Nachzüglern beschritten. Das Gefühl des Andersseins ist nur noch Überheblichkeit und Gewohnheit. Der Joint ist genauso zur Selbstverständlichkeit geworden wie das Glas Bier." (Kranich 1971, S. 144)

Diese frühe Selbsthilfebewegung zerfiel Mitte der 70er Jahre zusehends. Die mit solcherart Solidarität bedachten Drogenabhängigen wußten dies oft gar nicht zu schätzen. Die Trennung zwischen Klient und Therapeut wurde nicht nur immer offensichtlicher, sondern offensichtlich auch immer notwendiger, je stärker die Politisierungsansätze von den Betroffenen entweder abgelehnt oder nicht (mehr) nachvollzogen wurden. Mit der zunehmenden Entpolitisierung der Jugendkultur Mitte der 70er Jahre verschwanden dann auch weitgehend die politisch treibenden Motive für die ursprüngliche Bewegung. Viele Releasemodelle mündeten in professionelle Hilfeangebote (wie z.B. das „Nowherehaus" in Ludwigshafen oder „Jugend hilft Jugend" in Hamburg), oder sie setzten den Namen „Release" mit völlig anderen Inhalten fort; die meisten lösten sich mehr oder minder folgenlos auf.

Therapeutische Gemeinschaft

Was ihnen folgte, war eine neue Form der nichtpsychiatrischen Hilfe, die langsam in den großen Städten der Bundesrepublik aufkam und sich meist nach den Vorbildern rigider amerikanischer Selbsthilfekonzepte wie „Daytop", „Phoenix" und „Synanon" richteten: die „Therapeutischen (Wohn-)Gemeinschaften". In strikter Gruppentherapie und mit teilweise provokativ-harten Aufnahme-, Therapie- und Alltagsregeln und -ritualen sollte versucht werden, die drogengebundene Persönlichkeit gleichsam zu „löschen" und durch eine neue, selbstbestimmte, daher suchtmittelfreie Persönlichkeit zu ersetzen (siehe Teil 3, Abschnitt 5.2., S. 244ff.).

Klaus Schuller (1990, S. 31) fragt zu Recht: „Es ist erstaunlich, wie schnell und grundlegend sich die Drogenhilfe in den darauffolgenden Jahren verändern konnte. Wie ist es zu erklären, daß innerhalb von 5 bis 10 Jahren aus emanzipatorischen Ansprüchen und Ansätzen quasi ‚unter der Hand' rigide Behandlungsprogramme wurden, die von den Merkmalen Aussonderung, Kontrolle und Anpassung geprägt waren?"

1.3. Das abstinenzzentrierte Modell: die Therapeutische Kette

Die Ursachen dafür, daß immer mehr Releasegruppen aufgaben, lagen in der generellen gesellschaftlichen Entwicklung („Tendenzwende", Rückzug der politischen Rebellion), aber auch in den staatlichen Reaktionen auf die Drogenentwicklung. Immer stärker nahm die Betäubungsmittelgesetzgebung Einfluß auf die Drogenabhängigen und deren Behandlung (Novellierung des Opiumgesetzes als „Betäubungsmittelgesetz" 1971/72; siehe Teil 1, Abschnitt 5.2., S. 101ff.). Vorgaben der Sozialgesetzgebung legten die Sozialleistungsträger immer mehr darauf fest, nur bestimmte Formen von (stationärer) Therapie zu finanzieren. Auch veränderte sich das professionelle Selbstverständnis der behandelnden Einrichtungen. Nicht mehr das gleichbestimmte „Kollektiv" war Träger des therapeutischen Prozesses, sondern die streng hierarchisch organisierte *Therapeutische Gemeinschaft*. So bekennt sich die zu Beginn der Entwicklung der Therapeutischen Wohngemeinschaften marktbeherrschende Daytop-Gruppe (1979, S. 32) eindeutig:

> „An der Spitze des therapeutischen Teams und damit an der Spitze der Gemeinschaft steht eine klinisch-therapeutische Fachkraft (Arzt oder Psychologe). Er leitet das psychodynamische und das organisatorische Gesamtgeschehen und verknüpft beide Aspekte zu einem sinnvollen Ganzen. Zur Entwicklung einer positiven Gemeinschaft trägt er entscheidend bei: die Gruppe erlebt ihn als Steuermann und Macher. Er entscheidet letztlich über Aufnahme und ‚Rausschmiß', über Privilegien und Sanktionen."

Die weiteren Mitarbeiter sind streng hierarchisch gegliedert. Sozialarbeitern wird folgender Platz zugewiesen:
„Der Sozialarbeiter ist insbesondere zuständig für die Belange der Drogenabhängigen von draußen: Gerichtssachen, Kostenprobleme, Kontakt mit Angehörigen gehören in seinen Aufgabenbereich." (ebd., S. 33)
Genauso hierarchisch wie das Team ist auch die Gruppe der Klienten organisiert. Jeder Therapieaspirant durchläuft bestimmte Phasen, die

bestimmt sind nach dem Prinzip: je mehr „Privilegien“ (z.B. Möglichkeit von Außenkontakten), desto mehr mögliche „Sanktionen“ (z.B. Bestrafungen bei Fehlverhalten) (ebd., S. 13ff.).
Zwar blieb – bis heute – der Konflikt mit der „klassischen“ Psychiatrie erhalten, denn auch das neue Modell der Therapeutischen Gemeinschaft verstand sich als klare Abgrenzung gegenüber den Klinikmodellen psychiatrischer Prägung. Gleichwohl kam es aber zu einer Annäherung, die sogar so weit ging, daß in der Novellierung des BtMG von 1981 den Therapeutischen Gemeinschaften – sofern staatlich anerkannt – das Primat bei der Behandlung Drogenabhängiger eingeräumt wurde.
Möglich wurde diese Entwicklung durch ein verändertes Verständnis der Genese von Drogenabhängigkeit: Die Hinwendung zu psychologischen Erklärungs- und Therapieansätzen beschrieb Drogenabhängigkeit immer mehr als individuelle Psychopathologie, als späten Ausdruck früher Entwicklungs- und Reifungsdefizite, die es im therapeutischen Prozeß nachzubessern gelte (siehe Teil 1, Abschnitt 1.2.2., S. 38ff.). Zwei Beispiele:

„Unter Ex-Usern in der Drogenszene der USA fällt das Wort von dem ‚Dreijährigen in einem erwachsenen Körper‘, wenn sie ihren eigenen frühen Zustand beschreiben oder Neueingeführten ihren Stand in der Gemeinschaft klarmachen wollen.
Wer immer sich intensiv mit drogenabhängigen Jugendlichen beschäftigt, muß diesen Eindruck bestätigen. Uneinsichtigkeit in emotional belasteten Fragen und Objektivierungsschwierigkeiten überhaupt, mangelnde Fähigkeiten für langfristige Planung, Ich-Zentriertheit, Schwierigkeiten, sich einzuordnen, kaum gezügelte Anspruchshaltung und das Verlangen nach Sofortbefriedigung, infantiles Trotzen und primitive Genußfreude erinnern in ihrer Kombination nicht selten an das Kleinkindesalter. Selbst eine Betonung der Oralität ist unverkennbar.“ (Keup 1974, S. 5)

„Wir meinen, daß der Griff zur Droge als Folge einer Entwicklungsstörung oder im Verlauf von Reifungskrisen geschieht.
Jugendliche, die zum Beispiel zu harten Drogen greifen, erleben sich in irgendeiner Weise als unvollständig und minderwertig. Sie leiden unter psychischen und psychosomatischen Symptomen, sie akzeptieren ihren Körper nicht, sie zweifeln an ihren geistigen und charakterlichen Fähigkeiten, sie fühlen sich beziehungsunfähig oder in sozialer Hinsicht unterlegen.
Gemeinsam ist ihnen allen, daß sie ihre Unzulänglichkeitserlebnisse gegen sich selber wenden, sich in ihr psychosoziales Elend so stark verstricken, daß immer destruktivere Lösungen gewählt werden.“ (Daytop 1979, S. 9)

Im Prozeß dieser Neuorientierung der Drogenarbeit sowohl auf der Ebene der Erklärungsmodelle von Drogenabhängigkeit (siehe Teil 1, Abschnitt 1.2., S. 32ff.) als auch auf der Ebene der Entwicklung einer zunehmend professionellen Behandlungslandschaft entstand ein Behandlungsmodell, das gegen Ende der 70er Jahre so vollständig dominierte, daß die kleinen alternativen Restbestände der antiinstitutionellen und antiautoritären, emanzipatorischen Ansätze nur noch ein Randdasein fristeten. Die offizielle Bezeichnung des nunmehr bundesweit konsensfähigen Behandlungsmodells war die sogenannte „Therapeutische Kette" oder „Therapeutische Stufenleiter" (siehe Abbildung 18).

1.3.1. Das Abstinenzparadigma

Der geradlinige Prozeß des abstinenzorientierten Modells von der Drogenszene über die Entgiftung in die Therapie und Nachsorge wird oftmals auch – zustimmend oder ironisch – der „Königsweg" genannt. Das gesamte Hilfe- und Behandlungssystem wurde nach dem *einen* Ziel der Abstinenz ausgerichtet. Deswegen wird dieser Ansatz das Abstinenzparadigma genannt. Es stützt sich auf die beiden Säulen des „Leidensdrucks" und des „helfenden Zwangs".

Leidensdruck

(1) Leidensdruck: Die theoretische Idealvorstellung des abstinenzorientierten Modells war der abstinenzmotivierte Klient, der von Stufe

Abbildung 18: Das abstinenzzentrierte Drogenhilfesystem (Stufenmodell)

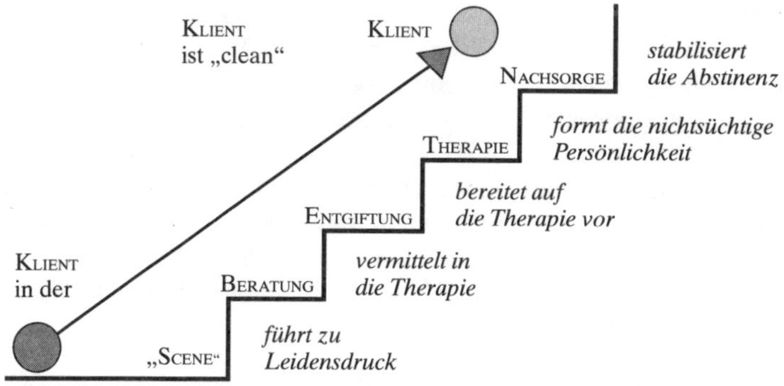

zu Stufe mehr Kompetenz erwirbt, sein künftiges Leben abstinent zu gestalten. Als Voraussetzung dafür, sich auf diesen Weg einzulassen, galt ein unbedingter Wille, den schwierigen Weg auch durchzuhalten. Dabei geriet, ausgehend von den Erfahrungen der Alkoholiker-Selbsthilfe, der Leidensdruck, der letztendlich erst den Willen zur Abstinenz schaffe, immer stärker in den Mittelpunkt der drogentherapeutischen Überlegungen (siehe Teil 1, Abschnitt 3.5.1., S. 70ff., und Teil 2, Abschnitt 1.2., S. 124ff.): Alle Maßnahmen, die darauf abzielten, das Leiden der Süchtigen an der Sucht bzw. deren Folgen zu verringern, würden letztendlich eine Suchtverlängerung bewirken. Der Drogenexperte Wolfram Keup beklagte z.B. als möglichen Nebeneffekt der Einführung von Methadonprogrammen:

> „Objektiv aber sinkt der Leidensdruck. Das ist zwar zunächst und im Prinzip zu begrüßen. Es ist aber bedauerlich, daß mit dem Absinken des Leidensdrucks die Motivation für die Therapie bei vielen Patienten auch sinkt." (Hessischer Landtag 1984, S. 67)

helfender Zwang

(2) Helfender Zwang: Mit der Errichtung und dem Ausbau der Therapiekette brach keineswegs eine breite Behandlungswilligkeit unter den Drogenkonsumenten aus, im Gegenteil. Wolfram Keup (1983, S. 62) bemerkt dazu:

> „Therapieplätze stehen insgesamt ‚ausreichend' zur Verfügung (derzeit ca. 1.500 Plätze), allerdings bei lokalen Engpässen und nur bedingt durch die schlechte Motivationslage, nicht aber ausreichend für die vorhandene Zahl von Suchtkranken."

Mit anderen Worten: Würden alle Süchtigen, die eigentlich einer Therapie bedürften, dies auch zu einem gegebenen Zeitpunkt wollen, stünden erheblich zu wenig Therapieplätze zur Verfügung. Allein: Die Drogenabhängigen wollten nicht. Doch nie wurde diese Tatsache auf die Art des Angebots der Drogentherapie zurückgeführt, die mit überharten Programmen und Ritualen äußerst selektiv und für Geringmotivierte abschreckend wirkte. Als Gründe des Motivationsmangels galten vielmehr die Persönlichkeitsschädigungen der Süchtigen oder die Besonderheiten der Heroinsucht (siehe Teil 1, Abschnitt 1.2., S. 32ff.), die Täschner (1979b, S. 3) aus psychiatrisch-neurologischer Sicht so beschrieb:

> „Wer längere Zeit süchtig ist, macht meist eine typische Persönlichkeitsdeformierung (Depravation) durch, deren Grundlage offenbar hirnorgani-

sche Veränderungen sind. Das Gehirn eines Süchtigen ist einer dauernden Gifteinwirkung ausgesetzt. Das führt zu Schäden, die wir zwar nicht am Gehirn selbst nachweisen können, die aber im Verhalten der Betroffenen ihren Niederschlag finden. So sind besonders die Kritik- und Urteilsfähigkeit, die Antriebslage, die Stimmungslage und schließlich auch die Intelligenz davon betroffen. Das Persönlichkeitsgesamt wird entdifferenziert. Es kommt zu einer Uniformierung der Süchtigen, sie gleichen sich in ihrem Verhalten wie abgeschliffene Kieselsteine in einem Flußbett."

Aus dieser Sicht ist es nur konsequent, wenn weniger motivierte Abhängige durch die „freiwillige" Wahl zwischen Gefängnis und Therapie unter Druck gesetzt (so schon früh Keup 1974, S. 12) oder in geschlossenen Drogenkliniken bzw. in Spezialabteilungen von Haftanstalten behandelt werden sollen (Kleiner 1981, S. 1302).
Scheerer (1995, S. 106) faßt die Grundauffassung des Abstinenzparadigmas zusammen:

„Ziel ist eine drogenfreie Gesellschaft – auch wenn damit nur die illegalen Drogen gemeint sind. Drogenkonsum gilt prinzipiell als Mißbrauch mit sozial- und individualpathologischen Ursachen. Wer Drogenmißbrauch betreibt, vermag seine wirklichen Probleme immer weniger zu bearbeiten und läuft zugleich Gefahr, seine Droge immer höher zu dosieren, auf immer stärkere Drogen umzusteigen und früher oder später in den Teufelskreis der Sucht zu geraten. Drogenabhängigkeit gilt als regressives, Probleme verschärfendes Verhalten, als Ausdruck der Verdrängung von Konflikten, Folge individueller Überforderung oder auch als Reflex der Konsumgesellschaft, die menschlichen Bedürfnisse ersatzhaft durch Waren zu befriedigen versucht. Sucht gilt als schwere Krankheit auf der Grundlage von Sozial- und Individualpathologien mit Verlust der Selbstbestimmungsfähigkeit und zugleich als große Gefahr für die Allgemeinheit (Aids). Hilfe für Süchtige darf das Ziel der Abstinenz nicht aus den Augen verlieren."

1.3.2. Die Aufgaben der vier Stufen im abstinenzzentrierten Modell

Kontakt und Motivation

(a) *Stufe I:* Kontakt- und Motivationsarbeit auf der Szene, die Anfang der 70er Jahre üblich waren, galten nun als schädlich, weil sie den Leidensdruck minderten, den es therapeutisch zu nutzen gelte. Zu Beginn der 80er Jahre waren diese Aktivitäten auf ein Minimum geschrumpft. Kontakte mit der Beratungsstelle kamen fast nur noch zustande, wenn sich die Betroffenen direkt an diese wandten („Komm-Struktur") oder wenn sie über andere Institutionen und Personen vermittelt wurden, die sich mit den Abhängigen befaßten, wie z.B.

Partner, Eltern, Schulen, Krankenhäuser, Ärzte, Einrichtungen der Justiz (siehe Teil 3, Abschnitt 4.2.1., S. 217ff.).

Beratung und Vermittlung

(b) *Stufe II:* Die in den Drogenberatungsstellen (DROBS) geleistete Beratungsarbeit wurde als Vorstufe der „eigentlichen" Therapie verstanden. Diese Einrichtungen entstanden teilweise in Abgrenzung, teilweise in Ergänzung zu den bestehenden Suchtberatungsstellen der Gesundheitsämter und freien Wohlfahrtsverbände. Da es sich bei der angesprochenen Klientel um eine im Zuge der Strafverfolgung gegenüber Behörden besonders mißtrauische und sensible Gruppe handelte, wurden meist freie Vereine deren Träger. Die Hauptaufgabe dieser Drogenberatungsstellen war die Vorbereitung auf die angestrebte oder zumindest anzustrebende Therapie. Neben den sachlichen Aufgaben (Kostenregelungen u.a.) kam dem Beratungsprozeß eine motivationsbildende oder zumindest doch -fördernde Aufgabe zu. Die meist langen Wartezeiten auf einen Therapieplatz sollten sinnvoll überbrückt, die Klienten „bei der Stange gehalten" werden. Diese therapeutische Aufgabe der DROBS machte entsprechende Zusatzausbildungen der Mitarbeiterinnen und Mitarbeiter erforderlich, die dann wiederum die therapeutische Orientierung der Beratungsstellen verstärkte (siehe Teil 3, Abschnitt 4.2.5., S. 226ff.).
Die strikte Orientierung an dem gesellschaftlich vorgegebenen Ziel der Abstinenz ließ Beratungsansätze und -aufgaben, die sich nicht dieser Zielstellung unterordnen ließen, als eher unwesentlich erscheinen. Entsprechend orientierte sich diese Form von Beratungsarbeit an einer sehr hohen Motivation der Klienten:

> „In den Anfängen der [professionellen] Drogenarbeit mußte der Abhängige ‚hochmotiviert' sein [...] Jahre später mußte der Abhängige zumindest eine ‚Grundmotivation unter Beweis stellen', die vom Drogenberater entweder aktiviert oder intensiviert werden sollte. Wann und wie intensiv ein Drogenabhängiger für den Rehabilitationsverlauf motiviert war, bestimmte mehr oder weniger der Drogenberater." (Thamm 1979, S. 14)

Entzug/ Entgiftung

(c) *Stufe III:* In der Entgiftung in den Krankenhäusern (Psychiatrie, innere Abteilung, psychiatrische oder neurologische Abteilung) hatten die durch Leidensdruck, Motivationsarbeit und gegebenenfalls auch durch richterlichen Zwang therapiewilligen Klienten zu entgiften, d.h., den körperlichen Entzug zu absolvieren. Der Entzug galt als Vorstufe zur Therapie ohne eigenständigen Behandlungswert. Er hatte „kalt" zu erfolgen, d.h. ohne Unterstützung durch Medikamente.

Das Leidenserlebnis sollte nochmals die schlimmen Konsequenzen des Suchtmittelmißbrauchs für den Patienten/Klienten sinnlich erfahrbar machen und so für die weitere Abstinenzmotivation genutzt werden. Auch sollte der Entzug möglichst isoliert (unter „Quarantäne") erfolgen, um den Entzugswilligen vor Rückfällen in sein altes, drogengebundenes Leben zu schützen (siehe Teil 3, Abschnitt 5.3., S. 247ff.).

Therapie/ Entwöhnung

(d) *Stufe IV:* Die Aufnahme in die Therapie („Entwöhnung" in der Therapeutischen Wohngemeinschaft) konnte sodann nach zwei bis drei Wochen der Entgiftung – eine gültige Kostenzusage vorausgesetzt – erfolgen. Die Aufnahme geschah mit besonderen Ritualen, die von den Klienten oft sehr gefürchtet wurden: Der Neuankömmling mußte allen Bewohnern und Therapeuten des Hauses seine Hilflosigkeit, sein Bekenntnis der Hilfsbedürftigkeit und seine entsprechende Motivation zur Änderung in oftmals bewußt demütigender Weise demonstrieren. Ihm wurde prinzipiell mißtraut: Grundsätzlich wurde eine „negative Lebenspraxis des Drogenabhängigen" unterstellt, der in konsequenter Konfrontation das therapeutische Ziel der „positiven Lebensbewältigung" entgegengesetzt werden sollte. Daher arbeiteten die Therapien mit Auflagen, die sonst nur aus Gefängnissen und anderen totalen Institutionen bekannt sind: mehrmonatige totale Kontaktsperren zu Freunden, Familie usw., Überwachung und gegebenenfalls Zensur von Korrespondenz, ein differenziertes Sanktionssystem, die Menschenwürde hart strapazierende konfrontative Therapierituale und strikte Vorschriften über Kleidung und Äußeres (Frisur, Schmuck).

Der weitere Verlauf der Therapie war geprägt durch Stufen, die den therapeutischen Fortschritt durch ein Mehr an Verantwortung und Kompetenz dokumentierten. Ausgehend von den Erklärungsansätzen der Reifungsdefizite bei Drogenabhängigen ähnelte die Eingangsphase (bei Daytop und anderen Einrichtungen „Babyphase" oder „Jüngstenphase" genannt) der Kleinkindphase. Stufe für Stufe sollte der lebensgeschichtliche Entwicklungsprozeß rekonstruiert werden, um dann am Schluß die gesunde „positive" Persönlichkeit ins Leben (bzw. die Nachsorge) zu entlassen.

Dieses rigide Therapiesystem mit totaler Überwachung und Kontrolle wurde bei den meisten Therapeutischen Wohngemeinschaften bis weit in die 80er Jahre hinein praktiziert. Die an den besonders hart konfrontierenden Urmodellen der „Therapeutic Communities", wie z.B. „Daytop Village" New York, orientierten Rituale verloren zwar angesichts des Zustroms von völlig therapieunmotivierten Drogenabhängigen durch das 1981 novellierte BtMG („Therapie statt Strafe") langsam an Bedeutung, trotzdem blieb dieser Grundaufbau vieler Therapeutischer Gemeinschaften bis heute erhalten (siehe Teil 3, Abschnitt 5.4., S. 249ff.).

Nachsorge

(e) *Stufe V:* Die Nachsorge wurde als zweite Stufe der stationären Therapie angesehen. Ihre Aufgaben bestanden darin, den Behandlungserfolg der Therapeutischen Wohngemeinschaften zu sichern durch eine begleitete und kontrollierte, sich sukzessiv öffnende freie Lebensführung. Zu den Nachsorgezielen gehörten: Beschaffung eigenen Wohnraums, Wiedereingliederung in einen beruflichen Alltag, Auseinandersetzung mit Rückfallgefahren in einem möglichst alltagsorientierten Erlebenskontext (siehe Teil 3, Abschnitte 4.2.7., S. 231ff., und 5.5., S. 258ff.).

1.3.3. Kritik des abstinenzzentrierten Modells

Die Kritik am Modell der Therapeutischen Kette berief sich auf die Alltagserfahrungen der Drogenberatungsstellen, die nur einen Bruchteil der Süchtigen erreichten und in denen zunehmend die selektiven Wirkungen der abstinenzorientierten Angebote deutlich wurden. Das Leidensdruckkonzept funktionierte, wenn überhaupt, nur bei einem sehr kleinen Teil der potentiellen Klienten; bei dem weitaus größeren Teil führte mehr Leiden an der Sucht zu größerer Hilflosigkeit und Verelendung. Das extrem selektive Prinzip dieses Drogenhilfesystems wurde zunehmend deutlicher und führte seit der Mitte der 80er Jahre zu einer *Umorientierung*. Besonders kritisiert wurden die Koppelung der Hilfe mit Zwangsandrohungen, die ausschließliche Abstinenzorientierung sowie die geringe Effizienz. Eine wichtige Rolle spielten auch sozialwissenschaftliche Untersuchungen sowie die Desillusionierung der professionellen Drogenarbeit (siehe Teil 1, Abschnitt 5.5., S. 110ff., und Teil 3, Abschnitt 4.1.1., S. 213ff.).

mangelnde Akzeptanz

(a) Die vorherrschenden Konzepte der Therapeutischen Wohngemeinschaften wirkten in ihrer Rigidität und Härte eher abschreckend als anziehend auf die Drogenabhängigen. Ihre daraus resultierende mangelnde Akzeptanz bei den Süchtigen führte dazu, die fehlende Motivation zunehmend durch staatliche Zwangsandrohung auszu-

gleichen, was die Drogenhilfe im Prinzip ablehnte. Hier ist in erster Linie die novellierte Fassung des BtMG von 1981 zu nennen. Mit den damals eingeführten „Therapie-statt-Strafe"-Regelungen (§§ 35ff. BtMG) wurde versucht, die wachsende Hilfs- und Erfolglosigkeit bei der Bekämpfung des Drogenproblems bis tief in den Bereich der Rehabilitation hinein durch Zwangsandrohung zu überwinden.
Burkhard Dammann und Sebastian Scheerer (1985, S. 79) beschreiben das Dilemma, dem Heroinabhängige durch diese Koppelung von striktem Abstinenzparadigmas bei der Behandlung und staatlicher Zwangsandrohung zunehmend ausgesetzt wurden:

„Heroinsüchtige haben eine merkwürdige Wahl: entschließen sie sich für den (süchtigen oder kontrollierten) Konsum, erwartet sie der soziale Tod, die endlos wiederholte und jeweils längere Gefängnisstrafe, die Unterbringung im Maßregelvollzug, die Entmündigung [...]; entschließen sie sich aber unter diesen Bedingungen für die stationäre Langzeittherapie, so haben sie dort Eingriffe in ihre Rechte zu erwarten, die in krasser Weise sogar noch über das hinausgehen, was dem Strafgefangenen nach dem Strafvollzugsgesetz im Gefängnis zugemutet wird."

Abstinenzorientierung und Verelendung

(b) Die Tatsache, daß sich der übergroße Teil der Drogenabhängigen nicht – jedenfalls nicht freiwillig – an die Hilfeeinrichtungen wandte, wurde mit Schlagworten wie der berüchtigten „Therapieresistenz" eines angeblich wachsenden Teils der potentiellen Klienten begründet. Doch zunehmend wurde die für selbstverständlich gehaltene Abstinenzorientierung hinterfragt und angesichts des wachsenden Elends der Nichtmotivierten auf die verkürzte Sicht des Problems und die inhumanen Konsequenzen aufmerksam gemacht.
Auch Betroffene begannen, Protest zu formulieren: „Die Theorie vom künstlich zu verstärkenden Leidensdruck, also ein von außen auferlegter, künstlich erzeugter Druck zur Motivationsförderung ist nicht nur inhuman, sondern auch lebensverachtend und treibt, Kriminalisierung und soziale Isolation zynisch in Kauf nehmend, immer mehr Süchtige in den Tod" – so eine Kernaussage einer Demonstration von Mitgliedern des ersten deutschen „Junkie-Bundes" anläßlich eines Bundesdrogenkongresses des Fachverbandes Drogen und Rauschmittel e.V. (FDR) 1982 (FDR 1983, S. 8).
Die vorherrschende Denkrichtung, die Drogensucht als Ausdruck einer schweren psychischen Erkrankung sah, die die Willensfreiheit so stark einschränke, daß „helfender Zwang" den durch die rausch-

giftsüchtig Willenlosen retten müsse, wurde zunehmend kritisiert und hinterfragt:

„In diese Perspektive paßt dann auch ein Menschenbild, das den Abhängigen, weithin seiner Menschenwürde entkleidet, allein von seiner Süchtigkeit her definiert und seine Vergangenheit, Gegenwart wie Zukunft als Anhäufung von Negativpunkten interpretiert. Die Person wird so zum seiner selbst nicht mehr mächtigen Objekt, das wissenschaftlich analysiert, stufenweise stigmatisiert und nahezu beliebig manipulierbar und therapierbar wird, ohne daß es erforderlich wäre, auf seine Bedürfnisse, Wünsche und Hoffnungen näher einzugehen." (Quensel 1982, S. 31)

mangelnde Effizienz

(c) Die bei der Behandlung der Fixer weitgehend ausbleibenden Erfolge auf breiter Basis wurden lange Zeit dem Fehlen von genügend stationären Behandlungsplätzen zugeschrieben. Dies widersprach jedoch stark der gleichzeitig behaupteten Therapieresistenz, der Tatsache leerer Beratungsstellen und der wachsenden Zahl der „35er", wie die Klienten genannt werden, die aufgrund der §§ 35ff. BtMG in die Therapie kamen. Sowohl die mangelnde Reichweite der Drogenberatungsstellen als auch die geringen Erfolge der stationären Einrichtungen gerieten unter Kritik, es wurde nicht länger hingenommen, ein Drogenhilfesystem immer weiter auszubauen, das seine Ineffizienz kaum noch verbergen konnte. Das auffälligste Indiz war die dramatisch wachsende Zahl von Todesfällen unter Drogenkonsumenten von 324 im Jahre 1985 auf 2.125 im Jahre 1991. Einzelne Autoren beschuldigten dieses Drogenhilfesystem gar der „Emanzipation vom Klienten" (Bossong 1983, S. 39ff.).

Illusion einer drogenfreien Gesellschaft

(d) Unterstützt wurde die Umorientierung durch die sozialwissenschaftliche Diskussion des Drogenproblems, die besonders durch Quensel mit seiner Untersuchung „Drogenelend" (1982) in Gang gesetzt wurde. In einer Reihe von Untersuchungen wurden die Grundlagen der bisherigen Paradigmen kritisch untersucht und neue Erklärungs- und Praxismodelle formuliert. Erstens wurde erkannt, daß das gesellschaftliche Drogenproblem auch ein Drogenpolitikproblem (siehe Teil 1, Kapitel 5, S. 98ff.) ist, d.h. durch die undifferenzierte und verbotsorientierte Drogenpolitik erheblich verschärft wird. Zweitens wurde die Zielsetzung der „drogenfreien Gesellschaft" als Illusion entlarvt, die bei den Menschen, die den gesellschaftlichen Belastungen nicht gewachsen sind, eher zum süchtigen Gebrauch von Drogen beiträgt, als sie in einem selbstbestimmten kontrollierten und insoweit weniger gefährlichen Konsum zu unterstützen (siehe Teil 1, Abschnitt 4.1., S. 82ff.). Drittens wurden Strategien der Entdramatisierung und Normalisierung erarbeitet, die die lebensgeschichtliche Bedeutung des individuellen Drogenkonsums betonten und auf die Chance des Herauswachsens aus der Abhängigkeit setzten.

(e) Letztlich kann man den Prozeß der Umorientierung nur auf dem Hintergrund der Desillusionierung der professionellen Drogenarbeit verstehen. Viele Jahre war der Aufbau des Drogenhilfesystems im Sinne der Therapeutischen Kette getragen von therapeutischen Omnipotenzvorstellungen, die in der Konfrontation mit der realen Reichweite, Haltekraft und Erfolgsquote immer brüchiger werden mußten. Es entstanden langsam die zwei Lager der abstinenzorientierten und der akzeptanzorientierten Grundauffassungen, die die Diskussion bis heute beherrschen. Es ist allerdings nicht zu übersehen, daß die Umorientierung erst mit der Bedrohung durch Aids politisch vorangetrieben worden ist. Umorientierung

„Angesichts von Aids war es unumgänglich, alle Fixer zu erreichen und ihnen zumindest gewisse Verhaltensänderungen (wie zum Beispiel die Benutzung sterilen Spritzbestecks, von Kondomen usw.) abzutrotzen – ob sie nun ihren Drogenkonsum aufgeben wollten/konnten oder nicht. Dazu mußte man die Fähigkeit besitzen oder erwerben, Junkies so zu nehmen wie sie waren – nämlich süchtig, eigenwillig und keineswegs immer therapiegeneigt. Damit entstand die ‚suchtbegleitende', ‚niedrigschwellige' bzw. ‚akzeptierende Drogenarbeit'." „Es geht […] in erster Linie um eine bedingungslose Basisversorgung von allen Süchtigen mit allem, was sie zum (Über-)Leben brauchen: ein Dach über dem Kopf (Übernachtungsstätten), steriles Spritzbesteck (Spritzentausch- und -verteilungsprogramme), Tips für ‚safer use' und ‚safer sex' (samt Kondomen), allgemeine und spezifische medizinische Versorgung (mit Methadon, Codein oder Heroin, aber auch strukturelle Vorkehrungen für den Drogennotfall), psychosoziale Unterstützung." (Scheerer 1995, S. 109 und 112)

1.4. Das Akzeptanzmodell: die klientenzentrierte Drogenhilfe

1.4.1. Prämissen

Aus der Kritik heraus, nicht der konkrete süchtige Mensch stehe im Vordergrund des Hilfesystems, sondern eine Ideologie des Helfens, forderten viele Praktiker eine radikale Umorientierung der Drogen-

hilfe: Nicht mehr das Abstinenzziel solle die Organisation der Drogenhilfe beherrschen, sondern die Akzeptanz.
Heino Stöver (1990, S. 15) formuliert die normativen Prämissen akzeptierender Drogenarbeit wie folgt:

„Drogengebraucher haben, auch und gerade unter den Bedingungen des fortgesetzten Konsums, ein Recht auf menschenwürdige gesundheitliche und soziale Lebensbedingungen, sie müssen es nicht erst durch abstinentes und angepaßtes Verhalten erwerben, Drogenkonsumenten können für sich selbst verantwortlich handeln. Freiwilligkeit in den therapeutischen Beziehungen und anderen Hilfsangeboten bildet daher eine unveräußerliche Grundlage.
Auch scheinbar unverständliches Drogenkonsumverhalten kann als eine persönliche Entscheidung mit einem anderen Wertkonzept akzeptiert werden, als ein Lebensstil – selbst wenn man ihn niemals übernehmen wollte."

Stand im Mittelpunkt des Abstinenzmodells ein vorgegebenes Ziel, dem sich der Hilfeprozeß wie auch der Klient unterzuordnen hatten, ist es beim Akzeptanzmodell umgekehrt (siehe Abbildung 19, S. 185): Im Mittelpunkt steht der Klient, der selber entscheidet, ob, und wenn, welche Hilfe er braucht und wahrnehmen will. Der Objektstatus der Drogenabhängigen wird überwunden. Die Drogenhilfe entwickelt ein bedürfnisgerechtes Angebot, in dem neben der traditionellen Therapievermittlung weitere nun „entdeckte" Ziele wie z.B. Überlebenshilfen, Hilfen im Gesundheitsbereich, soziale Hilfen usw. gleichberechtigt angestrebt werden.

1.4.2. Maßnahmen der akzeptierenden Drogenhilfe

Unter Schlagworten wie „Vergrößerung der Reichweite der Drogenhilfe", „Schwelligkeits- und Zielgruppendifferenzierung", „Paßgenauigkeit der Angebotsstrukturen" usw. entwickelten sich gegen Ende der 80er Jahre zunehmend Angebote, die sich deutlich von denen der 70er Jahre unterschieden: Dazu gehörten Kontaktläden, Notschlafeinrichtungen, Entgiftungen mit medikamentöser Unterstützung („warmer" Entzug), zunehmend niedrigschwellige Substitutionsangebote, Streetwork mit Hilfsangeboten vor Ort, Beratungsstellen mit einem breit gefächerten Aufgabenkatalog, Entwöhnungseinrichtungen mit individualisierenden Konzepten (siehe Teil 3, Kapitel 4, S. 213ff.).

JES Zunehmend organisierten sich Drogenabhängige in Interessengemeinschaften, die teilweise Selbsthilfecharakter hatten bzw. haben.

Abbildung 19: Das klientzentrierte Drogenhilfesystem (Vernetzungsmodell)

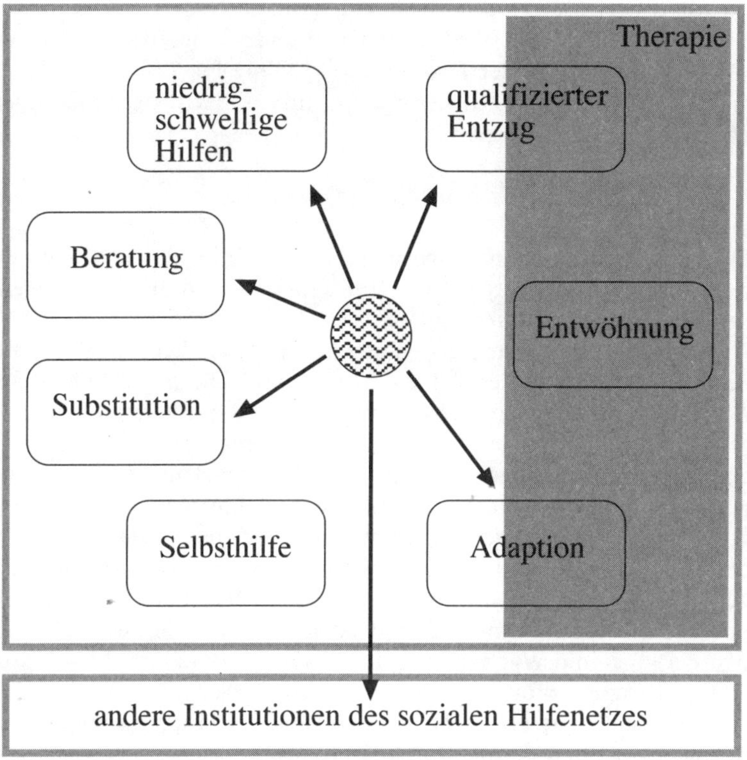

Zunächst orientierten sie sich an den Vorbildern der niederländischen „Junkiebonds“, einer Art Fixergewerkschaft (wie z.B. in Kassel und Frankfurt 1983). Gegen Ende der 80er Jahre wurde aus der Deutschen Aids-Hilfe heraus, die von Anfang an bewußt auf eine Trennung zwischen „Betroffenen“ = Klienten und „Professionellen“ = Drogen- und Aids-Hilfe verzichtete, „JES“ (Junkies, Ex-User, Substituierte) gegründet. „JES“ ist eine Selbsthilfegruppe, die akzeptanzorientiert arbeitet und ihre Aufgabe vor allem darin sieht, die Rechte der „Drogengebraucher“ auf menschenwürdige Existenz und ausreichende Hilfe, auch ohne Abstinenzvoraussetzung, zu formulieren und (drogen)politisch durchzusetzen.

akzept e.V.

Viele Drogenhilfeeinrichtungen organisierten sich im Bundesverband für akzeptierende Drogenarbeit und humane Drogenpolitik akzept e.V., der 1993 einen vielbeachteten Bundeskongreß zum Thema „Menschenwürde in der Drogenpolitik! Ohne Legalisierung geht es nicht!" veranstaltete und wichtige Akzente in der drogenpolitischen Diskussion setzte (akzept 1993).

1.4.3. Probleme der akzeptierenden Drogenhilfe

Die neue Richtung in der Drogenhilfe wird bis heute keineswegs allseits akzeptiert; der Streit der abstinenzorientierten und akzeptierenden Drogenhilfe hält unvermindert an.

Veränderungen der abstinenzorientierten Hilfe

Die abstinenzorientierte Drogenhilfe ihrerseits hat heute auch ein anderes Gesicht als in den frühen 70er Jahren. Die Entwöhnungseinrichtungen arbeiten vielfach zielgruppen- und methodendifferenzierend (z.B. Einrichtungen für spezielle Klientengruppen wie Jugendliche, Eltern mit Kindern, Frauen), die Therapiedauer wird flexibler gestaltet, gemeindenahe Therapiekonzepte nehmen zu, konfrontative Rituale und entwürdigende Strafsysteme sind die Ausnahme geworden. Die Therapievermittlungsverfahren werden – bei durchaus akzeptablen Ergebnissen im Therapieverlauf – zunehmend verkürzt und von den für die Abhängigen quälenden und oft völlig überflüssigen Motivations- und Wartezeiten befreit (wie z.B. durch das Modellprojekt „Therapie sofort" in Dortmund eindrucksvoll belegt wurde). Ambulante Therapiekonzepte werden zunehmend umgesetzt, teilweise sogar mit Finanzierung durch die Rentenversicherungsträger.

Grenzen der akzeptierenden Hilfe

Die akzeptierende Drogenhilfe andererseits stößt immer wieder an Grenzen in Bereichen, die sie aus eigener Kraft kaum verändern kann: die Drogenpolitik, die in ihren Prämissen immer noch von der „drogenfreien Gesellschaft" ausgeht und nicht auf die Kriminalisierung bestimmter Drogen und deren Gebraucher verzichten mag (siehe Teil 1, Kapitel 5, S. 98ff.). Der Bundesverband „akzept e.V." fordert daher:

> „Das Verbot von Drogen, insbesondere deren strafrechtliche Sanktion, muß abgeschafft werden. Das Strafrecht ist als Mittel der gesundheitlichen und sozialen Kontrolle von Drogenproblemen nicht geeignet. Es produziert Verelendung der DrogenkonsumentInnen von verbotenen Drogen und nimmt den Tod vieler Menschen billigend in Kauf. Der Konsum von Drogen und der

Kleinhandel zum Eigenverbrauch müssen in einem ersten Schritt von der Strafverfolgung ausgenommen werden." (akzept 1993, S. 206)

Die (drogen)politischen Implikationen der „akzeptierenden Drogenhilfe" machen diese daher auch heute noch weitgehend „unverdaulich" für die offizielle Drogen(hilfe)politik, während andererseits die abstinenzorientierte Drogenhilfe sich in gutem Einklang sieht mit der geltenden Rechtslage und der Meinung vieler führender Gremien und Verbände im Bereich der Versorgungseinrichtungen der Drogenhilfe. So verzichten beispielsweise die verschiedenen Resolutionen der Ärztekammern zur Substitution, aber auch die NUB-Richtlinien und die Methadonvereinbarung NRW bis heute nicht auf die immer wiederkehrende Formulierung, daß das „oberste Ziel" dieser Behandlung die Drogenfreiheit sei (siehe Teil 3, Kapitel 6, S. 263ff.).

Zuständigkeitsprobleme

Auf der professionellen Ebene löste die neue Orientierung der Drogenhilfe Diskussionen aus über die Fragen: Wer ist für welche Aufgabe zuständig? Auf welcher Ebene, mit welchen Mitteln und Zielen? Mit welcher Qualifikation? Mit welcher Aufgabenstellung in einem *akzeptierenden Verbund* der Drogenhilfeangebote?

Die in den letzten Jahren in Bewegung geratene Diskussion über die Zuständigkeiten führte an einigen Orten dazu, daß die *Kontaktläden* auch Aufgaben der Therapieberatung und -vermittlung wahrnehmen, die örtlichen Drogenberatungsstellen sich auf andere, im wesentlichen auf ambulante Therapie gerichtete Maßnahmen beschränken. Andernorts wiederum ist es genau umgekehrt: Die niedrigschwelligen Einrichtungen, insbesondere Kontaktläden, arbeiten gar nicht in Richtung Therapie. Sie beraten zwar durchaus über weiterführende Angebote („Brückenarbeit"), sehen diese aber als Aufgaben anderer Einrichtungen, insbesondere der Drogenberatung, an. Letztlich ist an vielen Orten auch die alte „Hierarchie" der Drogenhilfequalifikationen noch in den Köpfen: je weiter weg von der Szene, desto „elaborierter" die professionelle Qualifikation der Mitarbeiterinnen und Mitarbeiter, und natürlich auch umgekehrt: je näher zur Drogenszene, desto geringer die Professionalität.

Zwischenbilanz

Insgesamt ist die Drogenhilfe der 90er Jahre weit davon entfernt, ein in sich zusammenhängendes, schlüssiges Konzept der „akzeptierenden Drogenhilfe" realisiert zu haben. Rein (psycho-)therapeutisch orientierte Konzepte konkurrieren mit sozialarbeiterisch bzw. soziotherapeutisch angelegten Programmen, ausschließlich abstinenzorien-

tierte Hilfen konkurrieren mit solchen der völligen Akzeptanz der Süchtigen und ihrer Verhaltensweisen. Teilweise geht dieser „Riß" nicht nur durch die generelle Diskussion zwischen verschiedenen Einrichtungen und Trägern, sondern sogar durch die Teams bestehender Einrichtungen.
Von der Verwirklichung des allseits akzeptierten Wunsches, daß sowohl die Drogenabhängigkeit als auch deren Behandlung „normalisiert" werden mögen, ist man in der Bundesrepublik noch sehr weit entfernt.

Literatur: Zur ausführlicheren Beschäftigung mit den historischen Veränderungen der Grundauffassungen in der Drogenhilfe sind zu empfehlen: *Klaus Schuller:* Von Release zur Therapeutischen Kette – und zurück? In: Ders./Stöver, Heino (Hg.): Akzeptierende Drogenarbeit. Freiburg 1990, S. 31–51, und *Sebastian Scheerer:* Sucht. Reinbek 1995.

2. Organisation und Finanzierung der Drogenhilfe

Organisation und Aufbau der ambulanten Drogenhilfe in der Bundesrepublik sind geprägt durch ein historisch gewachsenes buntes Bild verschiedener Organisationsformen, Trägerschaften und Konzeptionen sowie durch eine regional sehr unterschiedliche Dichte und Vollständigkeit der Angebotspalette. Die stationären Therapiegebote bieten zumindest auf der Ebene der Organisationsform ein einheitlicheres Bild, was nicht zuletzt durch die gesetzlich klar definierte Zuständigkeit der Rentenversicherungen (SGB VI) bedingt ist. Unterschiede der Trägerschaften sowie der Konzeptionen ergeben sich insbesondere zwischen den Einrichtungen der „medizinischen Rehabilitation“ (SGB V und VI) und den „sozialtherapeutischen Wohngemeinschaften“ (BSHG) (Abschnitt 2.1.).
Die Finanzierung der Drogenhilfe ist geprägt durch die teilweise recht komplizierten Mischfinanzierungen der ambulanten Dienste (meist die Gemeinde, zum Teil aber auch Bund, Länder, Krankenkassen und Rentenversicherungen, private sowie halböffentliche Finanzierungen, z.B. Stiftungen) einerseits und klarer Pflegesatzfinanzierung (Rentenversicherungen, Sozialleistungsträger) der meisten stationären Angebote andererseits (Abschnitt 2.2.).
Bezüglich der Qualität der Drogenhilfeangebote versuchen verschiedene Ansätze im Bereich des Qualitätsmanagements, Normen und Orientierungen für eine Qualifizierung und verbesserte Klientenorientierung der Suchtarbeit zu finden und umzusetzen. Hierbei zeigen sich Verfahren, die das Prinzip einer marktorientierten Inwertsetzung von klientenbezogenen Leistungen der Drogenhilfe propagieren, äußerst skeptisch gegenüber dem Stellenwert und der Leistungsfähigkeit der Sozialen Arbeit im Bereich der Suchtkrankenhilfe (Abschnitt 2.3.).

Vorbemerkung: Ein moderner Sozialstaat, als der sich die Bundesrepublik versteht, hat fraglos eine Verpflichtung, soziale Dienstleistungen und Hilfestellungen möglich und für die Betroffenen zugänglich zu machen, nicht zuletzt durch eine ausreichende Finanzierung solcher Aufgaben. So betont der Bundesminister für Gesundheit, Horst Seehofer: „Drogenabhängigkeit ist Krankheit. Deswegen haben Suchtabhängige einen Anspruch auf unsere Hilfe, auf medizinische Behandlung und Rehabilitation“ (Fachverband Sucht 1995, S. 10).

Die gesetzlichen Grundlagen für die sozialen Dienstleistungen, die die Drogenhilfe erbringt, sind verstreut über eine große Anzahl verschiedener Einzelgesetze, so z.B. das Sozialgesetzbuch (SGB I §§ 10, 27, 29; Buch V und VI), Bundessozialhilfegesetz (BSHG §§ 10, 93), Kinder- und Jugendhilfegesetz (SGB VII/KJHG) oder die landesrechtlichen Freiheitsentziehungsgesetze. Die föderativen Zuständigkeitsregelungen wiederum legen fest, auf welcher Ebene diese Finanzierungen zu erfolgen haben (Kommune, Land, Bund).

2.1. Organisation der Drogenhilfe

ambulante Hilfen

(a) Ambulante Hilfen: Da die Umsetzung und inhaltliche Gestaltung der aus den oben erwähnten Gesetzen resultierenden Aufgaben weitgehend unter kommunale Zuständigkeit fallen, waren Umfang, Reichweite und Ausstattung von Einrichtungen der Drogenhilfe im wesentlichen dem Verhandlungsgeschick der Träger vor Ort auf der einen Seite, den öffentlichen Zuschußgebern auf der anderen Seite überlassen. Hierbei spielte und spielt das politische Klima eine große Rolle, das eine eher helfende oder eher repressive Ausrichtung der Drogenpolitik begünstigt und so in den Bundesländern zu recht unterschiedlichen Ausprägungen der Drogenhilfe führte.
Zusätzlich ergibt sich aus der unterschiedlichen Belastung der Kommunen/Regionen mit Drogenproblemen sowie der finanziellen Ausstattung der Kommunen eine ungleiche Verteilung der Hilfeeinrichtungen. Während z.B. Ballungsräume über eine Vielzahl von verschiedenen Einrichtungen und eine differenzierte Ausstattung verfügen, haben eher ländliche Gebiete oft damit zu kämpfen, überhaupt eine Minimalausstattung von Beratung und Hilfe anbieten zu können.
Vermutlich hat neben anderen Faktoren auch die bessere Ausstattung mit Hilfeeinrichtungen eine Sogwirkung, die zur Konzentration der Szenen in den Großstädten beiträgt. Aus diesem Grunde wird inzwischen gelegentlich versucht, auswärtige Drogenabhängige – das waren z.B. 1991 in Frankfurt vor der Räumung der illegalen Drogenszene in der Taunusanlage rund zwei Drittel, davon kam etwa die Hälfte aus den Nachbargemeinden – von besonders liberalen Angeboten der Drogenhilfe auszuschließen.
Die Drogenhilfe in der heutigen Form ist somit Resultat langwieriger Auseinandersetzungen zwischen staatlich definierten Zuständigkei-

ten, Eigeninitiativen und politischen Richtungsvorgaben. Heute unterhält fast jede größere Kommune (Stadt, Landkreis) zumindest eine minimal ausgestattete Beratungsstelle, oft als „Suchtberatungsstelle", die für die Probleme der Betroffenen von legalen wie illegalen Drogen gleichermaßen zuständig ist. Im Durchschnitt ergibt sich bei großen regionalen Unterschieden eine Versorgungsdichte von einer Beratungsstelle je 65.000 Einwohner.

(b) Stationäre Hilfen: Auch die stationäre Versorgung Süchtiger ist in den letzten Jahren kontinuierlich ausgebaut worden, so daß auch hier davon auszugehen ist, daß – zumindest rein quantitativ – tendenziell eine ausreichende Versorgung erreicht wird. Anders sieht es in den Bereichen der qualifizierten Entgiftung sowie der Nachsorge aus, wo immer noch lange Wartezeiten und erhebliche Anfahrtswege zu den überregionalen Einrichtungen vorherrschen. stationäre Hilfen

2.1.1. Organisation der ambulanten Hilfen

Suchtberatungsstellen haben ihren Ursprung in den Beratungsangeboten der Gesundheitsämter und der Freien Wohlfahrtsverbände, die schon lange vor dem Beginn der „Drogenwelle" Beratungsstellen für Suchtmittelabhängige, vornehmlich im Bereich von Alkohol und Medikamenten, aber auch von illegalen Drogen als kommunale Pflichtangebote unterhielten. Etwa Mitte der 70er Jahre entstanden organisatorisch wie inhaltlich selbständige Beratungsangebote für Fixer, und es begann mit dem Konzept der Therapeutischen Kette eine Neustrukturierung der gesamten Drogenhilfe (siehe Teil 3, Abschnitt 1.3., S. 173ff.). An vielen Orten entstanden Jugend- und Drogenberatungsstellen in bewußter Abgrenzung zu bürokratisch organisierten Institutionen. Sie wollten hiermit ihre Methoden- und Richtungsunabhängigkeit herstellen bzw. erhalten.

Organisatorisch bietet sich daher eine bunte Landschaft verschiedener Strukturen. In Abgrenzung zur Selbsthilfebewegung Release (siehe Teil 3, Abschnitt 1.2. S. 170ff.) war sich der größte Teil der Drogenberatung anbietenden Institutionen einig: Die Drogenberatung sollte den Charakter einer professionell entwickelten Dienstleistung erhalten. (Eine wichtige Ausnahme bildete Synanon, das – zumindest konzeptionell – an den Werten und der Tradition der Selbsthilfebewegung festhielt.) Entsprechend waren neben der organisatorischen Ausdifferenzierung auch die Entwicklung der Qualifikationsstruktur der

Mitarbeiter und Mitarbeiterinnen von großer Bedeutung. Neben den seit etwa 1975 vorherrschenden Grundqualifikationen Sozialarbeiter/-pädagoge (grad.) entstand – ganz im Sinne des therapieorientierten Zeitgeistes in der Sozialen Arbeit – geradezu eine Schwemme an therapeutisch orientierten Zusatzausbildungen, insbesondere im Bereich der Humanistischen Psychologie nebst exotischen Ablegern wie die an indischen Gurus orientierten Heilslehren (z.B. die des Bhagwan).

Träger Die vorherrschende Organisationsform war der gemeinnützige eingetragene Verein (abgekürzt e.V.) in den unterschiedlichsten Konstruktionen:

(a) Vereinsgründungen mit ausschließlich juristischen Personen in den Vereinsorganen (in der Regel Vertreter der Gebietskörperschaften des Einzugsbereichs) bis hin zu bewußt diese öffentlichen Vertreter ausschließenden rein privaten Vereinen, die besonders großen Wert auf ihre organisatorische und politische Unabhängigkeit legten.
(b) Träger von gut zwei Dritteln der Suchtberatungsstellen sind freie Wohlfahrtsverbände (vor allem Diakonisches Werk, Caritas-Verband und Paritätischer Wohlfahrtsverband), teilweise als organisatorische Arbeitseinheit des jeweiligen Orts-/Regionalverbandes, teilweise als unabhängige Vereine mit korporativer Mitgliedschaft bei einem Wohlfahrtsverband, um ihre Interessen wirksamer vertreten zu können.
(c) Bei knapp einem Drittel sind die Kommunen (bzw. Gebietskörperschaften) Träger der Einrichtungen. Sie sind unter verschiedenen Bezeichnungen wie „Jugend- und Konfliktberatung", „Drogenberatung", „Suchtberatungsstellen" usw. meist dem Jugend- oder Gesundheitsamt zugeordnet.

Aufgaben Zur Grundausstattung der Drogenberatungsstellen gehören ambulante Beratungsdienste, die in Zielrichtung und Umfang einen erheblichen Wandel erfuhren (siehe Teil 3, Kapitel 1, S. 168ff.). Entsprechend veränderten und erweiterten sich Aufgabenkatalog und Methodenrepertoire der Drogenberatungsstellen erheblich. Zu den klassischen Aufgaben der Vorbereitung auf Langzeittherapien kamen: Suchtbegleitung, Trennung zwischen Beratung und Behandlung, wobei Beratung alle Fragen umfaßt, die der Klient mitbringt, Betonung der Eigenständigkeit ambulanter Dienstleistungen, Betreuung, Krisenintervention, niedrigschwellige Angebote besonders mit dem Ziel der gesundheitlichen Schadensbegrenzung, Prävention und

Arbeit im politischen Raum (siehe Teil 3, Abschnitt 4.2., S. 217ff.). Die Organisationsform der meisten nicht durch Suchtberatungsstellen selbst abgedeckten ambulanten Angebote der Drogenhilfe, z.B. Suchtprävention oder niedrigschwellige Hilfen wie Kontaktläden, entspricht der der Beratungsstellen.

2.1.2. Organisation der stationären Hilfen

Zu Beginn der 70er Jahre waren die meisten stationären Angebote für Gebraucher illegaler Drogen Abteilungen von psychiatrischen Kliniken, meist Landeskrankenhäusern. Eine spezifische Therapie für diese Zielgruppe wurde nicht angeboten, so daß in diesen Einrichtungen Betroffene der verschiedensten Suchtrichtungen gemeinsam behandelt wurden. Mitte der 70er Jahre begannen einzelne Gruppen sogenannte Therapeutische Wohngemeinschaften zu gründen, die sich in Organisationsform, Finanzierung, Zielgruppendefinierung und therapeutischer Methodik deutlich von den psychiatrisch definierten Behandlungsansätzen unterschieden. Schon bald beherrschte diese Form der stationären Therapie völlig das Bild. Träger solcher Therapeutischen Wohngemeinschaften sind meist gemeinnützige GmbH's, aber auch Vereine und Behörden, während im Bereich der stationären Behandlung von Alkohol- und Medikamentenabhängigen heute auch privatwirtschaftlich organisierte Anbieter existieren.

Empfehlungsvereinbarung Sucht

(1) Ein entscheidender Einschnitt für die Organisationsform der Therapeutischen Gemeinschaften war die Empfehlungsvereinbarung Sucht der Rentenversicherungsträger 1979. Hier wurde festgelegt, daß Leistungen nach der Reichsversicherungsordnung (SGB/RVO) nur dann mit den Rentenversicherungsträgern abgerechnet werden können, wenn die Einrichtungen den Standards der sogenannten Fachkliniken entsprechen. Neben einer Reihe von räumlichen und technischen Vorschriften betraf dies insbesondere die Leitungsstruktur und die Finanzierung:

(a) Die von den Rentenversicherungen anerkannten Einrichtungen mußten eine ärztliche Leitung vorweisen.
(b) Sie mußten sich bezüglich der angewandten Therapiemethoden und der Personalqualifikation an die Vorgaben des Verbandes der Rentenversicherungsträger (VdR) halten.

(c) Die Kostenoptimierungsinteressen der Rentenversicherungsträger setzten sich im Laufe der Jahre deutlich auch im Bereich der Größe der Einrichtungen durch: Herrschten in den 70er Jahren noch kleine, sozial- und familientherapeutisch orientierte Einrichtungen mit höchstens 15 Plätzen vor, so wurden zu Beginn der 90er Jahre Einrichtungen mit mehr als 35 Plätzen die Regel.
(d) Sozialtherapeutische Wohngemeinschaften, die sich den an der medizinischen Rehabilitation orientierten Vorschriften der Empfehlungsvereinbarung widersetzten, konnten nur noch Klienten mit BSHG-Indikation aufnehmen und gerieten in finanzielle Nöte.

„Therapie statt Strafe“

(2) Ein weiterer entscheidender Einschnitt in die Entwicklung der stationären Angebote war das Inkrafttreten des neuen BtMG 1981. Die Regelung der §§ 35ff. BtMG („Therapie statt Strafe“; siehe Teil 1, Abschnitt 6.2., S. 115) lenkte einerseits viele drogenabhängige Straftäter in die Therapieeinrichtungen und sorgte, bei aller Kritik an der zweifelhaften Motivation der Klienten, für eine regelmäßige Auslastung der Kapazitäten. Sie bescherte aber den Einrichtungen andererseits Pflichten wie z.B. die Pflicht, Therapieabbrecher den Justizbehörden zu melden (§ 35 Abs. 4 BtMG), und den Zwang zur staatlichen Anerkennung (§ 35 Abs. 1 BtMG).

wohnortnah oder wohnortfern

(3) Seit es stationäre Therapien in der Form der Therapeutischen Gemeinschaften gibt, wird über die Frage diskutiert, ob die „Therapien“ besser dezentral, d.h. wohnortfern mit überregionalem Einzugsgebiet eingerichtet werden sollen, oder wohnortnah (bzw. gemeindenah) eingebunden in ein regionales Hilfenetz. Die dezentrale Organisation dominierte bis etwa 1993, seitdem wächst der Anteil regionaler Angebote. Neben rein wirtschaftlichen Gründen (siehe unten) wurde das Argument vorgebracht, daß nur eine möglichst radikale Trennung zwischen Klient und Heimatszene den angestrebten Neuanfang sicherstellen könne. Die ständige Konfrontation mit Bekannten, Verwandten und der Vorgeschichte sei mit so massiven Rückfallgefahren verbunden, daß es unfachlich sei, gemeindenahe Konzepte zu vertreten.
Die Diskussion gegen die gemeindenahen Konzepte wurde zum Teil – ähnlich wie in der Methadondebatte Ende der 80er Jahre – aus ideologischen und auch aus ökonomischen Interessen extrem polemisch geführt. Ein Beispiel bietet Ulrich J. Osterhues (o. J., S. 4), Vorsitzen-

der der bei dezentralen stationären Einrichtungen marktbeherrschenden Daytop-Gruppe:

„[...] mitunter fällt es schwer, sich des schlimmen Verdachts zu erwehren, das unbewußte Motiv für diese Forderung sei der Wunsch, den Drogenabhängigen in seiner Heimatgemeinde als ‚Versager' vorzuführen. [...] Es ist nicht auszuschließen, daß sich derart gedemütigte Drogenabhängige den ‚Goldenen Schuß' setzen."

Gegner dieser „Verschubung" Drogenabhängiger quer durch die Republik argumentierten, diese sozial, menschlich wie geographisch radikale Entwurzelung von Drogenabhängigen nütze nicht, sondern schade nur: Die Abhängigen lernten nicht, ihr bisheriges (auch das suchtgebundene) Leben zu akzeptieren und zu be- und verarbeiten, sondern es werde bei ihnen die Illusion erzeugt, die räumliche (wie auch kontaktbezogene) radikale Trennung schaffe eine Art geläuterter Wiedergeburt. Für diejenigen, die diesen Prozeß der Neugeburt nicht (auf Anhieb) schaffen, verstärke diese Konzeption nur noch die sowieso schon bei Drogenabhängigen oft vorhandenen Tendenzen zur Isolation, Bindungslosigkeit und Beliebigkeit der Beziehungsgestaltung.
Insgesamt gehen gemeindenahe Konzepte von den Grundsätzen aus, das Hilfesystem müsse durchlässig, die einzelnen Teilsysteme separat begehbar und das Hilfeangebot wiederholbar sein. Die Organisation könne konsequenterweise nur auf der Basis von gemeindenaher, zumindest aber regional vernetzter Zusammenarbeit erfolgen, für die geeignete Kooperationsgremien geschaffen werden müßten. Andere Konzepte streben eine Art erweitertes Ambulanzmodell an, in dem für eine definierte Region alle möglichen Dienste unter einem Dach zur Verfügung stehen. Hierdurch soll ein Maximum an Durchlässigkeit, Transparenz und Professionalität sichergestellt sein, Reibungsverluste zwischen konkurrierenden Trägern könnten auf ein Minimum reduziert werden.
Es liegt auf der Hand, daß die Frage gemeindenah oder dezentral sich (fast) ausschließlich auf die stationären Angebote (qualifizierte Entgiftung, Entwöhnung, Nachsorge) bezieht. Ambulante Einrichtungen wie z.B. Drogenberatungsstellen, Kontaktläden, Notschlafeinrichtungen, Methadonangebote usw. sind notwendigerweise gemeindenah, wenngleich oft in ganz unterschiedlicher Trägerschaft. Die erforderliche Kooperation und Koordination wird freilich nicht selten durch

konkurrierende ideologische und finanzielle Trägerinteressen erheblich erschwert. Auch entwickelte sich in kaum einer Region eine trägerübergreifende Planungskommission, die notwendig wäre, um im Interesse der Klienten die Angebotsstruktur der Hilfeeinrichtungen zu optimieren. In vielen Orten sind „Citykonferenzen" oder Sucht-Arbeitsgemeinschaften der örtlichen psychosozialen Arbeitsgemeinschaften üblich, die auch engagiert und effektiv arbeiten. Hier sitzen aber meist nicht die Vertreter der Träger der Einrichtungen an einem Tisch, sondern deren Mitarbeiterinnen und Mitarbeiter. Hierdurch ist zwar ein Maximum an Qualifikation und Kompetenz erreicht, nicht aber an Umsetzungskonsequenz.

2.2. Finanzierung der Drogenhilfe

Alle Aufgabenstellungen der ambulanten wie stationären Drogenhilfe bleiben Wunschgedanken, wenn sie nicht finanzierbar sind. Ob wiederum eine Einrichtung überhaupt gefordert, geplant und möglicherweise finanziert wird, ist – wie oben beschrieben – mangels überregionaler Planung weitgehend dem Zufall bzw. dem Verhandlungsgeschick der Träger überlassen. Allerdings gibt es eine Reihe von Finanzierungsvoraussetzungen, die im folgenden erläutert werden sollen.

2.2.1. Finanzierung der ambulanten Hilfen

Der weitaus größte Teil der Mittel, die für die ambulante Drogenhilfe ausgegeben werden, sind öffentliche Gelder (Kommunen, Länder, Bund), private Finanzierung kommt nur ausnahmsweise, z.B. über größere Spenden, vor. Wegen der in diesen Fällen durch Satzungen bzw. steuerliche Freistellungsbescheide festgeschriebenen Gemeinnützigkeit sind Überschüsse selten, aber z.B. durch Zweckbetriebe erzielbar und werden hier nicht ausgeschüttet, sondern dienen der Refinanzierung der Einrichtung.

Kommunen

(a) Die Grundfinanzierung der kommunalen Beratungsstellen wird meist von den Kommunen geleistet. Werden bestimmte Mindestausstattungen beim Personal erfüllt, kommen – unterschiedlich je nach Land – zusätzliche Mittel vom Land hinzu. So erhalten z.B. in Nordrhein-Westfalen Beratungsstellen mit mindestens zwei vollzeitbeschäftigten Sozialarbeitern/-pädagogen vom Land eine Grundförderung von 40.000 Mark jährlich.

(b) Beratungsstellen in der Trägerschaft der freien Wohlfahrtsverbände werden aus deren Budget finanziert. Sie haben in der Regel eine komplizierte Mischfinanzierung, die sich aus verschiedenen Quellen wie kommunalen Zuschüssen, Projektgeldern, Grundförderungen des Landes, freien Mitteln, Spenden usw. zusammensetzt.

freie Wohlfahrtsverbände

Seit einigen Jahren ist als weitere Finanzierungsart für ambulante Aufgabenstellungen die zeitlich begrenzte Modellförderung durch das Land oder die Bundesregierung verbreitet. Diese Projekte sind meist auf dem Hintergrund neuer Fragestellungen (z.B. im Bereich der Methadonbehandlung oder niedrigschwelliger Angebote) entstanden und werden in der Regel wissenschaftlich begleitet. Der Vorteil solcher Modellfinanzierungen ist, daß die Kommunen entlastet werden und eine Vielfalt neuer Projekte und Ansätze umgesetzt und gefördert werden kann. Ihr Nachteil allerdings besteht darin, daß das Schicksal solcher Projekte ungewiß ist. Nach Beendigung der Projektlaufzeit muß eine Anschlußfinanzierung gefunden werden, da nicht davon auszugehen ist, daß die Bundes- bzw. Landesfinanzierung aufrecht erhalten wird. Wird diese nicht gefunden, werden solche Modellprojekte unabhängig von ihrem Erfolg oft mit dem Ende der Laufzeit eingestellt. Für die Klienten und Klientinnen bedeutet dies eine Reduzierung der Hilfeangebote in einer Region, für die Mitarbeiterinnen und Mitarbeiter oft auch das Ende ihrer Beschäftigungszeit.

Modellprojekte

Sonderfall 1 – die EVARS: Bis zu Beginn der 90er Jahre sahen sich die Rentenversicherungen als Träger der medizinischen Rehabilitation ausschließlich für den Bereich der stationären Rehabilitation zuständig. Dies änderte sich mit der vom Verband der Rentenversicherungsträger (VdR) 1991 verabschiedeten „Empfehlungsvereinbarung ambulante Rehabilitation Suchtkranker (EVARS)“. Erstmalig wurden nun auch ambulante Therapieangebote bei Vorliegen bestimmter Voraussetzungen als Leistungen der medizinischen Rehabilitation anerkannt und von den Rentenversicherungen finanziert. Der EVARS wird kritisch entgegengehalten, die anrechnungsfähigen Sätze (die in den Bereichen legaler und illegaler Süchte unterschiedlich hoch sind) seien erst ab einer so großen Zahl von Klienten kostendeckend, daß kleinere Einrichtungen und ländliche Regionen nicht einsteigen könnten.

Sonderfall: EVARS

Sonderfall: Finanzierung von Substitution

Sonderfall 2, Finanzierung von Substitution: Als außerordentlich kompliziert gestaltet sich die Finanzierung der Substitutionsbehandlungen. Nachdem sie jahrelang von den medizinischen Interessenorganisationen und -verbänden, der Politik sowie großen Teilen der (Fach-)Öffentlichkeit bekämpft wurde und sich nur mühsam über teure und langwierige Modellversuche einen festen Platz im Katalog der Behandlungswege der Drogenhilfe erobern konnte, ist die Finanzierung der Substitutionsbehandlungen heute nach wie vor schwierig. Grundsätzlich wäre, da Drogenabhängigkeit als Krankheit anerkannt ist, die Finanzierung auch dieser Behandlung Aufgabe der Krankenkassen (§§ 27f. SGB V). In den 1990 verabschiedeten und 1994 geänderten NUB-Richtlinien („Richtlinien des Bundesausschusses der Ärzte und Krankenkassen über die Einführung neuer Untersuchungs- und Behandlungsmethoden“) heißt es aber schon in der Präambel:

> „Drogensubstitution stellt für sich allein keine Krankenbehandlung dar und ist somit nicht Gegenstand der vertragsärztlichen Versorgung. Die Drogensucht selbst stellt keine Indikation zur Drogensubstitution im Sinne einer Krankenbehandlung dar, denn therapeutisches Ziel bei der Behandlung einer Sucht bleibt die Abstinenz. Die Drogensubstitution mit Methadon kann bei bestimmten Indikationen lediglich dann als notwendiger Teil der Krankenbehandlung angesehen werden, wenn diese mittels der Drogensubstitution erst ermöglicht wird.“ (Zit. n. Gölz 1995, S. 409f.)

Gemäß den NUB-Richtlinien gelten im wesentlichen schwere Erkrankungen als Indikationen, unter denen Substitution (meist nur für begrenzte Zeit) zur Kassenleistung wird (siehe Teil 3, Abschnitt 6.3., S. 266).

Aus der Sicht der Krankenkassen ist dieses Verfahren gut nachvollziehbar: Denn stellt die Drogensubstitution nicht generell, sondern nur unter besonderen krankheitsbezogenen Indikationsbedingungen eine Krankenbehandlung (gemäß SGB V) dar, wären folgerichtig für die rehabilitationsbezogenen Indikationen die Rentenversicherungen zuständig (§ 15 SGB VI). Diese wiederum argumentieren, daß bisher keineswegs hinreichend definiert und festgelegt sei, unter welchen Voraussetzungen eine Substitutionsbehandlung zu einer Leistung gemäß SGB VI werde. Fest steht schon jetzt, daß die reine Erhaltungssubstitution (Maintenancebehandlung) sicher nicht als medizinische Rehabilitation anerkannt wird. Bestenfalls die Substitution mit dem Ziel der Abstinenz (*Maintenance-to-abstinence*-Behandlung) wird

von den Rentenversicherungen als Behandlung anerkannt werden, da sie der Wiederherstellung der Erwerbsfähigkeit (gemäß § 9 SGB VI) dient.
In allen nicht von NUB- oder SGB-VI-Indikationen gedeckten Fällen tritt die, allerdings vielerorts umstrittene, Leistungspflicht des Sozialhilfeträgers ein (meist gestützt auf §§ 39f. BSHG). Auf dem Hintergrund der in vielen Kommunen überlasteten Sozial(hilfe)etats kann auch heute noch nicht davon ausgegangen werden, daß die Substitutionsbehandlung eine gleichberechtigte Behandlungsmethode darstellt.

2.2.2. Finanzierung der stationären Hilfen

Sucht ist eine Krankheit

1968 entschied das Bundessozialgericht, daß die Trunksucht auch ohne weitere Begleit- und Folgeerkrankungen eine Krankheit ist. Infolge dieses Urteils gelten seitdem Suchtstoffabhängigkeiten als Krankheiten im Sinne der RVO, womit die Behandlungszuständigkeiten bei den Krankenkassen (Entzug) bzw. den Rentenversicherungsträgern (medizinische Rehabilitation = Entwöhnung) liegen. Diese Zuständigkeiten wurden in der Suchtvereinbarung zwischen dem Verband der Rentenversicherungsträger und den Spitzenverbänden der Krankenkassen von November 1978 festgeschrieben (zur Rechtsprechung siehe Tiedt/Stähler 1994).

Rentenversicherung

Für die Finanzierung der stationären Therapie (Entwöhnung) ergab sich eine eindeutige Nachrangigkeitsordnung: Bei einem Antrag auf Leistungen der medizinischen Rehabilitation ist die Rentenversicherung des letzten Beitrages zuständig. Voraussetzung eines leistungsrechtlichen Anspruchs ist, etwas vereinfacht dargestellt, daß der Antragsteller insgesamt mehr als 60 Monate oder in den letzten zwei Jahren mindestens sechs Monate Beiträge zur Gesetzlichen Rentenversicherung entrichtet hat. Liegen diese Voraussetzungen nicht vor, zahlt ersatzweise die Krankenkasse. Ist der Antragsteller auch nicht krankenversichert, übernimmt der zuständige überörtliche Sozialhilfeträger die Kosten. Wenn einer stationären Maßnahme nicht die Indikation der medizinischen Rehabilitation zugrundeliegt, sondern die Wiedereingliederung Behinderter (§§ 39f. BSHG) oder die Hilfe zur Überwindung besonderer sozialer Schwierigkeiten (§ 72 BSHG), sind die überörtlichen Sozialhilfeträger Kostenträger.
Die weit überwiegende Zahl der stationären Einrichtungen der Drogenhilfe in Deutschland sind Einrichtungen der medizinischen Reha-

bilitation. Nur wenige Spezialeinrichtungen nehmen Aufgaben aus dem Zuständigkeitsbereich des BSHG wahr. Entsprechend groß ist der Einfluß der Rentenversicherungen auf die Finanzierung, Art, Konzeption und personelle Ausstattung dieser Fachkliniken.
Steuerungsinstrument für die Finanzierung solcher Einrichtungen sind die *Pflegesätze*, die zwischen den Rentenversicherungen, Krankenkassen und den Trägern der Einrichtungen ausgehandelt werden. Pauschalfinanzierungen etwa durch staatliche Mittel (wie z.B. in einigen stationären Einrichtungen in den Niederlanden) gelten in der Bundesrepublik als rechtlich nicht zulässig. Trotzdem fließen mitunter in erheblichem Umfang staatliche Gelder auch in die Errichtung von Fachkliniken für die Rehabilitation von Drogenabhängigen, wenn dies – wie z.B. in NRW in den Jahren 1993 bis 1995 – politisch gewollt ist.
Der allgemeine Druck, Kosten einzusparen, führte auch im Bereich der Fachkliniken dazu, Großkliniken mit 35 und mehr Betten zu bevorzugen, um die Pflegesätze zu senken. Die Drogenhilfe sieht in solchen Großeinrichtungen eine Verschlechterung der therapeutischen Qualität der Angebote, da diese überschaubare sozialtherapeutische Therapiestrukturen ver-/behindern, die aber gerade bei den von illegalen Drogen Abhängigen aufgrund ihrer spezifischen Sozialisationsprobleme und Erfahrungen dringend notwendig sind.

2.3. Qualitätsmanagement

Im Schnittpunkt der Organisations- und Finanzierungsprobleme steht die Frage nach der Qualität der Leistungen und deren Überprüfung (Evaluation) in der Drogenhilfe. Wie in anderen Bereichen der Sozialen Arbeit gibt es angesichts knapper öffentlicher Kassen auch in der Drogenhilfe nachdrückliche Bemühungen, *Qualitätsstandards* für eine professionelle Arbeit zu entwickeln und diese mit den Mitteln des Qualitätsmanagements zu erreichen bzw. zu sichern. Zurecht wird betont, daß es (anders als z.B. in der Industrie) in der Suchtkrankenhilfe schwierig ist, Qualität zu definieren. Daher wird der Begriff „Qualität" in drei verschiedene Begriffe unterteilt (Fachverband Sucht o. J., S. 5ff.):

(a) *Strukturqualität:* Hier werden vor allem die organisationsbezogenen, strukturellen, technischen usw. Voraussetzungen der Leistungs-

erbringung beschrieben, aber auch die Probleme der Vernetzung, der Einbettung der Reha-Einrichtungen in das sonstige Hilfesystem.
(b) *Prozeßqualität:* „Alle diagnostischen, therapeutischen, pflegerischen und Beherbergungsmaßnahmen sind auf ihre Qualität, d.h. Patientengemäßheit, Wirksamkeit, Sicherheit und Wirtschaftlichkeit zu untersuchen" (ebd., S. 6).
(c) *Ergebnisqualität:* „Ganz entscheidend für die Qualität einer Behandlung ist das Ergebnis. Von außen betrachtet wird dieses Ergebnis in einer Verbesserung des zur Behandlung führenden Symptoms bestehen (z.B. Wiederherstellung der Erwerbsfähigkeit, berufliche Integration, Abstinenz). Aus der Sicht des Patienten entscheidend ist jedoch die subjektive Befindlichkeit und Lebensqualität, die durch die Behandlung erreicht wurde." (ebd., S. 7)

Eine bislang noch nicht optimal erfüllte Voraussetzung des Qualitätsmanagements ist, daß die erforderlichen Informationen zur Verfügung stehen. Hierfür sind verschiedene Dokumentationssysteme (z.B. SEDOS, DESTAS, DASY, EBIS usw.) entwickelt worden.
Während in der stationären Suchtkrankenhilfe unter dem Druck der Kostenträger und unter der Bedingung vergleichsweise enger Aufgabenbeschreibung die Entwicklung von Qualitätssicherungsprogrammen relativ weit fortgeschritten ist, gibt es in der ambulanten Hilfe bisher noch keine bundesweit akzeptierten Aussagen über Qualitätsstandards.

„Es entsteht der Eindruck 1. als sei ein Großteil der Entwicklung qualitativer Standards an den ambulanten Beratungsstellen vorbeigegangen und 2. als seien stationäre Einrichtungen den Beratungsstellen in diesen Belangen weit überlegen." (Schlie 1995, S. 195)

Dies liegt aber weniger an Desinteresse als vielmehr an den weiter gefächerten und deutlich komplexeren Aufgaben ambulanter Einrichtungen, deren Behandlungsauftrag keineswegs mit beruflicher Rehabilitation oder Abstinenz erschöpft ist. So bestehen in den Bereichen der niedrigschwelligen Überlebenshilfen, der Prävention, der Beratung, der aufsuchenden Arbeit oder der Angehörigenarbeit jeweils spezifische Problem- und Zielstellungen der Qualitätssicherung.
Der Vorteil der Entwicklung von Qualitäts(sicherungs)standards liegt darin, daß Aufgaben und Ziele beschrieben werden können einschließlich der Mindestausstattungen, die zu finanzieren sind. Dadurch würde auch im Bereich der ambulanten Hilfen mehr Planungs- Vorteile

und Existenzsicherheit entstehen. Weiterhin würde die Entwicklung solcher Standards auch in den nicht zu den klassischen Aufgaben der medizinischen Rehabilitation gehörenden Arbeitsbereichen (niedrigschwellige, suchtbegleitende Angebote usw.) vor lokalen Fehlentwicklungen, dogmatischen und realitätsfremden Ziel/Mittel-Definitionen und effizienzfeindlichen Kürzungen schützen.

Risiken Das Risiko solcher Standards besteht darin, daß über die Standardisierung und Festschreibung bestimmter Kriterien – etwa in Anlehnung an die „internationale Norm Iso 9004-2" für Dienstleistungen (siehe Schramm 1994) – ein starres, bürokratisches Modell entsteht, das die Kreativität, Flexibilität und Paßgenauigkeit von Angeboten vor Ort eher einschränkt als fördert und das vor allem die subjektiven Faktoren der qualifizierten Leistungserbringung definitorisch wie praktisch ausschließt. Einer klientzentrierten, d.h. an den vielfältigen und wechselnden Bedürfnissen der Klienten orientierten Konzeption und Arbeitsweise entsprächen eher systemtheoretische Vernetzungsmodelle, wie sie z.B. Frederic Vester (1994) entwickelt hat.

Im Kontext der Diskussion um Qualitätsstandards und ihrer Sicherung einerseits, die Organisation und Finanzierung der ambulanten Drogenhilfe andererseits meldete der Hamburger Drogenbeauftragte Horst Bossong (1995) eine grundsätzliche Kritik an. Er wirft der ambulanten Suchtkrankenhilfe in Deutschland eine „anachronistische Organisations- und Finanzierungsstruktur" vor:

> „Als problematisch und bar jeder ökonomischen Vernunft erweist sich heute, daß sich die Drogen- und Suchtkrankenhilfe über Jahrzehnte allzu sehr allein auf einen Finanzier, nämlich den öffentlichen Haushalt, konzentriert hat." (ebd., S. 1)

Verglichen mit anderen Berufsgruppen, besonders erwähnt werden Mediziner und Psychologen, hätten die Sozialarbeiter im Bereich der Suchtkrankenhilfe nur kritisiert, statt zu vernetzen. Aus dieser Grundsatzkritik an den Leistungs- und Finanzierungsstandards der Drogensozialarbeit folgert er:

> „Wenn überhaupt, dann hat die von der Sozialpädagogik getragene bzw. erbrachte Drogenhilfe auf Dauer nur dann eine realistische Chance, ihren Bestand zu sichern und sich selbst im öffentlichen Disput als kompetenter Dienstleistungsbereich zu profilieren, wenn sie sich unverzüglich einer Radikalkur unterzieht, deren Motto [...] lauten muß: Marktwirtschaft statt Planwirtschaft." (ebd., S. 2)

Als Mittel dieser Radikalkur schlägt er zwei grundlegende Systemänderungen vor: Überführung des gesamten Systems der Drogensozialarbeit in ein „System von abrechenbaren Einzelleistungen" nach dem Prinzip „Geld gegen Leistung" (ebd., S. 11) sowie die Einführung von „Systemen zur Qualitätssicherung und Verlaufs- sowie Ergebnisdokumentation als unverzichtbares Pendant zur wirtschaftlich ausgerichteten Finanzierung" (ebd., S. 12). Seine Vision ist der bedarfs- und leistungsgerechte sowie kundenorientierte Fluß von Geldern und Angeboten dahin, wo sie akut benötigt werden (ebd.). Diese Marktorientierung der Drogensozialarbeit ist nicht etwa nur ein theoretisches Modell, sie wird ab 1996 im Bundesstaat Hamburg umfassend umgesetzt. Die „Unternehmen" der Drogenhilfe sollen am Markt ihre Effizienz beweisen und so ihre Finanzierung sichern – oder untergehen. Der Vorsitzende des Fachverbandes Drogen und Rauschmittel (FDR), Jost Leune (1995, S. 4), wies diese Kritik als illusionär und in ihrer Zielrichtung auf die Berufsgruppe der Sozialarbeiter als extrem diskriminierend zurück. Gegen die Marktorientierung wandte er ein:

„Im Gegensatz zur Welt der Wirtschaft gibt es hier aber einige gravierende Unterschiede. Der entscheidende ist der, daß der Kunde diese Dienstleistungen nicht bezahlt und der Bezahler diese Dienstleistung nicht nutzt. Damit sind die Gesetze des Marktes bereits aufgehoben."

Klaus Dörrie (1995, S. 1), Hauptgeschäftsführer des Paritätischen Wohlfahrtsverbandes, verweist auf den „Kundenmythos", der die Finanzierungs- und Qualitätsmanagement-Diskussion der letzten Jahre beherrsche und für die Drogensozialarbeit große Risiken berge:

„In der sozialen Arbeit sind es folgerichtig Leistungsbeschreibungen und Abrechnungsmodalitäten, die das Individuum auf den mit Kaufkraft ausgestatteten Entgegennehmer fest umrissener Dienstleistungen reduzieren [...] Auf der Strecke bleibt dabei der Mensch in seiner Ganzheitlichkeit und Soziale Arbeit als Beziehungsarbeit zwischen Menschen. Sicher müssen wir deutlicher und nachvollziehbarer herausstellen, was Soziale Arbeit leistet. Doch bedarf es dazu nicht der unreflektierten begrifflichen Anleihe bei einem System, das dem Wesen sozialer Arbeit fremd bleiben muß [...]."

Der Vorstoß aus Hamburg ist in Reichweite und Grundsätzlichkeit sicherlich neu in der Diskussion um die Finanzierungsmodelle der Drogenhilfe, doch schon 1980 gab es in einigen Ländern (z.B. Niedersachsen) Vorschläge, *Pauschalfinanzierungen* im ambulanten Bereich durch *Einzelfallfinanzierungen* (Krankenscheinmodell) zu Lasten der

Krankenkassen zu ersetzen. Damals wurde von seiten der Drogenhilfe vehement protestiert mit dem Argument, daß eine solche Einzelfallfinanzierung einseitig im Interesse der Geldgeber sei und daß nicht nach SGB V/VI (damals RVO) abrechenbare Leistungen (wie z.B. Streetwork, Überlebenshilfen, usw.) immer mehr an den Rand gedrückt würden und mittelfristig aus dem Katalog der Drogenhilfeaufgaben herausfielen. Auch bei dem neoliberalen Marktkonzept des Hamburger Senats bleibt abzuwarten, ob neben den möglicherweise zu erwartenden Effekten der Reduzierung öffentlicher Geldleistungen sowie der stärkeren Medizinorientierung der Drogenhilfe insgesamt eine Verbesserung der Versorgungssituation der „Kunden" (= Süchtigen und Suchtgefährdeten) herauskommt. Verdienst dieser Initiativen aber ist es, darauf hingewiesen zu haben, daß die Finanzierungs- und Organisationsstruktur der ambulanten (wie auch zum Teil stationären) Drogenhilfe dringend auf ihre Leistungs- und Entwicklungsfähigkeit zu überprüfen ist.

Literatur: Zur Organisation und Finanzierung der Drogenhilfe hilfreich ist *Lorenz Böllinger/Heino Stöver/ Lothar Fietzek:* Drogenpraxis, Drogenrecht, Drogenpolitik. Ein Leitfaden ..., 4. vollst. überarb. Aufl. Frankfurt a.M. 1995.

Eine gutes, aus betriebswirtschaftlicher Sicht geschriebenes Nachschlagewerk zum aktuellen, hier nur kurz angesprochenen Thema „Qualitätsmanagement" ist: *Gerd F. Kamiske/Jörg-Peter Brauer:* Qualitätsmanagement von A bis Z. Erläuterungen moderner Begriff des Qualitätsmanagements. 2. überarb. u. erw. Aufl. München 1995.

Zur exemplarischen Anwendung von Standards der Qualitätssicherung im Bereich der Drogenhilfe, hier speziell im psychiatrischen Krankenhaus, siehe: *Clemens Cording/Herbert Fleischmann/Helmfried E. Klein* (Hg.): Qualitätssicherung in der Suchttherapie. Die Entzugsbehandlung von Drogenabhängigen im psychiatrischen Krankenhaus. Freiburg 1995.

3. Prävention

In diesem Kapitel werden die unterschiedlichen Strategien und Konzepte der Prävention dargestellt und diskutiert. Von allen Bereichen der Drogenhilfe hat sich die Auffassung von Prävention im Laufe der letzten Jahre wohl am meisten gewandelt. Die Veränderung spiegelt eine Entkrampfung fachlicher und politischer Grundauffassungen zu der Frage wider, ob Abstinenz oder kontrollierter Gebrauch oberstes Ziel sein soll. Prävention, die Vorbeugung gegen künftige Übel, war als traditionelle *Drogenprävention* mit ihrer Orientierung an abschreckenden Informationen selbst ein Übel. Modernere Konzepte unterscheiden sich schon durch ihre Bezeichnung als *Suchtprävention* von dieser Tradition. Sie versuchen nicht in erster Linie, die (illegalen) Drogen zu bekämpfen, sondern die Ursachen süchtiger Verhaltensweisen, der stoffgebundenen ebenso wie der nicht-stoffgebundenen Süchte. Neben Information, Aufklärung und Erziehung, die sich auf das Gesundheitsbewußtsein richtet, orientiert sich die Primärprävention vor allem daran, die individuellen Bewältigungskompetenzen zu stärken. Dies geschieht häufig schon im Elementarbereich von Kindergarten und Schule. In der Sekundärprävention wird zunehmend mit funktionalen Äquivalenten, z.B. durch die Nutzung der Möglichkeiten der Erlebnispädagogik, gearbeitet.

3.1. Was versteht man unter Prävention?

Prävention bedeutet Zuvorkommen, Vorbeugung, Abschreckung; statt Prävention wird auch der Ausdruck „Prophylaxe" gebraucht. Mit den Mitteln der Prävention soll einem künftigen Übel vorgebeugt werden. Dies setzt die Kenntnis des künftigen Übels und seiner Ursachen sowie Konzepte zu deren Bekämpfung voraus. Damit sind die zentralen Probleme aller Prävention angedeutet: Die Prognose menschlichen Verhaltens ist unsicher, seine Ursachen sind nicht eindeutig, der Erfolg der Vorbeugung kann nur sehr bedingt festgestellt werden. Da die Beziehungen zwischen Ursachen und Wirkungen nicht linear, sondern als Wechselbeziehung in einer sozialen Umwelt zu verstehen sind, ergibt sich als weiteres Hauptproblem, ob

Prävention eher personenorientiert oder eher umfeldorientiert ansetzen soll.

Grad der Betroffenheit

In der Prävention wird gewöhnlich nach dem Grad der Betroffenheit der Zielgruppen zwischen primärer, sekundärer und tertiärer Prävention unterschieden:

(a) die Primärprävention richtet sich an (Noch-)Nichtbetroffene,
(b) die Sekundärprävention an gefährdete (Risiko-)Gruppen und
(c) die Tertiärprävention an Rückfallgefährdete.

In dieser groben Beschreibung bleibt offen, wer mit welchem Verhalten als „betroffen“ identifiziert wird. In der Vergangenheit wurde meist drogenspezifisch nach legalen und illegalen Drogen unterschieden und bei ersteren der Mißbrauch, bei letzteren der Gebrauch als Betroffenheit definiert. Gegenwärtig gilt drogenunspezifisch süchtiges Verhalten als Merkmal der Betroffenheit.

(a) In der Drogenhilfe bedeutet Prävention in der Regel *Primärprävention*; die beiden anderen Begriffe werden allenfalls in der medizinisch orientierten Literatur benutzt.
(b) Der *Sekundärprävention* entsprechen weitgehend weitere, ebenfalls von den Drogenberatungsstellen wahrgenommene Aufgaben wie Beratung, Betreuung, Unterstützung, die oft unter dem Begriff psychosoziale Begleitung zusammengefaßt werden.
(c) Der *Tertiärprävention* entsprechen die oft von Selbsthilfegruppen übernommenen Aufgaben der Nachsorge/Adaption.

Der Begriff „Primärprävention“ wurde von der Weltgesundheitsorganisation 1971 noch ganz im Sinne traditioneller Medizin beschrieben: „Primärprävention zielt darauf ab sicherzustellen, daß eine Erkrankung nicht auftritt oder daß die Erkrankungsrate auf Null reduziert wird; ihr Erfolg wird durch die Anzahl von Fällen gemessen, die innerhalb einer bestimmten Periode neu auftreten.“ Zwei Jahre später definierte die WHO entsprechend dem Wandel der Auffassungen von Krankheit und Gesundheit grundsätzlich anders: „Primärprävention sucht die Lebensqualität zu verbessern, soziale und gesellschaftliche Institutionen zu reformieren sowie dazu beizutragen, daß die Gemeinschaft mehr Toleranz für individuelle Lebensformen entwickelt.“ (WHO nach Feser 1980, S. 31) Diese von der WHO vorgenommene Änderung hat die Einbindung der Drogenprävention in die allgemeine Gesundheitserziehung angeregt.

Zuständigkeit

Die Aufgaben der fachlichen Suchtprävention werden vor Ort in den Kommunen meist von den Drogenberatungsstellen und teilweise auch

von Spezialdiensten geleistet. Der Auftrag zur Suchtprävention wird als Teil des erzieherischen Kinder- und Jugendschutzes aus dem Kinder- und Jugendhilfegesetz (§ 14 SGB VIII) abgeleitet. Überregional sind neben den freien Trägern und Fachverbänden vor allem die „Deutsche Hauptstelle gegen die Suchtgefahren" (DHS) und die „Bundeszentrale für gesundheitliche Aufklärung" (BZgA) zu erwähnen. Außerdem betätigen sich die Landesregierungen mit ihren Drogenbeauftragten und Landesstellen gegen die Suchtgefahren sowie die Bundesregierung auf dem Gebiet der Drogenprävention.
Neben der Prävention im Rahmen der Drogenhilfe gibt es die – gelegentlich „strukturelle Suchtprävention" genannte – kriminalpolitische Drogenprävention mit dem Ziel, Verstößen gegen das Betäubungsmittelrecht vorzubeugen. Wegen ihrer Drogenorientierung und Konzentration auf illegale Drogen gerät sie leicht in Widerspruch zur Suchtorientierung der Präventionsarbeit der Drogenhilfe.

3.2. STRATEGIEN UND KONZEPTE DER PRÄVENTION

Seit Beginn der 70er Jahre haben sich die Grundkonzepte der Prävention stark verändert. Anfangs standen Information und Abschreckung im Mittelpunkt, danach dominierten Ansätze der Drogenerziehung. Gegenwärtig werden ursachenorientierte Konzepte bevorzugt, die Aspekte der *Information* und *Drogenerziehung* einbeziehen. Abschreckung ist inzwischen verpönt. Überwiegend versteht sich die (primäre) Drogenprävention als eigenständiger Teilbereich der Gesundheitserziehung und -förderung.
Es werden mehrere Strategien eingesetzt, die in der Praxis mit unterschiedlicher Schwerpunktsetzung kombiniert werden:

3.2.1. Information/Aufklärung

Information/Aufklärung baut auf die vernünftige Entscheidung des Individuums gegen Drogenkonsum bzw. gegen den Mißbrauch von Drogen aufgrund von Information über die Risiken. „Die EU-Gesundheitsminister: Rauchen gefährdet die Gesundheit" ist die zur Zeit sicher bekannteste informative Präventionsmaßnahme – die man auch als Alibi für die Einnahmen aus der Tabaksteuer interpretieren könnte –, die jeder Raucher täglich viele Male nicht (mehr) zur Kenntnis nimmt. „Ein leidenschaftlicher Raucher, der immer wieder liest, welche Gefahr das Rauchen für seine Gesundheit bedeutet, hört in den meisten Fällen auf ... zu lesen.“ (v. Troschke 1987, S. 171) Mit dieser, dem passionierten Raucher Winston Churchill zugeschriebenen Aussage, ist ironisch die Schwäche dieser Strategie charakterisiert. Denn: Informationen werden selektiv nach dem Vorwissen und der Motivation aufgenommen; auch wird das Verhalten der Menschen nur bedingt durch rationale Entscheidungen gesteuert. Umgekehrt besteht aber dann eine gute Chance, mit Information und Aufklärung motivierte Menschen zu erreichen, wenn die jeweilige Information für diese neu und nützlich ist. Ein naheliegender und in der Vergangenheit oft gemachter Fehler dieser Strategie ist die dramatisierende, abschreckende Übertreibung. Die so erreichte kurzfristige Aufmerksamkeit ist eher kontraproduktiv. Sie kann, entgegen den beabsichtigten Wirkungen, Neugier wecken, Widerspruch provozieren und Angst auslösen, die bekanntlich der schlechteste Lehrmeister ist.

3.2.2. Drogenerziehung

Drogenerziehung versucht vorwiegend im Bereich der Primärprävention durch didaktisch geplante erzieherische Maßnahmen die Abstinenz von illegalen Drogen und mindestens den kontrollierten Umgang mit legalen Drogen zu erreichen. Sie bezieht alle Erziehungsfelder ein und richtet sich zugleich auch an das Erziehungsverhalten von Eltern und anderen Personen mit Erziehungsaufgaben.
Die Probleme dieser Strategie liegen, bei naiver Anwendung, in der zentralen Bedeutung und negativen Bestimmung des Lernziels Abstinenz, wie es in den 80er Jahren üblich war: „Ziel und wirksamstes Mittel der Drogenerziehung ist die Entscheidung gegen die Droge.“ (Braun 1981, S. 122) Von dieser Position aus ist in der Praxis die „Zeigefinger-Pädagogik“ kaum noch zu vermeiden.
In weiterführenden Ansätzen wird Abstinenz durch das positive Lernziel der Gesundheit ersetzt und Drogenerziehung unter den umfassenderen Leitgedanken der Gesundheitserziehung auf der Grundlage des medizinischen Risikofaktorenmodells gestellt. Allerdings ist hierbei zu bedenken:

(a) Die Orientierung an den Risiken führt zu grundsätzlichen Widersprüchen, die Jürgen v. Troschke (1985, S. 94) am Beispiel des Rauchens darstellt:

„Einerseits wird erwartet, daß man Risiken eingeht, um im Konkurrenzkampf erfolgreich zu bestehen. Andererseits soll man jedes Gesundheitsrisiko vermeiden. Unsere Leistungsgesellschaft erwartet Risikobereitschaft, wenn es um den Erfolg geht, und Risikovermeidung, wenn gesellschaftliche Kosten entstehen können."

(b) Das Gesundheitsbewußtsein Jugendlicher entspricht nicht dem der Erwachsenen. Risiken, die „später einmal" eintreten „können", wenn „mehrere gesundheitsgefährdende Faktoren" zusammentreffen, werden von Jugendlichen leicht zugunsten des gegenwärtigen situativen Nutzens ignoriert.

3.2.3. Ursachenorientierte Prävention

Die ursachenorientierte Prävention, die gegenwärtig als gültiges Konzept akzeptiert wird, versteht Drogenmißbrauch und andere süchtige Verhaltensweisen wie Spielsucht, süchtige Eßstörungen usw. konsequent als Symptom einer Störung, deren Ursachen beseitigt bzw. bewältigt werden sollen. Dementsprechend ist die Arbeit nicht drogen-, sondern suchtorientiert, d.h., es wird versucht, der Ausbildung süchtigen Verhaltens vorzubeugen. Damit verläßt die ursachenorientierte Prävention die klassische Überzeugung, die Droge sei ursächlich für die Sucht.

Lebensbewältigungsfähigkeiten

In neueren Ansätzen werden psychologisch informierte sozialpädagogische Konzepte zur Unterstützung von Lebensbewältigungsfähigkeiten stärker berücksichtigt. Entsprechend den Forschungsergebnissen über die Bewältigung von Belastungen wird versucht, die personalen und sozialen Bewältigungskompetenzen, sogenannte „protektive Faktoren", zu verbessern. Dazu gehören unter anderem Selbstwertgefühl, Erlebnisfähigkeit, Eigenaktivität, Konflikt- und Entscheidungsfähigkeit, Lebenssinn oder ein positives Körpergefühl (siehe Teil 1, Abschnitte 2.2., S. 45ff., und 2.3., S. 46ff.). In diesem Zusammenhang weitet die ursachenorientierte Prävention ihre Aufgaben nachdrücklich auf den Elementarbereich des Kindergartens und der Grundschule aus.

Genußfähigkeit

Schließlich gehören in diese Präventionsstrategie auch Programme, die sich zum Ziel setzen, die Genußfähigkeit zu entwickeln. Dabei wird Sucht als das Gegenteil von genießendem Verhalten verstanden, in dem Befriedigung und bewußte Askese einander abwechseln. „Der Genießer [...] muß ein gewisses Maß an Selbstkontrolle aufbringen, um Genießer zu bleiben." (Lutz 1983, S. 14) Da die direkte Realisierung bei illegalen Drogen und je nach Alter auch bei legalen Drogen schon aus rechtlichen Gründen nicht möglich ist, wird versucht, das Ziel indirekt zu erreichen, also Genußfähigkeit an anderen Beispielen zu lernen. Dies versuchen in verallgemeinerter Form auch Konzepte mit dem Motto „Lust am Leben statt Sucht und Frust“. Immerhin gibt es aber die Möglichkeit der Aufklärung über die Bedingungen eines genußvollen Gebrauchs von Drogen. Da die Entwicklung süchtigen Drogenkonsums zu einem wesentlichen Teil auch eine sich selbst erfüllende Prophezeiung der zuvor gelernten Erwartung ist, Drogenkonsum mache jedenfalls süchtig, kann dies dazu beitragen, suchterzeugende und gefährliche Konsummuster zu vermeiden bzw. abzubauen.

Identifizierung der Ursachen

Das Hauptproblem der ursachenorientierten Prävention liegt in der Identifizierung der Ursachen, denn erstens steht hinter jeder Ursache eine weitere und zweitens muß eine Auswahl aus einem komplexen Geflecht von Ursachen getroffen werden, die meist nicht im Sinne eines Ursache-Wirkungs-Zusammenhanges identifizierbar sind.

Wenn beispielsweise unzulängliche Kompetenzen bei der Bewältigung verschiedener Belastungen in Familie, Schule und Gleichaltrigengruppen als *eine* „Ursache“ späteren süchtigen Verhaltens identifiziert werden, dann bleibt die Frage, wie es zu diesen Defiziten kommt. Eine mögliche und vermutlich wichtige Ursache sind Störungen in der Herkunftsfamilie. Diese wiederum können bei berufstätigen Eltern unter anderem in schlechten Arbeitsbedingungen und der Bedrohung durch Arbeitslosigkeit begründet liegen. Dahinter stehen unter anderem unzureichende Ausbildung oder durch Familienarbeit behinderte berufliche Qualifizierung oder konjunkturelle Probleme. Hinter diesen „Ursachen“ dürfen wir unter anderem verfehlte Bildungs-, Familien- und Wirtschaftspolitik vermuten. An welcher Stelle der Kette von Ursachen soll nun die ursachenorientierte Prävention ansetzen?

Die Folge ist, daß die ursachenorientierte Prävention von allgemeinen Aufgaben der Erziehung und der Politik kaum noch zu unterscheiden ist. Daraus entstehen Probleme der Kooperation mit anderen Aufgabenbereichen der Gesundheits-, Sozial- und Jugendhilfe sowie der Erziehungs- und Bildungseinrichtungen. Außerdem wird deutlich, daß die „eigentlichen“ Ursachen mit den Mitteln der Prävention nur sehr eingeschränkt bearbeitet werden können.

Trotz dieser theoretischen und praktischen Schwierigkeiten gilt die ursachenorientierte Prävention gegenwärtig, soweit es gelungen ist, sich pragmatisch auf das Machbare zu konzentrieren, als die beste Strategie, solange die Erkenntnis nicht verloren geht, daß die wirksamste Suchtprävention eine gute Familien-, Jugend- und Sozialpolitik ist und Einschnitte in diesem Bereich die beste „Einstiegsdroge" sind.

3.2.4. Angebot funktionaler Äquivalente

Mit dem Angebot funktionaler Äquivalente, das sich im Bereich der Sekundärprävention speziell an junge Drogenbenutzer richtet, wird ein ähnlicher Weg eingeschlagen. Es wird angenommen, Drogenkonsum und andere süchtige Verhaltensweisen erfüllten für die Betroffenen entwicklungsrelevante Funktionen. Mit dem Angebot funktionaler Äquivalente wird versucht, diese Funktionen durch entwicklungsfördernde Alternativen zu befriedigen. Rainer K. Silbereisen und Peter Kastner (1985, S. 210f.) haben eine Liste der Funktionen erarbeitet, die junge Menschen mit ihrem Drogengebrauch zu erfüllen versuchen: Drogengebrauch kann als Ersatzziel, als gewollte Normverletzung, als Bewältigungsstrategie, als Zugang zu Peergruppen, als persönlicher Stil oder als Demonstration des Erwachsenseins dienen. Die sechs Funktionen kommen gewöhnlich nicht isoliert vor, sie können einander ablösen, sich ergänzen oder überlagern.

> „Keine der Funktionen ist ausschließlich durch Drogen erreichbar [...]: Die Opposition zum etablierten Wertekanon kann und wird auch anders ausgedrückt, ein den Erwachsenen gleicher Status läßt sich auch anders denn durch Drogengebrauch dokumentieren. Es können allerdings jeweils ganz unterschiedliche Verhaltensweisen dem Drogengebrauch äquivalent sein. Ein generelles Äquivalent, etwa Sport oder überhaupt der Gesundheit förderliches Verhalten, dürfte nicht bestehen. [...] Ziel der Etablierung solcher funktioneller Äquivalente ist natürlich das Aufbrechen gefährdender Konsummuster." (ebd., S. 216)

Erlebnispädagogik

Über die relativ spezifischen Vorschläge von Silbereisen und Kastner hinausgehend werden im Rahmen dieser Strategie oft die Möglichkeiten der Erlebnis- und Abenteuerpädagogik bevorzugt. Hierbei wird davon ausgegangen, daß Drogenkonsum eine Funktion als Risikoverhalten junger Menschen hat, die äquivalent auch in erlebnispädagogischen Projekten erfüllt werden kann, in denen die sinnliche, in Gruppen gemachte Erfahrung von Risiken und deren Bewältigung eine Grundlage für das Lernen verantwortlichen Handelns bietet.

Literatur: Ein guten und kritischen Überblick gibt *Guido Nöcker:* Von der Drogen- zur Suchtprävention. Bestandsaufnahme, Kritik und Perspektiven. Düsseldorf 1990.
Argumente zu dem in der Drogenhilfe interessanten Ansatz der funktionalen Äquivalente haben erarbeitet: *Rainer Silbereisen/Peter Kastner:* Jugend und Drogen. Entwicklung von Drogengebrauch – Drogengebrauch als Entwicklung? In: Oerter, Rolf (Hg.): Lebensbewältigung im Jugendalter. Weinheim 1985, S. 192–219.
Ein praxisbezogener „Ratgeber" ist z.B. *Botho Priebe* u.a.: Sucht- und Drogenvorbeugung in Elternhaus und Schule. Weinheim 1994.
Verschiedene Praxisprojekte der Suchtprävention werden beschrieben in: Bundesarbeitsgemeinschaft Kinder- und Jugendschutz (Hg.): Suchtprävention – (k)eine Aufgabe der Jugendhilfe. Freiburg 1995. Dort (S. 17–30) findet sich auch der schon empfohlene Beitrag von *Elisabeth Nordlohne* zur hier nur kurz angesprochenen Verknüpfung des Belastungs-/Bewältigungsansatzes mit der Präventionsarbeit.

4. Ambulante Hilfen: Beratung, Betreuung, Behandlung

In diesem Kapitel geht es um die Aufgaben der Drogen- bzw. Suchtberatungsstellen, den wohnortnahen zentralen Einrichtungen des gesamten Systems der Drogenhilfe. Im Wandel ihrer Arbeit seit Mitte der 80er Jahre ist besonders bedeutsam, daß das Abstinenzziel und damit die Aufgaben der Therapievorbereitung nicht mehr die gesamte Arbeit dominieren. Leitidee ist nunmehr das Konzept begleitender Drogenarbeit mit dem Ziel der Schadensminderung. Die hierauf aufbauenden Beratungsaufgaben umfassen sowohl die Konflikt- und Sozialberatung wie die Beratung, verwaltungsmäßige Unterstützung und Vermittlung zur Abstinenztherapie. Aufgaben der Behandlung werden von den Beratungsstellen in der eigenständigen ambulanten Behandlung, in der Krisenintervention, im Bereich der Nachsorge sowie in der psychosozialen Begleitung der Substitutionsbehandlung wahrgenommen. Außerdem ergeben sich im Rahmen der begleitenden Hilfen vornehmlich bei dem verelendeten Teil der Drogenkonsumenten Betreuungsaufgaben. Schließlich übernimmt die Suchtberatung auf kommunaler Ebene Funktionen zur Koordination der verschiedenen speziellen Einrichtungen und Dienste.

4.1. Von der Drogenberatungsstelle zur Suchtberatungsstelle

4.1.1. Geschichte

Suchtberatungsstellen mit professionellem Anspruch im Rahmen der Gesundheitsversorgung gibt es in Deutschland seit Anfang des Jahrhunderts, um 1970 entstanden die auf die Zielgruppe der Konsumentinnen und Konsumenten illegaler Drogen spezialisierten Drogenberatungsstellen (Drobs). Aus dieser Zeit stammt die, auch in der Bezeichnung sich ausdrückende, Zweigleisigkeit der „Suchtberatung" (für Alkohol und Medikamente) und der „Drogenberatung" (für illegale Drogen). In den letzten Jahren gibt es Bestrebungen, beide in integrierten Suchtberatungsstellen zusammenzuführen, die sich an Konsumenten aller psychotropen Substanzen und auch an Menschen mit nicht-stoffgebundenem süchtigem Verhalten wenden. Damit deutet sich auch in diesem Arbeitsbereich ein Wandel von der *Drogen*beratung zur *Sucht*beratung an, der im Bereich der Prävention, die sich nicht mehr als *Drogen-*, sondern als *Sucht*prävention versteht, schon weitgehend vollzogen ist.

Gegenwärtig gibt es in der Bundesrepublik rund 1.200 Suchtberatungsstellen, von denen sich die meisten vornehmlich an Alkohol- und Medikamentenabhängige wenden und, nach unterschiedlichen Zählungen, zwischen 120 und 400, die mehr oder weniger auf Probleme von Konsumentinnen und Konsumenten illegaler Drogen spezialisiert sind. In diesen Einrichtungen arbeiten rund 4.000 Mitarbeiterinnen und Mitarbeiter, also eine Fachkraft pro 20.000 Einwohner, meist mit sozialpädagogischer bzw. sozialarbeiterischer oder psychologischer Ausbildung. Träger von rund drei Vierteln der Einrichtungen sind die Verbände der Freien Wohlfahrtspflege, knapp ein Viertel der Beratungsstellen arbeitet in kommunaler Trägerschaft.

In der relativ kurzen Geschichte der auf illegale Drogen spezialisierten Drogenberatungsstellen hat es bemerkenswerte Veränderungen gegeben (siehe Teil 3, Kapitel 1, S. 168ff.): Der jüngste Wandel, der Mitte der 80er Jahre einsetzte, betraf vor allem die Grundauffassungen der Tätigkeit: Die klassische DROBS sah nach dem therapeutischen Stufenmodell ihre Hauptaufgabe darin, Klienten zielorientiert für Abstinenztherapien zu motivieren, sie in entsprechende Einrichtungen zu vermitteln und die meist recht aufwendige Verwaltungsarbeit hierfür zu leisten. Diese therapeutische Ausrichtung entsprach der damals auch in anderen Feldern Sozialer Arbeit verbreiteten Tendenz zur Therapeutisierung, die zugleich als Professionalisierung verstanden wurde. Aus der Kritik an dieser Ausrichtung entwickelte sich die moderne Suchtberatungsstelle, die sich auf der Grundlage des Konzepts akzeptierender Suchtbegleitung nach den klientzentrierten Modell als wohnortnahe Anlaufstelle mit umfassenden Aufgaben versteht. Der hier angesprochene Wandel ist nicht abgeschlossen und wird vermutlich unter dem Druck der Forderungen nach Qualitätssicherung und -management auch weiterhin bestimmend sein. Daher sollen zum besseren Verständnis der gegenwärtigen Situation zwei Probleme, die Vorstellung von den Bedürfnissen der Klienten und der hiermit verbundenen Reichweite der Drogenberatung, etwas detaillierter dargestellt werden.

Bedürfnisorientierung

Früher dominierte in den Vorstellungen von den „wahren“ Bedürfnissen der Klienten die Annahme, die Behandlung der Drogenabhängigkeit sei vorrangig, auch wenn die Klienten ganz andere Probleme vorbrachten. Diese reichten (und reichen auch gegenwärtig) von Rechtsproblemen, Beziehungskonflikten, allgemeinen Lebens- und Sinnkrisen und Fragen der Gesundheit bis hin zu Fragen der Existenzsicherung wie Wohnungs- und Arbeitsproblemen, der Sozialhilfe und des Arbeitslosengeldes. Die von den Beratern vorgeschlagenen Lösungen liefen gewöhnlich auf eine Therapie hinaus, denn alle diese Probleme galten als Symptom der Drogenabhängigkeit, die wiederum als Ausdruck einer Persönlichkeitsstörung angesehen wurde, hinter der letztlich ein Familienschicksal diagnostiziert wurde. Konsequenterweise schien es bei Süchtigen sinnlos, derartige „Detailprobleme“ zu bearbeiten. Zugespitzt formuliert: Erst mußte das Suchtproblem behandelt werden, zuvor jedoch die Persönlichkeitsstörung und davor die Familiengeschichte, obwohl der Klient doch nur Beratung suchte z.B. über seine Chancen, Sozialhilfe zu erhalten.

Diese Situation entspricht der ironischen Empfehlung von Jay Haley (zit. n. Pfeifer-Schaupp 1995, S. 265), „der Therapeut sollte“, um wirklich erfolglos zu sein, „das präsentierte Problem möglichst als bloßes Symptom zurückweisen und sich weigern, es direkt zu behandeln“.

In der Konsequenz eines derart eingeschränkten Verständnisses ihrer Aufgaben und der damit verbundenen einseitig therapeutisch orientierten Professionalisierung sowie der etablierten Kommstruktur entfernten sich die klassischen Drogenberatungsstellen immer mehr von einem Großteil ihrer Klientel.

Reichweite

Diese Konsequenz wird deutlich in einer Untersuchung zur Reichweite der Drogenberatungsstellen von Raschke und Schliehe (1987) Mitte der 80er Jahre. Sie verglichen *transformationsorientierte* Einrichtungen, die sich nach dem traditionellen drogenspezifischen Konzept primär der Verhaltensänderung mit dem Ziel der Abstinenz widmeten, und *identitätsorientierte* Einrichtungen, die bewußt keinen Erwartungsdruck zur Verhaltensänderung ausübten, sondern sich drogenunspezifisch am Problemverständnis der Klienten orientierten und dementsprechend auch andere Problemlösungen als die abstinenzorientierte Therapie unterstützten. Im Ergebnis fanden die Autoren erhebliche Unterschiede bei der Inanspruchnahme durch die Klienten: Die transformationsorientierten Einrichtungen waren entsprechend ihrer Zielsetzung erfolgreicher bei der Verhaltensänderung in Richtung auf das Abstinenzziel. Die identitätsorientierten Einrichtungen waren hingegen erfolgreicher, den Kontakt zu Klienten zu halten, und weniger selektiv, d.h. es kamen und blieben mehr Klienten, die keine Abstinenztherapie anstrebten, mehr Klienten, deren Eltern Arbeiter und kleine Angestellte waren, und mehr Klienten ohne justiziellen Verfolgungsdruck. Die Autoren zogen den Schluß:

„Erforderlich bleibt also […] ein drogenunspezifisches Angebot als Hilfe in allen Lebenslagen; eine Hilfe allerdings, die nur in genauer Kenntnis der spezifischen Probleme eines Drogenkonsumenten geleistet werden kann." (ebd., S. 246) „Für die Beratungsstellen muß es unbefriedigend bleiben, wenn sie diejenigen, die Hilfe und Unterstützung am dringendsten brauchen, nicht oder zu wenig erreichen und vorwiegend mit Drogenkonsumenten arbeiten, die einen entscheidenden Schritt, um von der Droge wegzukommen – nämlich den Wunsch nach Therapie – bereits vollzogen haben. So wichtig die Arbeit mit diesen Klienten auch bleibt, eine solche Funktionsverkürzung der Beratung nähme den Einrichtungen ihren eigenständigen Stellenwert bei der Bekämpfung des Drogenkonsums." (ebd., S. 254)

4.1.2. Akzeptanz und Suchtbegleitung

Die Grundauffassung der Akzeptanz (siehe Teil 3, Kapitel 1, S. 168ff.) geht aus von einem Akzeptieren der Person des drogenkonsumierenden Menschen mit seinen Problemen und will diesem unabhängig vom Wohlverhalten (im Sinne von Abstinenzmotivation) Hilfe anbieten. Diese in der Sozialen Arbeit eigentlich selbstverständliche Grundhaltung war mit der Therapeutisierung der ambulanten Drogenhilfe in den Hintergrund getreten.
Innerhalb der ambulanten Drogenhilfe führte dieser Wandel zum Konzept der klientzentrierten Suchtbegleitung, an dem sich die verschiedenen Angebote orientieren. Das Konzept beruft sich auf eine neue Sicht der Drogenkarriere (siehe Teil 1, Kapitel 3, S. 58ff.) als einem Prozeß, in dem es viele verschiedene Verläufe gibt und in dem eine Veränderung des Verhaltens im Sinne des Herauswachsens aus der Sucht zu jedem Zeitpunkt zumindest theoretisch möglich ist. Dementsprechend orientiert sich die Hilfe daran,

(a) welche Art von Hilfe der Abhängige zu welchem Zeitpunkt der Entwicklung seiner Abhängigkeit für welches (Teil-)Ziel benötigt und will,

(b) daß diese Hilfe auch vorhanden und erreichbar ist und
(c) daß die einzelnen Hilfsangebote untereinander durchlässig sind.

Die Hilfe erreichbar zu machen heißt insbesondere auch, die Zugangsschwellen so niedrig wie möglich zu gestalten. Entsprechend spielen in der modernen Drogenarbeit der Suchtberatung sogenannte *niedrigschwellige Angebote* vom Kontaktladen bis zur Notschlafstelle eine große Rolle. Sie sind teils innerhalb der Suchtberatungsstellen, teils unter gleicher Trägerschaft und teils auch als selbständige Einrichtungen organisiert.

4.2. Die Aufgaben der Suchtberatungsstelle

Die Suchtberatungsstellen bieten sich, seien sie als klassische Drobs oder als moderne Suchtambulanz organisiert, als wohnortnahe zentrale Anlaufstelle bei allen Suchtproblemen an. Auf dem Konzept der Suchtbegleitung bauen die Aufgaben des Kontakts, der Diagnose, der Beratung und Therapievermittlung, der Betreuung und Versorgung, der Behandlung und Nachsorge auf. Weitere Aufgaben sind die teilweise im Rahmen der Suchtberatungsstellen, teilweise aber auch im Rahmen des Jugendschutzes oder des Gesundheitswesens angesiedelte Prävention, die in einem eigenen Kapitel behandelt wird (siehe Teil 3, Kapitel 3, S. 205ff.), sowie die Koordination und Vermittlung der verschiedenen Angebote der Drogenhilfe und weiterer Hilfsdienste, die Dokumentation und Statistik der eigenen Arbeit und die drogenpolitische Öffentlichkeitsarbeit.

4.2.1. Kontakt

Aus dem Konzept der Suchtbegleitung folgt: Die Grundaufgabe und die Voraussetzung aller weiteren Angebote der Suchtberatungsstelle ist zunächst, Kontakt zu den Klienten zu finden und zu halten und so deren, wenn auch lockere, so doch vertrauensbildende Bindung an das System der Drogenhilfe zu erreichen. Den Klienten muß es möglich sein, unter den geringstmöglichen Anforderungen und Voraussetzungen mit der Suchtberatungsstelle in Verbindung zu treten, wozu neben einer räumlich und zeitlich guten Erreichbarkeit vor allem niedrigschwellige Angebote der Suchtbegleitung (Kontaktbereich in

der Beratungsstelle, Kontaktladen) gehören. Mit geringstmöglichen Anforderungen sind gewöhnlich folgende Grundregeln gemeint: keine Gewalt, kein Handel mit Drogen, kein Konsum von Drogen. Um den Kontakt zumindest auf dieser Basis zu halten, werden versorgende Angebote ohne Voraussetzungen an ein Wohlverhalten bereitgehalten, die aus der Sicht der Klienten nützlich sind, wie z.B. Spritzentausch, preiswerte Getränke und Mahlzeiten, Dusch- und Waschmöglichkeiten, Wundversorgung usw. bis hin zu sogenannten Gesundheitsräumen (Druckräume). Sie können in der Praxis fließend in weitergehende beratende, behandelnde oder betreuende Angebote übergehen.
Außerdem wird versucht, die traditionelle Kommstruktur der Beziehungen zu den Klienten durch aufsuchende Drogenarbeit *(Streetwork)* zu erweitern. Diese Aufgabe, für die allerdings oft die Zeit nicht reicht, ist schwierig, weil der Streetworker damit die schützende Umgebung des Büros aufgibt und sich mit den Klientinnen und Klienten in deren Lebenswelt und unter deren Regeln trifft. Keinesfalls darf er sich als „Schlepper“ für die Suchtberatungsstelle verstehen oder meinen, er müßte sich das Vertrauen und die Nähe zu den Klienten durch Kumpanei erkaufen.

Das „wäre ‚Etikettenschwindel‘ und liefe auf das ‚Ködern‘ von Klienten hinaus. Eine derartige Funktionalisierung niedrigschwellig angelegter Drogenarbeit unterminiert den damit angelegten Grundgedanken, Drogengebrauch als eine Handlungsform zu akzeptieren, und Risiken, die mit dem Gebrauch verknüpft sind, zu verringern. [...] Die Mitarbeiter offener Kontaktanlaufstellen und aufsuchender Drogenarbeit sollten sich davor hüten, wandelnde Litfaßsäulen zum Beratungs- und Therapiewerbeeinsatz zu werden.“ (Schneider 1993a, S. 35)

Die Aufgabe ist vielmehr, sich als vertrauenswürdig und, unabhängig von dem drogenbezogenen Lebensstil der Konsumenten, als nützlich zu erweisen. In diesem Sinne können sämtliche Aktivitäten, die dem Kontakt zu den Klienten dienen, als Vertrauensarbeit gelten, die in diesem Arbeitsfeld dem weitverbreiteten und angesichts der Erfahrung von Stigmatisierung und Verfolgung auch verständlichen Mißtrauen gegen alle Institutionen entgegenwirken soll. Diesem Aufbau von Vertrauen dienen auch die Grundsätze der Freiwilligkeit und Anonymität in den Beziehungen der Suchtberatung zu den Klienten.

4.2.2. Anamnese/Diagnose

Nach dem Kontakt und vor der eigentlichen Beratung, Betreuung oder Behandlung gilt es, die anamnestische, d.h. hier: die Drogenkarriere (siehe Teil 1, Kapitel 3, S. 58ff.) beschreibende, und diagnostische Klärung der *psychosozialen Situation* des Klienten zu erarbeiten. Sie orientiert sich an einem anamnestischen/diagnostischen Konzept mit Kriterien zum gezielten Suchen und Ordnen von Informationen sowie mit Hypothesen zur Interpretation des Datenmaterials und zum Entwickeln einer Handlungsstrategie. Hierbei gilt es, mit größter Vorsicht darauf zu achten, daß dem Klienten nicht die Kategorien standardisierter Problemdefinitionen übergestülpt werden. Das bedeutet nicht, objektive Kriterien zu vernachlässigen oder offenkundige Probleme zu bagatellisieren, wohl aber die *subjektive Problemsicht* des Klienten als Teil einer ganzheitlichen Betrachtung ernst zunehmen, denn sie ist ein entscheidender Faktor für die aktive Beteiligung des Klienten in der möglichen späteren Zusammenarbeit. Demnach ist es auch nicht professionell, den Klienten zu kritisieren, daß er seine Probleme leugne, verdränge, falsch sehe, und ihn zu der (nach Meinung des Beraters) *richtigen* Einsicht überreden, bekehren oder sonst drängen zu wollen, wie es unter der Dominanz der therapieorientierten Beratung leicht geschah.
Die psychosoziale Diagnose stellt die Weichen für die weitere Zusammenarbeit und ist gegebenenfalls in deren Verlauf wiederholt zu erneuern. Allerdings funktioniert der Arbeitsschritt der psychosozialen Diagnose in der Praxis kaum so eigenständig, wie es die separate Darstellung suggeriert. Er ist vielmehr zugleich schon Teil der Prozesse der Beratung, der Betreuung und der Behandlung sowie die Basis für die Reflexion und Dokumentation der Ergebnisse dieser Tätigkeiten.

4.2.3. Beratung

Der Begriff „Drogenberatung" könnte den Eindruck wecken, hier würde über Drogen beraten, ähnlich einer Verbraucherberatung, wo über die Qualität und Nutzungsmöglichkeiten bestimmter Waren beraten wird. Dieser Eindruck trifft bekanntlich nicht zu, wenngleich in letzter Zeit gewisse Aspekte einer Verbraucherberatung – der Selbsthilfeverein Eve & Rave: „Wir sind so etwas wie die Stiftung Warentest für Drogenkonsumenten" (Der Spiegel vom 20.11.95, S. 109) – vereinzelt in den Aufgabenkatalog der Suchtberatungsstellen aufgenommen wurden. Dazu gehören etwa Angebote zur chemischen Analyse der Drogen oder zum risikobewußten Gebrauch („safer-use").

safer-use Hierzu ein Beispiel (Zurhold 1995, S. 52f.):

„1. Reinige den Löffel vor jeder Injektion mit Wasser und Seife oder einem Alkoholtupfer.
2. Benutze sauberes, keimfreies Wasser oder kaltes, fließendes Wasser zum Aufkochen. Mittlerweile kann neben Spritzbestecken auch keimfreies Wasser und Ascorbinsäure in einigen Drogenhilfeeinrichtungen bezogen werden.
3. Stelle jedes Mal einen neuen Filter aus sauberem Zellstoffmaterial her, bspw. aus Zigarettenfiltern oder Tampons. Achte bei allen Vorbereitungen auf saubere Hände.
4. Zum Aufkochen der Injektionslösung sind kleine Mengen Ascorbinsäure (Vitamin C) besser geeignet als Zitronensaft, durch den winzige Fasern in die Blutgefäße gelangen und die Arterien verstopfen können. Nach dem Aufkochen wird die Lösung durch den Filter in die Spritze gezogen. Die Flüssigkeit in der Spritze sollte transparent sein und weder Flöckchen noch Krümel enthalten. Andernfalls ist es besser, die Flüssigkeit nochmals aufzukochen, zu schütteln oder zu filtern. Eine Mißachtung dieser Regel kann ‚Shakes', Herzkrankheiten, Abszesse und Embolien verursachen.
5. In der Spritze sollten sich keine Luftblasen befinden, also nicht vergessen, die Luft aus der Spritze herauszudrücken. Luftblasen sind zu entfernen, indem die Spritze senkrecht gehalten wird, die Luftblasen herausgeklopft werden und der Kolben vorsichtig eingedrückt wird.
6. Vor der eigentlichen Injektion sollte eine Aderpresse angelegt werden, damit sich die Venen ausdehnen. Aufgrund der Blutzirkulation dürfen die Adern jedoch niemals zu fest oder zu lange abgebunden werden. Wird in den Arm gespritzt, sollte dieser erst eine Weile herabhängen, um sich mit Blut zu füllen.
7. Reinige die Einstichstelle vor der Injektion mit einem Alkoholtupfer und warte, bis sich der Alkohol verflüchtigt hat. Durch eine Injektion können Keime, die sich auf der Haut oder im Blut befinden, eine Blutvergiftung auslösen, so daß ein hohes Maß an Sterilität bei einer Injektion erforderlich ist.
8. Führe die Nadel immer in Richtung deines Herzens ein, wobei die Öffnung der Nadel jeweils nach oben zeigt. Auf diese Weise dringt die Nadel glatt in die Vene ein.
9. Ob eine Vene beim Einstich getroffen wurde, ist daran zu erkennen, daß beim Zurückziehen des Kolbens rotes Blut sichtbar wird. Bei einer Arterie ist das Blut rosa oder der Kolben wird von selbst zurückgedrückt. Wenn du

eine Arterie getroffen hast, muß sofort die Aderpresse gelöst und die Nadel herausgezogen werden. Dann mußt du mindestens 5 Minuten lang einen Verband auf die Einstichstelle drücken, bis die Blutung gestoppt ist. Kühle den betroffenen Körperteil und lagere ihn hoch. Das versehentliche Treffen einer Arterie kann schmerzhafte Gliederschwellungen erzeugen, die erst nach Stunden oder Tagen abklingen.
10. Wenn sichergestellt ist, daß eine Vene getroffen wurde, kann die Injektionslösung gespritzt werden. Zuvor ist es ratsam, die Aderpresse zu lösen, damit die Vene nicht durch den Druck platzt. Ein weiterer Grund für diese Regel ist, daß im Falle einer Überdosierung ein Körperteil absterben kann, der zu lange abgebunden bleibt. Nach dem Lösen des Abbinders kannst du nochmals prüfen, ob du dich noch in der Vene befindest, indem durch den Kolben etwas Blut angezogen wird. Mache den Druck immer langsam und mit Ruhe, um die Venen zu schonen. Gleitet die Nadel während des Abdrückens aus der Vene, suche dir eine neue Einstichstelle und wiederhole die beschriebenen Vorgänge (Hautdesinfektion, Venentest). Bei dem i.v. Gebrauch von Kokain ist der Venentest problematisch, da nicht unbedingt bemerkt wird, wenn neben eine Vene gestochen wird.
11. Nach der Injektion ist es ratsam, den Arm oder das Bein, an dem sich die Einstichstelle befindet, hochzuhalten. Um Blutungen unter der Haut und Verhärtungen der Venen zu vermeiden, presse einen Tupfer o.ä. etwa 2 Minuten auf die Einstichstelle.
12. Vergiß nicht, daß Spritzbestecke sachgerecht zu entsorgen oder gegen neue, sterile Spritzbestecke einzutauschen sind. Spritzentauschmöglichkeiten bestehen in fast allen Drogenberatungen, Kontaktläden und AIDS-Hilfen."

Begriff „Beratung"

Derartige informatorische Hilfen mit schadensbegrenzenden Zielen sind ein Grenzfall professioneller methodischer Beratung, aber gerade nicht zu verwechseln mit dem, was man im Alltag „einen Rat geben" nennt. Allerdings ist eine trennscharfe Unterscheidung der verschiedenen Tätigkeiten in Information, Beratung, Betreuung und Behandlung schwierig. Sie gehen fließend ineinander über und unterscheiden sich oft nur graduell durch die kommunikative Situation, die Intentionen und die Methoden. In einem weiten Sinne ist (Sozial)Beratung der Kern der Sozialen Arbeit (Lüssi 1992, S. 52). Im engeren Sinne, als Handlungsart, hat Beratung „zum Ziel, Klarheit zu schaffen darüber, worin das Problem besteht, und den Klienten zu befähigen, sich so zu verhalten, daß es gelöst wird" (ebd., S. 394). Das „Fachlexikon der sozialen Arbeit" (Deutscher Verein 1993, S. 136) stellt „den Ausgleich eines Wissens- und Einsichtsgefälles zwischen Personen mit der Tendenz zur Einwirkung auf das Verhalten der Personen mit dem geringen Wissens- und Einsichtsstand" in den Vordergrund und unterscheidet weiter zwischen Auskunft, Beratung und Therapie nach dem Grade der Einwirkung auf den Klienten:

„Von der Auskunft unterscheidet sie [die Beratung] die Tendenz zur Einwirkung auf das Verhalten der Beratenen, während sich die Therapie durch Verhaltensänderung von Beratung dadurch abhebt, daß die Verhaltensänderung ihr Ziel, nicht nur eine Tendenz darstellt."

Das Profil professioneller Beratung im Rahmen des klientzentrierten Ansatzes geht von folgenden Grundprinzipien aus:

Freiwilligkeit

(a) Freiwilligkeit: Voraussetzung der Beratung ist die Freiwilligkeit, die nicht durch den Erwartungsdruck des Beraters bzw. der Beratungsstelle eingeschränkt wird, auch wenn der Problemdruck, den Justiz, Angehörige, Schule oder Arbeitgeber verursachen, das Prinzip der Freiwilligkeit erheblich beeinträchtigen können. Grundsätzlich wird in der Beratung „von einem Menschenbild ausgegangen, das den allgemeinen Menschenrechten und den Grundrechten unserer Verfassung verpflichtet ist und Bevormundung der Ratsuchenden im Prozeß der Bildung, Beratung und Behandlung ausschließt" (Bundesministerium für Familie usw. 1993, S. 13).

Professionalität

(b) Professionalität: Zur professionellen Kompetenz des Beraters gehören neben der spezifischen Sachkenntnis über die Lebenssituation der Drogenkonsumenten und das gesamte System der Drogenhilfe insbesondere die Auswahl des geeigneten Beratungsarrangements (Setting), die Technik der Gesprächsführung, die Kontrolle eigener Gefühle des Beraters, seine Fähigkeit zur Identifikation wie zur Distanzierung in der Beziehung zum Klienten sowie die Reflexion und Wirkungskontrolle (Evaluation). Das zur Professionalität gehörende partnerschaftliche Rollenverständnis erfordert auch einen angemessenen Umgang mit dem asymmetrischen Verhältnis zwischen Berater und Ratsuchendem, das schon wegen des Problemdrucks beim Ratsuchenden und durch den Wissensvorsprung des Beraters und seiner Autorität (bzw. der der Institution) besteht.

Individualisierung

(c) Individualisierung, Akzeptanz und Vertrauen: Der Klient ist nach dem Prinzip der Individualisierung in seiner einmaligen, individuellen und lebensgeschichtlich veränderlichen Situation zu akzeptieren und zu beraten. Wesentliche Voraussetzung dafür ist, daß eine Vertrauensbasis geschaffen wird, zu der vor allem die Zusicherung gehört, daß die Beratung inhaltlich immer vertraulich und auf Wunsch des Klienten auch anonym ist.

Zieloffenheit

(d) Zieloffenheit: Die Beratung ist zieloffen – aber nicht ziellos! Im Vordergrund stehen nicht das Anliegen des Beraters und seine theoretischen oder weltanschaulichen Ziele und Werte, sondern das Anliegen des Ratsuchenden (klientzentrierte Beratung). Problemsicht und Lösungsmöglichkeiten werden von Berater und Klient gemeinsam erarbeitet. Die Selbstbestimmung des Klienten wird respektiert, es findet keine Bevormundung durch den Berater und keine Einflußnahme auf die Entscheidungen des Klienten statt. Vielmehr geht es darum, Ratsuchende beim Finden eines Lösungsweges zu unterstützen, an dem sie aus eigener Entscheidung ihr Handeln orientieren können. Das bedeutet, daß Berater die Entscheidungen der Ratsuchenden auch dann akzeptieren müssen, wenn diese nicht ihren eigenen Werten entsprechen.

Hilfe zur Selbsthilfe

(e) Hilfe zur Selbsthilfe: Beratung setzt an den positiven Ressourcen des Ratsuchenden an und versteht sich insoweit als Hilfe zur Selbsthilfe. Sie ist nicht primär Aufarbeitung von Persönlichkeitsdefiziten und dementsprechend in Ziel, Voraussetzung, Methode und Mitteln von Therapie abgegrenzt. Daraus ergibt sich insbesondere auch das Prinzip der kleinen Schritte. Die erarbeiteten Problemdefinitionen und Lösungsmöglichkeiten sollen für die Klienten in ihrem jeweiligen Zustand erfahrbar und erreichbar sein, ihnen Erfolgserlebnisse vermitteln und sie befähigen, ihre Situation (relativ) zu verbessern. Hierzu können auch übende Verfahren eingesetzt werden, um die Selbsthilfekräfte zu stärken.

Beim letztgenannten Punkt wird deutlich, daß Beratung als Prozeß selbst schon therapeutische Wirkungen haben kann und über übende Verfahren hinaus durchaus in korrektive Interventionen, d.h. in Therapie (ambulant oder stationär), münden *kann*, nicht aber *muß*. „Die Grenzen zwischen Beratungs- und Therapiegesprächen sind fließend und vom Selbstverständnis des Beraters zu Therapie und Beratung abhängig“ (Sickinger 1982, S. 107). Allerdings kann es Beratung ohne nachfolgende Therapie, nicht aber Therapie ohne Beratung geben.

externe Beratung

Die Beratungsaufgabe richtet sich nicht nur auf die Klienten, die mit ihren Problemen in die Beratungsstelle kommen. Es wird auch externe Beratung, z.B. in Schulen, Betrieben und Justizvollzugsanstalten, geleistet. Jede dieser Institutionen stellt unterschiedliche Bedingungen, wobei die Aufgabe der externen Suchtberatung in Gefängnissen (rund 50 Prozent der Strafgefangenen im Regelvollzug sind Drogenkonsumenten) besonders wichtig, aber auch besonders schwierig ist, wenn man die extreme Situation der Strafgefangenen und den engen Handlungsrahmen bedenkt. Außerdem werden neben den Drogenkonsumentinnen und -konsumenten selbst auch die mitbetroffenen Angehörigen beraten. Sie brauchen oft ebenfalls Hilfe. Auch sind sie als Mitglieder des sozialen Systems der Lebenswelt eines Konsumenten aktiv an dem Suchtprozeß einschließlich der Veränderung des Drogenkonsumverhaltens beteiligt.

Rolle des Beraters

Der alte Grundsatz der Sozialarbeit/-pädagogik, „den Klienten da abzuholen, wo er steht“, kann mittels dieser Grundsätze der Beratungsarbeit in Suchtberatungsstellen tendenziell realisiert werden. Die Klientinnen und Klienten können so kommen, wie sie sind, mit den Fragen und Problemen, die sie haben. Im Alltag erlebt ein Drogenberater auf dem Hintergrund dieses offenen Verständnisses von Beratung vielerlei Widersprüche und Schwierigkeiten, die deutlich zeigen, daß auch solch ein offenes Verständnis von Beratung eine bewußt reflektierende professionelle Definition der Rolle des Beraters voraussetzt, die freilich weit offener als die Therapeutenrolle ist. So sieht sich der Berater mit vielerlei unrealistischen Erwartungen und Vorstellungen der Klienten konfrontiert wie: er soll Probleme lösen, die unlösbar sind, er soll Freund, Kumpel, Anwalt sein, also seine Rollendistanz verlassen, er soll immer und unendlich Zeit haben, er soll Dinge *für* den Klienten tun statt *mit* ihm.

Der Kontext, in dem Beratung stattfindet, die Rolle, die der Berater spielt, die Voraussetzungen und die Organisation des Beratungsprozesses, die Notwendigkeit, Enttäuschungen durch Klienten zu erkennen und auszuhalten, ohne die professionelle Rolle zu verlassen, dies alles stellt hohe Anforderungen nicht nur an die Qualifikation des Beraters, sondern auch an seine psychische Stabilität sowie an die Kontrolle des Beratungsprozesses durch Teamarbeit. Regelmäßige Weiterbildung und Supervision sind unabdingbare Voraussetzungen qualifizierter Beratungsarbeit. Außerdem wird, wie schon im Kapitel zur Drogenpolitik angesprochen, die Anwendung professioneller Standards der Beratung durch drogenpolitische Vorgaben der strafrechtlichen Verfolgung von Konsumenten illegaler Drogen zum Teil erschwert. Das gilt vor allem für das grundlegende Prinzip der Freiwilligkeit, aber auch für die Einschränkung in der Vielfalt möglicher

Ziele, die nicht auf Abstinenz, sondern auf relative und schadensbegrenzende Lösungen von Problemen zielen.

4.2.4. Vermittlung in die stationäre Entwöhnungsbehandlung

Die Vermittlung von drogenabhängigen Klienten in stationäre Therapieangebote war lange Zeit die beinahe ausschließliche Aufgabe der Beratungsstellen (Teil 3, Abschnitt 1.3., S. 173ff.). Trotz des beschriebenen Wandels und vielfältiger neuer Aufgaben ist auch heute noch die Therapievermittlung ein zentraler Bestandteil der Alltagsarbeit in einer DROBS. Im einzelnen sind dabei folgende Aufgaben zu erledigen:

(a) Motivation und Hintergründe des Wunsches klären, „in eine Therapie zu gehen", d.h. eine Entwöhnungsbehandlung zu beginnen. Die schon (in diesem Kapitel, Abschnitt 4.2.2.) erwähnten Verfahren von Anamnese und Diagnose kommen hier zur Geltung.
(b) Mögliche juristische Hintergründe (wie z.B. befürchtete, drohende oder vollzogene Auflagen gemäß §§ 35f. BtMG; siehe Teil 1, Abschnitt 6.2.) ermitteln.
(c) Über die „richtige" Einrichtung beraten.
In diesem Zusammenhang ist in den letzten Jahren verstärkt von „Paßgenauigkeit" des Verfahrens gesprochen worden. Gemeint ist hier, daß nicht „irgendeine" Entwöhnung angesteuert werden soll („Hauptsache, überhaupt in Therapie..."), sondern daß sie auch zur Persönlichkeit, sozialen Situation und Motivationslage der Klienten paßt, damit eine möglichst große Erfolgswahrscheinlichkeit entsteht. Allerdings setzt eine solche Präzision der Vermittlung voraus, daß (1) es überhaupt freie Plätze in der „richtigen" Einrichtung gibt; (2) die Wartezeit auf eine genügend „paßgenaue" Therapieeinrichtung von den Klienten überbrückt werden kann (oft desolate soziale Situation, juristischer Zeitdruck, schwer oder gar nicht kontrollierbarer „Suchtdruck" mit den Risiken gesundheitlicher Gefährdung und stetiger Straffälligkeit); (3) es auch eine ausreichende konzeptionelle Differenziertheit auf seiten der stationären Therapieangebote gibt. Die Realität der unter dem Kostendruck der Leistungsträger sehr verallgemeinerten und pauschalen Konzeptionen der meisten Therapieeinrichtungen läuft dieser an sich richtigen Orientierung allerdings zuwider.

(d) „Bürokratische“ Aufgaben wie unter anderem Ermittlung und Klärung der leistungsrechtlichen Voraussetzungen für Entgiftungs- und Entwöhnungsbehandlung erledigen und entsprechende Anträge stellen und gegebenenfalls weitere Unterlagen beschaffen.
(e) Gegebenenfalls erforderliche (zahn)medizinische Behandlung vor Therapiebeginn veranlassen.
(f) Während der mitunter recht langen Wartezeit bis zum Therapieantritt die Klientin bzw. den Klienten begleiten und die bestehende Therapiemotivation bewahren, weiterentwickeln und verstärken.
An dieser Stelle zeigt sich besonders gut, daß Therapievermittlung nicht eine von den sonstigen Aufgaben einer Beratungsstelle losgelöste Aufgabe ist. Die Lebenssituationen, die die Klienten mitbringen, benötigen gerade auch im Vermittlungsprozeß eine enge Verzahnung mit den anderen, sozialarbeiterischen/sozialpädagogischen Hilfestellungen einer Beratungsstelle, wie z.B. Stabilisierung der sozialen Situation (Wohnen, Klärung von AFG[Arbeitsförderungsgesetz]-Ansprüchen, Verhandlungen mit den zuständigen Sozialämtern über die Übernahme von Mietverpflichtungen während der Therapiezeit, Klärung der Probleme, die mit der Betreuung der Kinder von Drogenabhängigen während der Therapiezeit auftauchen usw.), Vermittlung aus einer Haftsituation heraus, Fragen der Überbrückungssubstitution, evtl. bereits erste Schritte zur Schuldenregulierung, Ansteuern der geeigneten Entgiftung usw.
(g) Den Klienten bzw. die Klientin in die Entgiftung „überbringen“. Im günstigsten Fall (nahe gelegen, gut erreichbar) wird die Arbeit der Beratungsstelle hier bis zur Verlegung in die Therapieeinrichtung fortgesetzt und zugleich die Ablösung eingeleitet.
(h) Häufig ist eine Begleitung der Klientin bzw. des Klienten zum Therapieantritt als Betreuung und als vorläufiger Abschluß einer Phase der Zusammenarbeit sinnvoll.

4.2.5. Betreuung und Versorgung

Im Rahmen der Suchtbegleitung kann die Betreuung von drogenabhängigen Klienten einen zentralen Stellenwert einnehmen. Es wäre realitätsfremd zu glauben, alle Klienten seien, unabhängig von ihrem sozialen, gesundheitlichen und psychischen Zustand, zu einem gegebenen Zeitpunkt in der Lage, „für sich zu sorgen“, Ziele zu entwickeln und Wege dorthin zu gestalten. Besonders die Gruppe der schwergeschädigten, depravierten Drogenabhängigen befindet sich in ihrer aktuellen Lebenssituation weit unterhalb der Schwelle, wo Beratung und Behandlung überhaupt greifen können. Die Zielstellung der Hilfe muß für sie zunächst eine andere sein: Nicht (noch nicht?) die Überwindung der Sucht steht auf der Tagesordnung, sondern versorgende und betreuende lebenspraktische Hilfen zum Überleben, zur Existenzsicherung und zur Schadensbegrenzung oder -minderung im wohlverstandenen Sinne des alten Begriffs der Fürsorge (Lüssi 1992, S. 460). Solche Maßnahmen können z.B. sein:

(a) Hilfen bei der Wohnraumbeschaffung und -bewahrung,
(b) Notschlafplätze und Wohneinrichtungen ohne Clean-Anspruch,
(c) Hygienehilfen, Gesundheitsvorbeugung,
(d) Übernahme der Geldverwaltung u. a.,
(e) Vermittlung von Hilfen anderer Einrichtungen wie Sozialhilfe, Schuldnerberatung, Rechtsberatung oder ärztlicher Behandlung.

Besonders häufig findet sich ein fließender Übergang zwischen Begleitung und Betreuung in der niedrigschwelligen Drogenarbeit der Kontaktläden, in denen sich die Klienten als Gäste aufhalten und Ruhe finden, aber auch abgestufte betreuende Angebote wie preiswerte Getränke und Mahlzeiten, Freizeitbeschäftigungen, Spritzentausch, Kondomverteilung, Duschen, Wäschewaschen, Unterstützung bei notwendigen Kontakten zu Behörden, Postfächer usw. in Anspruch nehmen können.

An kaum einem anderen Beispiel wird der Wandel der Grundauffassungen deutlicher als beim Spritzentausch: Der anfangs fachlich und rechtlich heftig umstrittene, inzwischen unter dem Druck der HIV-Problematik legalisierte und fachlich legitimierte Spritzentausch fiel vielen Mitarbeiterinnen und Mitarbeitern in den Beratungsstellen schwer. Eine Mitarbeiterin, die seit vielen Jahren engagiert und erfolgreich in einer Beratungsstelle arbeitete, berichtet: „Vom Verstand her habe ich die Spritzenvergabe akzeptiert, aber meine Hand versagte, ich konnte die Spritze nicht rübergeben, das war doch Beihilfe zum Konsum, den ich mit allen Mitteln bekämpfte."

Gefahr der Entmündigung

Der betreuende Drogenarbeiter übernimmt in einem deutlich höheren Maß als in einem Beratungsverhältnis Verantwortung für den Alltag des Klienten. Ähnliche Hilfen sind aus anderen Bereichen der Sozialen Arbeit lange bekannt (Familienhilfen, Hilfen gemäß Betreuungsgesetz usw.), waren aber im Bereich der Drogenhilfe verpönt. Zu sehr

herrschte das Dogma, erst der Leidensdruck verschaffe den notwendigen Druck zur Veränderung und niedrigschwellige Maßnahmen wie z.B. Betreuungsleistungen wirkten lediglich suchtverlängernd.
Die größte Gefahr betreuender Hilfen besteht darin, Drogenabhängige, die schon aufgrund ihrer Abhängigkeit dazu tendieren, Verantwortung abzugeben, durch diese Hilfen vollends zu entmündigen, unselbständig zu machen, geradezu in eine kindlich-regressive Haltung zu drängen. Der Drogenarbeiter muß lernen, „auf die Rolle des ‚sozialen Managers' verzichten zu können" (Schmidt 1991, S. 424). Der wichtigste Schutz vor einer solchen Fehlentwicklung ist die Herausbildung eines sehr professionellen Arbeitsverständnisses. Auch hier ist eine fallbezogene Supervision unabdingbar.
Das hier angedeutete Risiko der Betreuung hat Geschichte: Dolf Sternberger (1970, S. 25f.) hat „Betreuung" in das „Wörterbuch des Unmenschen" (der Nazi-Sprache) aufgenommen und dort unter anderem notiert:

> „Man betreut jemanden und damit basta. Dieses Verhältnis ist ein totales. Die Betreuung ist diejenige Art von Terror, für die jemand – der Betreute – Dank schuldet. Und das tut dem Unmenschen wohl. [...] Was der Unmensch in allen seinen Gestalten zu erreichen strebt ist dies: daß keiner unbetreut bleibe und daß der Mensch auch zu keiner Zeit seines kurzen Lebens unbetreut bleibe; denn niemand soll zu irgend einer Zeit Rechte geltend machen und Ansprüche erheben [...]."

Organisatorisch werden betreuende Angebote von Suchtberatungsstellen, von Kontaktläden oder auch in eigenständigen Einrichtungen bereitgehalten. Konzeptionell sind sie im Rahmen des Ansatzes der akzeptierenden Suchtbegleitung strikt niedrigschwellig mit dem Ziel der Schadensbegrenzung und -minderung.

4.2.6. Behandlung

„Beratung" und „Behandlung"

Die Abgrenzung beratender von behandelnden bzw. therapeutischen Interventionen bereitet Schwierigkeiten. Einige Autoren verstehen sogar Beratung als Spezialfall der Therapie, andere sehen umgekehrt Therapie für den Spezialfall der Beratung an. Häufig wird auch der Unterschied zwischen psychosozialer Beratung und psychotherapeutischer Behandlung darin gesehen, daß Beratung sich mit den leichteren, Therapie hingegen mit den schwereren Problemen beschäftige, weswegen dann auch der therapeutischen Tätigkeit eine größere Be-

deutung zugeschrieben wird. Diese Ansicht ist kaum aufrechtzuerhalten, im Gegenteil: Die Beratung hat es gerade im Bereich der Drogenhilfe oft genug mit den Klienten zu tun, denen die Therapie nicht helfen konnte. In der Praxis freilich lohnt der begriffliche Streit fachlich wenig, organisatorisch und finanziell hingegen hat er beträchtliche Bedeutung. Fachlich streben beide Interventionsformen Veränderungen in den Einstellungen und im Verhalten der Klienten an. Dabei setzt Beratung zieloffen mehr auf die Anregung von Lernprozessen beim Klienten, die zu einer Veränderung seiner alltäglichen Lebenssituation führen können, während Behandlung die Person des Klienten mit dem direkten Ziel der Veränderung beeinflußt. Im Falle der stationären Behandlung sind die Unterschiede einigermaßen deutlich, im Falle der ambulanten Behandlung ergeben sich hingegen fast unmerkliche fließende Übergänge.
Eigenständige ambulante Behandlungsangebote, die noch Anfang der 80er Jahre eher verpönt waren, werden heute von den Suchtberatungsstellen in mehreren Zusammenhängen gemacht: als Entwöhnungsbehandlung, eventuell in Kombination mit stationären Entzugs- oder kurzen Entwöhnungsaufenthalten, als Krisenintervention, als Stabilisierungsbehandlung im Rahmen der Nachsorge und als Behandlung im Rahmen der psychosozialen Begleitung der Substitution. In allen Bereichen ist das wesentliche gemeinsame Merkmal, daß die Klienten ihre alltägliche Lebenswelt nicht verlassen müssen und nicht von bestehenden sozialen Bezügen, seien sie eher schädlich oder eher hilfreich, isoliert werden. Die Kontrolle der Klienten in ihren täglichen Handlungen und Beziehungen ist viel geringer als bei stationären Aufenthalten und alle Schritte der Behandlung können und müssen sich unmittelbar in der alltäglichen Lebenswelt der Klienten bewähren.
Im einzelnen ergeben sich folgende Besonderheiten der ambulanten im Vergleich zur stationären Behandlung:

Therapiesetting

(a) Therapiesetting: Die ambulante Behandlung hat im Vergleich zur stationären Entwöhnung bessere Möglichkeiten, verschiedene Therapiesettings (Einzel-, Partner/ Familien-, Gruppentherapie) und differenziert angepaßte Verfahren entsprechend der individuellen und im Verlauf der Behandlung wechselnden Situation der Klienten in einem flexiblen Therapieplan einzusetzen. Schwierigkeiten können sich hingegen in der Terminplanung ergeben. Da die Therapeuten wegen ihrer übrigen Aufgaben im Team der Beratungsstelle nicht immer zur Verfügung stehen, spielt das Einhalten von Terminen eine große Rolle. Dies ist aber oft nicht gerade die Stärke der drogenkonsumierenden Klienten, die zudem häufig in einer Krisensituation unangemeldet kommen und Hilfe brauchen.

therapeutische Beziehung

(b) Die therapeutische Beziehung: Im Unterschied zum stationären Aufenthalt ist die Beziehung zwischen Therapeut und Klient in der ambulanten Behandlung nicht so häufig sowie weniger dicht und kontinuierlich, der Klient kann viel leichter ausweichen. Unter diesen Umständen spielen gemeinsame Vereinbarungen (Therapiekontrakt, Therapieplan) eine große Rolle. Dem Arbeiten mit Konfrontation und Widerstand sind durch die zeitlich selteneren Kontakte Grenzen gesetzt, Nähe- und Distanzprobleme in der Helfer-Klient-Beziehung müssen sofort angegangen werden.

Compliance

(c) Compliance: Mit diesem in der Medizin gebräuchlichen Ausdruck wird die Bereitschaft der Klienten bezeichnet, mit dem Therapeuten zusammenzuarbeiten und die „Hausaufgaben“ zuverlässig zu erledigen. Die Anforderungen an die Compliance sind in der ambulanten Behandlung hoch, da die Einflußmöglichkeiten im Vergleich zur stationären Situation gering sind.

Krisenintervention

(d) Krisenintervention: Ein häufiger Fall (rund ein Fünftel) der ambulanten Behandlung ist die Krisenintervention, die als Mischform von Beratung und Behandlung als „Erste-Hilfe“ unmittelbar an aktuelle Konfliktsituationen anknüpft. Diese Konflikte können neben Problemen, die direkt im Zusammenhang mit dem Drogenkonsum stehen, vielfältige Anlässe haben, wie z.B. Finanz-, Rechts- oder Gesundheitsprobleme, Beziehungs- und Familienprobleme, Probleme in der Schule bzw. am Arbeitsplatz oder psychische Probleme wie Depressionen oder suizidale Tendenzen. Auch wenn es in derartigen Fällen schon eine wesentliche Hilfe sein kann, sich aussprechen zu können, so reicht doch die zieloffene Beratung gewöhnlich nicht aus. Das Risiko der Eskalation der Krise erfordert sofortige, wenn auch vielleicht nur vorläufige Ergebnisse einer behandelnden Intervention, die gegebenenfalls auch in der Überweisung in eine Spezialeinrichtung bestehen kann. Gerade bei der Krisenintervention ist es schwierig, der Tendenz zu widerstehen, alles für den Klienten tun zu wollen und ihn so in seiner Passivität und Hilflosigkeit zu unterstützen, „denn Suchtkranke sind Meister bei der Organisation von Hilfeleistungen“ (Fuchtmann 1994, S. 61).

(e) Klientzentrierte Kooperation: Da die Klienten nicht in klinischer Isolation versorgt werden, sondern weiter in ihrem Alltag leben, muß die ambulante Behandlung unterschiedliche Hilfen, die Einfluß auf den Behandlungsprozeß haben, koordinieren und klientzentriert integrieren. Dazu gehören medizinische Leistungen wie der Entzug oder ärztliche Behandlung, soziale Hilfen vom Sozialamt bis zur Schuldnerberatung und ergänzende Angebote im Bereich der (Aus-)Bildung oder der Freizeitgestaltung. Die Behandlung im Rahmen der psychosozialen Begleitung zur Substitution ist in dieser Hinsicht wegen der kontinuierlichen Zusammenarbeit mit den substituierenden Ärzten ein Spezialfall.

klient-zentrierte Kooperation

(f) Nachsorge: Auch nach einer ambulanten Behandlung, für die meist ein bis zwei Jahre veranschlagt werden, ist ein Nachsorgeangebot zur Stabilisierung der Ergebnisse erforderlich. Hier besteht gegenüber der stationären Entwöhnung die vorteilhafte Möglichkeit, die erarbeitete Vertrauensbasis zu einem bestimmten Therapeuten weiterhin zu nutzen.

Nachsorge

(g) Wirkungsanalyse: Schon bei der stationären Entwöhnung fällt es schwer, den Zusammenhang zwischen Therapie und Erfolg nicht nur statistisch, sondern im Sinne einer Wirkungsanalyse aufeinander zu beziehen. Im Falle der ambulanten Behandlung, wo weitere Wirkfaktoren aus der Lebenswelt des Klienten auch während der Behandlung kaum kontrollierbar sind, ist es noch viel schwieriger, die Wirkungen der therapeutischen Intervention einzuschätzen. Immerhin liegen über die Ergebnisse der ambulanten Behandlungen jährlich veröffentlichte statistische Daten der EBIS-AG vor, die aufgegliedert nach Veränderungen im Drogengebrauch, im Sozialverhalten und im Bereich psychischer Probleme Erfolge in der Größenordnung stationärer Behandlungen bescheinigen. Auffällig ist, daß die Erfolge durchweg deutlicher ausfallen, wenn stationäre und ambulante Behandlungen kombiniert werden.

Evaluation

4.2.7. Nachsorge

Angebote zur Nachsorge nach einer stationären oder ambulanten Behandlung haben sich mehr und mehr als wesentlich zur Stabilisierung der Ergebnisse erwiesen. Es gibt deutlich zu wenig Angebote in der Nachsorge. Sie werden in fließenden Übergängen stationär, teilstationär und ambulant von Drogenberatungsstellen, Selbsthilfegruppen und zunehmend unter der Regie stationärer Entwöhnungseinrichtungen angeboten (siehe auch Teil 3, Abschnitt 5.5., S. 258). Zu den Aufgaben gehören hauptsächlich die psychische Stabilisierung, die soziale Integration, die Rückfallprophylaxe und die Krisenintervention. Das Ziel ist ein von der Drogenhilfe unabhängiges eigenständiges Leben der Klienten. Die hierzu erforderliche Zeit wird gewöhnlich auf zwei bis fünf Jahre veranschlagt; zum Teil wird aber auch, häufig von Selbsthilfegruppen, eine lebenslange Begleitung und Betreuung für erforderlich gehalten. Oft wird die Nachsorge noch immer als Anhängsel der Therapie, als „nachtherapeutisches Angebot" verstanden und dementsprechend finanziert und organisiert. Aus dieser Sicht haben die Stabilisierung der Drogenfreiheit und die Wiedereingliederung in das alltägliche Leben Vorrang. Die Notwendigkeit hierzu ergibt sich aus den Problemen im Anschluß an eine stationäre Entwöhnung aus mehreren Gründen. Das relativ lange und intensive psychotherapeutisch orientierte Zusammenleben im Schutzraum der Therapeutischen Gemeinschaft führt leicht zu einer starken emotionalen Bindung an die Einrichtung bzw. an die Gemeinschaft, zur Gewöhnung an die weitgehende Reglementierung und zur Entfremdung von den Verhältnissen der alltäglichen Lebenspraxis außerhalb der Therapie. Die erworbenen Kommunikationsfähigkeiten wie Offenheit, Ehrlichkeit, Äußern von Gefühlen sind zu wichtigen Werten geworden, die aber von den Menschen in der Welt außerhalb der Therapie oft nicht gelebt werden.

Aufgaben

Die Funktionen der Nachsorge werden deutlicher, wenn man sie als eigenständiges Angebot mit der zentralen Aufgabe versteht, die Klienten mit vorwiegend soziotherapeutischen Methoden beim Prozeß des Herauswachsens aus dem drogengebundenen Leben und des Hineinwachsens in eine konventionelle Lebenspraxis zu begleiten, zu unterstützen und zu betreuen. Hierfür fehlt es den Klienten meist an den erforderlichen Ressourcen in den Bereichen Schulbildung, berufliche Qualifizierung, Arbeit, Wohnung, soziale Beziehungen, Freizeit. Freilich stoßen die hierbei notwendigen Hilfen auf die allgemeinen Grenzen des Arbeits- und Wohnungsmarktes, die die Ex-User doppelt treffen, weil sie weiterhin dem stigmatisierenden und ausgrenzenden sozialen Druck ausgesetzt sind. Daher hat die Nachsorge nicht nur eine Brückenfunktion in der letzten Phase des Ausstiegs aus dem drogengebundenen Leben der Klienten, sondern auch in der Öffentlichkeit, um Vorurteile gegen die Klienten bei der Bevölkerung abzubauen.

Die Angebote einer eigenständigen Nachsorge müssen auch Klienten offenstehen, die eine Entwöhnungsbehandlung abgebrochen haben, eine ambulante Therapie oder nur eine Entgiftung gemacht haben, aus dem Strafvollzug kommen oder auf ihrem Wege der Selbstheilung Integrationshilfe brauchen. Dafür sind relativ differenzierte, eher sozialtherapeutisch, zum Teil aber auch weiterhin psychotherapeutisch orientierte Konzepte erforderlich, die von den Klienten entsprechend ihrer jeweiligen persönlichen Situation in Anspruch genommen werden können. Die Hilfeformen müssen sich sowohl auf den Einzelfall wie auf Gruppen und darüber hinaus auf das soziale Umfeld der Klienten beziehen. Dies alles ist freilich noch keineswegs die Regel. Das Hauptproblem bei der Verwirklichung eines derartig weitgefächerten Angebots ist die am Modell der medizinischen Rehabilitation orientierte Finanzierung. Sie verlangt unter anderem einen Nachweis über den Ausstieg, d.h. eine vorangegangene abgeschlossene Therapie.

Rückfall

Schwierige Entscheidungen ergeben sich infolge der regelmäßig vorkommenden Rückfälle. Oft sind sie ein Anlaß, Klienten aus den Angeboten der Nachsorge auszuschließen und wieder zur Entwöhnung zu vermitteln; teilweise kann die Nachsorge erneuten Drogenkonsum aber auch aus eigener Kompetenz als Schritt zur drogenfreien Bewältigung eines selbständigen Lebens aufarbeiten. Eine zu rigorose disziplinarische Haltung müßte die Mehrheit der Klienten von den Angeboten der Nachsorge ausschließen und würde vermutlich auch allgemein eher abschreckende Wirkungen haben; eine zu großzügige Haltung würde die Ziele gefährden. Als dritter Weg außerhalb der traditionellen Alles-oder-Nichts-Entscheidung bietet sich die Übernahme in akzeptanzorientierte niedrigschwellige Angebote an.

4.2.8. Dokumentation, Weiterbildung, Koordination, Öffentlichkeitsarbeit

Neben den Aufgaben der Beratung, Betreuung und Behandlung nimmt die Suchtberatungsstelle weitere Aufgaben wahr bzw. sollte dies tun.

Dokumentation

Als Grundlage der Darstellung, Reflexion und Ergebniskontrolle der eigenen Arbeit sowie als Beitrag zur Entwicklung der Drogenhilfe insgesamt müssen die eigenen Tätigkeiten dokumentiert und statistisch ausgewertet werden. Hierauf baut auch der Auftrag auf, im Sinne von

Qualitätssicherung und Qualitätsmanagement die Arbeitskonzepte und die Organisationsstruktur weiterzuentwickeln.

Weiterbildung, Supervision

Der fachlichen Zusammenarbeit, Reflexion und drogenpolitischen Entwicklung dienen lokale, regionale und überregionale Arbeitskreise. Die Mitarbeit in derartigen Arbeitskreisen gehört ebenso zu den Aufgaben wie die Weiterbildung der Mitarbeiterinnen und Mitarbeiter. Hinzu kommt die unbedingt notwendige Supervision.

Kooperation

Als zentrale wohnortnahe Anlaufstelle für alle Suchtprobleme ist die Suchtberatung auch zuständig für die Qualitätsentwicklung, Koordination und Kooperation der örtlichen bzw. regionalen Dienste der gesamten Drogenhilfe (Verbundnetz) sowie weiterer sozialer Dienste und sonstiger Hilfsmöglichkeiten, die nicht nur, aber auch von Drogenkonsumenten in Anspruch genommen werden. Dies bedeutet, daß die Suchtberatung auf kommunaler bzw. regionaler Ebene eine politische Funktion hat. Der Stellenwert und die drogenpolitische Linie der Drogenhilfe besonders im Verhältnis zu ordnungspolitischen Maßnahmen müssen auf kommunaler Ebene immer erneut diskutiert und politisch vertreten werden. Dazu gehört auch eine effektive Öffentlichkeitsarbeit, die bei allen Bürgern um Verständnis für die Aufgaben der Drogenhilfe und bei den Betroffenen um Vertrauen in ihre Kompetenz wirbt. Um nur ein illustratives Beispiel zu nennen:

Wenn in einer Großstadt ein Kontaktladen mit einer umfassenden Palette niedrigschwelliger Angebote betrieben wird und im gleichen Hause zudem auch die Suchtberatungsstelle arbeitet, dann kann es kaum das Vertrauen und die Akzeptanz der Klienten fördern, wenn vor der Tür mehr oder weniger regelmäßig ein Polizeiwagen steht und Polizisten gelegentlich Besucher festnehmen.

Öffentlichkeitsarbeit

Die Öffentlichkeitsarbeit ist wichtig, um gute Kontakte zu den verschiedenen allgemeinen sozialen und drogenspezifischen Einrichtungen und zu sonstigen Kooperationspartnern in der Gemeinde und in der Region aufzubauen und zu unterhalten. Es ist für die Arbeit äußerst hilfreich, die Menschen in den benachbarten Entzugsstationen und Entwöhnungseinrichtungen, im Sozialamt, Wohnungsamt, Arbeitsamt, in der Volkshochschule oder in der Schuldnerberatungsstelle, den Staatsanwalt, den Arzt, den Apotheker oder den Rechtsanwalt zu kennen, mit denen man zusammenarbeitet und die sich für die Probleme der Klienten einsetzen.

4.3. Selbsthilfe

Der Begriff „Selbsthilfe“ steht im Gegensatz zur Fremdhilfe und läßt sich nach Hans-Jürgen Franz (1987, S. 319-321) unterteilen in:
(1) Eigenhilfe: individuelle Hilfe für sich selbst sowie Hilfe im engen Nahbereich, insbesondere innerhalb der Familie.
(2) Soziale Selbsthilfe: Hilfeleistungen von Personen auf der Grundlage gemeinsamer Interessen für diesen Personenkreis selbst oder für andere Personen.
(3) Freiwillige Fremdhilfe (Laienhilfe): freiwillige, insbesondere z.B. ehrenamtliche Hilfeleistungen für Dritte.

Eigenhilfe

(1) Eigenhilfe: Eigenhilfe für sich selbst ist gewöhnlich nicht gemeint, wenn in der Drogenhilfe von Selbsthilfe gesprochen wird. Dennoch spielt sie in der ambulanten Drogenhilfe eine ganz allgemeine Rolle, insofern diese sich wie alle Soziale Arbeit als Hilfe zur Selbsthilfe versteht. Gleichzeitig besteht eine erhebliche Skepsis, Eigenhilfe dann anzuerkennen und zu unterstützen, wenn Klienten sich um Selbstheilung bemühen, die vielleicht, um die Assoziation der wundersamen Heilung zu vermeiden, besser selbstorganisierter oder autonomer Ausstieg genannt würde. Hier überwiegt die alte Überzeugung, daß Sucht eine Krankheit sei, die, wenn überhaupt, nur durch die Fremdhilfe professioneller Behandlung überwunden werden könne. Tatsächlich gibt es aber, wenn auch in umstrittenem Umfang, den erfolgreichen selbstorganisierten Ausstieg aus der Substanzabhängigkeit selbst bei den sogenannten harten Drogen (siehe Teil 1, Abschnitt 3.5.5., S. 78ff.). Hier werden exemplarisch einige Probleme der Selbsthilfe deutlich:

Selbsthilfefähigkeit

(a) Selbsthilfefähigkeit: Es fällt auf, daß sich die Selbsthilfe im Gesundheitswesen weit überwiegend entweder den psychosozialen Problemen der mitbetroffenen Angehörigen widmet oder sich bei den Betroffenen rund um die weiterhin im Mittelpunkt stehende professionelle Hilfe konstituiert. Dies trifft auch bei praktizierenden Konsumenten berauschender Substanzen zu, von denen aus der Sicht der professionellen Hilfe meist angenommen wird, sie seien nicht selbsthilfefähig, sondern bedürften „wegen der spezifischen, die Selbstorganisation in besonderer Weise belastenden Symptomatik [...] stärkerer Hilfe von außen“ (Claus 1982, S. 133). Anders wird diese Frage bei Konsumenten nichtberauschender psychoaktiver Stoffe gesehen.

So setzt z.B. die derzeitige Hilfe im Bereich der Nikotinabhängigkeit vorwiegend auf die Unterstützung des selbstorganisierten Ausstiegs.

Abgrenzung

(b) Abgrenzung: Jede Selbsthilfe, die nicht nur kostengünstige Laienhilfe zur Ergänzung der professionellen Hilfe sein will, wird leicht als Konkurrenz oder gar als Kontrolle der professionellen Kompetenz empfunden – und tatsächlich ist die Selbsthilfe ja auch zum Teil aus der Kritik an den Defiziten der offiziellen Leistungsangebote und deren Nebenwirkungen wie Bürokratisierung, Verrechtlichung, Ökonomisierung und Professionalisierung motiviert (Franz 1987, S. 310). Daraus können sich unproduktive Abgrenzungsbestrebungen ergeben, während doch gerade das Innovationspotential der Selbsthilfe für die professionelle Hilfe, vor allem für die komplexe Helfer-Klient-Beziehung, hilfreich wäre.

Unterstützung

(c) Unterstützung: Derartige Abgrenzungsprobleme erschweren erheblich die ohnehin schwierige Gratwanderung zwischen begleitender Unterstützung und anleitender Bevormundung in der Zusammenarbeit durch die professionelle Hilfe.

soziale Selbsthilfe

(2) Soziale Selbsthilfe: Von der zweiten Kategorie, der sozialen Selbsthilfe, gibt es vor allem im Bereich der gesundheitsbezogenen Selbsthilfe Tausende von Selbsthilfegruppen. Hierzu zählen in der Drogenhilfe die besonders häufig etablierten Selbsthilfegruppen für Alkoholiker. Unter ihnen sind die Anonymen Alkoholiker (AA) geradezu zum Inbegriff der Selbsthilfe geworden.

So erwähnen etwa Norbert Wohlfahrt und Helmut Breitkopf (1995, S. 64) in ihrer Einführung über Selbsthilfegruppen die Anonymen Alkoholiker – „eine seit Jahrzehnten konzeptionell erprobte, differenziert organisierte und international anerkannte Selbsthilfeform“ – als einziges Beispiel für die gesundheitsbezogenen Selbsthilfegruppen. Nach ihrem Muster bildeten sich zahlreiche weitere Selbsthilfegruppen, z.B. Anonyme Eßgestörte, Spieler, Tablettenabhängige, Narcotics Anonymous (NA), Al-Anon (Familiengruppen), Alateen (für jugendliche Familienmitglieder). „Anonymous-Programme scheinen als Allheilmittel“ gegen alle möglichen Verhaltensauffälligkeiten zu gelten (Matzat 1993 S. 53). Hierdurch üben die Anonymen Alkoholiker mit ihrem in der Selbsthilfe bewährten Suchtkonzept – Sucht ist „eine unheilbare Krankheit – das heißt ein Süchtiger kann nie mehr kontrolliert stimmungsverändernde Substanzen (z.B. Drogen, Alkohol, bestimmte Medikamente) konsumieren“ (Schippan 1993, S. 81) – prägenden Einfluß auf die allgemeine öffentliche Meinung wie auch auf die Fachöffentlichkeit aus.

Abbildung 20: Die „Zwölf Schritte“ der Anonymen Alkoholiker

1. Wir gaben zu, daß wir dem Alkohol gegenüber machtlos sind – und unser Leben nicht mehr meistern konnten.
2. Wir kamen zu dem Glauben, daß eine Macht, größer als wir selbst, uns unsere geistige Gesundheit wieder geben kann.
3. Wir faßten den Entschluß, unseren Willen und unser Leben der Sorge Gottes – wie wir ihn verstanden – anzuvertrauen.
4. Wir machten eine gründliche und furchtlose Inventur in unserem Inneren.
5. Wir gaben Gott, uns selbst und einem anderen Menschen gegenüber unverhüllt unsere Fehler zu.
6. Wir waren völlig bereit, all diese Charakterfehler von Gott beseitigen zu lassen.
7. Demütig baten wir ihn, unsere Mängel von uns zu nehmen.
8. Wir machten eine Liste aller Personen, denen wir Schaden zugefügt hatten und wurden willig, ihn bei allen wieder gut zumachen.
9. Wir machten bei diesen Menschen alles wieder gut – wo immer es möglich war –, es sei denn, wir hätten dadurch sie oder andere verletzt.
10. Wir setzten die Inventur bei uns fort, und wenn wir Unrecht hatten, gaben wir es sofort zu.
11. Wir suchten durch Gebet und Besinnung die bewußte Verbindung zu Gott – wie wir ihn verstanden – zu vertiefen. Wir baten ihn nur, seinen Willen für uns erkennen zu lassen und um die Kraft, ihn auszuführen.
12. Nachdem wir durch diese Schritte ein geistiges Erwachen erlebt hatten, versuchten wir, diese Botschaft an Alkoholiker weiterzugeben und unser tägliches Leben nach diesen Grundsätzen auszurichten.

(Quelle: das 1939 zuerst veröffentlichte Programm der Anonymen Alkoholiker, zit. n. Schippan 1993, S. 46)

Die Bekanntheit der Anonymen Alkoholiker läßt gelegentlich vergessen, daß es daneben eine Reihe weiterer Selbsthilfegruppen wie die schon im vergangenen Jahrhundert gegründeten Abstinenzverbände „Blaues Kreuz“, „Kreuzbund“ oder „Guttemplerorden“ gibt. Die Verbände bieten in vielen Gemeinden Selbsthilfegruppen, zum Teil auch stationäre Einrichtungen, vor allem für Alkoholiker an, die sich in erster Linie der Hilfe zur Stabilisierung der Behandlungsergebnisse in der Nachsorge widmen. Zum Teil wird den Absolventen von Entwöhnungsbehandlungen sogar die Teilnahme an einer derartigen Selbsthilfegruppe mehr oder weniger zur Pflicht gemacht. Über die großen institutionalisierten Selbsthilfegruppen hinaus gibt es zahlreiche kleine Gruppen, die vor allem im Bereich der Nachsorge z.B. als Gesprächsgruppen, Wohngemeinschaften oder als kleine Firmen wirken. Für die Suchtberatungsstellen ergeben sich hieraus vielfältige Aufgaben der Zusammenarbeit. Entsprechende Selbsthilfegruppen sind auch im Bereich der nicht-stoffgebundenen Süchte, z.B. für Spielsüchtige oder Betroffene von suchtartigen Eßstörungen, gegründet worden.
Zur Kategorie der sozialen Selbsthilfe gehören auch die Elternkreise, die sehr oft von Suchtberatungsstellen gefördert und unterstützt werden. In diesen Elternkreisen helfen sich die mitbetroffenen Familienangehörigen zunächst selbst, das Leid und die Selbstvorwürfe zu verarbeiten, mit den Problemen der Co-Abhängigkeit fertigzuwerden sowie Hilfe für ihre betroffenen Familienmitglieder zu leisten und zu organisieren. Zugleich haben sich die Elternkreise in Richtung einer politischen Selbstorganisation (Bundesverband der Elternkreise) entwickelt, um aus ihrer Interessenlage heraus zu Fragen der Drogenpolitik Stellung zu nehmen.

Laienhilfe

(3) Laienhilfe: Die freiwillige Selbsthilfe als Laienhilfe hat in der Drogenhilfe häufig eine besondere Form angenommen. Ehemalige Abhängige, sogenannte Ex-User, sind sowohl ehrenamtlich in Selbsthilfegruppen tätig als auch im Rahmen der professionellen Drogenhilfe beschäftigt. Sie helfen sich dabei erstens selbst bei der Stabilisierung ihrer Abstinenz und dem Aufbau einer Lebensperspektive und zweitens anderen, für die sie als authentische Kenner und glaubwürdige Zeugen der Hoffnung fungieren, daß der Ausstieg möglich ist. Ein besonderes Angebot dieser Art von Selbsthilfe, das kaum noch in die Vorstellungen klassischer Selbsthilfegruppen paßt, macht Synanon

als organisierte Hilfeeinrichtung mit der Perspektive lebenslanger Gemeinschaft.

Selbstorganisation

Über das klassische Verständnis von Selbsthilfe hinaus haben Selbsthilfegruppen immer wieder versucht, ihr Selbstverständnis und ihre Aktivitäten in Richtung der Selbstorganisation und der politischen Interessenvertretung auszudehnen. Im Bereich der Drogenhilfe gingen entscheidende Impulse auf Initiativen der Selbsthilfe zurück. Das gilt für die Anfänge der Hilfe für Alkoholiker Ende des vergangen Jahrhunderts durch die damaligen Abstinenzvereine ebenso wie für die Anfänge der Hilfe für Konsumenten illegaler Drogen Anfang der 70er Jahre durch die Releasebewegung (siehe Teil 3, Abschnitt 1.2., S. 170ff.). Auch heute gibt es zahlreiche Selbsthilfegruppen, die vor allem im Bereich der Nachsorge z.B. als Gesprächsgruppen, Wohngemeinschaften oder als kleine Firmen wirken. Ein bekanntes Beispiel in der Gegenwart bietet im Bereich der illegalen Drogen die Initiative JES (Junkies, Ex-User, Substituierte – für Drogenselbsthilfe und Solidarität), die nach früheren Ansätzen der Junkiebünde 1989 in enger Zusammenarbeit mit der Deutschen Aidshilfe gegründet wurde. JES versucht, auch die aktuellen Konsumentinnen und Konsumenten zu aktivieren und zu organisieren. Dies zu realisieren wird von professionellen Helfern, ähnlich wie beim autonomen Ausstieg, vielfach kaum für möglich gehalten, praktizierende Konsumenten harter Drogen gelten als nicht selbsthilfefähig. Es widerspricht zu sehr dem – mit der Realität nur bedingt übereinstimmenden – Bild des Drogenabhängigen, der durch die Jagd nach dem Stoff und das Wechselbad von Entzug und Rausch geprägt ist und dessen Reife gern mit dem eines unmündigen Kindes verglichen wird.

Jörg Claus (1992) macht am Beispiel einer selbstorganisierten Therapeutischen Wohngemeinschaft darauf aufmerksam, daß dieser Effekt auch etwas mit der sozialen Herkunft der Drogenabhängigen und der entmündigenden Fremdhilfe zu tun hat und daß „diese Argumentation objektiv darauf hinausläuft, das politische Moment der Selbstorganisation zu schwächen“ (ebd., S. 135). Für ihn gilt: „Befreiung von Drogenabhängigkeit kann letztlich nur Selbstbefreiung heißen“ (ebd., S. 137). Für die ambulante Drogenhilfe läßt sich aus solcher Kritik der Auftrag für eine Zusammenarbeit ableiten, die nicht bevormundet, sondern die Selbsthilfe in allen ihren Formen, auch im selbstorganisierten Ausstieg und in der Selbstorganisation, anerkennt und unterstützt. Hierzu bietet das akzeptierende Grundkonzept der

Suchtbegleitung sicherlich eine geeignete Voraussetzung. Und auch wenn manche Autoren meinen, für Unterstützung von Selbsthilfegruppen sei es günstiger, keine Ausbildung in einem helfenden Beruf zu haben (Balke 1991, S. 25), so handelt es sich doch um eine Aufgabe, für die eine sozialpädagogische Ausbildung im wohlverstandenen Sinne durchaus hilfreich ist.

Literatur: Ein aktueller Überblick über ambulante Hilfen ist schwer zu gewinnen. Ersatzweise ist *Klaus Schuller/Heino Stöver* (Hg.): Akzeptierende Drogenarbeit. Ein Gegenentwurf zur traditionellen Drogenhilfe. Freiburg 1990, zu empfehlen.
Noch immer anregend ist der Text von *Günter M. Krauß:* Konfliktberatung mit Drogenkonsumenten. Überlegungen zu einer Beratungsstrategie. Weinheim 1984.
Einen eher den traditionellen Grundauffassungen verpflichteten Überblick über Angebote der Drogenhilfe (ambulante und stationäre Hilfen) gibt *Wolfgang Heckmann* (Hg.): Drogentherapie in der Praxis. Ein Arbeitsbuch für die 90er Jahre. Weinheim 1991. Zur Vertiefung in die Fragen der ambulanten Behandlung kann Engelbert Fuchtmann: Ambulante Suchttherapie. Freiburg 1994, dienen.
Hilfreich zum hier nur knapp vorgestellten Thema „safer use" ist: *Jan-Hendrik Heudtlass/Heino Stöver/Petra Winkler* (Hg.): Risiko mindern beim Drogengebrauch. Drogenwirkungen, Safer Use, Notfallhilfe, Safe Sex, Prävention, Peer-Support. Frankfurt a.M. 1995.
Zur Supervision in der Drogenhilfe, die hier nur erwähnt wird, siehe die – allerdings auf die stationäre Suchttherapie bezogene – Arbeit von *Hermann Müller:* Suchttherapie und Supervision. Berufliche Probleme und Paradoxien in der stationären Suchttherapie und deren Einfluß auf die Struktur und inhaltliche Entwicklung einer Teamsupervision mit Suchttherapeuten. Frankfurt a.M. 1995.

5. Stationäre Hilfen: Entzug, Entwöhnung, Nachsorge

„Gelingendes Leben heilt.“
(Bohnert 1988, S. 85)

Die in diesem Kapitel dargestellten Arbeitsbereiche der Drogenhilfe werden oft auch unter der Bezeichnung „Therapie“ zusammengefaßt, womit die medizinischen, psychologischen und sozialpädagogischen Bemühungen gemeint sind, psychische und psychosoziale Störungen zu beheben. Dabei werden vielfältige psycho- und soziotherapeutische Verfahren in unterschiedlichen Settings eingesetzt. Üblicherweise werden die Prozesse „Entzug/Entgiftung“, „Entwöhnung“ und „Adaption/Nachsorge“ unterschieden. Alle drei Bereiche können sowohl als jeweils eigenständige Angebote wie auch als aufeinanderfolgende Phasen der Drogenhilfe verstanden werden, denen dann die Kontakt-/Beratungsphase vorgeschaltet ist. In der Therapie allgemein, besonders aber in der Entwöhnung steht die Abstinenzorientierung im Vordergrund, weshalb sie in Unterscheidung von anderen Angeboten zur Unterstützung des Ausstiegs aus der Drogenkarriere (insbesondere Substitution) auch „Abstinenztherapie“ genannt wird. Wichtige Grundsätze sind außerdem die Differenzierung der Angebote nach Zielgruppen und geeigneten Motivationshilfen sowie eine Strukturierung der Behandlungskonzepte.
Die Erfolge der Therapie, über die es sehr unterschiedliche Angaben gibt, können nach der traditionellen Drittel-Faustregel geschätzt werden, d.h. bei einem Drittel der Behandelten wird Drogenfreiheit, bei einem Drittel eine Besserung des Drogenverhaltens und bei einem Drittel keine Besserung erreicht. Nach moderneren Konzepten, die sich nicht mehr allein an der Drogenfreiheit als Erfolgskriterium orientieren, sondern auch Erfolge in der Stabilisierung und Integration für wertvoll halten, kann demnach bei zwei Dritteln der Klienten mit einer Besserung gerechnet werden. Eine Bedingung dafür, daß diese Erfolge dauerhaft sind, ist ein entsprechend ausgestattetes differenziertes Angebot in der Adaption/Nachsorge.

5.1. Zur Geschichte

Noch vor rund 50 Jahren konnte ein Arzt schreiben:

> „Es ist aber nicht eigentliche ärztliche Aufgabe, die Menschen vor den Gefahren, die allgemein in ihrer Natur liegen, zu bewahren. Dazu sind Familie und Freunde berufen, nicht Ärzte [...] Der Süchtige wird von der Sucht befreit, wenn er einen Schritt in seiner Lebensentwicklung zu tun vermag. [...] Man kann aber weder Leichtsinn noch Süchtigkeit, weder Fehltritt noch Sucht ärztlich behandeln." (Zutt 1948/1978, S. 11f.)

Inzwischen hat sich ein bemerkenswertes System der Drogenhilfe etabliert, in dessen Mittelpunkt die Suchttherapie steht. In rund 150 Einrichtungen mit ca. 4.000 Therapieplätzen für Abhängige von illegalen Drogen und weiteren rund 250 Einrichtungen für Alkohol- (und Medikamenten-)abhängige arbeiten neben Angehörigen anderer Berufe (unter anderem Ärzte und Psychologen) auch viele Sozialarbeiter und Sozialpädagogen.

Hinzu kommen zahlreiche Einrichtungen, die ambulante Therapien und weitere therapeutisch orientierte Leistungen anbieten. Dennoch reicht das Angebot für die rund acht Millionen Abhängigkeitskranken (Nikotin, Alkohol, Medikamente, illegale Drogen) bei weitem nicht aus.

Die helfende Reaktion auf Suchterkrankungen begann erst Mitte des vergangenen Jahrhunderts. Vorher war die strafende Reaktion (Gefängnis, Arbeitshaus, Irrenanstalt) die Regel. Die erste stationäre Einrichtung für Suchtkranke, das Trinkerasyl „Siloha" in Lintorf bei Düsseldorf – der Name bezieht sich auf den Bericht von einer Wunderheilung im Neuen Testament (Johannes 9, 7), wo Jesus am Teich Schiloach einen Blinden sehend macht –, wurde 1851 eingerichtet und 1879 zur ersten Trinkerheilstätte in Deutschland ausgebaut. Um 1900 gab es 27 und 1914 54 auf Alkoholabhängige spezialisierte Anstalten unter kirchlicher und humanitärer Trägerschaft. Die Alkoholkranken wurden „mittels der berühmt/berüchtigten ‚3 A' behandelt, nämlich Andacht – Arbeit – Abgeschiedenheit" (Scheipers 1994, S. 107). Ein Großteil der Alkoholkranken wurde aber weiterhin in psychiatrischen Einrichtungen untergebracht. Gegen Ende des vorigen Jahrhunderts etablierten sich die bis heute in der Selbsthilfe für Alkoholkranke tätigen Vereinigungen wie das Blaue Kreuz („Verein zur Trinkerrettung", protestantisch), der Kreuzbund („Reichsverband abstinenter Katholiken") und der überkonfessionelle Guttemplerorden; die Anonymen

Alkoholiker (1935 in den USA gegründet) sind seit 1953 in Deutschland tätig.
Einen schweren Rückfall erlebte die Behandlung Drogenabhängiger, besonders Alkoholkranker, in der Zeit des Nazi-Regimes. Die betroffenen Menschen wurden als „minderwertige asoziale Elemente“ extrem stigmatisiert und oftmals in Konzentrationslager eingeliefert oder als „Erbkranke“ im Sinne der herrschenden erbbiologischen Rassenideologie zur „Verhütung erbkranken Nachwuchses“ sterilisiert.

Abbildung 21: Stichwort „Trinkerasyle“

Trinkerasyle oder Trinkerheime, zur Aufnahme und Heilung von Gewohnheitstrinkern bestimmte Anstalten. Die T. wollen dem Trinker Gelegenheit geben, sich in seinen guten Vorsätzen unter vernünftiger leiblicher und geistiger Diät zu festigen. Die erste derartige Anstalt besteht seit 1851 in Lintorf bei Duisburg, und zwar neben der Heilanstalt «Siloah» für gebildete Stände (monatlich 100 und 150 M. Pflegegeld) ein Männerasyl (Pflegegeld 150 M. jährlich). Der Ein- und Austritt ist freigestellt, Haus- und Lebensordnung aber streng geregelt. Hauptbeschäftigung der Pfleglinge bilden landwirtschaftliche und Gartenarbeit. Ähnliche Anstalten befinden sich in Schönmoor in Schleswig-Holstein, in Nieder-Leipe in Schlesien, in Klein-Drenzig bei Guben, in Mühlhausen, in Sophienhof im Mecklenburgischen, in Düring bei Geestemünde, in Friedrichshütte bei Bielefeld und an andern Orten. In Schlesien besteht ein Verein zur Errichtung von T. auf evang. Grundlage. In Amerika wurde das erste Trinkerasyl (Washingtonian Home) 1857 in Boston gegründet und 1869 zur Staatsanstalt erhoben; seitdem wurden fast in allen Staaten der Union derartige Asyle errichtet. Man schätzt die Zahl der vollkommenen Heilungen in diesen Asylen auf wenigstens 30 Proz. Auch in England wurden T. aus Privatmitteln errichtet. (S. Alkoholismus.)
Trinkgelage. T. kommen bei den kultiviertesten wie bei den noch ganz wilden Völkern vor. In

(Quelle: Brockhaus von 1898)

Seit der Alkoholismus (und damit auch andere Substanzabhängigkeiten) 1968 versicherungsrechtlich als Krankheit anerkannt worden war, entwickelten sich die Trinkerheilstätten zu Suchtfachkliniken. Ab den 70er Jahren entstanden daneben Therapieeinrichtungen für Abhängige illegaler Drogen, da die etablierten, auf Alkoholkranke spezialisierten Suchtkliniken dem „neuen“ Problem gegenüber hilflos waren.

5.2. THERAPIE

Der Begriff „Therapie“ bezeichnet die medizinischen und psychologischen (Psychotherapie) sowie die sozialpädagogischen (Soziotherapie) Bemühungen, psychische und psychosoziale Störungen und Leiden zu beheben oder zu lindern. Psycho- und Soziotherapie werden oft in fließenden Übergängen in den gleichen Maßnahmen miteinander verzahnt angewandt.

Psycho- und Soziotherapie

Gleichwohl gibt es teilweise Probleme zwischen den einzelnen Therapieschulen sowie zwischen den Professionen, wodurch an den Bedürfnissen der Klienten ausgerichtete konsequente therapeutische Konzepte be- oder gar verhindert werden. Zwar weichen die Schulenkämpfe zwischen den verschiedenen Richtungen und Methoden der Psychotherapie (siehe unten) langsam integrativen Ansätzen, doch sind die berufsständischen und fachlichen Auseinandersetzungen zwischen Ärzten und Psychologen keineswegs ausgestanden (vgl. die Diskussionen um ein Psychotherapeutengesetz). Die Rolle der Sozialpädagogen und -arbeiter im Konzept der therapeutischen Intervention bleibt teils aus berufsständischen, teils aus fachlichen Gründen diffus, da bisher keineswegs geklärt ist, was unter Soziotherapie verstanden werden soll: „Das Wort Soziotherapie wird unterschiedlich, fast beliebig benutzt“ (Dörner/Plog 1992, S. 512). Teils sind Interventionen und Methoden gemeint, die sich auf die sozialen Einstellungen oder auf die soziale Kompetenz der Klienten beziehen, teils ist die Beeinflussung der sozialen Umwelt der Klienten und teils sind gruppentherapeutische Verfahren gemeint. Oft wird auch alles, was Sozialpädagogen, Sozialarbeiter oder Pflegekräfte im Zusammenhang mit therapeutischen Interventionen tun, so genannt. Zudem gibt es Verwirrung in der Abgrenzung gegenüber dem Begriff „Sozialtherapie“, der zum Fachausdruck im Strafvollzug geworden ist. Zweifellos aber sind neben psychotherapeutischen auch sozialpädagogische Ansätze in den Therapiekonzepten erforderlich, die sich nicht in erster Linie auf die Veränderung der Person der Klienten richten, sondern aus einer ganzheitlichen Sicht mehr auf seine sozialen Kompetenzen und seine soziale Integration. Auch wenn die „unangemessenen Illusionen psychotechnischer ‚Machbarkeit‘ bzw. Veränderbarkeit des Menschen“ (Böllinger/Stöver/Fietzek 1995, S. 96) nicht mehr allzuweit verbreitet sind, bleibt doch der allgemein behauptete Vorrang der Psychotherapie ein Hindernis, sozialpädagogisch orientierte Soziotherapie in die Therapiekonzepte zu integrieren. Ambros Uchtenhagen (1985, S. 3 und 6) kommt zu dem Schluß:

„Ein Therapieprogramm ist nur als Gesamtprogramm therapeutisch, und nicht als eine Art Rahmenprogramm, das sich um die ‚eigentliche' Therapie herum abspielt." [...] „Für beide, Psychotherapeuten und Soziotherapeuten scheint es mir außerordentlich wichtig zu sein, daß sie sich durch die spezifische Kompetenz des anderen nicht bedroht fühlen und ihre eigene Bedeutung oder gar Überlegenheit unter Beweis stellen müssen."

Therapierichtungen/-methoden

In der Psychotherapie gibt es mehrere Therapierichtungen mit jeweils verschiedenen Therapiemethoden. In der Drogentherapie wird meist eine Kombination mehrerer Therapiemethoden eingesetzt. Zur Orientierung über die wichtigsten unter den 200 bis 300 Richtungen und Methoden ist der Überblick hilfreich, den Klaus Grawe u.a. (1994, S. 88f.) erarbeitet haben; dort finden sich auch Kurzbeschreibungen der Methoden:

(a) H*umanistische Therapien:* Psychodrama, Gestalttherapie, Gesprächspsychotherapie, Encountergruppen, Humanistische Therapie ohne nähere Spezifizierung, Transaktionsanalyse, Musiktherapie, Bewegungs- und körperorientierte Therapie, Tanz- und Kunsttherapie, Bioenergetische Therapie;
(b) *Psychodynamische Therapien:* Langzeit-Psychoanalyse, Psychoanalytisch orientiere Psychotherapie, Psychoanalytische Kurztherapie, Psychoanalytische Therapie ohne nähere Spezifizierung, Psychodynamische Therapie mit medikamentöser Behandlung, Ich-Analyse, Individualtherapie, Katathymes Bilderleben, Daseinsanalyse;
(c) *Kognitiv-behaviorale Therapien:* Systematische Desensibilisierung, Training sozialer Kompetenz, Reizkonfrontation, Biofeedback, Aversionstherapien, Paradoxe Intention, Rational-emotive Therapie, Kognitive Bewältigungstrainings, Problemlösungstherapien, Kognitive Therapie nach Beck, Depressionstherapie nach Lewinsohn, Verhaltenstherapeutische Alkoholikerprogramme, Verhaltenstherapeutische Sexualtherapie, Breitspektrumverhaltenstherapie;
(d) *Interpersonale Therapien:* Interpersonale Psychotherapie nach Klermann und Weissmann, Paartherapie, Familientherapie;
(e) *Entspannungstherapien und Hypnose:* Progressive Muskelentspannung, Autogenes Training, Meditation, Hypnose;
(f) Eklektische und richtungsübergreifende Therapien.

Klienten/ Patienten

Die Drogenabhängigen werden, je nach der mehr medizinischen oder mehr sozialpädagogischen Orientierung, „Patienten" oder „Klienten" genannt. Wir haben uns, außer bei der deutlich medizinisch orientierten Entgiftung, durchgängig für die Bezeichnung „Klienten" entschieden, weil dies der Perspektive Sozialer Arbeit entspricht und weil mit dem Begriff „Patienten" zu sehr die medizinische Behandlung und die Krankenrolle mit ihren für die Drogentherapie ambivalenten Implikationen assoziiert wird. Die Krankenrolle bietet einerseits die Chance, von der moralischen und rechtlichen Stigmatisierung zu entlasten, und vor allem den im gegenwärtigen Gesundheitssystem entscheidenden Vorteil der Kostenübernahme für die Behandlung. Dem steht auf der anderen Seite der bedeutende Nachteil gegenüber, daß damit zugleich auch die medizinische Definition von Krankheit und Behandlung Vorrang hat, die tendenziell die psychosozialen Aspekte der Drogenabhängigkeit und die aktive Beteiligung der Betroffenen an der Behandlung vernachlässigt (siehe Teil 1, Kapitel 3, S. 58ff.).

Therapeutische Gemeinschaft

Zum Ausgleich dieser Nachteile wird die Drogentherapie sehr oft nach den Prinzipien der Therapeutischen Gemeinschaft (auch: Therapeutische Wohngemeinschaft) konzipiert. Ihr wesentliches Merkmal ist, daß sie die Klienten aktiv in den therapeutischen Prozeß mit einbezieht. Weitere auf diesen Kernpunkt bezogene Charakteristika sind das Zusammenleben in der Gruppe, offene, partnerschaftliche Kommunikationsstrukturen zwischen allen Mitgliedern und transparente Aufgabenstrukturen mit klaren Abläufen. Bei allen Unterschieden der verschiedenen Konzepte ist die gemeinsame therapeutische Zielsetzung, daß im Schutz der partnerschaftlichen Gruppe verhaltensändernde Erfahrungen erprobt, soziale Lernprozesse bewirkt, Eigenverantwortlichkeit gelernt und die Identität gestärkt werden können. Das Prinzip der Therapeutischen Gemeinschaft hat sich in der Therapie Drogenabhängiger vor allem deswegen bewährt, weil es als Lern- und Lebensmodell ein ganzheitliches, nicht nur auf das Suchtproblem zentriertes Verständnis der Klienten fördert und geeignet ist, psychotherapeutische und soziotherapeutische Behandlungsansätze zu integrieren. Damit werden günstige Voraussetzungen geschaffen, Sozialisationsdefizite und spezifische Entfremdungs- und Ausgrenzungserfahrungen Drogenabhängiger aufzuarbeiten. Allerdings ist mit dem Konzept der Therapeutischen Gemeinschaft oft ein autoritärer, konfrontierender Therapiestil und ein hierarchisches Verlaufskonzept verbunden, demzufolge sich die Klienten vom hilfebedürftigen Kleinkind zum nachgereiften Erwachsenen mit wachsender Verantwortung entwickeln sollen (siehe Teil 3, Abschnitte 1.2., S. 170ff., und 1.3.1., S. 175ff.).

Therapie-setting

Therapie wird in sehr unterschiedlichen Settings angeboten. Sie kann: (a) stationär, (b) teilstationär oder (c) ambulant, (d) in unterschiedlichen äußeren Umgebungen und Situationen, z.B. in abgelegenen Einrichtungen oder wohnortnah, in erlebnispädagogisch arrangierten außergewöhnlichen Situationen, und (e) in verschiedenen zwischenmenschlichen Konfigurationen als Einzel-, Paar-, Familien- oder Gruppentherapie durchgeführt werden.

ambulante Therapie

Eine zunehmende Bedeutung gewinnt die anfänglich stark abgelehnte ambulante und teilstationäre Therapie (siehe Teil 3, Abschnitt 4.2.6., S. 228). Ihr großer Vorzug ist, daß sie die Klienten nicht aus ihren noch vorhandenen sozialen Bezügen (Familie, Wohnung, Arbeit) entfernt und damit eine Klientel erreicht, die von der stationären Therapie kaum erreicht werden kann. Außerdem bieten sich diese Therapieformen für die Begleitung der Substitution sowie für Übergangs- und Nachsorgeaufgaben nach einer stationären Therapie an. Ein weiterer Vorteil sind ihre wesentlich geringeren Kosten. Da die Klienten während der ambulanten Therapie nicht ununterbrochen unter therapeutischem Einfluß stehen und nicht nur in hilfreichen sozialen Bindungen, sondern auch in Bindungen zur Szene und zu belastenden Beziehungen weiterleben, ergeben sich eigenständige, meist stärker sozialpädagogisch orientierte therapeutische Ansätze. Ambulante und teilstationäre Therapien werden von Drogenberatungsstellen, zunehmend aber auch unter der Regie der stationären Entwöhnungseinrichtungen angeboten.

5.3. Entgiftung

Bei Beginn der Entwöhnungsbehandlung wird in der Regel die aktuelle Drogenfreiheit vorausgesetzt. Sie wird, sofern es sich um Drogenkonsumenten mit körperlicher Abhängigkeit (Alkohol, Medikamente, Opiate) handelt, durch eine ein- bis zweiwöchige Entgiftung (Detoxifikation, Entzug) erreicht, die in Drogenkliniken, (Entzugs-) Stationen von Krankenhäusern und Nervenkliniken und auch innerhalb der Therapieeinrichtungen stattfindet. Kostenträger ist in der Regel die Krankenkasse oder ersatzweise die Sozialhilfe.

Motive der Entgiftung

Die Entzugsbehandlung kann aus unterschiedlichen Gründen gemacht werden: (a) Weil die Patienten im Anschluß eine Therapie antreten, (b) weil sie aus eigener Kraft drogenfrei leben oder sich herunterdosieren wollen, um den Drogenkonsum mit niedrigerer Dosis und weniger gefährlichem Konsummuster fortzusetzen, oder (c) weil sie ihren Drogenkonsum und das Leben auf der Szene zeitweise unterbrechen wollen („Urlaub von der Droge"). (d) Außerdem gibt es, z.B. nach Drogennotfällen, auch die Zwangseinweisung zur Entgiftung. Je nach dem Selbstverständnis der Entgiftungseinrichtung und ihrer Einbindung in umfassendere Strukturen der Drogenhilfe ergeben sich daher verschiedene Konzepte. Die Entgiftungseinrichtung kann den Entzug entweder als eigenständige medizinische Behandlung wie eine gewöhnliche Krankenbehandlung vornehmen und offen sein für die unterschiedlichen Absichten der Patienten. Oder sie kann sich als Vorstufe zur Entwöhnungsbehandlung verstehen, die als „qualifizierter Entzug" weitere Aufgaben übernimmt. Dazu gehören vorzugsweise die Aufrechterhaltung oder Stärkung der Motivation, die unter dem Eindruck des Entzugs leicht ins Wanken gerät, die Therapievorbereitung und die oft dringend erforderliche gesundheitliche Sanierung. Zum Teil gibt es, da der direkt folgende Übergang in eine Therapie nicht immer gewährleistet ist, Übergangsheime in der Obhut der Entgiftungseinrichtungen. Das Angebot im Bereich der Entgiftung, besonders des qualifizierten Entzugs, ist gegenwärtig kaum ausreichend.

Über die Methoden des Entgiftung, ob der „weiche" oder der „harte" bzw. „kalte" Entzug sinnvoll ist, gibt es langwährende Meinungsverschiedenheiten:

harter Entzug

(a) Beim harten Entzug, der lange als die einzig richtige Methode galt, wird die Droge abrupt abgesetzt. Die Befürworter des harten Entzugs machen geltend, das Erfolgserlebnis, die Entgiftung durchgestanden zu haben, fördere das meist schwache Selbstbewußtsein und das Durchhaltevermögen für die folgende Therapie. Außerdem mindere die Angst vor den Leiden des Entzugs das Rückfallrisiko.

weicher Entzug

(b) Beim weichen Entzug wird die Dosis der Droge bzw. eines Ersatzstoffes (besonders: Methadon für Heroin) im Laufe von drei bis vier Wochen nach und nach verringert („ausschleichender" Entzug). Die Befürworter des weichen Entzugs betonen, der mit Angst verbundene Lerneffekt sei recht vage; es gehe vielmehr darum, den Klienten die Angst vor dem Entzug zu nehmen, damit diese überhaupt erreicht werden könnten, den begonnenen Entzug durchhielten und bei den allfälligen Rückfällen für erneute Behandlungen erreichbar blieben. Außerdem scien die Patienten während der Behandlung nicht entzugskrank und daher für therapieorientierte weitere Angebote ansprechbarer.

Inzwischen ist die Auseinandersetzung weitgehend der Einsicht gewichen, daß beide Methoden ihren Sinn haben und verschiedene Zielgruppen bzw. Klienten in unterschiedlichen Situationen und Stationen ihrer Drogenkarriere ansprechen.

5.4. Entwöhnung

Die (stationäre) Entwöhnung wird oft auch als „Therapie im engeren Sinne“ bezeichnet. Ihr oberstes Ziel ist – entsprechend den Vorgaben der Rentenversicherungen als Kostenträger – die Wiederherstellung der Arbeitsfähigkeit. Als deren wichtigste Voraussetzung gilt die Abstinenz. Die direkt auf Abstinenz gerichteten Behandlungsangebote werden daher auch als „drogenfreie Therapien“ oder „Abstinenztherapien“ bezeichnet und damit von schadensmindernden Hilfen und von der Substitution unterschieden, in der die Drogenfreiheit als mittel- oder langfristiges Ziel am Ende der Behandlung steht. Abstinenztherapien gelten als die Behandlung erster Wahl. Bei allen Unterschieden der verschiedenen Einrichtungen und Konzepte gibt es einige allen mehr oder weniger gemeinsame Kernpunkte, die sich vor allem auf (a) die Abstinenz, (b) die Differenzierung der Angebote, (c) die Motivation und (d) die Strukturierung und Dauer der Behandlung beziehen.

5.4.1. Abstinenz

Der sicherlich bedeutendste und am nachdrücklichsten vertretene Kernpunkt aller stationären Entwöhnungsbehandlungen ist der Grundsatz der Abstinenz (siehe Teil 3, Abschnitt 1.3., S. 173ff.). Die Klientinnen und Klienten müssen bei Antritt der Therapie drogenfrei („clean“) sein. Auch dürfen sie während der Therapie keine Drogen nehmen, worunter je nach Einrichtung nicht nur illegale Drogen und

Alkohol, sondern auch Tabak und Kaffee, gelegentlich sogar weitere potentiell süchtige Verhaltensweisen, z.B. Fernsehen, verstanden werden. Die früher meist sehr dogmatisch vertretene Forderung der Abstinenz als Voraussetzung, entscheidendes Mittel und einzig legitimes Ziel aller Therapie hat sich als Hindernis beim Aufbau alternativer Hilfsangebote (Substitution, akzeptierende schadensmindernde und niedrigschwellige Angebote) erwiesen, das nur mühsam überwunden werden konnte. Der Abstinenzgrundsatz ist besonders mit dem Argument kritisiert worden, die Therapie mache ihr Hauptziel schon zur wichtigsten Voraussetzung und zum Mittel. Diese Kritik ist allerdings überzogen, denn es geht nicht um die momentane Drogenfreiheit, sondern um das Ziel einer dauerhaft abstinenten Lebenspraxis.

Das Prinzip der Abstinenz wird in der Entwöhnung nicht nur auf die Substanzen bezogen, sondern auf die gesamte Zentrierung der Lebensweise um die Droge. Dazu gehört zunächst, daß die Klienten sich von der Szene und den drogenbedingten Kontakten distanzieren. In stationären Einrichtungen wird dies, unterstützt durch ihre meist abgelegene Lage, häufig mit mehr oder weniger strikten Besuchs-, Ausgeh-, Post- und Telefonverboten in der ersten Phase angestrebt. Darüber hinaus soll die kommunikative (Reden über Drogen) und symbolische (Kleidung, Szeneklamotten, Schmuck, Musik usw.) Drogenbindung überwunden werden. In teilstationären und ambulanten Programmen ist das mit äußerlichen Kontrollen kaum durchzusetzen, wird aber nach Kräften angestrebt und unterstützt.

Rückfall

Die Nagelprobe des Abstinenzprinzips in der Entwöhnung wie auch in der Entgiftung und in der Nachsorge ist der Rückfall. Schon der Begriff deutet das Problem an: Rückfall ist traditionell die Bezeichnung der Ärzte für einen als Wiederausbruch der Krankheit Drogenabhängigkeit gedeuteten erneuten Drogenkonsum. Lange Zeit war er regelmäßig Anlaß für disziplinarische Maßnahmen, meist für den Ausschluß aus der Behandlung. Die Erfahrung, daß der Rückfall schon während der Entwöhnung und häufiger noch in der Nachsorge nicht eine Ausnahme, sondern die Regel darstellt, und zunehmende Kenntnisse über die Prozesse des Herauswachsens aus der Drogenkarriere führten zur Relativierung der dogmatisch vertretenen Abstinenzthese und zu differenzierteren Reaktionen. Einerseits wurde erkannt, daß nicht jeder Rückfall zur erneuten Abhängigkeit führt, sondern episodisch bleiben kann, und daß jede drogenfreie Zeit, selbst wenn sie nicht direkt zur dauerhaften Abstinenz führt, ein Gewinn für den Klienten ist. Andererseits lösten sich die Einrichtungen von der einseitigen, sie selbst entlastenden Auffassung, der Rückfall sei allein dem Versagen des Klienten zuzuschreiben. Die strikte disziplinarische Reaktion ohne nähere Prüfung der tatsächlichen Bedeutung, die mehr der Kränkung der Therapeuten entsprang, die sich um ihren Erfolg betrogen sahen, als der Einsicht in die Prozesse des Ausstiegs aus der Drogenkarriere, wurde als therapeutisch falsch erkannt. Inzwischen setzt sich in der professionellen Drogenhilfe eine differenzierende Ansicht durch, die den Rückfall zum Anlaß therapeutischer Arbeit und der Überprüfung der Qualität der Angebote macht.

kontrollierte Konsummuster

Das konsequente Ziel der Abstinenz stammt aus der Tradition des am Beispiel „Alkohol" entwickelten Suchtmodells (siehe Teil 2, Abschnitt 1.2., S. 124ff.) und der daraus abgeleiteten Grundüberzeugung, es gebe keine Heilung von der Sucht, sondern nur die Möglichkeit strikter Abstinenz: Mit Hilfe der Therapie könne der „nasse" Alkoholiker lediglich „trockener" Alkoholiker werden, ein „normaler" kontrollierter Konsum von Alkohol oder auch anderer Drogen sei für einen Alkoholiker unmöglich.

„Sucht als Erkrankung und als Verhaltensmuster kann nicht im ursächlichen Sinne geheilt werden; sie kann jedoch in dem Sinne bewältigt werden, daß der einzelne Süchtige sich durch seine Weiterentwicklung im Persönlichen und im Sozialen befähigt, auf Drogen aller Art zu verzichten und neue Werte und Objekte für sich als ertragreich und befriedigend zu entdecken und zu behalten." (Brömer 1991, S. 54)

Diese weitverbreitete, auf alle Drogen übertragene Überzeugung, die durch leidvolle Erfahrungen mit Rückfällen gestützt wird, hat tatsächlich eine starke prophylaktische Wirkung, wobei die sich selbst erfüllende Prophezeiung vermutlich der bedeutendste Faktor ist. Sie hat aber den Nachteil, daß die hochgesteckten Therapieziele auch abschrecken und entmutigen und so einer frühzeitigen Behandlung entgegenstehen, was therapietheoretisch oft als mangelnder Leidensdruck und damit als unzureichende Motivation ausgelegt wird. Außerdem sehen sich die Betroffenen bei einem Rückfall vor die Alles-oder-nichts-Alternative von Abstinenz oder Therapie gestellt, die den Zugang zu schadensmindernden Hilfeangeboten erheblich erschwert.

Das strikte Abstinenzziel ist schon seit längerer Zeit in der Alkoholismusforschung, jedoch kaum in der Therapiepraxis relativiert worden. So berichten Grawe u.a. (1994, S. 478–488) von bemerkenswerten Erfolgen verhaltenstherapeutischer Ansätze in der Alkoholikerbehandlung, die sich auf das Ziel kontrollierten Trinkens konzentrieren, und kommentieren:

> „Die allermeisten Versorgungsinstitutionen sind heute noch weit entfernt davon, die therapeutischen Möglichkeiten, die mit der Entwicklung verhaltenstherapeutischer Breitspektrumtherapien für Alkoholiker und Problemtrinker gegeben sind, systematisch zu nutzen. Dies würde allerdings auch ein sehr gründliches Umdenken erfordern, dem gerade bei sog. Suchttherapien starke Kräfte entgegenstehen. [...] Beim Alkoholismus ist aber noch viel ideologischer Ballast zu überwinden, ehe die wirksamsten Therapieverfahren auch zu den am häufigsten angewandten zählen werden." (Ebd., S. 488)

Die entsprechende Behandlung mit dem Ziel der Besserung der Konsummuster bei Abhängigen von Heroin, Kokain usw. ist wegen der Illegalität dieser Drogen zur Zeit offiziell nicht vertretbar. Dieses Ziel ergibt sich aber aus der Praxis, wenn eine „Besserung" des Konsumverhaltens – und das ist oft der kontrollierte Konsum – als (relativ) erfolgreiches Ergebnis anerkannt wird. Soweit dies geschieht, vollzieht die Entwöhnungsbehandlung den Schritt von der Drogen- zur Suchttherapie, der analog in der Prävention schon erreicht ist.

5.4.2. Differenzierungen

In der Suchttherapie gab es bis in die Mitte der 60er Jahre ein weitgehend einheitliches Angebot, das sich in erster Linie auf Alkoholkranke bezog. Seitdem hat sich ein zum Teil suchtmittel-, zum Teil zielgruppenspezifisch differenziertes Angebot mit der Idealvorstellung herausgebildet, daß im Prinzip für jeden Klienten ein eigener Therapieplan zu entwerfen sei.

suchtmittelspezifische Differenzierung

(a) Die auffälligste Differenzierung ist die nach Suchtmitteln, d.h. konkret die weitgehende Trennung der Entwöhnungseinrichtungen für Alkoholiker sowie Medikamentenabhängige und für „Drogenabhängige", womit in der Regel polytoxikomane Opiatabhängige gemeint sind, die aber auch Abhängige von anderen illegalen Drogen behandeln. Diese Trennung etablierte sich im Zuge der sogenannten Drogenwelle zu Beginn der 70er Jahre und wurde suchtmittelspezifisch mit der Andersartigkeit der „neuen" Drogen Cannabis und

Heroin begründet. Tatsächlich war aber weniger die Andersartigkeit der Suchtmittel als die Andersartigkeit der Klientel und der illegalen Konsumbedingungen der Grund. Es handelte sich (damals) um vergleichsweise junge Menschen mit antiautoritären Werthaltungen sowie geringen beruflichen und familiären Bindungen, die in den Therapieeinrichtungen mit ihren traditionellen Regeln und Methoden Konflikte hervorriefen. Die Diskussion über die Notwendigkeit suchtmittelspezifischer Angebote dauert an, z.B. über die Frage, ob spezifische Angebote für Kokainabhängige erforderlich sind. Doch immer deutlicher stellt sich heraus, daß die Art des Suchtmittels als Kriterium einer Differenzierung der Therapien kaum brauchbar ist: Es sind vielmehr die psychosoziale Situation der Klienten in Verbindung mit den besonderen Bedingungen des Konsums einer Droge, die eine Differenzierung nahelegen. Hingegen haben sich andere, vornehmlich geschlechts- und altersspezifische Differenzierungskriterien als sinnvoll erwiesen, die freilich noch nicht in genügendem Ausmaß zu entsprechenden Behandlungsangeboten geführt haben.

geschlechtsspezifische Differenzierung

(b) Geschlechtsspezifische Angebote beruhen auf der Erkenntnis, daß Suchterkrankungen bei Frauen besonders häufig im Zusammenhang mit ihrer gesellschaftlichen Abhängigkeit sowie mit sexuellem Mißbrauch und sexueller Gewalt stehen. Vor dem Hintergrund dieser biographischen Erfahrungen erwiesen sich Gruppenbeziehungen und Klient-Therapeut-Beziehungen mit Männern oft als ungeeignet oder gar kontraproduktiv (siehe Teil 1, Abschnitt 3.5.4., S. 75ff.). Außerdem kamen Frauen mit teilweise anderen Motivationen als Männer in die Behandlung und konnten mit anderen Methoden besser angesprochen werden. Inzwischen ist zusätzlich erkannt und in ersten Ansätzen auch realisiert, daß spezifische Angebote für Mütter/Eltern mit Kindern gebraucht werden.

altersspezifische Differenzierung

(c) Die klassischen Therapieeinrichtungen richteten sich entsprechend ihrem Rehabilitationsauftrag (Wiederherstellung der Arbeitsfähigkeit) in erster Linie an Menschen im erwerbsfähigen Alter. Besonders ältere Suchtmittelabhängige wurden kaum behandelt, sondern mit der therapietheoretischen Rechtfertigung, sie könnten sich nur noch schwer ändern, praktisch ausgegrenzt. Inzwischen gibt es teils aus humanitärer Sensibilität, teils aus neuen Erkenntnissen über die Möglichkeiten der Verhaltensänderung im Alter spezielle Angebote für diese Gruppe. Für sehr junge Drogenabhängige fehlen, mit der therapietheoretischen Rechtfertigung, sie seien noch ohne den für die

Motivation notwendigen Leidensdruck und daher kaum ansprechbar, ebenfalls Angebote.

Differenzierung nach Stadien der Drogenkarriere

(d) Dieser Argumentation wird unter Bezug auf die Auswirkungen von Stigmatisierung und Ausgrenzung in der Drogenkarriere (siehe Teil 1, Kapitel 3, S. 58ff.) entgegengehalten, daß hierfür geeignete Therapien um so mehr Erfolg versprechen, je früher sie einsetzen. Entsprechend gibt es einen Bedarf für Angebote an Abhängige in unterschiedlichen Stadien ihrer Drogenkarriere, die nur teilweise mit dem Lebensalter zusammenfallen. Sowohl in der Gruppensituation wie in den Zielen und Methoden der Therapie werden vor allem spezifische Angebote für Abhängige in sehr weit fortgeschritten Stadien der Drogenkarriere gebraucht. Dies gilt besonders für sogenannte „Altfixer" und für verelendete Trinker, die nicht selten als „therapieresistent" oder gar als „Todeskandidaten" ausgegrenzt werden. Die therapietheoretischen Rechtfertigungen für die Ausgrenzung prognostisch ungünstiger Suchtkranker sind eher als „vorbeugende Bewältigungsstrategien" der Therapeuten (Vollmer 1993, S. 67) zu verstehen denn als gültige Theorien. Inzwischen mehren sich die Stimmen, die diese Theorien in Frage stellen und mit der Haltung der Akzeptanz dem therapeutischen Ziel der Schadensminderung Vorrang geben, das dann allerdings nicht unbedingt in die abstinenzorientierte Entwöhnungsbehandlung paßt. In diese Gruppe gehören häufig Patienten/Klienten mit sogenannter Doppeldiagnose, bei denen neben der Abhängigkeit auch eine psychiatrische Erkrankung vorliegt. Für sie gibt es selten spezifische Therapieangebote.

schichtspezifische Differenzierung

(e) Ein heikles Thema, zu dem es wenig Informationen gibt, sind die schichtspezifischen Differenzierungen der Therapie. Immerhin gibt es im Bereich der Behandlung von Alkoholikern ein etabliertes sozialdifferenzierendes System, in dem die Betroffenen – zugespitzt formuliert – im ungünstigen Fall in einer Psychiatrie untergebracht werden, im durchschnittlichen Fall als Klienten bzw. Patienten in Rehabilitations- oder Fachkliniken eine Therapie machen oder im privilegierten Fall als Patienten bzw. Kunden oder Gäste in Privatkliniken oder -sanatorien behandelt werden. Die privilegierte Behandlung garantiert allerdings keinen größeren Erfolg, denn diese Zielgruppe hat ihre eigenen Abwehrmechanismen gegen den Versuch der therapeutischen Persönlichkeitsbeeinflussung. Im Hinblick auf diese Zielgruppe schreibt Mario Wernado (1993, S. 57): „Schon der Versuch, eine Therapie zu beginnen, die die persönlichen Konflikte bearbeitet, wäre

gleichbedeutend mit dem Versuch, die soziale Identität des Patienten zu erschüttern oder gar zu gefährden."
Die Behandlung stark benachteiligter Abhängigkeitskranker tendiert dazu, die gesellschaftliche Stigmatisierung und Ausgrenzung zu vollenden. Ihnen gegenüber ist eine gleiche Sensibilität nicht üblich, vielmehr wird bei ihnen ohne Rücksicht auf die Identität eher von mangelnder Motivation oder gar von Therapieresistenz gesprochen mit der Folge, daß sie nicht bzw. nicht wiederholt behandelt und als soziale Randgruppen („Penner", „Altfixer") ordnungspolitisch verfolgt und weggesperrt werden.

Überbrückung

(f) Eine methodische Differenzierung der Angebotsstruktur ergibt sich besonders am Ende der Entwöhnungsbehandlung. Häufig werden nach einer verkürzten Phase der eigentlichen Psychotherapie zusätzliche stationäre, teilstationäre und ambulante Angebote der Adaption bzw. Nachsorge für die Phasen der Überbrückung und der Rehabilitation zwischen Entwöhnung und Eigenständigkeit der Klienten eingerichtet.

5.4.3. Motivation, Leidensdruck und Freiwilligkeit der Behandlung

Freiwilligkeit und Zwang

Die Klienten sollen die Therapie in freier Entscheidung beginnen und durchhalten. Dementsprechend unterschreiben sie in Therapieeinrichtungen eine Freiwilligkeitserklärung. Man gebraucht hier auch den medizinischen Begriff *Compliance*, d.h. der freiwilligen Einwilligung und der Bereitschaft des Klienten zur Mitarbeit bei der Behandlung. So hoch das Prinzip der Freiwilligkeit, theoretisch wohlbegründet, auch gehalten wird, so sehr wird es bei den von illegalen Drogen Abhängigen praktisch vernachlässigt, denn die Mehrheit aller Klienten ist de facto nicht freiwillig in den Therapieeinrichtungen, sondern infolge richterlicher Auflagen bzw. der Entscheidung zur Therapie nach §§ 35ff. BtMG.

Leidensdruck und Motivation

Zur Rechtfertigung dienen zwiespältige Thesen über die motivierende Wirkung des Leidensdrucks bis hin zum „helfenden Zwang", der zumindest zu Beginn der Therapie die zwar meist vorhandene, aber oft zu schwache Motivation mehr oder weniger ersetzen könne, ja vielfach sogar müsse. So wird regelmäßig davon ausgegangen, der Leidensdruck sei der entscheidende Faktor der Motivation zur Therapie. Hier spielt neben dem persönlichen Leiden an der Sucht und ihren Folgen der Druck der Familie oder des Arbeitgebers eine wesentliche

Rolle. Die Leidensdruckthese (siehe Teil 1, Abschnitt 3.5.1., S. 70ff.) geht von dem lern- und bedürfnistheoretisch begründeten Grundsatz aus, ein Drogenkonsument steige dann aus der Drogenkarriere aus, wenn aus seiner subjektiven Sicht die Vorteile der Drogenfreiheit größer sind als die des Drogenkonsums. Die in linearer Zuspitzung abgeleitete Leidensdruckthese: „Je größer der Leidensdruck, desto höher die Motivation" ignoriert, daß extremer Leidensdruck unfähig machen kann, noch irgendwelche Vorteile in einem drogenfreien Leben zu sehen. Die Motivation zur Therapie entsteht aus einer individuell und je nach dem Stadium der Drogenkarriere unterschiedlichen Mischung von Leidensdruck und Erwartung an eine eigenständige drogenfreie Lebenspraxis.
Aus der Einsicht in die komplizierten Zusammenhänge von Leidensdruck und Motivation und der Erfahrung mit niedrigschwelligen Hilfsangeboten ist die dogmatische Version der Leidensdruckthese nicht mehr vertretbar. Insbesondere verbieten sich auch die einige Zeit weit verbreiteten Praktiken, den Leidensdruck in der Therapie mit beschämenden und entwürdigenden exorzistischen Methoden („Du Fixersau" usw.) zu erhöhen, um die Krankheitseinsicht und damit die Motivation zu fördern und die „Suchtpersönlichkeit" zu zerstören. Statt dessen wurden Konzepte entwickelt, die die Motivation nicht mehr als eine im wesentlichen aus dem Leidensdruck abgeleitete Größe verstehen, sondern als eine kontinuierliche Aufgabe, in der aktuelle positive Erfahrungen und Perspektiven eine größere Rolle spielen.

5.4.4. Struktur und Dauer der Behandlung

Alle Therapien legen großen Wert auf deutliche und verbindliche Strukturen. Dies wird in mehreren Dimensionen realisiert:

(a) Die Klienten sollen eine sowohl konzeptionell wie organisatorisch gegliederte Gesamtbehandlung mit den Phasen „Kontakt" und „Beratung" (Vorbereitung), „Entzug" (Entgiftung), „Entwöhnung" (die eigentliche Therapie), „Adaption"/„Nachsorge" und „Rehabilitation" (Wiedereingliederung) durchlaufen. Sie wird meist in unterschiedlichen, in einem Verbundsystem organisierten Einrichtungen angeboten. Das Modell des Verbundsystems oder Netzes löste seit Ende der 70er Jahre das vorher verbreitete Modell der Therapiekette ab (siehe Teil 3, Kapitel 1, S. 168ff.). Der wesentliche Unterschied besteht darin, daß die Klienten bei der Therapiekette die Einrichtungen der verschiedenen Phasen der Gesamtbehandlung zwingend nacheinander durchlaufen sollten, während sie beim Therapieverbund auch die netzartig organisierten Querverbindungen nutzen können und so z.B. bei wiederholten Therapieversuchen nicht unbedingt alle Stationen durchlaufen müssen. Dieser Wandel der Angebotsstruktur ergab sich aus der Erkenntnis, daß der Ausstieg aus der Drogenkarriere mehrheitlich nicht der theoretisch konstruierten Ideallinie Beratung – Entgiftung – Entwöhnung – Nachsorge folgte. Vielmehr zeigte die Erfahrung, daß der Ausstieg ein Prozeß des Herauswachsens ist, in dem Fortschritte und Rückschritte sich abwechseln und Rückfälle die Regel sind.

netzartige Struktur

(b) Die Therapieprogramme sind in der Regel nach Stufen der Entwicklung in der Entwöhnungsbehandlung gegliedert, die als eine therapeutisch gesteuerte zweite Sozialisation („Nachsozialisation") durchlaufen werden. Diese Phasen oder Schritte werden oft in Analogie zum Entwicklungsalter gesehen: Initialphase – Säuglingsperiode / Aktionsphase – Kindheit/Integrationsphase – Stufe älterer Geschwister/Ablösungsphase – Stufe eigener Verantwortung als Erwachsene. Mit dem Erreichen der jeweils nächsthöheren Stufe sind meist auch bestimmte Pflichten (z.B. Verantwortung für andere übernehmen), Rechte (z.B. passives Wahlrecht für den „Patientenbeirat") und Privilegien (z.B. Ausgang) verbunden.

Stufenaufbau

(c) Es wird großer Wert auf verbindliche Regeln im Kontakt zwischen Klienten und Therapeuten (Terminabsprachen, Einhalten von Kontrakten) und strukturierte Tagesabläufe gelegt. Der Grund für derartige Strukturen der Therapieprogramme ist die Erfahrung, daß Drogenabhängige mit den bürgerlichen Regeln des Umgangs und der Organisation ihres Alltags entsprechend ihrer Lebensweise, milde gesagt, sehr eigenwillig umgehen. Das Lernen des Umgangs mit Regeln ist sowohl ein Beitrag zur sozialen Integration wie zum Lernen von Selbstkontrolle.

strukturierter Tagesablauf

Die Strukturierung der Therapie setzt eine gewisse Dauer voraus, in der entsprechende Abläufe und Entwicklungen erst möglich werden. Daher gehört es regelmäßig zu den konzeptionellen Grundsätzen, daß die Klienten längere Zeit an der Therapie teilnehmen sollen. Mit „längere Zeit" war bei stationären Therapien traditionell die 12- bis 18monatige Langzeittherapie gemeint. Seit Ende der 80er

Dauer

Jahre werden zunehmend kürzere Therapiezeiten angeboten: sechs bis zwölf Monate in der Kompakttherapie und drei bis sechs Monate in der Kurzzeittherapie. In der Alkohol- und Medikamententherapie wird von deutlich kürzeren Zeiträumen ausgegangen: über sechs Monate für langfristige, zwei bis sechs Monate für mittelfristige und ein bis zwei Monate für kurzfristige Behandlungen. Die Verkürzung der Entwöhnungsbehandlung wurde in erster Linie von den Rentenversicherungen als den hauptsächlichen Kostenträgern erwirkt und zum Teil durch die Teilung der Behandlung in eine Phase der Entwöhnung und eine Phase der Rehabilitation erreicht. Bei Substitutionsbehandlungen wird mit einer zeitlichen Perspektive von zwei und mehr Jahren gerechnet. Teilstationäre und ambulante Therapien dauern sehr unterschiedlich, gewöhnlich jedoch mindestens sechs Monate Der Grundsatz der Dauer steht der (illusionären) Erwartung der Klienten entgegen, entsprechend ihrer drogentypischen Einstellung jetzt und sofort von ihren Problemen befreit zu werden, und dient dem notwendigen, aber gewöhnlich langsamen Aufbau ihrer eigenen Mitwirkung am Therapieprozeß.
Die „Dauer“ der Therapie ist ein komplexer Begriff. In engem Sinne ist die Zeit der Entwöhnung gemeint, in weitem Sinne die gesamte Zeit des Ausstiegs aus der drogengebundenen Lebensweise, die gewöhnlich sehr viel länger dauert und nicht allein durch therapeutische Einflußnahmen, sondern, besonders in der Nachsorge, entscheidend auch durch außertherapeutische Faktoren bestimmt ist. Dies gilt um so mehr, je länger eine Drogenkarriere dauert.

5.5. Adaption/Nachsorge

Nach der stationären Entwöhnung ist durch die Behandlung die Fähigkeit zum selbständigen, nicht mehr drogengebundenen Leben in der Regel noch nicht gesichert. Die in der Psychotherapie gewonnene persönliche und soziale Kompetenz muß sich erst noch in der Bewältigung der Probleme bei der Organisation des alltäglichen Lebens, den Anforderungen von Schule und Beruf, der Freizeitbeschäftigung und der Neuorientierung in den sozialen Kontakten und persönlichen Beziehungen bewähren. Entscheidend „sind ‚Erfolgserlebnisse‘, die der Patient in der ‚Stolperstrecke‘ nach der Therapie bzw. des Älterwerdens erfährt“ (Bohnert u.a. 1988, S. 184). Hierzu bedarf es der Nach-

sorge bzw. der (Re-)Integration in das Leben außerhalb des therapeutischen Schutzraumes.
Der Begriff „Nachsorge" ist etwas unglücklich, weil er fälschlich eine gegenüber der Entwöhnung nachrangige Bedeutung dieser Phase suggeriert, als ob diese weniger schwierig zu bewältigen sei. Der aktuellere Begriff „Adaption" (Anpassung) ist, soweit er sich nicht lediglich auf die Phase der Ablösung von der Therapie bezieht, freilich ebenfalls nicht korrekt, da er sich zu einseitig auf die Veränderung des Klienten konzentriert. Diese Sicht entspricht der verbreiteten Auffassung, Adaption/Nachsorge sei lediglich ein Anhängsel der „eigentlichen" stationären Therapie und dementsprechend auch in deren Regie zu konzeptionieren, zu organisieren und zu finanzieren. Tatsächlich ist die Nachsorge aber weit überwiegend ein ambulantes Angebot vor allem der Suchtberatungsstellen und der Selbsthilfegruppen (siehe Teil 3, Abschnitte 4.2.7., S. 231ff., und 4.3., S. 235ff.).

5.6. Erfolge

Über die Erfolge der Therapie gibt es sehr stark von einander abweichende Informationen, die zwischen 1 bis 2 und 70 Prozent liegen. Derart extrem differierende Angaben sind weniger auf die Konzepte und Methoden der einzelnen Einrichtungen zurückzuführen, sondern eher auf unterschiedliche *Kriterien* bei der Messung des Erfolgs. In den Untersuchungen werden insbesondere

(a) unterschiedliche Bezugsgrößen (alle Drogenabhängigen, alle in die Therapieeinrichtung aufgenommenen Klienten oder alle Therapieabsolventen),
(b) unterschiedliche Selektionen vor und während der Therapie (Ausschluß der Risikoklienten, z.B. der Altfixer, und Abbruchquoten),
(c) unterschiedliche Katamnesezeitpunkte (beim Verlassen der Therapie, nach einem, zwei, fünf oder zehn Jahren) und
(d) unterschiedliche Erfolgskriterien (Drogenfreiheit, Abstinenz von der Leitdroge) verwendet.

Der gelegentlich mit den Zahlen über Erfolge im Sinne von Abstinenz verbundene Streit ist freilich müßig, denn sinnvoller als dieses eindimensionale Kriterium haben sich mehrdimensionale differenzierte Erfolgskriterien erwiesen, die verschiedene Möglichkeiten der Besserung des Drogenkonsumverhaltens (z.B. Abstinenz, weniger gefährliche Konsummuster), die Lösung von der Szene sowie die erreichte (z.B. gesundheitliche, psychische, rechtliche) Stabilisierung und soziale Integration (z.B. Arbeit, Wohnung, Beziehungen) zum Maßstab nehmen. Nach derartigen Kriterien kann auch der Nutzen von ambulanten Therapieangeboten und Substitionsbehandlungen sinnvoll und zielgruppenspezifisch beurteilt werden (siehe Teil 1, Abschnitt 3.5.5., S. 78ff.).

Beispiel: Hammer Modell

Nach dieser Methode wurden in der Langzeitstudie über Therapieabsolventen des Hammer Modells (Bohnert u.a. 1988, S. 49ff.) vier nachtherapeutische „problemanalytische Grundmuster" der Lebensbewältigung unterschieden:

(a) Erfolgsabsolventen der Therapie (ca. ein Fünftel): Therapieabsolventen, die sich spätestens unmittelbar nach Therapieabschluß aus der Drogenabhängigkeit gelöst haben und auch sozial wie beruflich eine erfolgreiche Entwicklung genommen haben. Meist handelte es sich um Klienten mit kürzerer Drogenkarriere, die eine schulische oder berufliche Qualifikation hatten und deren soziales Umfeld noch intakt war. Das heißt umgekehrt, daß nach klassischer Beurteilung 80 Prozent zunächst nicht erfolgreich waren.
(b) Integrierte Drogenbenutzer (ca. ein Viertel): Therapieabsolventen, die den Drogengebrauch – meist als Cannabiskonsum – wieder aufgenommen haben und als persönliches Recht legitimieren. Hier finden sich unterschiedliche Formen kontrollierten Drogenkonsums, die sich mehr oder weniger mit der sozialen und beruflichen Integration vereinbaren lassen.
(c) Perspektivlose Weitermacher (ca. ein Drittel): eine Gruppierung meist langjährig abhängiger Drogenkonsumenten, deren nachtherapeutische Lebensgeschichte sich nahezu vollständig im Einzugsbereich therapeutischer und strafender Institutionen abspielt. Die Problemspirale von Drogenkonsum, Therapie, Inhaftierung und Psychiatrisierung dreht sich, ohne daß sich bezüglich des Konsumverhaltens oder der sozial wie beruflich desintegrierten Lebenssituation eine Veränderung ins Positive abzeichnet. In der Gruppe war der Anteil schulisch und beruflich Gescheiterter besonders groß.
(d) Selbstheiler bzw. Herauswachser aus der Drogenabhängigkeit (ca. ein Viertel): Ein nachtherapeutischer Verlaufstypus, bei dem sich im Verlauf längerer Anstrengungen die Ablösung von der Drogenab-

hängigkeit therapieunabhängig vollzogen hat. Der Drogenkonsum wird im Gefolge einer meist längeren, sozial wie beruflich erfolgreich verlaufenden Persönlichkeitsentwicklung aufgegeben.

Drittelformel

Im Ergebnis werden in dieser differenzierten Untersuchung bei rund zwei Dritteln der Behandelten Erfolge registriert. Dies entspricht tendenziell den Ergebnissen der allgemeinen Psychotherapieforschung. So fanden Grawe u.a. (1994, S. 676), daß mit psychotherapeutischer Behandlung bei 70 Prozent „eine bedeutsame Besserung der Symptomatik zu verzeichnen“ ist. International wird der Erfolg von Drogentherapien oft nach der Faustformel geschätzt, daß ein Drittel der Behandelten einen Erfolg im Sinne der Drogenfreiheit, ein Drittel einen Erfolg im Sinne der Besserung ihres Drogenverhaltens und ein Drittel keine Besserung erreichen. Diese Drittelformel hat Tradition: Schon Ende des vergangenen Jahrhunderts wurde offenbar bei der „Therapie“ in Trinkerasylen eine Erfolgsquote von 30 Prozent angenommen, wie im Brockhaus jener Zeit zu lesen ist (siehe Abbildung 21, S. 243).
Dic auf die Gruppe der Herauswachser bezogene Formulierung „gelingendes Leben heilt“ (Bohnert u.a. 1988, S. 85) kann als Motto aller Bemühungen um eine therapeutische Beeinflussung der Lebensweise Drogenabhängiger gelten (zur These des „Herauswachsens“ siehe Teil 3, Abschnitt 6.5., S. 269ff.). Das bedeutet aber auch, daß die zentrale Bedeutung, die sich die Therapie meist selbst zuschreibt, zu relativieren ist: Denn fast immer stellt sich, wenn überhaupt ein Erfolg erreicht wird, heraus, daß die Therapie allein nur bedingt und begrenzt wirkt. Wesentlich ist der Erfolg bei der Bewältigung des Lebens, der die in der Therapie erreichten (vorläufigen) Ergebnisse stabilisiert oder (noch) nicht erreichten Zielen „nachträglich“ zum Durchbruch verhilft. Das geschieht freilich nicht automatisch, sondern bedarf in der Regel der Unterstützung in allen Teilen der Drogenhilfe und nicht zuletzt im außerprofessionellen privaten Bereich.

Literatur: Es ist schwierig, einen zusammenfassenden aktuellen Überblick über den Bereich der Entwöhnung zu gewinnen. Einen guten Eindruck von den möglichen Zielen und Methoden therapeutischer Intervention im Suchtbereich, der allerdings nicht der überwiegenden Praxis der Drogenhilfe entspricht, geben *Insoo Kim Berg/Scott*

D. Miller: Kurzzeittherapie bei Alkoholproblemen. Ein lösungsorientierter Ansatz. Heidelberg 1993.
Zur Vertiefung einiger hier kurz behandelter Teilthemen sind zu empfehlen: Zu Entgiftung/Entzug: *Klaus Behrendt/Peter Degkwitz/Erich Trüg* (Hg.): Schnittstelle Drogenentzug. Strategien, Praxis und Perspektiven vor dem Hintergrund des Paradigmenwechsels in der Drogenhilfe. Freiburg 1995; zu dem in der Praxis der Entwöhnungsbehandlung dominierenden Modell der Therapeutischen (Wohn-)Gemeinschaft: *Lewis Yablonsky:* Die Therapeutische Gemeinschaft. Ein erfolgreicher Weg aus der Drogenabhängigkeit. Weinheim 1990, *Hilarion Petzold* (Hg.): Drogentherapie. Modelle, Methoden, Erfahrungen, 4. unv. Aufl. Frankfurt a.M. 1983, und *Hans Rüdiger Müller:* Sozialpädagogik und Therapie. Über die Notwendigkeit pädagogischer Perspektiven in Therapeutischen Wohngemeinschaften für Drogenabhängige. Weinheim 1990.
Einen Überblick über therapeutische Schulen in der Suchttherapie gibt *Wolfgang Scheiblich* (Hg.): Sucht aus der Sicht psychotherapeutischer Schulen. Freiburg 1994, über die wohl am weitesten verbreiteten Methoden der „Humanistischen Psychologie" informiert umfassend *Hilarion Petzold* (Hg.): Wege zum Menschen. Methoden und Persönlichkeiten moderner Psychotherapie. Ein Handbuch, 2 Bde. Paderborn 1984.
Das Verhältnis zwischen Therapie und Nachsorge behandeln: *Werner Bohnert* u.a.: Lebenspraxis und Unterstützungsnetze von Drogenkonsumenten. Abschlußbericht zum Forschungsprojekt „Therapieerfolg und Nachsorge am Beispiel der Therapieeinrichtungen für Drogenkonsumenten in Hamm" (Hg.: Ministerium für Arbeit usw. des Landes NRW). Düsseldorf 1988.
Zum besonders umstrittenen Rückfallthema bietet einen knappen Einstieg: *Joachim Körkel:* Primäre und sekundäre Rückfallprävention in einem vernetzten Suchthilfesystem. In: Deutsche Hauptstelle gegen die Suchtgefahren 1995, S. 217–230.
Zur besonderen Situation von Frauen in der Therapie siehe: *Irmgard Vogt:* Frauenspezifische Beratung und Therapie in der Suchtkrankenhilfe: Stellenwert, Rahmenbedingungen und Arbeitskonzepte. In: Psychologie & Gesellschaftskritik 71/72, 18. Jg., 3–4/1994, S. 81–94.

6. Substitution

Die Methadonsubstitution ist in Deutschland noch relativ neu, da lange Zeit die Dominanz des traditionellen Suchtmodells ihrer Einführung entgegenstand. Sie gilt noch immer als Therapie zweiter Wahl, die die abstinenzorientierten Angebote der Drogenhilfe lediglich ergänzt. Dieses Kapitel beschäftigt sich mit der Geschichte der Substitution, dem Arzneimittel Methadon, der medizinischen Methadonbehandlung und der psychosozialen Begleitung.
Das legale Arzneimittel *Methadon*, ein synthetisches Opiat mit hohem Suchtpotential, kaum euphorisierenden und wenig sonstigen Nebenwirkungen, ist geeignet, sowohl die Entzugserscheinungen der Opiatsucht zu bekämpfen als auch die euphorisierenden Wirkungen zusätzlich eingenommener Opiate zu verhindern. Es wird daher als medizinisches Hilfsmittel eingesetzt, um den Kontakt der Opiatabhängigen mit dem Hilfesystem herzustellen.
In der *psychosozialen Begleitung* wird versucht, existentielle Hilfen zu geben, eine gesundheitliche, strafrechtliche, psychische und soziale Schadensminderung zu erreichen und Veränderungen zur psychischen Stabilisierung und sozialen Integration zu unterstützen. Hierzu sind oft auch psychotherapeutische Interventionen erforderlich. Fernziel der mehrjährigen Behandlung ist die Abstinenz auch vom Methadon. Hinter den Konzepten der Substitution steht die These des Herauswachsens aus der Sucht.

6.1. Was versteht man unter Substitution?

Mit dem Begriff „Substitution“ ist die Behandlung Opiatabhängiger mit Hilfe von Opiatersatzmitteln gemeint. Sie besteht aus zwei unterschiedlichen, in der Praxis zu integrierenden Teilen: (a) der Vergabe des Opiatersatzstoffes, die unter das ärztliche Behandlungsprivileg fällt, und (b) der psychosozialen Begleitung in der Kompetenz von Sozialpädagogen, Sozialarbeitern und Psychologen. In der drogenpolitischen Diskussion steht die medizinische Perspektive im Vordergrund, obwohl die psychosoziale Begleitung als wesentlicher, wenn nicht ausschlaggebender Bestandteil dieser Behandlung gilt.

Als „Ersatz" für illegale Opiate, gewöhnlich Heroin, dienen legale Opiate, meist Methadon, Levomethadon (Polamidon) und vielfach auch codeinhaltige Medikamente. *Ersatz* steht in Anführungsstrichen, weil diese Stoffe genaugenommen nicht als Ersatz, sondern als Medikamente gegen die Entzugserscheinungen eingesetzt werden. Methadon und Polamidon fallen unter das Betäubungsmittelgesetz (Anl. III – verkehrs- und verschreibungsfähige Betäubungsmittel) und sind daher nur unter den erschwerten Bedingungen des Betäubungsmittelgesetzes (§§ 13 und 29 BtMG) und der Betäubungsmittel-Verschreibungsverordnung (BtMvv) verschreibbar. Codeinhaltige Präparate sind als Hustenmittel bekannt, am meisten verbreitet ist wohl Remedacen (auf der Szene: „Remis"). Sie fallen in geringen Dosiseinheiten bzw. in niedrigprozentigen Lösungen nicht unter das BtMG und können daher leicht auf Privatrezept für 300 bis 450 Mark monatlich sowie ohne psychosoziale Begleitung, ohne Urinkontrollen und ohne die tägliche Vergabe verschrieben werden, müssen aber in großen Mengen eingenommen werden, um die Entzugserscheinungen zu beheben. Rechtlich gelten sie als nachrangige Substitutionsmittel, werden aber tatsächlich weit häufiger verschrieben als Methadon.

6.2. Zur Geschichte

Die gegenwärtige Situation in der Substitutionsbehandlung ist das Ergebnis der Geschichte, die hier zum besseren Verständnis (und als exemplarisches Beispiel einer problematischen Drogenpolitik) kurz zu schildern ist.

Die Idee der Substitution ist nicht neu. So gab es in früheren Zeiten Hoffnungen und Versuche, etwa den Alkoholismus mit Morphin und den Morphinismus mit Haschisch, Kokain oder Heroin zu bekämpfen. Diese gescheiterten Erwartungen haben die Akzeptanz der Methadonbehandlung zum Teil behindert, weil befürchtet wurde, es solle abermals der Teufel mit dem Beelzebub ausgetrieben werden.

Seit Ende der 60er Jahre wird die Substitution, nachdem die erste systematische Behandlung 1963 von Vincent P. Dole und Marie Nyswander in New York begonnen worden war, in vielen Ländern praktiziert. Dole und Nyswander (1978, S. 157) kamen zu folgendem, in seinen Grundzügen weiterhin gültigen Ergebnis:

„Diese Behandlung scheint zwei nutzbringende Wirkungen zu haben: 1. Befreiung vom Verlangen nach der Droge und 2. Erzeugung einer Toleranz, die ausreicht, um die euphorisierende Wirkung einer durchschnittlichen, illegalen Diacetylmorphindosis [Heroin] zu verhindern. Bei dieser Behandlung, zusammen mit einem umfangreichen Rehabilitationsprogramm, zeigten die Patienten eine deutliche Besserung: Sie nahmen den Schulbesuch wieder auf, erhielten Arbeit und söhnten sich mit ihren Familien wieder aus. Medizinische und psychometrische Tests ergaben keine Hinweise auf schädliche Nebenwirkungen, abgesehen von Verstopfungen. Diese Behandlung erfordert eine sorgfältige medizinische Überwachung und viele soziale Dienstleistungen. Nach unserer Meinung sind sowohl die Arzneimittelbehandlung als auch das Betreuungsprogramm von wesentlicher Bedeutung."

In Deutschland setzte sich die Substitutionsbehandlung erst nach heftigen drogenpolitischen Debatten und unter dem Eindruck der Ausbreitung von HIV-Infektionen zwischen 1987 und 1992 durch. Die damalige Diskussion ist ein unrühmliches Beispiel für die in der Drogenpolitik häufige ideologische Auseinandersetzung. Die Methadonbehandlung wurde Mitte der 80er Jahre von Fachleuten noch strikt abgelehnt mit der Behauptung, sie sei pharmakologisch unwirksam, stehe im Widerspruch zu den Grundüberzeugungen des traditionellen Suchtmodells (Leidensdruckthese und Abstinenzgebot) und daß eine „Chemisierung" sozialer Probleme drohe. Es ging um die für grundsätzlich gehaltene Entscheidung zwischen abstinenz- und akzeptanzorientierten Konzepten der Drogenhilfe (siehe Teil 3, Kapitel 1, S. 168ff.). Der Kompromiß bestand in der abwertenden Definition der Substitution als „Therapie zweiter Wahl" zur Ergänzung der primär abstinenzorientierten Angebote.

Den Durchbruch erzielte 1987 die Landesregierung in Nordrhein-Westfalen mit dem „Wissenschaftlichen Erprobungsvorhaben zur medikamentengestützten Rehabilitation bei i.v. Opiatabhängigen", dem bald danach Hamburg folgte. Die weitere Verbreitung in den anderen Bundesländern orientierte sich entweder am nordrhein-westfälischen Modell eines staatlich organisierten Programms oder am Hamburger Modell, das sich auf die Einzelfallsubstitution durch niedergelassene Ärzte stützte. Die Substitution wird in den Ländern, je nach Regierungsmehrheit, unterschiedlich großzügig praktiziert, worin sich noch immer die alten Debatten widerspiegeln. 1995 wurden 10.000 bis 15.000 Heroinabhängige mit Methadon und 30.000 bis 40.000 mit Codeinpräparaten substituiert.

6.3. Das Arzneimittel Methadon

Das Arzneimittel Methadon ist ein synthetisches Opiat, das während des Zweiten Weltkriegs in Deutschland als Schmerzmittel entwickelt wurde. Polamidon (Levomethadon) ist eine etwa doppelt so starke Variante.

Da Methadon gegenüber Heroin (und anderen Opiaten) kreuztolerant ist, kann es bei entsprechender individueller medikamentöser Einstellung zwischen Toleranzniveau und Abhängigkeitsniveau sowohl das Entzugssyndrom beim Absetzen von Heroin wie auch die euphorisierenden Wirkungen zusätzlich eingenommenen Heroins verhindern (Abbildung 22). Für die Substitutionsbehandlung ist Methadon im Vergleich zu anderen Opiaten besonders geeignet, weil es *wenig Nebenwirkungen* hat und kaum euphorisierend oder sonst bewußtseinsverändernd wirkt, in nicht injizierbarer Form als Trinklösung eingenommen werden kann und mit seiner langen Wirkungsdauer von 24 bis 36 Stunden (andere Opiate wirken 3 bis 6 Stunden) gut in einem sozial angepaßten Rhythmus anwendbar ist.

Als häufigste Nebenwirkungen werden erwähnt: vermehrtes Schwitzen, Obstipation (Verstopfung), Potenzstörungen, Schlafstörungen

Abbildung 22: Die Wirkungsweise von Methadon

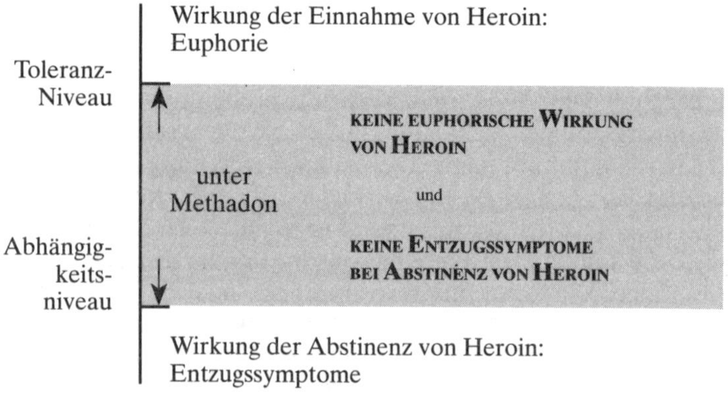

(Quelle: nach Newman 1987, S. 131)

und Konzentrationsstörungen, die aber, bis auf die für Opiate typische Obstipation und häufig auch das Schwitzen, bei korrekter Behandlung vorübergehend sind. Umstritten ist, ob diese Nebenwirkungen bei dem teureren Polamidon (Levomethadon), das wegen seiner stärkeren Wirkung in halber Dosis verschrieben wird, geringer sind. Nachteilig ist, daß Methadon ein hohes Suchtpotential hat und in Verbindung mit anderen von Heroinkonsumenten oft benutzten Suchtmitteln wie Alkohol, Schlaf- und Beruhigungsmitteln sehr gefährlich ist.

6.4. Die medizinische Methadonbehandlung

Ärzte, die eine Substitutionsbehandlung durchführen wollen, bedürfen hierzu einer Genehmigung, die eine spezifische Qualifikation voraussetzt. Dazu gehören unter anderem pharmakologische Kenntnisse zur Wirkungsweise von Methadon und zur Drogensucht. Medizinisch besonders wichtig sind die Klärung des Abhängigkeitsprofils (primäre Opiatabhängigkeit, Polytoxikomanie) und die Einstellung auf die richtige Dosis des Substitutionsmittels, die sich nach dem Grad der Abhängigkeit richtet und in schwierigen Fällen stationär erfolgt.
Methadonbehandlungen werden in unterschiedlichen Organisationsformen angeboten: Als (staatlich) organisierte Programme mit einheitlichen Bedingungen und Verfahrensregeln oder als Vergabe durch niedergelassene Ärzte nach bestimmten Indikationskriterien. Eine Zwischenform ist die Substitutionsbehandlung in Methadonambulanzen, in denen die Angebote von Ärzten und Drogenberatern integriert sind.
Außerdem können unterschiedliche Behandlungsziele angestrebt werden: Die ausschleichende Entgiftung („warmer" Entzug im Gegensatz zum „kalten" oder „harten" Entzug ohne Medikamente; siehe Teil 3, Abschnitt 5.3., S. 247), die kurzfristige Überbrückung der Zeit zwischen Entgiftung und Therapie bzw. bei der Behandlung einer schweren akuten Erkrankung (Überbrückungsbehandlung) oder die längerfristige Vermeidung von Entzugserscheinungen (Erhaltungsbehandlung, d.h. die Sucht bleibt erhalten). Hier wird unterschieden, ob das Ziel der Abstinenz zur Behandlung gehört oder nicht. Gewöhnlich ist zur Zeit in Deutschland die Erhaltungstherapie mit dem (Fern-)Ziel der Abstinenz gemeint, wenn von Substitution die Rede

ist. Die Erhaltungsbehandlung ohne das Abstinenzziel gilt als regelwidrig.
Die Methadonsubstitution steht (§ 13 Abs. 1 BtMG und § 2a Abs. 1 BtMvv) generell unter der Bedingung, daß sie eine Behandlung zweiter Wahl ist, während die Abstinenztherapie als Behandlung erster Wahl gilt. Aus der BtMvv ergeben sich eine Reihe von Einschränkungen und Erschwernissen, die die Substitution zu einer verwaltungstechnisch aufwendigen Behandlung machen. Hierzu gehören etwa die Auflagen, daß das Medikament in der Regel vom Arzt bzw. dem Praxispersonal aus der Apotheke geholt, besonders gesichert aufbewahrt und in der Regel täglich verabreicht werden muß, daß regelmäßig unangemeldete Urinkontrollen durchgeführt, die Behandlung besonders dokumentiert und die Verordnungen den zuständigen Landesbehörden gemeldet werden müssen. Darüber hinaus ist die kassenärztliche Abrechnung auf bestimmte eng gefaßte Indikationen eingeschränkt.

Die entsprechenden Indikationen sind in den NUB-Richtlinien (Richtlinien des Bundesausschusses der Ärzte und Krankenkassen über die Einführung neuer Untersuchungs- und Behandlungsmethoden) beschrieben (abgedruckt bei Gölz 1995, S. 409ff.). Die Opiatabhängigkeit selbst ist nicht als Indikation anerkannt, sondern nur Indikationen in Verbindung mit der Abhängigkeit: Drogenabhängigkeit mit lebensbedrohlichem Zustand im Entzug, bei schweren konsumierenden Krankheiten (z.B. Tuberkulose), bei opioidpflichtigen Schmerzzuständen, bei Aidskranken, bei Patienten, die sich einer unbedingt notwendigen stationären Behandlung wegen einer akuten schweren Erkrankung unterziehen müssen und denen gegen ihren Willen nicht gleichzeitig ein Drogenentzug zuzumuten ist, sowie in der Schwangerschaft und unter der Geburt (d.h. sechs Wochen vor bis zwei Wochen nach der Geburt). Über diese Indikationen kann der behandelnde Arzt selbst entscheiden. Interpretationsspielraum gibt es bei der Kategorie der „schweren konsumierenden Krankheiten". Hinzu kommt die Indikation „bei ähnlich schweren Erkrankungen" (hierzu gehören auch psychiatrische Indikationen), über die die Methadonkommission bei der Kassenärztlichen Vereinigung entscheidet. Vor allem in der Interpretation dieser beiden Kategorien liegen, je nach den vertraglichen Vereinbarungen und der Besetzung der Kommissionen, die unterschiedlichen Entwicklungen in den Bundesländern.
Da drogenabhängige Patienten in der Regel auf die Erstattung der Kosten durch eine Krankenkasse, häufig sogar auf Erstattung durch die Sozialhilfe (§§ 39f. BSHG) angewiesen sind, führen diese Richtlinien praktisch zu erheblichen Einschränkungen. Wenn die Frage der Kostenerstattung nicht vorab ge-

klärt ist und die Substitution privatärztlich abgerechnet wird, kann im Extrem die paradoxe Konsequenz eintreten, daß sich Drogenabhängige, um ihre Substitutionsbehandlung bezahlen zu können, zur Beschaffungskriminalität gezwungen sehen.
Der Arzt hat in der Regel folgendes zu tun:

(a) Anamnese durchführen, d.h. Gesundheitszustand einschließlich zahnärztlicher Untersuchung, Form und Dauer der Opiatabhängigkeit sowie sonstiger Gebrauch psychotroper Substanzen und bisherige Therapieversuche feststellen;
(b) Patienten aufklären;
(c) Kontakt, Zusammenarbeit mit der Drogenberatung, psychosoziale Begleitung vereinbaren;
(d) bei der Indikationsstellung § 2a BtMVV und NUB-Richtlinien beachten, gegebenenfalls Methadonkommission bei der KV (Kassenärztlichen Vereinigung) einschalten:
(e) Kostenübernahme klären, Wochenendversorgung regeln, BtM-Bedarf anmelden, Liefermöglichkeiten mit der Apotheke und gegebenenfalls Aufnahme zur stationären Einstellung absprechen;
(f) Behandlungsvertrag zwischen Arzt, Patient und Drogenberatung schließen, in dem unter anderem folgende Punkte zu vereinbaren sind: Kooperation, Abgabemodalitäten, Behandlungsziele und zeitliche Perspektiven, Abbruchgründe, Entbindung von der Schweigepflicht gegenüber der Drogenberatung, Beigebrauch, Urinkontrollen und Behandlungsausweis;
(g) Behandlungsbeginn der Methadonkommission bei der KV mitteilen;
(h) Behandlung dokumentieren;
(i) Gespräche, Krisenintervention durchführen;
(j) Regelungen bei Abbruch der Behandlung (z.B. wegen fortgesetztem Verstoß gegen den Behandlungsvertrag) klären, ausschleichenden Entzug anbieten.

6.5. Psychosoziale Begleitung

Mit der Legalisierung der Sucht durch die Vergabe eines Ersatzstoffes, so bedeutsam dies auch ist, bliebe das Behandlungskonzept prinzipiell unvollständig. Die Substitution geht vielmehr von der Überlegung aus, daß die Methadonvergabe die Drogenabhängigen von ihren Entzugserscheinungen – nicht von der Sucht! – befreien und ihnen so die Chance eröffnen kann, ohne Beschaffungsdruck und -kriminalität ihre Lebenspraxis zu ändern. Das Methadon wird, bildlich gesprochen, als Krücke zur Veränderung der aktuellen Situation und der Lebenspraxis der Drogenkonsumenten eingesetzt. Es ist ein Mittel, das den Kontakt und die Zusammenarbeit zwischen Klient und Hilfesystem unterstützt – oft sogar erst ermöglicht – und aufrechterhält. Die allgemeinen Behandlungsziele sind, anders als in der Abstinenztherapie, zunächst nicht auf die Drogenfreiheit ausgerichtet. Vielmehr wird mit lebenspraktischen und therapeutischen Angeboten angestrebt:

Behandlungsziele

(a) Drogenabhängige zu erreichen, die mit den traditionellen Angeboten der Abstinenztherapie nicht angesprochen bzw. nicht erfolgreich behandelt werden konnten, und diesen Kontakt zu halten (Reichweite, Haltequote);
(b) die Chance der Drogenkonsumenten zu verbessern, daß sie überleben (Krisenintervention, lebenserhaltende Hilfen);
(c) die soziale, psychische, gesundheitliche und rechtliche Stabilisierung zu erreichen. Dazu gehört auch das Angebot, Ruhe zu finden und sich zu erholen (Schadensminderung, Stabilisierung);
(d) die Änderung der Lebenspraxis zu unterstützen, die eine erfolgreiche Bewältigung des Alltags außerhalb der Drogenszene und subjektives Wohlbefinden der Substituierten ermöglicht (Integration);
(e) die Drogenfreiheit, also die Ablösung auch vom Methadon, ist ein Fernziel, das gewöhnlich erst nach Jahren erreicht werden kann, wenn sich die Lebenspraxis der Substituierten geändert hat (Opiat-/Drogenfreiheit).

In der Praxis (z.B. in Hamburg nach: Vertheim in Raschke 1994, S. 245ff.) erweisen sich Beratungsgespräche und Sozialtherapie als häufigste Formen der psychosozialen Begleitung, häufigste methodische Arbeitsschwerpunkte sind Krisenintervention und Überbrückungs-/Selbsthilfe.
Im Rahmen der allgemeinen Behandlungsziele sind differenzierte zielgruppenspezifische und individuelle Ziele realistisch auf die Situation der Klienten abzustimmen und in einem Kontrakt zu vereinbaren. Dabei muß auf die biographische Veränderung im Laufe der Behandlung flexibel, sowohl Grenzen setzend wie auch Sicherheit vermittelnd, reagiert werden. Dies ist allerdings unter den gegebenen Bedingungen schwierig, da es kein System stufenweise aufeinander abgestimmter Konzepte und Programme mit unterschiedlichen Zielen und Anforderungen gibt. Vor allem fehlt ein – etwa den niederländischen Methadon-Bussen entsprechendes – Auffangprogramm für den

Fall des Abbruchs, wodurch der Ausschluß zu einer äußerst zweifelhaften und inkonsequent praktizierten Sanktion wird.
Das zentrale Ziel der Veränderung der Lebenspraxis soll durch die Leistungen der psychosozialen Begleitung bewirkt bzw. unterstützt werden. Daher finden sich in Methadonprogrammen oder Richtlinien zur Methadonvergabe regelmäßig Bestimmungen, die eine psychosoziale Begleitung zwingend oder wenigstens als ernstgemeinte Soll-Vorschrift fordern (§ 2a Abs. 2 BtMvv). Die konkreten Angebote ergeben sich aus der medizinisch-juristischen Vorgabe, daß die Substitution eine Behandlung zweiter Wahl ist, also in der Regel Drogenkonsumenten als Zielgruppe hat, bei denen drogenfreie Therapien erfolglos waren oder im Zusammenspiel mit Haftzeiten und psychosozialer Verelendung gar problemverstärkend wirkten. In Untersuchungen von Therapieabsolventen werden typische Probleme deutlich, die bei denjenigen auftreten, bei denen die Therapie keine erkennbaren Veränderungen bewirken konnte:

„Wir haben es mit einer Problemgruppierung weiterhin schwer abhängiger Drogenkonsumenten zu tun, bei denen das Wechselspiel von fortgesetztem Drogenkonsum, sozialer Sanktionicrung und Kriminalisierung sowie der Mangel an persönlicher Lebensperspektive eine Problemspirale von Drogenkonsum, Therapie, Strafverurteilung, Psychiatrisierung und Maßregelvollzug in Gang hält, die eine nahezu ausweglose Chronizität entwickelt." (Bohnert u. a. 1988, S. 75) Im einzelnen werden unter anderem folgende Probleme beobachtet: Schulisches und berufliches Scheitern, finanzielle Abhängigkeit von Sozialleistungen, soziales Rollenversagen und mangelndes Selbstbewußtsein, z.B. in den Partnerschafts-, Familien- und Arbeitsbeziehungen identitätsstiftende Neuorientierungen zu finden, Hoffnungslosigkeit und Todeswünsche als problemverstärkende Auswirkung der häufigen Therapie- und Haftzeiten. Zugleich hat der langjährige Drogenkonsum kaum noch Erlebniswert (ebd., S. 75–79).

Aufgaben des Drogenberaters

Der Drogenberater hat in der Regel folgende Aufgaben zu erfüllen (einige Angebote können die Drogenberater nicht selbst durchführen, sondern nur vorbereiten und vermitteln; die Liste entspricht zum Teil den Angeboten in der niedrigschwelligen Drogenarbeit):

(a) Psychosoziale Anamnese erstellen, in der insbesondere folgende Punkte zu beachten sind: Biographie, Drogenkarriere, Abstinenzversuche, Konsummuster, Ausbildung, Berufstätigkeit, Familienbeziehungen, Wohnsituation, Versicherung, Prognose;

(b) über die Angebote aufklären und realistische Substitutionsziele abstecken, die Zusammenarbeit vereinbaren (Kontrakt);
(c) Kostenerstattung für die Behandlung klären und Klienten bei der Antragstellung unterstützen;
(d) mit dem Arzt kooperieren;
(e) Vertrauen auf- und ausbauen: Kontakt halten, Zuhören, Gespräche über aktuelle Probleme der Klienten führen, Information und Rat bei Alltagsproblemen geben, Krisenintervention anbieten, Bezugspersonen der Substituierten einbeziehen;
(f) soziale Rechte erkennen und gegebenenfalls Unterstützung für entsprechende Hilfen anbieten;
(g) Angebote zu elementaren Bedürfnissen im Sinne klassischer Sozialer Arbeit (z.B. Gesundheitsprobleme, Ernährung, Wohnung, lebenspraktische Hilfen) machen, die als existentielle Grundvoraussetzungen menschenwürdigen Lebens erst eine Stabilisierung und Integration ermöglichen;
(h) Angebote zu sozialen Bedürfnissen (z.B. Ausbildung, Arbeit, Freizeit, Beziehungen, finanzielle Probleme/Schulden, rechtliche Probleme/Strafverfolgung) machen, die eine Voraussetzung für die Teilhabe an der Gesellschaft sind;
(i) beratende und therapeutische Angebote zu psychischen Bedürfnissen (z.B. Selbstwert, Identität, Konfliktfähigkeit, ambulante Sozio-/Psychotherapie, Vermittlung in Therapieeinrichtungen) machen, die Voraussetzungen einer autonomen und gesellschaftsfähigen Persönlichkeit sind;
(j) Alternativen bei Abbruch der Behandlung anbieten;
(k) methodische Ablösung bei Beendigung der Behandlung/der psychosozialen Begleitung durchführen.

Substitutionsverlauf

Im Verlauf der Substitution muß damit gerechnet werden, daß die erwartete Verbesserung in der Situation der Substituierten nicht kontinuierlich verläuft. Als typisch gilt z.B. das sogenannte „Methadon-Loch", womit gemeint ist, daß die veränderte Lebenssituation nach anfänglich großem Optimismus zur Identitätskrise führen kann, wenn es nach der geschäftigen Zeit in der bei allem Streß und Schrecken doch auch stützenden Szene zu Status- und Rollenverlust, Biographieverlust (verlorene Zeit), Kontaktarmut und Einsamkeit, Langeweile und Perspektivlosigkeit kommt. Auch können bei den unvermeidlichen Enttäuschungen der hohen Erwartungen an die Behandlung und den „bürgerlichen" Alltag psychische Störungen, insbesondere Depressionen, auftreten, die nicht selten schon den Einstieg in die Drogenkarriere mitbestimmten und durch die Wirkungen der Drogen verdeckt waren. Schließlich ist mit Beigebrauch und Rückfällen zu rechnen, die erst nach und nach vermieden werden können und differenziert zu bewerten sind. Die in diesem Zusammenhang gesetzlich vorgeschriebenen Urinkontrollen („screenings") durch den Arzt werden ambivalent beurteilt: Einerseits sollen sie die Substituierten vor den pharmakologischen Risiken des Beikonsums schützen. Sie dienen aber andererseits der Verhaltenskontrolle und werden daher teils als Hilfe bei der Selbstkontrolle, teils als entwürdigendes Mißtrauen empfunden. In ähnlicher Weise zwiespältig wirken starre, oft genug für die Substituierten ungünstige tägliche Vergabetermine. Schließlich ergeben sich besondere Schwierigkeiten bei der sozialen Integration, da die knappen Arbeitsplätze und bezahlbare Wohnungen für die stigmatisierte Klientel der Substituierten kaum erreichbar sind.

Erfolge der Substitution

Die Erfolge der Substitutionsbehandlung in Deutschland dokumentiert neben den ermutigenden Ergebnissen des nordrhein-westfälischen Erprobungsvorhabens, das aber als Pilotprogramm ein Sonderfall war, eine umfassende Untersuchung des Hamburger Programms.

Sie kommt zu dem Fazit, „daß das Hamburger Modell der Substitution erfolgreich ist und bei allen Beteiligten – ÄrztInnen, TherapeutInnen und BetreuerInnen, ApothekerInnen sowie bei den Substituierten – eine bemerkenswert hohe Akzeptanz genießt. Für einen Großteil der Substituierten hat sich der gesundheitliche Zustand deutlich verbessert, soziale Integrationsprozesse sind in Gang gekommen, und der Beikonsum harter Drogen wurde aufgegeben oder hat eine abnehmende Tendenz." „Unabhängig davon, ob die Substitutionstherapie die jeweils beste Form der Hilfe darstellt, geht es allen PatientInnen unter den Bedingungen der Substitution deutlich besser als vor Beginn der Substitution. Es gibt offensichtlich einen Effekt, der alles andere ‚überstrahlt': endlich befreit zu sein, sich täglich das benötigte Geld und den notwendigen ‚Stoff' anschaffen zu müssen." (Raschke 1994, S. 21 und 24)

Auch entsprechende Untersuchungen aus anderen Ländern belegen, daß korrekt durchgeführte Substitutionsbehandlungen wesentlich dazu beitragen können, die Sterberate der Drogenkonsumenten sowie die Häufigkeit der HIV-Infektion und anderer gesundheitlicher Risiken zu reduzieren, die Beschaffungskriminalität abzubauen und die soziale Integration und die psychische Stabilisierung zu unterstützen sowie den Ausstieg aus der Drogenkarriere mit oder ohne freiwillige Abstinenztherapien zu fördern. Mit den Ergebnissen der Abstinenztherapie sind die der Substitution allerdings nur bedingt vergleichbar, weil sie mit einer anderen Zielhierarchie arbeitet und vor allem weil die Zielgruppe der Substituierten aufgrund der Rechtslage – Substitution als „Therapie zweiter Wahl" sich im wesentlichen aus Drogenkonsumenten zusammensetzt, denen vorherige Abstinenztherapien nicht halfen.

Herauswachsen aus der Abhängigkeit

Hinter der Substitutionsbehandlung (wie hinter weiteren Möglichkeiten des Ausstiegs) steht die These vom Herauswachsen aus der Drogenabhängigkeit *(maturing-out of addiction)*. Sie geht auf Charles Winick (1962) zurück, der in den USA beobachtete, daß zwei Drittel der strafrechtlich erfaßten Heroinabhängigen nach einigen Jahren nicht mehr als straffällig in Erscheinung getreten waren. Für Deutschland gelangte Kurt-Jürgen Lange (1986) in einer Untersuchung über die erste Hamburger Fixergeneration zu ähnlichen Ergebnissen. Winick schloß aus seinen Beobachtungen, daß die Heroinabhängigen mit dem Prozeß des Erwachsenwerdens ungefähr im Alter von 25 bis 30 Jahren ihren Konsum aufgegeben haben. In diesem Alter verliere der Drogengebrauch als Bewältigungsversuch zunehmend an Bedeutung. Gleichzeitig würden die Abhängigen des aufreibenden Lebens müde, das mit der Drogenabhängigkeit verbunden ist. In diesem Sinne sei Drogenabhängigkeit ein sich selbst begrenzender Prozeß.
Das theoretische Konzept des Herauswachsens wird auch durch Erfahrungen in der psychosozialen Begleitung der Substitution bestätigt. Oft genannte subjektive Ziele und Motivationen der Substituierten sind nach Beobachtung von Susanne Roters (1995, S. 2) z.B.:

„... mir geht es schlecht, ich kann so nicht weitermachen";
„... das hat alles keinen Sinn mehr";
„... ich will endlich wieder ein ganz normales Leben führen";
„... ich will ganz normal arbeiten, eine Familie haben, mal wieder in Urlaub fahren";
„... ich möchte auch mal wieder eine vernünftige Bude haben";
„... ich möchte auch endlich mal wieder mehr Geld haben für andere Sachen".

Die reale Chance des Herauswachsens aus der Drogenabhängigkeit rechtfertigt alle Anstrengungen zur Schadensminderung und zur psychosozialen Unterstützung der sozialen Integration als Voraussetzungen für eine Veränderung der Lebenspraxis, damit zum richtigen Zeitpunkt ein Ausstieg gelingen kann.

Kooperation: Drogenberater und Arzt

Die getrennte Darstellung der medizinischen Behandlung und der psychosozialen Begleitung entspricht einer verbreiteten unzulänglichen bis fehlenden Kooperation. In der Zusammenarbeit von Ärzten und Drogenberatern ergeben sich in der Praxis immer wieder gelegentlich nur schwer zu überwindende Differenzen wegen der unterschiedlichen medizinischen und sozialpädagogischen Sicht der Probleme sowie wechselseitigen Fehleinschätzungen der Kompetenzen. Die mit berufsständischen Interessen verbundenen Probleme werden begrifflich in der Auseinandersetzung deutlich, ob denn nun die Vergabe des Substitutionsmedikaments Begleittherapie der psychosozialen Behandlung sei oder umgekehrt die psychosoziale Hilfe Begleittherapie der medizinischen Substitutionsbehandlung. Da beide Seiten im Interesse der Stabilisierung der Klienten/Patienten zusammenarbeiten müssen, gilt es, derartige Probleme zu überwinden. Die Regel sollte sein, daß ein bestehendes Vertrauensverhältnis des Klienten, sei es zum Drogenberater, sei es zum Arzt, ohne Kompetenzgerangel respektiert und mit dem Klienten/Patienten ein gemeinsamer Behandlungsplan erarbeitet wird, in dem die besonderen Qualifikationen beider Seiten voll genutzt werden können. Jörg Gölz (1994, S. 191), ein in der Substitution erfahrener Arzt, fordert daher:

> „Eine längerdauernde klientzentrierte Zusammenarbeit zwischen Arzt und Drogenberater ist für Angehörige beider Berufsgruppen ein unbekanntes Arbeitsfeld. Gegenseitige Vorurteile sind abzubauen. Der berufsspezifisch unterschiedliche Umgang mit der Erkrankung muß wechselseitig akzeptiert werden. Arzt und Drogenberater müssen ihr jeweiliges fachliches Können als Teil einer erfolgreichen Substitutionstherapie verstehen."

Pflicht zur psychosozialen Begleitung?

Eine weitere heikle Frage ist, ob die psychosoziale Begleitung bzw. Psycho- und/oder Sozialtherapie Pflichtteil der Substitutionsbehandlung sein muß. Sie gilt zur Zeit als unabdingbar notwendig, ist allerdings nur als Sollvorschrift (§ 2a Abs. 2 BtMvv) fixiert. Nach den Behandlungsstandards (Bühringer u.a. 1995, S. 18) gilt die Methadonvergabe ohne psychosoziale Begleitung als „fehlerhaft". Die Angaben über die tatsächliche Reichweite der psychosozialen Begleitung in der Substitution schwanken zwischen 10 (insgesamt) und 90 (in Hamburg) Prozent (Wanke in: Bühringer 1995, S. XI; Vertheim in: Raschke 1994, S. 261). Für die Pflicht zur psychosozialen Begleitung sprechen die Erkenntnis, daß Drogenabhängige nach langjährigem Konsum unter den Bedingungen der Illegalität in der Regel objektiv psychosoziale Hilfe brauchen, sowie die internationale Beobachtung, daß die Substitution zur reinen Methadonvergabe verkommen kann, mit der psychosoziale Probleme „medikalisiert“ werden. Dagegen spricht, daß diese Verpflichtung die ärztliche Behandlungsfreiheit einschränkt und einer Zwangsberatung nahekommt, die bestenfalls zwecklos ist. Die sinnvollste Lösung wäre vermutlich ein Konzept, das im Sinne der niedrigschwelligen Drogenarbeit den Kontakt zur Drogenberatung zur Pflicht erklärt, aber alle übrigen Leistungen der psychosozialen Begleitung und Betreuung von den selbstbestimmten Bedürfnissen der Klienten abhängig macht. Die Koppelung der Medikamentenvergabe an ein definiertes Wohlverhalten entspricht nicht dem Stande sozialpädagogischen Wissens.

Substitution mit Originalsubstanzen

Schließlich zeigt sich mit den zunehmenden Erfahrungen bei der Methadonsubstitution, daß auch dieses Angebot, selbst wenn es großzügig und professionell praktiziert wird, einen Teil der Drogenabhängigen nicht erreicht. Das gilt für alle Betroffenen, die nicht primär Heroinkonsumenten sind, sowie jene Heroinkonsumenten, denen in der Substitution der Erlebniswert des Heroinkonsums fehlt – Methadon hält nicht, was Heroin verspricht – und die die intensive langfristige Bindung an die tägliche Methadonvergabe scheuen. Daher gibt es Konzepte, mit der Originalsubstanz zu substituieren. Diese verklausulierte Formulierung ist kein politischer Sprachtrick, sondern beschreibt exakt das Konzept: Aufgrund der Erkenntnis, daß die illegalen Bedingungen des Drogenkonsums einen großen Teil der Schädigungen (mit-)verursachen, soll das illegale Heroin durch legales Heroin ersetzt und so versucht werden, eine Schadensminderung zu bewirken. Nach dem gleichen Muster können auch andere illegale Drogen, für die bisher keine geeigneten Ersatzstoffe zur Verfügung stehen, durch legalisierte Originalsubstanzen substituiert werden (siehe Teil 1, Abschnitt 5.4., S. 107ff.). Erfahrungen über die erfolgreiche Anwendung dieses Konzepts liegen aus Großbritannien und der Schweiz vor. Das Problem der intensiven langfristigen Bindung an die tägliche Vergabe des Substitutionsmittels ist damit aber noch nicht behoben, dazu bedürfte es einer weitergehenden Legalisierung der zur Zeit illegalen Drogen.

Literatur: Einen guten Überblick mit Berichten über die Erfahrungen in den USA, den Niederlanden, der Schweiz und die unterschiedlichen Ansätze in Deutschland geben *Albrecht v. Bülow* u.a. (Hg.): Methadon. Grundlagen, Erfahrungen und Probleme medikamentengestützter Drogentherapie. München 1991.

Eine mehr praxisorientierte Darstellung bieten *Horst Bossong/Heino Stöver* (Hg.): Methadonbehandlung. Ein Leitfaden. Frankfurt a.M. 1992, und *Felix Vogt:* Methadon. Substitution im Widerstreit. Freiburg 1993.

Zur hier nur kurz angesprochenen Codein-Substitution siehe *Albrecht Ulmer:* Dihydrocodein-(DHC)Substitution in der Arztpraxis. In: Gölz, Jörg (Hg.): Der drogenabhängige Patient. München 1995, S. 304–311.

Zur psychosozialen Begleitung, die ja für die Soziale Arbeit der entscheidende Teil der Substitutionsbehandlung ist, gibt es noch kaum Literatur. Einen Anfang haben wir (noch unter dem anfänglich üblichen Begriff der „Betreuung") selbst gemacht: Psychosoziale Betreuung in der Substitutionsbehandlung. In: *Karin Böllert/Hans-Uwe Otto* (Hg.): Umgang mit Drogen. Sozialpädagogische Handlungs- und Interventionsstrategien. Bielefeld 1993, S. 44–75.

Die hier nur relativ knapp erläuterte, für die Drogenhilfe aber sehr bedeutsame These des „Herauswachsens" behandeln: *Georg Weber/ Wolfgang Schneider:* Herauswachsen aus der Sucht illegaler Drogen. Selbstheilung, kontrollierter Gebrauch und therapiegestützter Ausstieg, Hg.: Ministerium für Arbeit usw. des Landes NRW. Düsseldorf 1992.

Literatur

akzept e.V. (Hg.): Menschenwürde in der Drogenpolitik. Ohne Legalisierung geht es nicht! Hamburg: Konkret 1993

Amendt, Günter: Die Droge – der Staat – der Tod. Auf dem Weg in die Drogengesellschaft. Hamburg: Rasch u. Röhring 1992

Anwari-Alhosseyni, Schams: Haschisch und Opium im Iran. In: Völger/v. Welck, 1982, S. 823-833

Appel, Christa: Aber wir reden doch von der Co-Abhängigkeit! In: Niedersächsische Landesstelle gegen die Suchtgefahren (NLS) (Hg.): Sucht und Öffentlichkeit, Berichtsband der Tagung der Niedersächsischen Landesstelle gegen die Suchtgefahren vom 18. bis 20. April 1991 in Hannover. Geesthacht: Neuland 1992, S. 125-144

Austin, Gregory: Die europäische Drogenkrise des 16. und 17. Jahrhunderts. In: Völger/v. Welck, 1982, S. 115-132

Balke, Klaus: Reflexionspartner – nicht mehr, aber auch nicht weniger. Zur Herausbildung der Fachlichkeit. Selbshilfegruppen-Unterstützung. In: Balke, Klaus/Thiel, Wolfgang (Hg.): Jenseits des Helfens. Professionelle unterstützen Selbsthilfegruppen. Freiburg: Lambertus 1991, S. 15-26

Balluseck, Hilde v.: Abweichendes Verhalten und abweichendes Handeln. Ein Lehr- und Arbeitsbuch. Frankfurt a.M.: Campus 1978

Bauer, Christine: Heroinfreigabe. Möglichkeiten und Grenzen einer anderen Drogenpolitik. Reinbek: Rowohlt 1992

Becker, Howard S.: Außenseiter. Zur Soziologie abweichenden Verhaltens. Frankfurt a.M.: S. Fischer 1973

Behrendt, Klaus/Degkwitz, Peter/Trüg, Erich (Hg.): Schnittstelle Drogenentzug. Strategien, Praxis und Perspektiven vor dem Hintergrund des Paradigmenwechsels in der Drogenhilfe. Freiburg: Lambertus 1995

Behr, Hans Georg: „Ein Junkie ist ein verhinderter Spießbürger". In: Psychologie heute, 11/1981, S. 31-41

Behr, Hans-Georg: Von Hanf ist die Rede, Basel: Sphinx 1982

Beke-Bramkamp, Ralf: Die Drogenpolitik der USA 1969-1990. Unter besonderer Berücksichtigung ihrer Auswirkungen auf die Bundesrepublik Deutschland und den Europäischen Einigungsprozeß. Baden-Baden: Nomos 1992

Berg, Insoo Kim/Miller, Scott D.: Kurzzeittherapie bei Alkoholproblemen. Ein lösungsorientierter Ansatz. Heidelberg: Carl-Auer-Systeme 1993

Berger, H.: Fixersein als Lebensstil. In: Völger/v. Welck, 1982, S. 1207-1216

Bieniek, Reinhard: Entkriminalisierung von Drogenabhängigen durch Substitutionsbehandlung. Empirische und rechtliche Bedingungen. Frankfurt a.M.: Lang 1993

Bohnert, Werner u.a.: Lebenspraxis und Unterstützungsnetze von Drogenkonsumenten. Abschlußbericht zum Forschungsprojekt „Therapieerfolg und Nachsorge am Beispiel der Therapieeinrichtungen für Drogenkonsumenten in Hamm", Hg.: Ministerium für Arbeit usw. des Landes NRW. Düsseldorf: Der Minister für Arbeit usw. 1988

Böllinger, Lorenz: Juristische Dimensionen. In: Gölz, Jörg (Hg.): Der drogenabhängige Patient. München: Urban & Schwarzenberg 1995, S. 39-62

Böllinger, Lorenz/Stöver, Heino/Fietzek, Lothar: Drogenpraxis, Drogenrecht, Drogenpolitik. Leitfaden für Drogenbenutzer, Eltern, Drogenberater, Ärzte und Juristen. Frankfurt a.M.: Fachhochschulvlg., 4. vollst. überarb. Aufl. 1995

Borroughs, William S.: Junkie – Auf der Suche nach Yage – Naked Lunch – Nova Express. Frankfurt a.M.: Zweitausendeins 1982

Bossong, Horst: Kaum ein Hauch von Hilfe. Zur Reichweite und Effizienz von Drogenhilfen. In: Bossong, Horst/Marzahn, Christian/Scheerer, Sebastian (Hg.): Sucht und Ordnung. Drogenpolitik für Helfer und Betroffene. Frankfurt a.M.: Extrabuch 1983, S. 28-38

Bossong, Horst/Stöver, Heino (Hg.): Methadonbehandlung. Ein Leitfaden. Frankfurt a.M.: Campus 1992

Bossong, Horst: „Drogenhilfe als Dienstleistung" – Überlegungen zur Neuorganisation der Drogensozialarbeit. Redemanuskript des Vortrages auf dem FDR-Kongreß in Lüneburg am 30./31.5.1995

Braun, Peter: Drogenerziehung in der Familie. In: Feser, Herbert (Hg.): Drogenerziehung. Handbuch für pädagogische und soziale Berufe, Eltern, Studenten. Langenau-Albeck: Vaas, 2. überarb. u. erw. Aufl. 1981, S. 117-143

Brockhaus' Konversations-Lexikon. Leipzig: Brockhaus 14. vollst. neubearb. Aufl., rev. Jubiläums-Ausg. 1889, Bd. 15, S. 998

Brömer, Horst: Therapeutische Gemeinschaften als pädagogisch-therapeutisches Lern- und Lebensmodell. In: Heckmann, 1991, S. 45-56

Brühl, Albrecht: Drogenrecht. Informationen für Betroffene und Helfer. München: Beck 1992

Bühringer, Gerhard u.a.: Methadon-Standards. Vorschläge zur Qualitätssicherung bei der Methadon-Substitution im Rahmen der Behandlung von Drogenabhängigen. Stuttgart: Enke 1995

Bülow, Albrecht v. u.a. (Hg.): Methadon. Grundlagen, Erfahrungen und Probleme medikamentengestützter Drogentherapie. München: Profil 1991

Bundesarbeitsgemeinschaft Kinder- und Jugendschutz (Hg.): Suchtprävention – (k)eine Aufgabe der Jugendhilfe. Freiburg: Lambertus 1995

Bundesministerium für Familie und Senioren (Hg.): Familie und Beratung. Familienorientierte Beratung zwischen Vielfalt und Integration. Gutachten des Wissenschaftlichen Beirats für Familienfragen beim Bundesministerium für Familie usw. Stuttgart: Kohlhammer 1993

Bundestagsdrucksache 6/1877 vom 25.2.1971; 7/2070 vom 10.5.1974, S. 1f. u. S. 11; 9/27 vom 27.11.1980

Bundesverfassungsgericht: Beschluß vom 09.03.1994, Az.: 2 BvL 43/92

Christie, Nils/Bruun, Kettil: Der nützliche Feind. Die Drogenpolitik und ihre Nutznießer. Bielefeld: AJZ 1991

Claus, Jörg: Selbsthilfegruppen für Drogenabhängige. In: Heckmann, Wolfgang (Hg.): Praxis der Drogentherapie. Von der Selbsthilfe zum Verbundsystem. Weinheim: Beltz 1982, S. 121-138

Cohen, Albert: Abweichung und Kontrolle. München: Juventa 1968

Cohen, Sidney: Medizinischer Stand der Marihuana-Forschung. In: Völger/v. Welck, 1982, S. 1390-1396

Cording, Clemens/Fleischmann, Herbert/E. Helmfried, Klein (Hg.): Qualitätssicherung in der Suchttherapie. Die Entzugsbehandlung von Drogenabhängigen im psychiatrischen Krankenhaus. Freiburg: Lambertus 1995

Dammann, Burkhard/Scheerer, Sebastian: Menschenwürde in der Drogentherapie. In: Psychologie u. Gesellschaftskritik, 3/1985, S. 77-94

Daytop (Hg.): Selbstverständnis und Praxis der Drogentherapie bei Daytop. München: Eigenvlg. 1979

Deutsche Hauptstelle gegen die Suchtgefahren (Hg.): DHS Informationsdienst, 36. Jg., 1-2/1983

Deutsche Hauptstelle gegen die Suchtgefahren: Dokumentation: Drogenhilfe und Drogenpolitik. In: Dies. (Hg.): Drogenpolitik und Drogenhilfe. Freiburg: Lambertus 1991a, S. 28-34

Deutsche Hauptstelle gegen die Suchtgefahren (Hg.): Abhängigkeit bei Frauen und Männern. Freiburg 1991b

Deutsche Hauptstelle gegen die Suchtgefahren (Hg.): Jahrbuch Sucht '96. Geesthacht: Neuland 1995

Deutscher Verein für öffentliche u. private Fürsorge (Hg.): Fachlexikon der sozialen Arbeit. Frankfurt a.M.: Eigenverlag, 3., erneuerte u. erw. Aufl. 1993, S. 123

Dole, Vincent P./Nyswander, Marie: Medizinische Behandlung der Diacetylmorphin-(Heroin-)Sucht. In: Biniek, Eberhard (Hg.): Drogenabhängigkeit. Therapie und Rehabilitation. Darmstadt: Wiss. Buchgesellschaft 1978 [Zuerst: In: Journal of American Medical Association, 193 (1965), S. 646-650]

Dörner, Klaus/Plog, Ursula: Irren ist menschlich oder Lehrbuch der Psychiatrie/Psychotherapie. Bonn: Psychiatrie Vlg., 7. überarb. Aufl. 1992

Dörrie, Klaus: Kundenorientierung?! In: FDR-Berichte 39/1995, S. 1

Doyle, Arthur Connan: Der Mann mit der Narbe. In: Sherlock Holmes Geschichten. Zürich: Diogenes 1984

Durkheim, Émile: Der Selbstmord. Neuwied: Luchterhand 1973

EBIS-AG bei der Deutschen Hauptstelle gegen die Suchtgefahren (Hg.), Jahresstatistik der ambulanten Beratungs- und Behandlungsstellen für Suchtkranke in der Bundesrepublik Deutschland. Hamm: DHS [jährlich]

Engel, Uwe/Hurrelmann, Klaus: Psychosoziale Belastung im Jugendalter. Empirische Befunde zum Einfluß von Familie, Schule und Gleichaltrigengruppe. Berlin: de Gruyter 1989

Engels, Friedrich: Die Lage der arbeitenden Klasse in England. In: Marx/Engels: Werke (MEW), Bd. 2. Berlin: Dietz 1970, S. 225-506

Erikson, Eric H.: Identität und Lebenszyklus. Drei Aufsätze. Frankfurt a.M.: Suhrkamp, 3. Aufl. 1976

Erikson, Eric H.: Der vollständige Lebenszyklus. Frankfurt a.M.: Suhrkamp 1988

Fachverband Drogen und Rauschmittel (FDR) (Hg.): Dokumentation des VI. Bundesdrogenkongresses 1983 in Krefeld. Hannover: Eigenvlg. 1983

Fachverband Sucht e.V. (Hg.), Qualitätssicherung in der Rehabilitation Abhängigkeitskranker. Geesthacht: Neuland 1995

Fachverband Sucht e.V., Bonn/Bundesverband für stationäre Suchtkrankenhilfe e.V., Kassel: Positionspapier der Verbände zum Thema „Qualitätssicherung in der stationären Suchtkrankenbehandlung". o.O., o.J.

Fahrenkrug, W. Hermann/Quack, Wolfram: Überlegungen zur Geschichte des Suchtbegriffes am Beispiel der „Modellsucht Alkoholismus". In: Deutsche Hauptstelle gegen die Suchtgefahren (Hg.): Süchtiges Verhalten. Grenzen und Grauzonen im Alltag. Hamm: Hoheneck 1985, S. 245-353

Fahrenkrug, W. Hermann: Trinkgewohnheiten und Trinkstile. In: Scheerer/Vogt, 1989, S. 73-87

Feser, Herbert: Drogenerziehung durch Familienbildung als sozialpädagogische Aufgaben. In: Deutsche Hauptstelle gegen die Suchtgefahren (Hg.): Prävention. Möglichkeiten und Grenzen bei Suchterkrankungen. Hamm: Hoheneck 1980, S. 30-36

Feuchtwanger, Lion: Exil. Frankfurt a.M.: Fischer 1979/1991

Franz, Hans-Jürgen: Selbsthilfe zwischen sozialer Bewegung und spezifischer Organisationsform sozialpolitischer Leistungserbringung. In: Kaufmann, Franz-Xaver (Hg.): Staat, intermediäre Instanzen und Selbsthilfe. Bedingungsanalysen sozialpolitischer Intervention. München: Oldenbourg 1987, S. 307-342

Franzkowiak, Peter: Risikoverhalten und Gesundheitsbewußtsein bei Jugendlichen. Der Stellenwert von Rauchen und Alkoholkonsum im Alltag von 15-20jährigen. Berlin: Springer 1986

Freud, Sigmund: Über Coca. [In: Centralblatt für die gesamte Therapie, 2/1884, S. 289-314], zit. aus dem Nachdruck: In: Täschner, Karl-Ludwig/Richtberg, Werner: Kokain-Report. Wiesbaden: Akademische Verlagsanst. 1982, S. 206-231

Fuchtmann, Engelbert: Ambulante Suchttherapie. Freiburg: Lambertus 1994

Gay, Peter: Freud. Eine Biographie für unsere Zeit. Frankfurt a.M.: S. Fischer 1989
Geier, Reinhild (Hg.): Suchtkrankenhilfe. Perspektiven und Tendenzen. Freiburg: Lambertus 1986
Gelpke, Rudolf: Vom Rausch im Orient und Okzident. Frankfurt a.M.: Klett-Cotta 1982, S. 14f.
Goethe, Johann Wolfgang: Maximen u. Reflexionen. In: Goethes Werke, Ausgabe in zwanzig Teilen auf Grund der Hempelschen Ausgabe neu hrsg. v. Karl Alt. Berlin: Deutsches Verlagshaus Bong & Co. o.J., 20. Teil
Goffman, Erving: Stigma. Über Techniken der Bewältigung beschädigter Identität. Frankfurt a.M.: Suhrkamp 1975
Goffman, Erving: Asyle. Über die soziale Situation psychiatrischer Patienten und anderer Insassen. Frankfurt a.M.: Suhrkamp, 4. Aufl. 1981
Gölz, Jörg: Substitutionstherapie in der Praxis. In: Nowak, Manfred/Schifmann, Richard/Brinkmann, Rüdiger (Hg.): Drogensucht. Entstehungsbedingungen und therapeutische Praxis. Stuttgart: Schattauer 1994, S. 179-192
Gölz, Jörg (Hg.): Der drogenabhängige Patient. München: Urban & Schwarzenberg 1995
Grawe, Klaus/Donati, Ruth/Bernauer, Friederike: Psychotherapie im Wandel. Göttingen: Hogrefe, 3. Aufl. 1994
Groenemeyer, Axel: Drogenkarriere und Sozialpolitik. Entwicklungsbedingungen der Drogenabhängigkeit und Möglichkeiten der Intervention durch stationäre Behandlung. Pfaffenweiler: Centaurus 1990
Gunkelmann, Martina: Kokain. Die Substanz und ihre Wirkungsweisen. In: Scheerer/Vogt, 1989a, S. 354-359
Gunkelmann, Martina: Zur Geschichte des Kokains. In: Scheerer/Vogt, 1989b, S. 359-368
Haeberlin, Urs/Niklaus, Eva: Identitätskrisen. Theorie und Anwendung am Beispiel des sozialen Aufstiegs durch Bildung. Stuttgart: Haupt 1978
Harding, Wayne M.: Kontrollierter Heroingenuß – ein Widerspruch aus der Subkultur gegenüber herkömmlichem kulturellen Denken. In: Völger/v. Welck, 1982, S. 1217-1231
Harten, Rolf: Sucht, Begierde, Leidenschaft. Annäherung an ein Phänomen. München: Ehrenwirth 1991
Heckmann, Wolfgang: Don't legalize it!. Anmerkungen zur wieder aktuellen Debatte um die Legalisierung des Cannabis-Konsums. In: Neuer Rundbrief: Stop Drogen, Hg. Senator für Familie Jugend u. Sport, Berlin, 3-4/1979, S. 37-41
Heckmann, Wolfgang (Hg.): Drogentherapie in der Praxis. Ein Arbeitsbuch für die 90er Jahre. Weinheim: Beltz 1991

Heckmann, Wolfgang u.a.: Drogennot und -todesfälle. Eine differentielle Untersuchung der Prävalenz und Äthiologie der Drogenmortalität. Drogentodesfälle in Berlin, Bremen, Hamburg, Drogennotfälle in Bremen und Hamburg. Baden-Baden: Nomos 1993

Helft Euch Selbst! Der Releasereport gegen die Sucht. Reinbek: Rowohlt 1971

Hess, Henner: Rauchen. Geschichte, Geschäfte, Gefahren. Frankfurt a.M.: Campus 1987

Hess, Henner: Tabak. In: Scheerer/Vogt, 1989, S. 125-158

Hessischer Landtag: Stenografische Niederschrift über die 11. Sitzung des Sozialpolitischen Ausschusses. Öffentliche Anhörung zum Thema: „Drogenersatzprogramme in Hessen?" vom 1.11.1984

Heudtlass, Jan-Hendrik/Stöver, Heino/Winkler, Petra (Hg.): Risiko mindern beim Drogengebrauch. Drogenwirkungen, Safer Use, Notfallhilfe, Safe Sex, Prävention, Peer-Support. Frankfurt a.M.: Fachhochschulvlg. 1995

Hug-Beeli, Gustav: Handbuch der Drogenpolitik. Tatsachen, Meinungen, Analysen, Lösungsvorschläge. Bern: Haupt 1995

Hurrelmann, Klaus: Gesundheitswissenschaftliche Ansätze in der Sozialisationsforschung. In: Hurrelmann, Klaus/Ulich, Dieter (Hg.): Neues Handbuch der Sozialisationsforschung. Weinheim: Beltz, 4. völlig neubearb. Aufl. 1991, S. 189-213

Hurrelmann, Klaus/Rosewitz, Bernd/Wolf, Hartmut K.: Lebensphase Jugend. Eine Einführung in die sozialwissenschaftliche Jugendforschung. Weinheim: Juventa 1985

Kaminski, André: Kiebitz. Frankfurt a.M: Suhrkamp 1991

Kamiske, Gerd F./Brauer, Jörg-Peter: Qualitätsmanagement von A bis Z. Erläuterungen moderner Begriffe des Qualitätsmanagements. München: Hanser, 2. überarb. u. erw. Aufl. 1995

Kappel, Sybille: Auswirkungen des Drogenstrafrechts. In: Deutsche Hauptstelle gegen die Suchtgefahren (Hg.): Drogenpolitik und Drogenhilfe. Freiburg: Lambertus 1991, S. 17-27

Kappeler, Manfred: Drogen und Kolonialismus. Zur Ideologiegeschichte des Drogenkonsums. Frankfurt a.M.: Vlg. f. interkulturelle Kommunikation 1991

Keup, Wolfram Nachreifung als Therapieziel bei jugendlichen Drogenabhängigen. Kassel: Nicol 1974

Keup, Wolfram: Zahlen zur Gefährdung durch Drogen und Medikamente. In: Hans-Günter Schmidt (Hg. in Verbindung mit der Deutschen Hauptstelle gegen die Suchtgefahren): Jahrbuch zur Frage der Suchtgefahren 1983. Neuland: Hamburg 1983, S. 61-107

Kindermann, Walter: Abhängige Beziehungen – Paradigmenwechsel der Hilfestrategien? In: Erbach, Franz (Hg.): Sucht: Beziehungen und Abhängigkeit. Freiburg: Lambertus 1995, S. 12-25

Kleiner, Dietrich: Zum Drogenproblem. Begriffe und Zusammenhänge – Eine Einführung. In: Der Kinderarzt 9/198, S. 1295-1303

Knigge, Adolf Freiherr: Über den Umgang mit Menschen, 1878, Nachdruck. Herrsching: Pawlak o.J.

Koch, Gerd: Kawa in Poynesien. In: Völger/v. Welck, 1982, S.923-994

Körkel, Joachim: Primäre und sekundäre Rückfallprävention in einem vernetzten Suchthilfesystem. In: Deutsche Hauptstelle gegen die Suchtgefahren (Hg.): Suchtkrankenhilfe im Verbund. Eine kritische Bestandsaufnahme. Freiburg: Lambertus 1995, S. 217–230

Körner, Harald Hans: Betäubungsmittelgesetz, Arzneimittelgesetz. München: Beck, 4. neubearb. Aufl. 1994

Krämer, Klaus: Delinquenz, Suchtmittelumgang und andere Formen abweichenden Verhaltens. Ein Geschlechtervergleich. Freiburg: Lambertus 1992

Kranich, Rainer: Notausgang Mystik. In: Helft Euch Selbst! Der Releasereport gegen die Sucht. Reinbek: Rowohlt 1971, S. 128-145

Krauß, Günter M.: Konfliktberatung mit Drogenkonsumenten. Überlegungen zu einer Beratungsstrategie. Weinheim: Beltz 1984

Kreuzer, Arthur: Jugend – Drogen – Kriminalität. Neuwied: Luchterhand, 3. völlig neu bearb. Aufl. 1987

Landgericht Lübeck, Vorlagebeschluß vom 17.12.1991, Az.: 1 Ns (kl. 34/94)

Lamnek, Siegfried: Theorien abweichenden Verhaltens. München: Fink, 5. Aufl. 1993

Lange, Kurt-Jürgen: Neuere kriminologische Beobachtungen zum Verlauf von Opiatabhängigkeit. In: Suchtgefahren. 32. Jg., 2/1986, S. 112ff.

Leary, Timothy: Politik der Ekstase, m.e. Einleitung von Ronald Steckel. Hamburg: Wegener 1970

Legarno, Aldo: Ansätze zur einer Soziologie des Rausches – Zur Sozialgeschichte von Rausch und Ekstase in Europa. In: Völger/v. Welck, 1982a, S. 93–114

Legarno, Aldo: Alkoholkonsum und Verhaltenskontrolle – Bedeutungswandel zwischen Mittelalter und Neuzeit. In: Völger/v. Welck, 1982b, S. 153–175

Leonhardt, Rudolf Walter: Haschisch-Report. Dokumente und Fakten zur Beurteilung eines sogenannten Rauschgifts. München: Piper 1970

Leune, Jost: Rahmenbedingungen der Finanzierung der Suchthilfe. In: FDR-Berichte 39/1995

Leune, Jost: Hilfesysteme für Drogenabhängige. In: Deutsche Hauptstelle gegen die Suchtgefahren (Hg.): Drogenpolitik und Drogenhilfe. Freiburg: Lambertus 1991a, S. 80-84

Leune, Jost: Illegale Drogen. In: Deutsche Hauptstelle gegen die Suchtgefahren (DHS) (Hg.): Jahrbuch Sucht '92. Hamburg: Neuland 1991b, S. 19–35

Levine, Harry G.: Mäßigkeitsbewegung und Prohibition in den USA. In: Völger/v. Welde, 1982, S. 241–251
Loviscach, Peter: Drogenprobleme besser verstehen, u. Mitarb. v. Roland Lutz (Studienbrief der Fernuniversität – Gesamthochschule – Hagen, FB Erziehungs- und Sozialwissenschaften, Sonderpädagogik). Hagen 1983
Loviscach, Peter: Psychosoziale Betreuung in der Substitutionsbehandlung. In: Böllert, Karin/Otto, Hans-Uwe (Hg.): Umgang mit Drogen. Sozialpädagogische Handlungs- und Interventionsstrategien. Bielefeld: Böllert 1993, S. 44-75
Lüssi, Peter: Systemische Sozialarbeit. Praktisches Lehrbuch der Sozialberatung. Bern: Haupt, 2. verb. u. erg. Aufl. 1992
Lutz, Rainer (Hg.): Genuß und Genießen. Zur Psychologie des genußvollen Erlebens und Handelns. Weinheim: Beltz 1983
Mansel, Jürgen/Hurrelmann, Klaus: Alltagsstreß bei Jugendlichen. Eine Untersuchung über Lebenschancen, Lebensrisiken und psychosoziale Befindlichkeiten im Statusübergang. Weinheim: Juventa 1991
Mariak, Volker: Strategien der Ausgrenzung. Der Kampfbegriff „Kriminelle Subkultur“ und das Beispiel Hamburger Heroinkonsumenten. Frankfurt a.M.: Lang 1991
Martinetz, Dieter: Rauschdrogen und Stimulantien. Geschichte, Fakten, Trends. Leipzig: Urania 1994
Marzahn, Christian: Bene Tibi. Über Genuß und Geist. Bremen: Temmen 1994
Matzat, Jürgen: Selbsthilfegruppen in Deutschland. In: Balke, Klaus/Reis, Claus (Hg.): Selbsthilfegruppen-Unterstützung in Europa. Frankfurt a.M.: Deutscher Verein f. öffentl. u. private Fürsoge 1993, S. 51-57
McCoy, Alfred W.: Heroin aus Südostasien – Zur Wirtschaftsgeschichte eines ungewöhnlichen Handelsartikels. In: Völger/v. Welck, 1982, S. 1077–1094
Merfert-Diete, Christa/Soltau, Roswitha (Hg.): Frauen und Sucht. Die alltägliche Verstrickung in Abhängigkeit. Reinbek: Rowohlt 1984/1991
Meyers Lexikon. Leipzig: Bibliographisches Institut, 7. Aufl. 1926
Milkman, Harvey/Sunderwirth, Stanley: Warum werden wir süchtig? Die biochemischen Hintergründe der Abhängigkeit. In: Psychologie heute, 12. Jg., 2/1984, S. 34-40
Mitscherlich, Alexander: Vom Ursprung der Sucht. Eine pathogenetische Untersuchung des Vieltrinkens. Stuttgart: Klett 1947
Moser, Tilmann: Jugendkriminalität und Gesellschaftsstruktur. Zum Verhältnis von soziologischen, psychologischen und psychoanalytischen Theorien des Verbrechens. Frankfurt a.M.: Fischer 1972/1978
Müller, Hans Rüdiger: Sozialpädagogik und Therapie. Über die Notwendigkeit pädagogischer Perspektiven in Therapeutischen Wohngemeinschaften für Drogenabhängige. Weinheim: Juventa 1990

Neumeyer, Jürgen/Schaich-Walch, Gudrun: Zwischen Legalisierung und Normalisierung. In: Dies. (Hg.): Zwischen Legalisierung und Normalisierung. Ausstiegsprozesse aus der repressiven Drogenpolitik. Berlin: Schüren 1992, S. 9-17

Newman, R.: Erfahrungen mit Drogenabhängigen am Beth Israel Medical Center in New York. In: Der Minister für Arbeit usw. des Landes NRW (Hg.): Medikamentengestützte Rehabilitation bei Drogenabhängigen. Möglichkeiten und Grenzen. Düsseldorf: Der Minister für Arbeit usw. des Landes NRW 1987, S. 127-139

Niederberger, Josef Martin: Rauchen als sozial erlerntes Verhalten. Physiologie und Sozialisationstheorie einer alltäglichen Sucht. Stuttgart: Enke 1987

Nöcker, Guido: Von der Drogen- zur Suchtprävention. Bestandsaufnahme, Kritik und Perspektiven. Düsseldorf: Der Minister für Arbeit usw. des Landes NRW 1990

Noller, Peter: Junkie-Maschinen. Rebellion und Knechtschaft im Alltag von Heroinabhängigen. Wiesbaden: Deutscher Universitäts-Vlg. 1989

Noller, Peter: Kontrollierte Opiatvergabe im internationalen Vergleich. In: Nimsch, Margarethe (Hg.): Heroin auf Krankenschein. Basel: Stroemfeld/Nexus 1993, S. 49-159

Nordlohne, Elisabeth: Drogenkonsum im Kontext von Entwicklungsanforderungen im Jugendalter: Ansätze für die Prävention, in: Bundesarbeitsgemeinschaft Kinder- und Jugendschutz (Hg.): Suchtprävention – (k)eine Aufgabe der Jugendhilfe. Freiburg: Lambertus 1995, S. 17-30

Osterhues, Ulrich J.: Gemeindenahe Versorgung Suchtkranker. Nürnberg o. J.

Petzold, Hilarion (Hg.): Drogentherapie. Modelle, Methoden, Erfahrungen. Frankfurt a.M.: Fachbuchhandl. f. Psychologie, 4. Aufl. 1983

Petzold, Hilarion (Hg.): Wege zum Menschen. Methoden und Persönlichkeiten moderner Psychotherapie. Ein Handbuch, 2 Bde. Paderborn: Junfermann 1984

Philipson, Michael: Die Paradoxie der sozialen Kontrolle und die Normalität des Verbrechens. In: Lüderssen/Sack (Hg.): Seminar: Abweichendes Verhalten I. Die selektiven Normen der Gesellschaft. Frankfurt a.M.: Suhrkamp 1975, S. 141

Plack, Arno: Die Gesellschaft und das Böse. Eine Kritik der herrschenden Moral. München: List, 4. Aufl. 1969

Platt, Jerome J./Labate, Christina: Heroinsucht. Theorie, Forschung, Behandlung, Darmstadt: Steinkopff 1982

Pons Globalwörterbuch Englisch-Deutsch. Stuttgart: Klett 1983

Priebe, Botho u.a. (Hg.): Sucht- und Drogenvorbeugung in Elternhaus und Schule. Ein Ratgeber. Weinheim: Quadriga 1994

Projektgruppe TUdrop: Heroinabhängigkeit unbetreuter Jugendlicher. Weinheim: Beltz 1984

Quensel, Stephan: Wie wird man kriminell? In: Giesecke, H. (Hg.): Offensive Sozialpädagogik. Göttingen: Vandenhoeck 1973, S. 45-55
Quensel, Stefan: Drogenelend. Cannabis, Heroin, Methadon: Für eine neue Drogenpolitik. Frankfurt a.M.: Campus 1982
Quensel, Stephan: Wirkungen und Risiken des Cannabisgebrauchs. In: Scheerer/Vogt, 1989, S. 379-396
Raschke, Peter/Schliehe, Ferdinand: Ambivalenzen sozialpädagogischer Intervention am Beispiel der Drogenberatung. In: Kaufmann, Franz-Xaver (Hg.): Staat, intermediäre Instanzen und Selbsthilfe. Bedingungsanalysen sozialpolitischer Intervention. München: Oldenbourg 1987, S. 237-254
Raschke, Peter: Substitutionstherapie. Ergebnisse langfristiger Behandlung von Opiatabhängigen. Freiburg: Lambertus 1994
Reindl, Richard/Nickolai, Werner (Hg.): Drogen und Strafjustiz. Freiburg: Lambertus 1994
Reuband, Karl-Heinz: Drogenkonsum und Drogenpolitik. Deutschland und die Niederlande im Vergleich. Opladen: Leske 1992
Reuband, Karl-Heinz: Soziale Determinanten des Drogengebrauchs. Eine sozialwissenschaftliche Analyse des Gebrauchs weicher Drogen in der Bundesrepublik Deutschland. Opladen: Westdeutscher Vlg. 1994
Ridder, Michael de: Heroin: Geschichte – Legende – Fakten. In: Grözinger, Gerd (Hg.): Recht auf Sucht? Drogen, Markt, Gesetze. Berlin: Rotbuch 1991, S. 16-37
Roters, Susanne: Arbeitspapier: ADU – Anonyme Drogenberatung Unna, Januar 1995
Rußland, Rita: Suchtverhalten und Arbeitswelt. Vorbeugen, Aufklären, Helfen. Frankfurt a.M.: Fischer 1988
Sahihi, Arman: Designer-Drogen. Gifte, Sucht und Szene. München: Heyne 1993
Saint-Exupéry, Antoine de: Der Kleine Prinz. Düsseldorf: Rauch, 4. Aufl. 1995
Saunders, Nicholas: Ecstasy. Zürich: Bilger, 2. Aufl. 1994
Scheerer, Sebastian: Die Genese der Betäubungsmittelgesetze in der Bundesrepublik und in den Niederlanden. Göttingen: Schwartz 1982
Scheerer, Sebastian/Vogt, Irmgard (Hg.): Drogen und Drogenpolitik. Ein Handbuch. Frankfurt a.M.: Campus 1989a
Scheerer, Sebastian: Cannabis. Herkunft und Verbreitung. In: Scheerer/Vogt, 1989b, S. 369-373
Scheerer, Sebastian: Sucht. Reinbeck: Rowohlt 1995
Scheffer, Karl-Georg: Coca. Geschichte, traditioneller Gebrauch und Wirkungsweise. In: Scheerer/Vogt, 1989, S, 350-353
Scheiblich, Wolfgang (Hg.): Sucht aus der Sicht psychotherapeutischer Schulen. Freiburg: Lambertus 1994

Scheipers, Regina: Therapeutische Weiterbildungen. Die Standards der Renten- und Krankenversicherungsträger. In: Scheiblich, Wolfgang (Hg.): Sucht aus der Sicht psychotherapeutischer Schulen. Freiburg: Lambertus 1994, S. 106-117

Schippan, Inge: Elternkreise drogengefährdeter und drogenabhängiger Jugendlicher. Entstehen und Entwicklung einer Selbsthilfebewegung. Frankfurt a.M.: Lang 1993

Schivelbusch, Wolfgang: Das Paradies, der Geschmack und die Vernunft. Eine Geschichte der Genußmittel. Frankfurt a.M.: Fischer 1990

Schlie, Wolfgang: Qualitätssicherung in der ambulanten Suchttherapie. In: Fachverband Sucht e.V. (Hg.): Qualitätssicherung in der Rehabilitation Abhängigkeitskranker. Geesthacht: Neuland 1995, S. 195-200

Schlüter-Dupont, Lothar: Alkoholismus-Therapie. Pathogenese, psychodynamische, klinische und therapeutische Grundlagen. Stuttgart: Schattauer 1990

Schmerl, Christiane: Drogenabhängigkeit. Kritische Analyse psychologischer und soziologischer Erklärungsansätze. Opladen: Westdeutscher Vlg. 1984

Schmidbauer, Wolfgang/Scheidt, Jürgen v.: Handbuch der Rauschdrogen. Frankfurt a.M: Fischer, überarb. u. erw. Neuausg. 1989/1993

Schmidt, Lothar: Alkoholkrankheit und Alkoholmißbrauch, Definition – Ursachen – Folgen – Behandlung. Stuttgart: Kohlhammer, 3. überarb. u. erw. Aufl. 1993

Schmidt, Thorsten: Hochschwellig – niedrigschwellig – tiefschwellig. Über Akzeptanz und Praxis der Drogenarbeit. In: Neue Praxis, 21. Jg., 5+6/1991, S. 415-427

Schmidtobreick, Bernhard: Drogenpolitik und Drogenhilfe – Positionen des Deutschen Caritasverbandes. In: Nickolai, Werner/Reindl, Richard (Hg.): Sozialarbeit und Kriminalpolitik. Freiburg: Lambertus 1994, S. 150–163

Schneider, Werner: Zur Frage der Ausstiegschancen und Selbstheilung bei Opiatabhängigkeit. Auswertung von Ergebnisse aus Langzeitforschung. In: Suchtgefahren, 34. Jg., 6/1988, S. 472-490

Schneider, Wolfgang: Illegaler Drogengebrauch und selbstregulierende Schadensbegrenzung. In: Psychologie & Gesellschaftskritik 66, 17. Jg., 2/1993b, S. 73–87

Schneider, Wolfgang: Selbstgestaltete Sekundärprävention. Akzeptierende Drogenarbeit als Vermittlung und Stützung risikobewußter Gebrauchsregeln. In: Böllert, Karin/Otto, Hans-Uwe (Hg.): Umgang mit Drogen. Sozialpädagogische Handlungs- und Interventionsstrategien. Bielefeld: Böllert 1993a, S. 27-43

Schramm, Dieter: Qualitätskontrolle in „sozialen Einrichtungen"/Nonprofit-Organisationen. In: Sozialmagazin 19. Jg., 3/1994, S. 22-28

Schuller, Klaus/Stöver, Heino (Hg.): Akzeptierende Drogenarbeit. Freiburg: Lambertus 1990

Schuller, Klaus: Von Release zur Therapeutischen Kette – und zurück? In: Schuller/Stöver, 1990, S. 31-51

Schultes, Richard Evans: Einführung in die Botanik der wichtigsten pflanzlichen Drogen. In: Völger/v. Welck,1982, S. 46-73

Schulz, Paul: Drogenszene. Ursachen und Folgen. Frankfurt a.M.: Campus 1974

Schweer, Thomas/Strasser, Hermann: Cocas Fluch. Die gesellschaftliche Karriere des Kokains. Opladen: Westdeutscher Vlg. 1994

Seefelder, Matthias: Opium. Eine Kulturgeschichte. München: dtv 1990

Selling, Peter: Die Karriere des Drogenproblems in den USA. Eine Studie über Verlaufs- und Entstehungsformen sozialer Probleme. Pfaffenweiler: Centaurus 1989

Selling, Peter: Zur Geschichte des Umgangs mit Opiaten. In: Scheerer/Vogt, 1989, S. 275–285

Sickinger, Richard u.a.: Wege aus der Drogenabhängigkeit. Gelungene und gescheiterte Ausstiegsversuche. Freiburg: Lambertus 1992

Sickinger, Richard: Drogenhilfe. München: Kösel 1982

Siegel, Ronald K.: Suchterscheinungen bei Tieren. In: Völger/v. Welck, 1982, S. 74–84

Silbereisen, Rainer K./Kastner, Peter: Jugend und Drogen. Entwicklung von Drogengebrauch – Drogengebrauch als Entwicklung? In: Oerter, Rolf (Hg.): Lebensbewältigung im Jugendalter. Weinheim: VCH Verlagsges. 1985, S. 192-219

Snyder, Solomon: Chemie der Psyche. Heidelberg: Akademischer Vlg., 2. Aufl. 1994

Sollmann, Ulrich: Therapie mit Drogenabhängigen. Giessen: Achenbach 1974

Spode, Hasso: Die Macht der Trunkenheit. Kultur- und Sozialgeschichte des Alkohols in Deutschland. Opladen: Leske 1993a

Spode, Hasso: Der Anspruch auf die Begierde. Die Revolution des medizinischen Wissens über die Trunkenheit. In: Schuller Alexander/Kleber, Jutta (Hg.): Gier. Zur Anthropologie der Sucht. Göttingen 1993b, S. 158-186

Spotts, James V./Shontz, Franklin: Forschungsergebnisse zum Kokaingebrauch. In: Völger/v. Welck, 1982, S. 1402-1409

Staub-Bernasconi, Silvia: Soziale Probleme – Soziale Berufe – Soziale Praxis. In: Meinhold, Marianne u.a.: Methodisches Handeln in der Sozialen Arbeit. Freiburg: Lambertus 1994, S. 11–101

Stein-Hilbers, Marlene: Drogen im weiblichen Lebenszusammenhang. In: Merfert-Diete, Christa/Soltau, Roswitha (Hg.): Frauen und Sucht. Die alltägliche Verstrickung in Abhängigkeit. Reinbek: Rowohlt 1984/1991, S. 40-49

Stein-Hilbers, Marlene: Selbstreflexive Ansätze in der Drogenforschung. In: Psychologie & Gesellschaftskritik, 3/1985, S. 95-107
Sternberger, Dolf/Storz, Gerhard/Süßkind, Wilhelm E.: Aus dem Wörterbuch des Unmenschen. München: dtv, neue erw. Ausg. (m. Zeugnissen des Streites über die Sprachkritik) 1970
Stolleis, Michael: „Von dem grewlichen Laster der Trunckenheit" - Trinkverbote im 16. und 17. Jahrhundert. In: Völger/v. Welck, 1982, S. 177–191
Stöver, Heino: Akzeptierende Drogenarbeit – Entwicklungen, Bedingungen und Perspektiven. In: Schuller/Stöver, 1990, S. 14-30
Stöver, Heino: Drogenfreigabe. Plädoyer für eine integrative Drogenpolitik. Freiburg: Lambertus 1994
Stratenwerth, Irene: Drogen in den Medien. In: standpunkt sozial, 2/90, S. 29-32
Stringaris, M.G.: Die Haschischsucht. Berlin: Springer 1939 [Überarb. Aufl. Heidelberg 1972]
Süß, Heinz-Martin: Evaluation von Alkoholismustherapie. Freiburg (Schweiz): Huber 1988
Szasz, Thomas: Der Krieg gegen Drogen. In: Völger/v. Welck, 1982, S. 1335-1347
Täschner, Karl-Ludwig: Das Cannabisproblem. Wiesbaden: Akademische Verlagsges. 1979a
Täschner, Karl-Ludwig: Sucht als Krankheit. In: Expertenbrief Drogen 1. Jg., 2/1979b, S. 2-3
Täschner, Karl-Ludwig: Therapie der Drogenabhängigkeit. Ein Handbuch. Stuttgart: Kohlhammer 1983
Täschner, Karl-Ludwig/Richtberg, Werner: Kokain-Report. Wiesbaden: Akademische Verlagsanst. 1982
Teschke, Rolf: Alkoholwirkung im menschlichen Organismus. In: Scheerer/Vogt, 1989, S. 107-120
Thamm, Berndt Georg: Psychosoziale Beratung für Drogenmißbraucher. In: DHS [Deutsche Hauptstelle gegen die Suchtgefahren] -Informationsdienst 3/4 1979
Thamm, Berndt-Georg: Drogen – legal – illegal. Von Kaffee bis Koks, von Alkohol bis Amphetamin. Daten, Fakten, Hintergründe. Hilden: Vlg. Deutsche Polizeiliteratur 1991
Theater Rote Grütze: Mensch ich lieb dich doch. München: Weismann 1980
Tiedt, Günter/Stähler, Thomas: Die höchstrichterliche Rechtsprechung zur Rehabilitation Abhängigkeitskranker aus der Sicht der Rentenversicherung. In: Deutsche Rentenversicherung 12/1994, S. 872–883
Troschke, Jürgen v.: Das Rauchen. Genuß und Risiko. Basel: Birkhäuser 1987

Uchtenhagen, Ambros: Warum ist eine Kombination von psychotherapeutischen und sozialtherapeutischen Maßnahmen so schwierig? Vortrag Fachklinik Eiterbach, 31.5./1.6.1985, Forschungsinformationen a.d. Sozialpsychiatrischen Dienst, Zürich, Serie B, Nr. 13, Informationen für die Öffentlichkeit, Juni 1985

Vester, Frederic: Ballungsgebiete in der Krise. Vom Verstehen und Planen menschlicher Lebensräume. München: dtv, 5. Aufl. 1994

Viebach, Angelika: Organisation der Drogenpolitik. Hilfestellung oder Hypothek? Zur Zielsetzung und Durchführbarkeit staatlicher Drogenpolitik. Diss. Münster (Wirtschaftswiss. Fak.) 1987

Vogt, Felix: Methadon. Substitution im Widerstreit. Freiburg: Lambertus 1993

Vogt, Irmgard: Alkoholkonsum, Industrialisierung und Klassenkonflikte. In: Völger/v. Welck, 1982, S. 202-211

Vogt, Irmgard: Frauenspezifische Beratung und Therapie in der Suchtkrankenhilfe: Stellenwert, Rahmenbedingungen und Arbeitskonzepte. In: Psychologie & Gesellschaftskritik 71/72, 18. Jg., 3-4/1994, S. 81-94

Völger, Gisela/Welck, Karin v. (Hg.): Rausch und Realität. Drogen im Kulturvergleich [Materialienbände zu einer Ausstellung des Rautenstrauch-Joest-Museums für Völkerkunde der Stadt Köln], 3 Bde. Reinbek: Rowohlt 1982

Vollmer, Heinz C.: Therapie als kontinuierlicher Entscheidungsprozeß. In: Heigl-Evers, Annelise/Helas, Irene/Vollmer, Heinz C. (Hg.): Eingrenzung und Ausgrenzung. Zur Indikation und Kontraindikation für Suchttherapien. Göttingen: Vandenhoeck 1993, S. 67-100

Vorläufige Richtlinien zur Anwendung des § 31a Abs. 1 des Betäubungsmittelgesetzes vom 13.05.1994, Ministerialblatt für das Land NRW, Nr. 37 vom 17. Juni 1994, S. 618f.

Wambach, Max M.: Über die Pflicht des Menschen, gesundheitsschädliches Verhalten zu vermeiden. Die „vergessene“ Lebenswelt im Risikofaktorenmodell. In: Psychologie & Gesellschaftskritik 48, 12. Jg., 4/1988, S. 5-18

Weber, Georg/Schneider, Wolfgang: Herauswachsen aus der Sucht illegaler Drogen. Selbstheilung, kontrollierter Gebrauch u. therapiegestützter Ausstieg, Hg.: Ministerium für Arbeit usw. des Landes NRW. Düsseldorf: Ministerium für Arbeit usw. 1992

Welck, Karin v.: Die Bedeutung des Tabaks und der Tabakspfeife für die Indianer Nordamerikas. In: Völger/v. Welck, 1982, S. 420-431

Wely, J.J.W.M. van: Körperliche Wirkungen des Opiatkonsums. In Scheerer/Vogt, 1989, S. 299-312

Wernado, Mario: Suchtkranke aus oberen und unteren Gesellschaftsschichten. In: Heigl-Evers, Annelise/Helas, Irene/Vollmer, Heinz C. (Hg.): Eingrenzung und Ausgrenzung. Zur Indikation und Kontraindikation für Suchttherapien. Göttingen: Vandenhoeck 1993, S. 47-64

Winick, Charles: Maturing out of narcotik addiction. In: Bulletin on Narcotics, Januar-March 1962, S. 1-7

Winter, Karin: Evolution und Sucht. In: Schuller, Alexander/Kleber, Jutta Anna (Hg.): Gier. Zur Anthropologie der Sucht. Göttingen: Vandenhoeck 1993, S. 235-250

Wohlfahrt, Norbert/Breitkopf, Helmut: Selbsthilfegruppen und soziale Arbeit. Eine Einführung für soziale Berufe. Freiburg: Lambertus 1995

Wolffersdorff-Ehlert, Christian v.: Die Cannabis-Szenen. In: Scheerer/Vogt, 1989, S. 373-378

Wünschmann, Bernd: Alkohol. In: Deutsche Hauptstelle gegen die Suchtgefahren (DHS) (Hg.): Jahrbuch Sucht '93, Hamburg: Neuland 1992, S. 33-49

Yablonsky, Lewis: Die Therapeutische Gemeinschaft. Ein erfolgreicher Weg aus der Drogenabhängigkeit. Weinheim: Beltz 1990

Zurhold, Heike: Drogen konkret. Substanzen – Wirkungen – Konsumformen – Safer-Use-Hinweise, erstellt i.A. der Koordinationsstelle für niedrigschwellige Drogenarbeit des Landes Nordrhein-Westfalen, hg. vom Institut zur Förderung qualitativer Drogenforschung akzeptierender Drogenarbeit und rationaler Drogenpolitik e.V. (INDRO). Münster: INDRO 1995

Zurhold, Heike: Drogenkarrieren von Frauen im Spiegel ihrer Lebensgeschichten. Eine qualitative Vergleichsstudie differenter Entwicklungsverläufe opiatabhängiger Frauen. Berlin: Vlg. f. Wissenschaft u. Bildung 1993

Zutt, Jürg: Über das Wesen der Sucht nach Erfahrungen und vom Standpunkt des Psychiaters. In: Biniek, Eberhard (Hg.): Drogenabhängigkeit. Therapie und Rehabilitation. Darmstadt: Wiss. Buchgesellschaft, 1978, S. 1-112 [Zuerst: In: Studium Generale, 1. Jg., 5/1948, S. 253-257]

Autoren

Peter Loviscach: Geboren 1935, Studium der Soziologie an der Freien Universität Berlin. Berufliche Tätigkeit in der Berliner Messegesellschaft (Presse und Öffentlichkeitsarbeit), seit 1974 Professor für Soziologie am Fachbereich Sozialwesen der Fachhochschule Hagen, seit 1988 am Fachbereich Sozialpädagogik der Fachhochschule Dortmund. Arbeitsgebiete zur Zeit: Drogenprobleme und Drogenhilfe, Familie, Identität und Lebenslauf. Veröffentlichungen zu den Themen „Studiensituation im Sozialwesen" (1975, 1976, 1987, 1985, 1993), „Freizeit und Soziale Arbeit" (1976), „Öffentlichkeitsarbeit in der Sozialen Arbeit" (1976, 1978), „Jugendhilfeplanung" (1981), „Drogenprobleme" (1983 unter Mitarbeit von Roland Lutz, 1993).

Roland Lutz: Geboren 1952, Studium der Sozialpädagogik an der Fachhochschule Dortmund. Berufliche Tätigkeit seit 1977 in der Drogenhilfe, seit 1988 als Leiter der Anonymen Drogenberatung Unna e.V., Mitarbeit in verschiedenen überregionalen Arbeitsgemeinschaften zur Weiterentwicklung der Drogenhilfe.